中国社会科学院国情调研丛书
CASS Series of National Conditions Investigation & Research

本书为中国社会科学院国情调研
重大项目的最终成果

生态移民与发展转型
—— 宁夏移民与扶贫研究

Ecological Migration and Poverty Reduction
— A Case Study of Ningxia Hui Autonomous Region in China

李培林　王晓毅 / 主编

社会科学文献出版社
SOCIAL SCIENCES ACADEMIC PRESS (CHINA)

本书作者（以章为序）

导论	李培林　王晓毅	中国社会科学院社会学研究所
第一章	束锡红	北方民族大学
第二、三章	王玉栋	中国社会科学院社会学研究所
第四、五、七章	束锡红、聂　君	北方民族大学
第六、十一章	范　雷	中国社会科学院社会学研究所
第八章	范建荣、赵　翊	北方民族大学
第九、十章	荀丽丽	中国社会科学院社会学研究所
第十二章	段庆林　田晓娟	宁夏社会科学院
第十三章	杨永芳　张耀武	宁夏社会科学院
第十四章	许　芬　李禄胜	宁夏社会科学院

序　言

王伟光

　　经过 30 多年的改革开放，我国的经济总量已经跃居世界第二位，但就全国来说，发展还很不平衡。党的十八大确立了到 2020 年全面建成小康社会的各项目标，其中一项非常艰巨的任务，就是"大幅度减少扶贫对象"。到 2012 年，按照我国农民年人均纯收入 2300 元的扶贫标准，全国扶贫对象还有 9899 万人，占农村户籍人口的 10.2%。

　　我国的农村贫困人口大部分分布在十几个集中连片的贫困地区，这些地区多数属于干旱缺水、高寒阴冷、山高坡陡、水土流失、灾害频繁的地区，其中最典型的区域是中国西南部的喀斯特地貌区和西北部的"三西"地区。恶劣的自然环境和落后的基础设施导致这些地区严重贫困，而贫困又加剧了环境破坏。

　　在过去的 10 多年时间里，中国西部地区的许多省份都实施了规模不同的生态移民项目，引起了国内外广泛的关注。生态移民项目在西部各省区普遍实施说明了两个问题：首先，有迫切的社会需求。不管是为了扶贫还是为了生态环境保护，都需要将那些生态脆弱地区的贫困人口搬迁出来。西部地区的国土面积很大，环境资源差异性很大，一些居住在边远山区的人口长期处于贫困状态，发展不可能消除所有环境的差异。要改善生存条件，就要把那些生存条件特别恶劣的地方的居民迁移出来，搬迁到条件好一些的地方。所谓的"人挪活，树挪死"就是这个道理。其次，政府也有能力满足这种需求。移民搬迁是一项耗资巨大的复杂工程，如果没有充足的财力和科学的规划，移民搬迁不仅不能使移民摆脱贫困，甚至可能会加剧他们的贫困程度。中国近几十年的高速经济发展为移民搬迁提供了经济基础。

宁夏南部的西海固地区是中国贫困程度最高的连片贫困地区之一，与甘肃的河西和定西并称"三西"。从 20 世纪 80 年代开始，西海固地区的扶贫就得到了国家的高度重视，国家启动"三西"扶贫规划，使这个地区的贫困状况得到改善。但是直到目前，这里的贫困现象依然很严重，2011 年开始的国家新扶贫规划中，西海固仍被列为六盘山连片扶贫的重要区域之一。

为了与全国同步建成小康社会，宁夏把生态移民作为经济社会发展的重要举措，计划在"十二五"期间移民 35 万人，在 5 年时间要完成的移民数量相当于过去 30 年移民总量的 50%，也就是说要用 5 年时间完成过去 15 年的工作，其任务之艰巨是难以想象的。这就更需要进行科学决策，将移民工作的重点放到如何使移民能够稳定下来，并且跟上北部川区的经济社会发展速度。

宁夏回族自治区早在 20 世纪后期就开始了移民工程，尽管当时还没有生态移民的概念，但是扶贫移民与生态移民的目标实质上是一致的，就是减轻生态脆弱地区的人口压力，使贫困农户脱贫。宁夏的地区差异非常明显：北部川区得益于黄河的灌溉，自古以来就被称为"塞上江南"；而南部西海固地区则是"苦瘠甲天下"，贫困人口主要集中在南部山区。

造成区内南北差异的主要原因是水资源问题，宁夏回族自治区政府提出的"人随水走，水随人流"的移民策略抓住了发展不平衡的核心问题。"人随水走"是迁移人口，"水随人流"则是要进行必要的基础设施建设。"人随水走，水随人流"策略将顺应自然与改造自然有机地结合起来，既强调人类要适应自然条件，也强调人类要对自然进行适度的改造。

通过 30 多年的努力，宁夏成功地将数十万贫困人口从中南部的生态脆弱地区搬迁到北部的黄河灌区，这些移民在新的地区稳定地脱贫致富，收入水平有了明显的提高。这些成绩是有目共睹的。宁夏之所以在生态移民方面取得成绩，与地方政府的工作创新是分不开的。

移民只是手段，使移民稳定地脱贫致富才是目的，而脱贫致富的关键是人的转变。有些地方通过移民致富，有些地方却因移民导致贫困，关键的问题就是移民能否成功地实现人的转变。

进入新的地区以后，移民面对许多新的事物和新的困难，这就需要移民善于学习，不断改变自己以适应新的环境。比如，他们原来只是从事旱作农业，移民以后要适应灌溉农业，这是一个很大的转变。为了增加收入，他们还要学习种植经济作物，要能够外出打工。能够在移民若干年以后稳定下来，说明他们已经成功地实现了这种转变。

要实现移民的转变就要实现政府的职能转变。移民是政府推动的，移民的稳定致富需要政府做大量的工作。政府要建设基础设施、组织对移民进行培训、提供必要的生产资金，还要组织移民的生产与市场对接。因此，移民工作的重点不是迁移本身，而是在移入地区做好各种配套和衔接工作。在组织移民搬迁过程中，移入地区的工作做得充分、完善，移民就比较稳定。从这个角度上说，要把移民工作做好，就要转变政府的工作作风，要从管理者变成服务者，及时发现移民所遇到的困难并采取有效措施加以解决。

党的十八大提出在 2020 年全面建成小康社会，这一方面增加了生态移民工作的紧迫性，另一方面也给生态移民提供了新的机遇，要求政府站在生态文明建设的高度来规划移民工作。

要实现全面建成小康社会的目标，贫困和生态环境退化是两个最重要的制约因素，特别是在西部地区。把那些生态环境恶劣地区的人口搬迁出来，可以同时达到生态环境恢复和扶贫的目标。国家启动的一系列扶贫、生态环境保护项目，也给移民提供了更多的资金支持。更重要的是，随着西部大开发和新型城镇化建设，移民有了更多的就业渠道。这些都是生态移民的有利条件。

但是我们也要看到，新形势下生态移民有了更高的要求。过去生态脆弱地区的人口贫困程度很严重，因此很容易通过移民改善他们的收入，使他们满意。但是随着国家一系列惠农政策的实施，那些生活在生态脆弱地区的人口的收入也在增加，特别是各种补贴增加。在这种情况下，移民的预期就会相应提高，只有更高的标准才能满足移民的需要。宁夏还是少数民族和宗教信众集中居住的区域，在生态移民的过程中还要高度重视社会的和谐与稳定。

　　中国社会科学院作为党中央和国务院的思想库、智囊团,十分注重研究我国经济社会发展中的重大现实问题。为此,中国社会科学院与我国的一些省、市、区建立了院－省、院－市和院－区合作关系。这次,由中国社会科学院社会学研究所牵头,联合宁夏社会科学院和北方民族大学,在宁夏回族自治区党委、政府的大力支持下,对宁夏生态移民做了比较深入系统的调查研究,总结了过去30年宁夏移民的经验,分析了当前生态移民的成效和难点以及未来移民面临的新形势和新问题,特别是对已搬迁和尚未搬迁的移民的情况做了系统的比较,提出了一些可供参考的解决问题的思路和对策。

　　现在呈现的这部书稿,只是一个良好的开端,我希望将来这种中国社会科学院与地方合作、为地方经济社会发展服务的研究工作做得越来越多、越来越好。

2013 年 3 月 11 日于北京

目　　录

图 目 录

表 目 录

导　　论
扶贫、生态移民与
可持续发展

党的十八大确立了到 2020 年全面建成小康社会的各项目标，包括经济、政治、文化、社会和生态等各方面。其中一项非常艰巨的任务，就是"大幅度减少扶贫对象"。中国农村的贫困标准，改革开放以来随着农村居民收入水平的提高也不断提高，到 2011 年则大幅度提高到农民年人均纯收入 2300 元，这大体相当于每人每天收入 2 个购买力平价（PPP）（以国际元为计量单位）的国际贫困标准。按这个标准计算，2011 年我国农村还有 1.22 亿多人属于扶贫对象，2012 年减少到 9899 万人，但仍占农村户籍人口的 10.2%。

与此同时，随着中国经济的快速发展，生态问题变得越来越严峻。2013年 1—3 月，北京市的严重雾霾天气数日持续，气象局发布最高级别的霾橙色预警，机场乘客大量滞留。雾霾从东北、华北蔓延到中部乃至黄淮、江南地区，我国中东部地区陷入大范围重度和严重空气污染，部分地区能见度不足百米。环保部监测的 120 个重点城市中，有 67 个处于污染水平，11个省市 22 条高速公路局部路段关闭。这一事件引起国民的深刻反思，生态问题已经成为我国全面建成小康社会的一个瓶颈问题。

在中国，贫困与生态环境脆弱往往是共生的。中国农村贫困人口大部分分布在 18 个集中连片贫困地区，这些地区或者干旱缺水，或者地表水渗漏严重而无法利用，或者高寒阴冷、有效积温不足，或者山高坡陡、水土流失、灾害频繁。其中最典型的区域是中国西南部的喀斯特地貌区和西北部的"三西"地区。生态环境脆弱的地区也是基础设施落后的地区，由于自然条件的限制，这些地区的基础设施远远落后于其他地区（李周，2007）。恶劣的自然环境和落后的基础设施导致这些地区严重贫困，而贫困又加剧了环境破坏。

宁夏南部的西海固地区是中国贫困程度最深的连片贫困地区之一，与甘肃的河西和定西并称"三西"。从 20 世纪 80 年代开始，西海固地区的扶贫就得到国家的高度重视，国家启动"三西"扶贫规划，使这个地区的贫困状况得到改善。但是直到目前，这里的贫困现象依然很严重，2011 年开始的国家新扶贫规划中，西海固地区成为六盘山连片扶贫的重要组成区域之一。

对居住在生存条件恶劣、自然资源贫乏地区的贫困人口实行易地扶贫搬迁，是改善他们生存环境和发展条件的重要途径。截至 2010 年，中国政府对 770 余万贫困人口实行了扶贫搬迁，有效改善了这些群众的居住、交通、用电等生活条件（中华人民共和国国务院新闻办公室，2011）。在这期间，宁夏也积极地实施了以扶贫和生态环境保护为目标的移民。

基于不同的资源禀赋，宁夏回族自治区内形成了明显的三个不同地区：北部引黄灌区具有较好的农业生产条件，经济发展水平较高；而南部山区和中部干旱带则因为自然条件恶劣、资源匮乏，经济发展缓慢，人们长期处于贫困状态。在过去的 30 年中，通过吊庄移民、易地扶贫移民和生态移民、中部干旱带的县内移民等措施，宁夏中南部地区总计 66 万的贫困农民迁移到生产条件较好的地区（朱丽燕，2011），移民的生活条件得到很大改善，特别是那些搬迁到引黄灌区的人们。与此同时，随着人口的迁移，中南部迁出地的人口压力降低，生态环境得以恢复，人们的生活条件也得到相应改善。生态移民对于改善贫困状况和生态脆弱地区环境恢复，都具有积极意义。

宁夏回族自治区计划在"十二五"期间（2011—2015 年）继续搬迁 35万人，使位于偏远山区交通不便的农民摆脱贫困，同时也使南部山区发挥更好的生态服务功能。但大规模的移民也带来一系列的问题，特别是宁夏移民还与少数民族问题和宗教问题交织在一起。

为了更好地研究并促进宁夏生态移民工作，中国社会科学院社会学研究所与北方民族大学社会学与民族学研究所于 2012 年 9—10 月对宁夏生态移民进行了问卷调查（简称"课题组 2012 年抽样调查"，本书使用的抽样调查数据，凡未注明的均来自这项调查）。

　　该调查严格按照科学抽样的方法，采用多阶段抽样，按市－区/县－镇/乡－户－个人层次顺序，分别从迁移人群和待迁人群两个总体中抽取两个子样本。在移民迁入地——银川市西夏区、银川市金凤区和吴忠市红寺堡区和移民待迁地——吴忠市同心县和固原市西吉县（地理分布如图 0－1 所示），

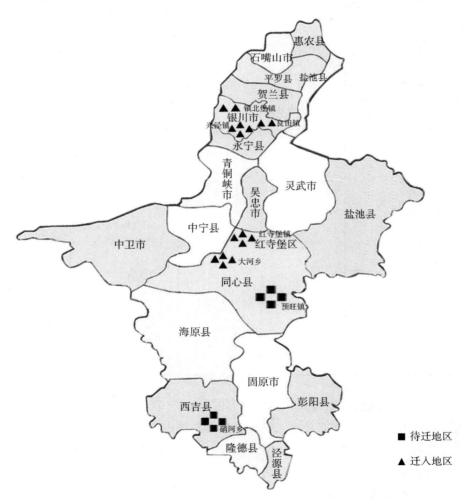

图 0－1　宁夏移民迁入地区和待迁地区分布图

按乡（镇）、村委会、村民户、村民四个阶段抽样，共获得有效样本 1200 个，其中迁移人群 800 个样本，待迁人群 400 个样本，分别代表调查区域内 18—69 周岁的迁移人口和待迁人口（见表 0 – 1）。

表 0 – 1　2012 年宁夏移民抽样调查地区分布

地区类别	市	区/县	乡/镇	村
待迁地区	固原	西吉	硝河	关庄
				红泉
				隆堡
				苏沟
	吴忠	同心	预旺	陈石塘
				郭阳洼
				贺家塬
				南关
迁入地区	银川	金凤	良田	泾龙
				兴源
		西夏	兴泾	泾河
				泾华
				西干
				兴盛
			镇北堡	团结
				新华
	吴忠	红寺堡	大河	大河
				开元
				红崖
				香园
			红寺堡	朝阳
				团结
				玉池
				梨花

迁移人群抽样总体涵盖宁夏中北部移民，约 72 万人，子样本数为 800 人，1 个样本约代表 900 个迁入移民，抽样总体占宁夏"十二五"期间全部计划迁移人群（78.58 万）的 91.6%。待迁人群抽样总体为 27.68 万人，子样本数为 400 人，1 个样本约代表 692 个待迁移民，抽样总体占宁夏"十二五"期间全部计划待迁人群（34.6 万人）的 80%。

本研究报告根据调查结果对已经进行的移民工作进行了评估，并针对出现的问题对下一步的移民工作提出了相关建议。

一　自然条件恶劣造成历史上贫困和环境退化的循环

西部地区的主要特点之一是资源分布的不平衡，这在宁夏回族自治区表现尤其明显。自然资源禀赋的差异导致了区域发展不平衡。

目前，宁夏农业所创造的增加值已经不足全区地方生产总值的 10%，但仍然有将近 50% 的劳动力从事农业。农业高度依赖于水资源，而宁夏的水资源分布高度不均衡。宁夏中南部地区长期处于水资源缺乏的状态，自然灾害频繁，加上较高的地理位置和低温，农业长期处于广种薄收状态，在 20 世纪 80 年代初期，有将近 3/4 的农村人口处于贫困状态（范丽明、杨国涛、范子英，2010）。尽管国家持续地在这个地区进行扶贫，大部分贫困人口已经脱贫，但是发展速度仍然缓慢。水资源的匮乏是制约当地经济发展的最主要因素。

从表 0-2 中我们可以看出，尽管南部山区降雨量比北部地区高，但是人均水资源的拥有量却远远低于引黄灌区。

表 0-2　宁夏三大分区人均、亩均水资源量统计

分　区	人口（万人）	灌溉面积（万亩）	耕地面积（万亩）	当地可利用水资源量（亿立方米）	当地可利用水资源量		加入黄河可利用水资源量	
					人均（立方米）	亩均（立方米）	人均（立方米）	亩均（立方米）
引黄灌区	307	537	528	1.5	49	28	945	539
中部干旱带	186	150	619	0.51	27	8	302	89
南部山区	137	62	547	2.49	182	45	222	54
全　区	630	749	1694	4.5	71	27	598	218

资料来源：马忠玉主编，2012，《宁夏应对全球气候变化战略研究》，黄河出版传媒集团/阳光出版社。

水热资源组合差——水多热少或水少热多或年内的水热与作物的生长周期不同步，对农业生产构成了不利影响。降水主要集中在每年的 7、8 月，

而作物需水的 4、5、6 月降水却不多，极不利于作物特别是夏季作物的生长（陈育宁，2004：25）。干旱是西海固地区最频繁发生的自然灾害，而且旱灾的持续性强，曾发生季节连旱和年际连旱，对农业生产的危害特别严重。如 1991—1995 年连续的大旱，使很多脱贫农户返贫，甚至出现了人缺口粮、畜缺饲草、地缺子种的危机局面。另外，雨涝、冰雹、大风等自然灾害在南部山区也经常发生，其中暴雨灾害的发生频率一般为 2—3 年一次，冰雹为每年 2—7 次（东梅、刘算算，2011：75）。

经过两个多世纪的过度耕作、放牧和樵采，在宁夏中南部地区已经引发了严重的生态危机，以水土流失为主的土地退化使这里的生态环境日益恶化。宁夏南部山区属于黄土高原水土流失区，水土流失面积为 2158 平方公里，占区域总面积的 84.6%，其中 23.7% 的土地属于重度流失区，这里的沟壑以每年 10 米的速度延伸，每年破坏耕地 500 亩左右。土壤侵蚀带走了大量的养分物质。据估算，西海固地区每年要流失有机质 126 万吨，全氮 9.45 万吨，全磷 26.04 万吨，相当于 26.54 万吨尿素和 105 万吨过磷酸钙。水土流失严重破坏了土地资源，也降低了水利设施的利用效率，使当地可利用水资源减少，对农业生产极为不利（范丽明、杨国涛、范子英，2010）。

在这样的自然条件下，农业基础设施建设缓慢，且很难发挥作用。中南部地区的农业长期停留在广种薄收的水平。在引黄灌区，农业已经 100% 是灌溉农业；中部干旱带只有不足 25% 的耕地有灌溉设施；南部山区更少，不足 12%。

从 20 世纪 80 年代开始，经过国家大规模开发式扶贫，宁夏中南部地区的农民收入有所提高，但是与北部引黄灌区的收入差距还在扩大。2000 年，山区与川区农民人均收入差距为 1713 元，而到 2009 年则扩大为 2344 元。受自然条件的限制，宁夏山区农业生产水平仍然很低。

在宁夏的中南部地区，贫困的根本原因是生态条件的不断恶化。要解决贫困问题，缩小收入差距，就需要打破生态恶化和贫困之间的循环。

二　生态移民有效促进了扶贫和生态保护

人口迁移是打破环境恶化和贫困循环的有效手段。在前现代化时期，为了获得耕作土地或屯边，人口的迁徙往往是从人口密集地区向边缘地区迁移，宁夏中南部地区的大量人口就是从清朝以来陆续自愿或被强制迁移而来的。现代化推动了人口的集中，因为经济发展要求人口的集中。有关增长极的理论认为，工业发展不可能在所有地方同时发生，经济发展的不平衡是常态，在一些经济发展迅速的地区形成增长极，人口必然会向增长极集中（李国平、范红忠，2003）。在中国改革开放的前20年，东部地区发展快，大量人口从中西部地区不断向东部地区流动。2000年以后，我国的区域增长格局开始发生深刻变化，西部大开发战略的实施效果开始显现，西部地区经济发展加快步伐，逐渐形成一些经济发展集聚的地区。以银川为核心的宁夏北部引黄灌区正在成为一个区域中心，辐射内蒙古、山西和甘肃等毗邻地区。随着银川区域中心作用的增强，这个地区将吸引更多的人口。在这个背景下，宁夏北部地区将成为中南部地区移民的重要目的地。

通常来说，人口迁移包括自愿移民和非自愿移民两种模式。中国的农民工可以被看作典型的自愿移民。大量农民工的流动推动了中国的工业化，对于增加农民收入贡献巨大。与此不同的是非自愿移民，比如大型工程设施建设所导致的移民是典型的非自愿移民，他们因为土地被征用，只能迁移到其他地区。而生态移民是一种混合型移民，或者说是有规划的自愿移民。他们是从生态条件恶化的地区迁移到生态条件比较好的地区，这是他们多年的愿望；然而不同于自愿移民，他们的迁移是在政府组织下实施的工程。

生活在生态脆弱地区的贫困农民有着强烈的迁移愿望，原居住地的资源状况使他们无法摆脱贫困状况，甚至维持生存都很困难。他们希望迁移到资源相对丰富的地区，但如果缺少政府的规划和支持，他们自身没有能力实现迁移。缺少能力实现移民的主要是那些贫困农民，生态移民将政府规划与移民意愿结合在一起，给贫困农民的迁移提供了必要的条件：可以耕种的土地、必要的住房和新的移民社区。

过去30年的移民历史表明，人口迁移促进了贫困人口的脱贫致富，也促进了移入地区的经济发展和移出地区的生态恢复。

第一，移民的生产方式发生了根本的转变。过去他们主要依靠雨养农业，土地面积较大，粗放经营，农业生产缺少保障；进入引黄灌区以后，耕地面积减少，但是有良好的灌溉条件，农业生产有了保障。迁移人群在其移民前的家庭人均土地面积为 5.12 亩，其中主要是以旱地为主，同时拥有少量的山林；移民之后，其家庭人均土地面积为 1.68 亩，其中人均水浇地为 1.56 亩（见表 6 - 10）。

稳定的灌溉农业保障了农业生产的相对稳定，原来对农业威胁最大的旱灾得到了有效的克服。调查结果显示，移民解决了大部分人口的用水问题。在迁移人群中，超过 70% 的被访者认为现在水源充足，能够满足生产和生活需要；而在尚未搬迁的人群中，有 63.3% 的被访者认为水资源不足（见表 6 - 37）。

第二，生态移民的收入显著提高。新的移民区靠近城市，交通便利，信息通畅，这为移民从事非农就业提供了条件。比较迁移人群和待迁人群的家庭收入，可以发现，生产条件的改善使迁移人群的收入明显高于待迁人群，农业收入和打工收入均高于待迁人群，农业收入高出将近 70%，打工收入高出 90% 多（见表 2 - 2）。

第三，基础设施得到了明显改善，移民获得了更好的公共服务。农村的教育、卫生和基础设施都得到了明显改善。移民到学校、医院和集镇的距离都大大缩短，这使他们可以更便捷地享受公共服务。比如在搬迁之前，从居住地到最近的集镇平均距离为 10 公里左右，现在只有 5 公里左右。搬迁前，从居住地到最近的学校，步行超过 1 小时的人占 50%，搬迁后步行超过 1 小时的人仅占 5.1%（见表 0 - 3）。

表 0 - 3　搬迁前后从居住地到最近的诊所和学校的距离比较

单位:%

		搬迁以前	移民后
距离最近的诊所	步行 1 小时以内的人群	65.2	83.5
	超过 1 小时的人群比例	34.8	16.5
距离最近的学校	步行 1 小时以内的人群	50	94.9
	超过 1 小时的人群比例	50	5.1

资料来源：课题组 2012 年抽样调查。

政府在进行移民的同时为移民统一新建了住房，从而使移民的住房得到了根本性的改善。从我们的抽样调查来看，在移民以后，人均住房面积增加近 10 平方米，而且大部分从土坯房变成了砖瓦平房（见表 2－5）。

第四，宁夏生态移民工程的评估，其成果最终还是要看移民满意不满意。调查结果显示，宁夏生态移民与全国各地移民相比，具有较高的总体满意度，这个结果令人高兴，说明宁夏生态移民工作做得比较深入细致。从迁入地移民总体满意度来看，有 91.8% 的人对移民搬迁表示满意，不满意的移民仅占 2.7%（见表 1－7）。迁入地移民对住房条件满意的比例达到 91.8%，对生产条件满意的比例为 91.1%，对生活条件满意的比例为 94.6%。

更重要的是，通过移民改变了贫困农民的观念，移民对公共事务的参与和社会交往关系都较移民之前发生了很大的变化。在移民之前，大多数村民居住分散，村民很少参与公共事务，但是在移民过程中有越来越多的公共事务需要村民参与发表意见，调查表明，在移民以后，村民参与公共事务的积极性有了很大提高。比如在迁移以后，大约有 40% 的人经常或偶尔参加村民代表大会，而在迁移之前，这个数量仅有 27%。在迁移之前，村民遇到困难时最重要的求助对象是亲戚，在迁移以后，尽管首选的求助对象仍然是亲戚，但是向邻居和村干部求助的比例明显上升。求助于邻居的比例从 17.5% 上升到 25.4%，求助于村干部的从 3.7% 上升到 5.8%。

第二个受益方是移出地区。移民不仅减轻了南部山区的人口压力，使南部山区的生态环境得到了改善，而且在移民区，通过人为的干预，生态环境也得到了改善。在部分人口从南部山区搬迁以后，南部山区的人口压力得到一定程度的缓解，通过退耕还林和退牧还草等项目的实施，南部山区的生态环境得到恢复，重要的水源地得到保护。而迁入地区则通过扬黄工程将原来的荒漠化土地改造为耕地，从而防止了土地的进一步退化。在我们的问卷调查中，大多数被访者都认为人口压力是宁夏南部山区环境破坏的主要原因，同时也认为移民对于摆脱贫困和改善环境具有重大作用。来自环境领域的专业研究也表明，南部山区自从 2006 年以后，生态环境有明显改善（杨显明等，2013）。按照自治区的计划，"十二五"期间转移的 35 万人口所留出的土地和宅基地将全部转作生态建设，这将提高宁夏的森林覆盖率、涵养水源，从而改善生态环境。

随着人口压力减少和生态环境恢复，从 2006 年以后，南部山区的农民收入增长明显加快。2010 年，山区农民纯收入增长 16%，比川区高 1.8 个百分点，从而使南部山区与北部川区农民收入之间的差距缩小。

然而，生态移民对移入地区的影响是多方面的。在近 30 多年中，近百万的人口迁入黄河灌区，加大了移入区的人口压力和资源紧张，但是人口的增加也有助于当地的经济发展和促进银川地区经济中心的形成。尽管迁移对提高移民收入、改变移民的社会结构起了重要作用，但是要使移民真正融入川区的经济社会发展中，实现真正的脱贫致富，与移入地区同步发展，还有许多工作要做。我们看到，银川周边黄河灌区正在成为一个区域的经济中心，从而具有越来越强的吸引力，同时中南部地区的贫困人口不断迁移到这个地区，但是这两个过程目前仍然没有融合起来，经济增长对移民的劳动力就业贡献有限，而移民的身份仍然主要是农民。

三 生态移民所面临的问题

人口的迁移成功地解决了贫困与生计问题，但是要使移民融入新的社区，还面临许多新的问题。

第一，稳定的非农就业是移民首先要解决的问题。在进入新的移民区以后，移民的土地面积减少，课题组的调查表明，在移民以前，他们的人均耕地面积为 4.91 亩，而在移民以后，人均耕地面积减少为 1.68 亩。尽管耕地的条件改善，但是土地产出不足以维持移民的生存；而且在移民以后，他们原有的一些生计活动，如放牧和打柴全都停止，这减少了他们的收入渠道并增加了他们的支出。从我们调查的数据来看，移民 2011 年的人均收入为 5800 元，这比移民之前增加很多，但是比黄河灌区的人均收入要低 20% 左右。

大部分移民都获得了土地，但是由于土地面积比较小且是新开垦地区，地力需要培养，所以这些土地只是给移民提供了最低的保障，并不足以维持移民的生计。从原来山区广种薄收的旱作农业转变为精耕细作的农业，移民还需要一个适应过程。在一些移民村，土地交给企业代为耕种，移民无须耕种自己的土地，农业已经不是移民的主要就业渠道。移民要增加收入就需要增加非农就业。尽管移民村距离城市较近，为移民打工提供了方便，但是由于移民缺少必要的专业技能，因而其工资收入通常比较低。

　　提高移民的非农就业还需要社会提供更多的就业机会。总的来说，西部地区的非农产业发展往往更多地集中在资本密集型的重化工业，单位资本所吸收的劳动力就业低于轻工业。如果我们将宁夏与广东和江苏对比，可以明显地看到这种区别。在广东和江苏，每万元工业产值的就业人数分别为 0.10 和 0.08 人，而在宁夏只有 0.05 人（见表 0-4）。与此相关，在广东和江苏，在工业中就业的人数都远远超过了农业和服务业，而在宁夏，在工业中就业的人数很少，大量的劳动力还滞留在农业或水平较低的服务业。这是限制移民在非农领域稳定就业的外部因素。

表 0-4　宁夏、江苏、广东三省区每万元产值的就业人数比较

	第一产业			第二产业			第三产业		
	总产值（亿元）	就业人数（万人）	每万元产值就业人数（人）	总产值（亿元）	就业人数（万人）	每万元产值就业人数（人）	总产值（亿元）	就业人数（万人）	每万元产值就业人数（人）
宁夏	184.14	166.20	0.90	1056.15	55.35	0.05	861.92	118.10	0.14
江苏	3064.78	1025.02	0.33	25203.28	2017.49	0.08	20842.21	1717.72	0.08
广东	2665.20	1427.34	0.54	25447.38	2526.48	0.10	24097.70	2006.92	0.08

　　资料来源：《2012 年宁夏统计年鉴》《2012 年江苏统计年鉴》《2012 年广东统计年鉴》。

　　第二，生态环境和水资源问题将是制约移民可持续发展的重要因素。通过生态移民减轻了南部山区的环境压力，黄河灌区大量荒地也得到了治理，这对改善生态环境具有重要意义。但是由于宁夏全区处于干旱半干旱地带，主要依靠黄河的水资源，如果没有有效的节水措施，就会造成水资源的矛盾。首先是居民生活用水和生产用水的矛盾。随着城镇化发展，居民生活用水量会大大增加，这将会与生产用水形成矛盾。其次，随着宁夏工业发展，特别是宁东能源化工基地建设，工业用水的数量会明显增加，在国家分配给宁夏的黄河水量不变的前提下，工业用水数量的增加必然要减少农业用水，那么依靠黄河资源的生态移民也会受到影响。现有的移民模式仍然要高度依赖黄河水资源，特别是在"十二五"期间的移民，农民进入川区以后仍然主要依赖灌溉农业，黄河的水资源仍然是最重要的影响

因素。

大规模的农业开发和人口迁移对川区会产生一些负面的影响，这是需要警惕的。有研究表明，在移民区已经开始出现土地退化的现象，一些地方因为引水灌溉而出现土地盐碱化，也有一些地方因为土地开垦而出现土地沙漠化。比如红寺堡在 1999 年以后所开垦的 9.46 万亩土地中，就有 2.4 万亩出现不同程度的沙化现象（文娜，2009）。我们的调查也表明，在移民以后，有更多的人感觉到了沙尘暴对他们生产和生活的影响。生态移民有助于恢复南部山区的生态条件，但是由于人口集中，土地开发和水资源消耗都会对移入区产生重大的影响。

水资源也是引起社会矛盾的一个诱因。调查发现，由于移民的土地资源紧张，一些地方出现私自开荒的现象。开垦土地面积不断扩大，致使原有的用水指标严重不足，供水矛盾日益突出，群众撬口抢水、霸水、偷水现象经常发生，因灌溉问题而产生的纠纷不断，甚至出现群殴现象。水资源的合理利用和有效管理是改善生态环境的关键。

第三，标准化的安置方式难以满足移民的差异化需求。政府对移民制定了统一的操作模式，包括住房、耕地分配和各项补助标准，但是各个家庭的条件不同，移民的需求也是多样的，统一的标准无法满足移民的多样性需求。

第四，未来生态移民的搬迁不容乐观。根据调查，接近七成的移民是愿意服从政府安排进行搬迁的，但仍有 30.9% 的移民不愿意搬迁。不愿意搬迁的移民多是不满意移民安置区环境，尤其是宁夏中南部生态移民规划中县内安置的 2.84 万户、12.11 万人，因多数县内安置地自然条件差，移民搬迁的积极性普遍不高，只有 30% 的移民愿意迁入政府规划的迁入地，但前提是迁入地条件要优于迁出地。不愿意搬迁的村民 90% 以上准备分别采取"拖延""抗拒""抬高补偿"等方法应对，50% 以上准备在其他村民都搬迁走的情况下，拖延或抗拒三年以上。不能整村搬迁也将拖延搬迁进程。根据宁夏回族自治区移民局要求，对于单人单户、60 岁以上老两口及 2009 年 12 月 31 日以后分户的新户不予搬迁安置；另外，对不符合搬迁条件的，长期居住在移民迁出区且没有固定工作的非农户、鳏寡孤独等特殊人群也不予搬迁安置。目前，各移民迁出村均存在以上两种情况，且所占比例较大。

第五，社会管理有待创新。生态移民是政府主导的移民，因此政府在移民社区的建设中发挥了主导作用，但是对如何发挥社区自我管理的的作用还关注不够。在移民的过程中充满了利益冲突和博弈，很容易引起社会矛盾，在这方面特别需要移民社区基层组织发挥作用。但是移民社区的基层组织所发挥的作用很弱。比如课题组在红寺堡调查时发现，大多数被访问的移民认为"基层干部执政能力差"，甚至认为"基层干部缺乏诚信"，许多被访者在"权益受到侵害的时候会选择越过基层组织向更高级政府表达诉求"。移民社区是新建的社区，社区成员来自不同的地方，缺少社区传统，社区成员会面临许多新的问题，基层组织的作用就更加凸显出来，但是现在基层组织的作用还远远不能满足社区成员的需要。正是由于移民社区自我管理能力较弱，基层组织发挥作用不够，大量的社会纠纷都需要政府出面解决，这增加了社会管理的成本，且不利于社会稳定。

从我们的调查来看，移民所面临的第一位问题是发展资金问题（见表11-6）。尽管在迁移过程中政府提供土地，且提供了住房补助，但是移民家庭在搬迁过程中也支出了大量资金，如每个移民家庭需要自己支付近2万元才能获得新的住房。这对于贫困家庭来说是比较大的负担。更重要的是，在搬迁以后，农民原来低成本的旱作农业被高成本的灌溉农业代替，再加上进入新社区以后各项新的支出，因而支出迅速增加，大多数移民感觉到资金困难。

移民感觉困难的第二位问题是收入。随着政府对移民支持的加强，我们可以看到，随着时间的推移，认为收入低是他们主要困难的人数在减少，比如1997年以前的移民有超过20%的人感觉到收入低是他们最大的困难，但是到1997年以后，只有5%—7%的移民感觉到收入是个严重的问题，这说明移民的收入在稳步提高，但是移民的收入仍然低于川区原住民的收入。

在我们的调查过程中，住房也是移民反映比较多的问题。因为所有移民家庭都是按照统一标准建设的住房，人口比较多的家庭就会感觉住房紧张，特别是有些3代户家庭，人均居住面积较小，不能满足家庭的需要。整齐划一的移民房屋建设有利于移民的规划，且可以避免因住房多样化可能引起的社会矛盾，但是这种格局经常无法满足移民的多样性需求。

此外，县内安置的移民和劳务移民的政策还有很多不完善的地方。在南部山区和中部干旱带县内安置的移民，其综合条件要比进入川区的移民差，距离中心城市较远，受城市辐射影响的作用较小。因为劳务移民没有土地和住房的产权，所以移民积极性不高。

移民是一个复杂的系统工程，要使移民社会稳定，并与川区同步发展，就不能就移民问题谈移民问题，应使移民成为发展银川区域经济中心、全面建成小康社会战略的一部分。

四　统筹城乡发展，全面建成小康社会

移民是一个系统的社会工程。要将移民工作纳入全区的经济社会发展规划中通盘考虑，以全面建成小康社会。与全国相比较，宁夏的小康社会建设水平还比较低。按照国家统计局全面建设小康社会的指标来衡量，2010年，宁夏完成率还不足66.2%，不仅低于全国80.1%的水平，甚至低于西部地区71.4%的水平。在小康社会的6项监测指标中，资源环境严重地拖了宁夏全面建设小康社会的后腿（见表0-5）。

表0-5　宁夏小康社会建设指标

单位:%

	全　国	宁　夏
全面建设小康社会	80.1	66.2
经济发展	76.1	61.7
社会和谐	82.5	70.0
生活质量	86.4	73.2
民主法治	93.6	88.4
文化教育	68.0	58.7
资源环境	78.2	49.7

资料来源：潘璠主编，2011，《中国全面建设小康社会监测报告（2011）》，社会科学文献出版社。

宁夏应以生态移民为突破口，下大力气抓好环境问题。同时通过生态

移民促进经济发展、增强社会和谐并推进生活质量改善。因此要从统筹城乡、全面建设小康社会的角度来解决移民问题，而不能仅仅局限于从移民内部解决移民问题，要将移民策略与宁夏整体发展策略结合起来。为此，要在新的移民过程中关注下面四个方面的问题。

首先，要将移民与银川经济中心建设和新型城镇化建设结合起来。到目前为止，移民的主导产业仍然是农业，大量人口沉淀在农业内部，不仅会造成水资源紧张、土地盐碱化等新的环境问题出现，且限制了移民进一步增收的潜力。要使移民真正融入新的社会并对宁夏的经济增长做出贡献，就需要推动移民的非农就业。增加移民的非农就业就要发展二、三产业，转变产业结构，特别需要出台相关的产业政策，支持劳动密集型产业发展，从而提供更多适合移民的就业机会。

增加移民的非农就业机会也有助于促进城市化发展。受到现行城乡体制的影响，西部地区的城乡差别比东部地区更大，统筹城乡发展的任务更重。生态移民工作要与统筹城乡发展相结合。移民迁入地区往往距离城市比较近，道路交通等基础设施较为完善。在此基础上，逐步通过户籍制度改革、养老和医疗制度改革，实现社会服务均等化，缩小城乡差别。

其次，增加移民的资产，促进移民彻底摆脱贫困。国际上有关贫困的最新研究表明，资产缺乏是导致贫困的重要原因。国际扶贫的经验表明，仅仅关注收入贫困是不够的，因为收入往往只是暂时的，缺少资产的贫困人口是脆弱的（Krantz，2001）。资产包括移民的经济资产，同时也包括社会和政治资产、资源和环境资产，以及人力资产。移民在迁移过程中会损失大量资产，包括资金、社会关系和知识等，这导致他们生计脆弱。减少移民生计的脆弱性，使他们稳定脱贫就要增加移民的资产，这包括提供更有效的资金支持使他们实现生计方式的转变，改善他们的知识结构，促使移民积极参与社区公共事务，从而缩小并最终消除移民与当地居民的差距。

再次，实现对移民社会管理的创新。移民社会管理创新的重点在于建立移民新的社区认同，实现社区的自我管理，并建立反映移民需求的机制。

多数移民社区成员来自不同的农村社区，当新的村委会和村民小组组建以后，需要得到村民的认同。关注社区的共同利益和增加社区成员的互动有助于促进社区成员实现新的社区认同。

　　在建立新的社区认同过程中，乡村基层组织发挥着重要的作用。在实现移民社区自我管理过程中，要赋予村级组织更多的权力，使村级组织发挥更重要的作用。

　　移民社区是新的社区，在社区生活中会遇到许多新的问题，因此需要强化地方政府、村级组织和移民之间的协商机制，及时反映移民的多样性需求，并能够采取有效措施加以解决。

　　最后，改善生态环境并建立可持续的发展方式仍然是移民的重要目标。在西北干旱和半干旱地区，水资源的紧张将长期存在，随着经济发展和气候变化，水资源竞争会日益加剧。因此，合理利用水资源、缓解水资源的冲突将是保障包括生态移民社区在内的宁夏可持续发展的重要工作。宁夏已经实施了一系列保护水资源和合理分配水资源的措施，生态移民对于南部山区涵养水源具有重要意义。近年来正在推进的水权置换措施也有助于减少水资源消耗，合理利用水资源。

　　在宁夏的生态环境保护中要将中南部的生态环境保护与北部引黄灌区的生态环境综合考虑，中南部在移民和保护生态环境中做出了贡献，提供了生态服务价值，要通过生态补偿的形式，增加中南部地区农民收入，提高其保护环境的积极性，同时也要高度关注引黄灌区的生态保护问题。

第一章
宁夏生态移民的
历史与现状

千百年来，宁夏的历史就是一部移民开发史，移民开发作为一股持久的动力，推动着宁夏的历史不断发展前进。秦汉时期，军事移民的盛行有效抵御了外族的入侵；唐宋时期，党项民族的两次内迁最终成就了强大的西夏王朝；元代，大规模政策性移民迁入极大地促进了区域经济开发；清代，政治引发的强制性移民奠定了今日宁夏地区回族的分布格局。时过境迁，移民的背景、形式和目的都发生了深刻的变化。但在宁夏，移民开发作为一个历史悠久的话题，仍然散发着经久不衰的活力。

第一节　生态移民开发的历程

自 1983 年至今，宁夏移民实现了由单纯的扶贫移民向扶贫与生态修复并重的转变。以移民目标的转变为标志，宁夏的移民开发由吊庄移民阶段步入了新的历程——生态移民阶段。

一　吊庄移民目标与类型

1982 年，国务院决定开始实施"三西"农业建设项目，以根本解决甘肃、宁夏两省集中连片特困地区群众的温饱问题。1983 年 9 月,"三西"地区农业建设领导小组进一步提出"有水路走水路,有旱路走旱路,水旱不通另找出路"的方针。根据这一扶贫方针,宁夏政府制定了"兴河套之利,济西海固之贫"的策略,动员宁夏南部山区资源相对贫乏、生存空间狭小、缺乏基本生存条件地区的群众,搬迁到资源更为丰富的、有灌溉条件的荒地上进行开发性生产建设。自此,宁夏扶贫工作实现了由救助式向开发式、由"输血型"向"造血型"的转变。

"吊庄"又称为"拉吊庄",是晚清、民国时期西北黄土高原地区的一种农业经营方式。黄土高原地区气候较为干旱,且降水集中,历史上长期无度垦殖,致使该地区植被稀疏,水土流失严重。面对人地关系极不协调,一方水土无法养活一方人的窘境,当时的农民迫于生存压力,只能对周边的无主荒地进行开垦。周边的土地开垦完,又到更远的地方去开荒种地。有时,开垦的地方离村庄很远,农民不得已在垦殖地挖窑洞、搭窝棚,建立临时住所以供栖身之用。农忙过后,他们就返回原来的村庄。虽然农民定居在一个村庄,但他们要在两地之间来回奔波,一个村庄吊两个地方,故称为"吊庄"。现在的移民基地虽然不再是临时性的,但对移民实行的是"两头有家,来去自由"的政策,移民的根仍然在迁出地。所以,我们将现在的移民基地称为移民"吊庄",是对传统吊庄模式的一种借鉴。

1983 年,在宁夏吊庄移民工作领导小组的统一领导,迁出迁入地政府有关部门协调组织实施下,依靠固海、盐环定扬水等关键性水利工程,以永宁县芦草洼和平罗县隆湖移民吊庄开发建设为标志,正式拉开了吊庄移民的序幕。截至 1997 年,宁夏回族自治区建设县外集中连片移民吊庄 12 处、县外插花移民吊庄 5 处、县内移民吊庄 6 处,共计 23 处移民吊庄(见表 1 - 1)。

表 1 - 1　吊庄移民搬迁情况

吊庄类型	吊庄名称	搬迁时间(年)	迁出县	迁入县
县外集中连片移民吊庄	大战场吊庄	1983	固原县	中宁县
	马家梁吊庄	1983	彭阳县	中宁县
	芦草洼吊庄	1983	泾源县	银川市新市区
	月牙湖吊庄	1983	海原县	陶乐县
	隆湖吊庄	1983	隆德县	平罗县
	狼皮子梁吊庄	1985	盐池县	灵武市

续表

吊庄类型	吊庄名称	搬迁时间(年)	迁出县	迁入县
连片移民吊庄	南梁台子吊庄	1990	海原县	贺兰县
	石坡子吊庄	1992	固原县	同心县
	玉泉营吊庄(西吉)	1992、1997	西吉县	永宁县
	玉泉营吊庄(海原)	1993	海原县	永宁县
	扁担沟吊庄	1995	固原县	利通区
	华西村吊庄	1995	西吉、海原、固原、同心	银川市新市区
县外插花移民吊庄	五堆子吊庄	1985	海原县	陶乐县
	红崖子吊庄	1985	海原县	陶乐县
	南山台子吊庄	1985	西吉县	中卫县
	长山头吊庄	1985	彭阳县	中宁县
	甘城子吊庄	1986	盐池县	青铜峡市
县内移民吊庄	同心河东、河西吊庄	1980		
	固原七营吊庄	1982		
	海原兴仁、高崖、李旺吊庄	1982		
	中卫南山台子吊庄	1985		
	中卫碱碱湖吊庄	1986		
	盐池惠安堡吊庄	1995		

注：固原县大战场吊庄和彭阳马家梁吊庄现已移交中宁县，改成中宁县大战场乡；泾源芦草洼吊庄改为两个乡镇，兴泾镇移交银川市西夏区管理，兴源乡移交银川市金凤区管理；海原县月牙湖吊庄移交原陶乐县管理，改成月牙湖乡，撤县后划归银川市兴庆区；西吉县玉泉营吊庄和海原县玉泉营吊庄移交永宁县管理，改成永宁县闽宁镇；隆德县隆湖开发区2003年由石嘴山市大武口区接管。

资料来源：根据宁夏扶贫办资料统计。

1. 县外集中连片吊庄移民

1983年7月，泾源县在永宁县芦草洼、隆德县在平罗县隆湖分别进行开发建设，以集中连片的方式对移民进行安置。这种将一个县的人迁移到另外一个县，并在引黄灌区的大片荒地上开发土地资源、集中连片安置移民的方式，我们称之为"县外集中连片吊庄移民"，这是宁夏吊庄移民的主要形式。这种形式的移民吊庄规模较大，吊庄移民来源较为一致，有的吊庄甚至是整建制搬迁，搬至迁入地后仍然沿用原来的村庄名，例如芦草洼吊庄。这种吊庄有两大特点：一是移民集中安置。移民一旦脱离了原来的熟人社会，相对稳定的社会网络的瓦解使其在新的环境中成为独立的个体，移民之间成为陌生人，彼此间建立起关系与信任并不容易。集中安置则避免了这种情况的发生。移民进入吊庄后，依旧在一个较为熟悉的环境中生活，保有原来的生活习俗，这对搬迁初期的移民来说起到了很好的稳定作用。二是移民属人管理。所谓属人管理就是移民仍然由迁出地政府管理。移民是一项庞大艰巨的工程，与迁出地政府相比，迁入地政府对移民情况了解少，组织控制能力弱，一旦对移民工作把握不准，很容易造成移民安置过程的混乱，引起移民的逆反情绪，导致移民回流。所以，实施属人管理也是稳定移民的必要举措。截至1995年，共建设移民吊庄11处，安置移民100679人，开发配套土地面积26万多亩（王朝良，2005：22）。1996年，县外吊庄移民引入了新的开发模式——东西合作建设模式。由江苏省华西村和福建省对宁夏进行对口支援，新建银川市镇北堡镇华西村吊庄，在西吉县玉泉营吊庄基础上建立闽宁合作村。通过借助先进理念和大量投资的外力拉动，移民吊庄走上了高起点、快发展的新路子。到2002年底，宁夏12处移民吊庄共开发耕地31.8万亩，搬迁安置群众136023人（马忠玉，2012：251）。

2. 县外插花吊庄移民

县外插花吊庄移民方式实施较晚，且规模较小。除引黄灌区大量未开垦的荒地外，在迁入县尚有一些已开发但劳动力不足的地区。针对这一情况，先由迁入县划定若干村庄，再由自治区统一安排，将移民以插花的方式迁入定点村庄，这种移民村庄就称为县外插花吊庄移民。这种吊庄有两大特点：一是大分散、小集中的安置方式。由于迁入地是已开发灌区，已形成一定的居住规模，移民只能填补现有居住格局的空隙。二是属人属地双重管理。由于此类移民规模较小，迁出地管理扶贫资金，迁入地有较好的建设基础，所以，迁出地负责移民搬迁及生产生活资料，而迁入地负责提供房屋和耕地，双方各尽其责，协调共管，待移民基本上可以自食其力之后，再由迁出地正式移交给迁入地管理。到2011年，全区主要有5处县外插花吊庄，共安置贫困人口13416人（马忠玉，2012：251）。

3. 县内吊庄移民

县内吊庄移民最早可以追溯到宁夏回族自治区正式实施吊庄移民项目之前。当时，同心、固海扬水工程的投入使用为旱改水提供了有利条件，有关政府开始有计划地组织县内移民搬迁。1980 年，同心县政府组织移民搬迁至河西、河东灌区；1982 年，海原县政府组织移民搬迁至兴高李（兴仁、高崖、李旺）灌区；同年，固原县政府组织移民搬迁至七营灌区。可以说，这 3 个山区移民的实践，为后来全区大规模县内吊庄移民的实施提供了丰富的实践经验。此类吊庄移民的优势非常突出：首先，县内移民的搬迁距离较短，节省了搬迁费用；其次，迁出、迁入地都隶属于同一级政府，便于统一组织管理；再次，迁入地与迁出地在自然环境、生活习俗等方面几无差异。可以说，这种搬迁安置方式对移民的影响最小，开发建设周期最短，投资见效最快。6 个县内移民吊庄共安置移民 70228 人，加上就地旱改水 83874 人，合计 154102 人（马忠玉，2012：252）。

4. 扶贫扬黄工程移民

在其他移民吊庄建设发展的同时，一场更大规模、更具创新性的移民开发活动在宁夏中部干旱带的红寺堡地区展开。红寺堡的开发建设是党中央、国务院和宁夏回族自治区党委、政府为改变宁夏西海固地区贫困落后的面貌而开创的一条脱贫之路。1993 年秋，全国政协主席李瑞环来宁夏考察，建议在有条件的地方搞扬水灌溉，成片移民。1994 年 9 月，全国政协副主席钱正英同志受李瑞环主席的委托，带领水利专家组来宁夏实地考察，提出了利用黄河两岸广阔平坦的干旱荒原，扬黄河之水，建设 200 万亩灌溉区，将南部山区 100 万贫困人口迁往灌区，从根本上解决贫困问题的构想。计划建设投资为 30 亿元，建设工程为 6 年时间，后来把这项工程简称为"1236"工程。1995 年，国务院批准了宁夏扶贫扬黄规划，1995 年 12 月立项并列入了国家"九五"计划，确定开发 4 片扬黄灌溉区，其中，红寺堡为 75 万亩。1996 年 5 月 11 日，红寺堡区扬黄灌溉工程正式开工建设。1998 年 12 月，自治区党委、政府批准成立了红寺堡开发区工委、管委会，领导统筹红寺堡开发区移民安置、开发建设工作。1999 年以来，自治区先后从同心、中宁、青铜峡等县区划出地域纳入红寺堡，形成了一个总面积近 2000 平方公里的移民新区，大批回、汉群众从宁夏南部山区的原州、隆德、西吉、海原、泾源、彭阳、同心等县区，以及中宁县的部分乡镇搬迁至红寺堡。截至 2000 年，红寺堡开发区安置移民 11081 户 51330 人（王朝良，2005：26）。具体户数与人数如表 1 - 2 所示。

表 1 - 2　红寺堡开发区移民情况

乡镇名称	户数（户）	人数（人）
大河乡	1688	7999
红寺堡镇	5469	25435
沙泉乡	2380	10841
买河乡	1544	7055
合　计	11081	51330

2000 年，移民吊庄被正式移交给宁夏引黄灌区县（市）实施属地管理，宣告吊庄移民阶段的正式完成。

二　生态移民目标与阶段

2001 年，原国家计委发布的《关于易地扶贫搬迁试点工程的实施意见》中指出："在西部地区开展易地扶贫搬迁试点，是在新形势下探索新世纪扶贫工作的新途径，也是促进西部地区生态环境改善的一个有益尝试。通过试点，在解决部分贫困群众脱贫和恢复改善迁出地生态环境的同时，积极探索、总结开展易地扶贫搬迁工作的主要形式、基本特点、主要方法和经验教训，为今后的推广打好基础。"从《意见》中可以看出，移民目标中，已将生态建设上升到与易地扶贫同等重要的位置。此后，宁夏政府颁布了《关于实施国家易地扶贫移民开发试点项目的意见》，这一纲领性文件的颁布，标志着宁夏移民工程由吊庄移民阶段步入生态移民阶段。

2001 年，由宁夏回族自治区发改委牵头，各市县相关部门协调配合，依托大中型水利工程，实施生态移民，并结合退耕还林还草项目，改善迁出地生态环境，帮助移民脱贫致富。至今，宁夏生态移民经历了三个阶段：宁夏易地扶贫搬迁移民、宁夏中部干旱带县内生态移民和宁夏中南部地区生态移民。

1. 宁夏易地扶贫搬迁移民（2001—2006）

2001 年，国家针对宁夏、内蒙古、贵州、云南四省区部分生活在条件严酷、资源贫乏、生态恶化地区的贫困人口，实施易地扶贫搬迁，以达到扶贫和生态修复的双重目的。在宁夏，易地扶贫移民工程又被称为"生态移民工程"。通过借鉴"吊庄移民"的经验，此次一改过去移民自愿、分散搬迁的方式，对移民实施整村搬迁、集中或插花安置。移民搬迁后，迁出地移民住房、供电供水设施全部拆除；迁出地移民土地，统一调整纳入退耕还林规划，由林业部门统一造林，统一管护，移民享受退耕还林政策；移民户口直接转入迁入地，实行属地管理。通过改变搬迁方式和管理体制，一方面迁出地生态恢复用地得以成片利用；另一方面，杜绝了移民"两头有家，两头跑"的现象，使移民可以安心定居，尽快融入当地社会。

截至 2006 年，在扶贫扬黄灌溉工程红寺堡灌区、固海扬水扩灌区、盐环定扬水灌区、山区库井灌区和农垦国营农场等地共建设移民安置区 21 处，累计安置移民 9.4 万人，其中六盘山水源涵养林区 4.94 万人，中部干旱带 4.46 万人（《宁夏中部干旱带县内生态移民规划提要（2007 年—2011 年）》，2008）。移民迁入地名称及人数如表 1-3 所示。

表 1-3　宁夏易地扶贫搬迁移民情况

移民迁入地名称	彭阳长城塬灌区、盐池城西滩灌区、同心马家塘灌区、红寺堡新圈灌区、红寺堡新庄集三/四支干灌区、盐池扬黄灌区、长山头农场、渠口农场、南梁农场、隆湖开发区、贺兰山农牧场、贺兰金山村、平罗陶乐镇东部、惠农西部、西吉马莲水库安置区、彭阳王洼镇安置区、简泉农场、渠口农场太阳梁、中卫南山台子、彭阳庙台、灵武白芨滩
移民基地数（处）	21
移民人数（万人）	9.4

2. 宁夏中部干旱带县内生态移民（2007—2011）

生态移民工程的深入推进，要求政府对全区进行细致划分，分类指导。宁夏回族自治区政府依据地貌特征将传统山区、川区细化为南部黄土丘陵区、中部干旱带、北部引黄灌区三个地貌单元。针对以往移民偏重南部黄土丘陵区的情况，宁夏回族自治区政府决定在中部干旱带缺乏基本生存和发展条件的地区实施县内生态移民，实施范围包括海原县、同心县、盐池县、原州区东部、西吉县西部、中卫市城区山区等国家和自治区扶贫开发工作重点区域。围绕"水源、生态、开发、特色、转移"五个重点，按照"人随水走，水随人流"的思路，优先将居住在偏远分散、生态失衡、干旱缺水地区的贫困人口搬迁到现有扬黄工程沿线、公路沿线和城郊，积极发展优势特色农业、设施农业和旱作节水高效农业，实现"山内的问题山外解决，山上的问题山下解决，面上的问题线上解决"，从根本上解决中部干旱带贫困问题。坚持以县内移民、有"土"安置为主，按照安置地的水源、土地资源，合理确定搬迁规模，实施整村（乡）搬迁。县内移民与生态移民、小城镇发展、退耕还林、设施农业相结合，建设移民大村庄。此外，积极探索无"土"安置方式，充分利用移民区周边工业发展潜力，开展劳务输出。

从 2007 年开始，政府规划利用 5 年时间，投入 28.42 亿元，建设 42 个移民安置区，开发和调整土地面积 35.11 万亩，搬迁移民 46382 户 206829 人，涉及 6 县（区）520 个自然村（《宁夏中部干旱带县内生态移民规划提要（2007 年—2011 年）》，2008）。搬迁县（区）、人数、户数等如表 1 - 4 所示。截至 2010 年底，已有 16.08 万移民完成搬迁，占规划的 77.7%；开发安置移民农田 27.7 万亩，占规划的 78.9%；累计投资 26 亿元，占规划的 91.5%（《宁夏"十二五"中南部地区生态移民规划》，2011）。

表 1 - 4　宁夏中部干旱带县内生态移民规划搬迁情况

县（区）名称	移民人数	户数	搬迁乡村	移民安置项目区
同心县	133261	31326	整建制乡搬迁的有窑山、田老庄、张家塬（不含汪家塬村）、马高庄（不含赵家树、邱渠、乔家湾 3 个村）、预旺（不含南关、南垴、沙土坡、北关、土峰及预旺镇区）等 5 个乡镇 83 村 2.27 万户 9.6 万人。整行政村搬迁的有王团、河西、韦州 3 镇 29 个行政村 0.86 万户 3.6 万人	依托宁夏扶贫扬黄灌溉工程已经建成的扬水工程，开发安置移民土地 24.44 万亩，建设韦州 - 下马关 - 预旺、河西菊花台、石狮庙儿岭、沙沿、麻疙瘩、王团大沟沿、韦州阎圈、固海西干扬水、红五干罗山东坡等 16 个移民安置区
海原县	59303	11796	移民规模 1.18 万户 5.93 万人，涉及西安、九彩、红羊、郑旗等 6 个乡镇 35 个行政村 114 个自然村	开发安置移民土地面积 8.23 万亩。建设兴仁、石峡口、新建库坝灌区、兴隆 - 高崖节水补灌区、徐套打麦水等 5 个移民安置区

续表

县（区）名称	移民人数	户数	搬迁乡村	移民安置项目区
盐池县	2200	600	移民规模 600 户 0.22 万人，涉及麻黄山、惠安堡、大水坑、青山、冯记沟、王乐井、高沙窝等 7 个乡镇 15 个行政村 15 个自然村	在扬黄灌区及井灌区、设施种植及节水补灌区、小城镇周边开发安置移民土地 0.34 万亩，建设 7 个移民安置区
原州区	7830	1720	涉及炭山、甘城等 6 个乡镇 7 个行政村 22 个自然村	开发、调整用于安置移民土地 1.13 万亩，建设南城拐、七营、彭堡 3 个移民安置区
西吉县	1657	322	涉及新营乡张家洼、车路湾、大沙河、大窑滩、田坪乡燕李、平峰镇平峰、苏堡乡河滩、兴平乡友爱和红耀乡大堡等 6 个乡镇 9 个行政村 9 个自然村	开发调整土地 0.14 万亩，对移民群众实施就近搬迁安置，建设 9 个移民安置区
中卫市城区	2578	618	涉及香山地区 4 个乡镇 7 个行政村 22 个自然村	以南山台扬水工程为水源，开发土地 0.83 万亩，建设宣和镇郝家塘项目区和南山台黑梁项目区（敬农三队至东沟）等 2 个移民安置区
合　计	206829	46382		

资料来源：《宁夏中部干旱带县内生态移民规划提要（2007 年—2011 年）》。

3. 宁夏中南部地区生态移民（2011—2015）

宁夏中南部地区是典型的"老、少、穷"地区，是全国 18 个集中连片特殊困难地区之一。虽历经近三十年的扶贫移民建设，仍面临贫困程度深、生存条件差、发展难度大等诸多问题。实施重点区域生态移民，既是多年扶贫实践探索出的成功道路，也是解决宁南地区贫困问题的现实需要。因此，"十二五"期间，宁夏回族自治区政府决定投资 105.8 亿元对中南部地区 7.88 万户 34.6 万人实施移民搬迁，涉及原州、西吉、隆德、泾源、彭阳、同心、盐池、海原、沙坡头 9 个县（区）91 个乡镇 684 个行政村 1655 个自然村。中南部生态移民以生态移民和劳务移民为主要形式，规划建设安置区 274 个，其中：生态移民安置区 234 个，安置移民 5.87 万户 25.95 万人，占移民总规模的 75%；劳务移民安置区 40 个，安置移民 2.01 万户

8.65 万人, 占 25%。移民坚持县内县外安置相结合, 以县外安置为主。根据迁入区条件, 综合考虑城市化率、农民人均纯收入、城镇居民人均可支配收入、人均 GDP、人均地方财政收入、人均灌溉耕地面积及二、三产业吸纳劳动力能力等七方面因素, 计划县外安置 5.04 万户 22.49 万人, 占移民总规模的 65%。在考虑耕地资源、扬黄灌区和库井灌区节水改造、新增水源、降水量等因素的基础上, 计划县内安置 2.84 万户 12.11 万人, 占移民总规模的 35% (《宁夏"十二五"中南部地区生态移民规划》, 2011)。具体搬迁规模和安置方式如表 1-5、表 1-6 所示。各市县根据实际情况运用灵活多样的办法对移民进行安置, 采取开发土地集中安置、适度集中就近安置、因地制宜插花安置、劳务移民无地安置等多种生态移民安置方式; 并首次创新了特殊人群敬老院安置, 对鳏寡孤独及丧失劳动能力的人口, 按照有关社会保障政策在敬老院安置。通过多种移民形式, 确保移民"搬得出、稳得住、能致富"。

从规划实施之日起至 2012 年 9 月底, 累计搬迁移民 8.5 万人, 占总规划的 25%, 建成住房 3.8 万套, 开发调整土地 16.6 万亩。

表 1-5 迁出县 (区) 搬迁规模和安置计划表

县 (区)	移民总规模		县内安置			县外安置		
	户数 (户)	人数 (人)	户数 (户)	人数 (人)	比例 (%)	户数 (户)	人数 (人)	比例 (%)
合　计	78815	346000	28368	121100	35	50447	224900	65
同心县	8869	44659	1589	8000	17.9	7280	36659	82.1
盐池县	2251	7300	2251	7300	100.0	—	—	—
原州区	15204	61948	5983	24377	39.4	9221	37571	60.6
西吉县	14474	70429	4399	21409	30.4	10075	49020	69.6
隆德县	7409	30649	2204	9119	29.8	5205	21530	70.2
泾源县	7701	33116	3422	14716	44.4	4279	18400	55.6
彭阳县	8676	36333	3232	13533	37.2	5444	22800	62.8
海原县	12775	55595	3832	16675	30.0	8943	38920	70.0
沙坡头区 (蒿川)	1456	5971	1456	5971	100.0	—	—	—

资料来源:《宁夏"十二五"中南部地区生态移民规划》。

表 1-6　迁入县（市、区、单位）安置计划表

县（市、区、单位）	安置总任务		移民来源		
	户数（户）	人数（人）	7县1区	户数（户）	人数（人）
合计	50447	224900		50447	224900
银川三区	5444	22800	彭阳县	5444	22800
永宁县	4328	17800	隆德县	2691	11130
			原州区	1637	6670
贺兰县	3905	19000	西吉县	3405	16963
			原州区	500	2037
灵武市	4279	18400	泾源县	4279	18400
大武口区	2514	10400	隆德县	2514	10400
惠农区	3399	15400	原州区	943	3842
			西吉县	2456	11558
平罗县	4213	20500	西吉县	4213	20500
利通区	1787	9000	同心县	1787	9000
红寺堡区	7208	31500	同心县	2216	11159
			原州区	4992	20341
青铜峡市	3277	16500	同心县	3277	16500
沙坡头区	1965	8550	海原县	1965	8550
中宁县	1965	8550	海原县	1965	8550
农垦局	6163	26500	海原县	5014	21820
			原州区	1149	4680

　　注：红寺堡区安置任务含司法厅承担的2454户10000人，司法厅将鲁家窑移民安置用地移交红寺堡区建设管理。

　　资料来源：《宁夏"十二五"中南部地区生态移民规划》。

第二节　生态移民建设成效

　　面对宁夏中南部地区贫困人口规模大、贫困程度深、生存条件差、发展难度大的现状，宁夏回族自治区政府在不同时期，运用多种手段，采取灵活方式搬迁安置移民，实现了移民群众脱贫致富、生态环境有效改善的双赢局面。宁夏生态移民的巨大建设成效证明，宁夏生态移民不仅是一项扶贫开发工程、生态保护工程，也是民生工程、民心工程，是从根本上解决中南部地区贫困问题的战略举措，对宁夏加快扶贫攻坚进程、转变发展方式、

实现民生改善、统筹区域协调发展、全面建设小康社会具有重大意义。

一　移民满意程度较高

宁夏生态移民建设成效好不好，关键要看移民满不满意。

从迁入地移民总体满意度来看，有91.8%的被访者对移民搬迁表示满意，不满意的移民仅占2.7%（见表1-7）。较高的满意度表示宁夏生态移民建设成效是很好的。另外，我们还对住房满意度、生产生活条件满意度进行了测评，结果显示：迁入地移民对住房条件满意的比例达到91.8%，对生产条件满意的比例为91.1%，对生活条件满意的比例为94.6%。可见，宁夏生态移民建设不论在整体还是个别方面的成效都很显著。

表1-7　移民搬迁的总体满意度

单位:%

类　别	迁入地移民
满　意	91.8
不满意	2.7
说不清	5.5
合　计	100.0

资料来源：课题组2012年抽样调查。

二　移民生活水平普遍提高

"摆脱贫困、走向富裕"是宁夏实施生态移民工程的初衷，也是移民群众不懈追求的目标。移民搬迁后，在政府的引导支持下，充分利用现居地优良的环境和丰富的资源，一改过去靠天吃饭、广种薄收的传统耕作方式，积极提高文化素质，学习生产实用技能，拓宽增收渠道，发展高效节水农业、特色养殖业和劳务产业，移民收入节节攀升。

从迁入地移民收入情况看，2011年，迁入地有近半数移民年均收入过万（见表1-8）。据统计，迁入地移民人均收入达到13458.69元，待迁地移民人均收入仅有7022.71元，两者人均收入差距悬殊。而且，有些富裕移民的收入已经赶超引黄灌区原住民的水平。

表 1 - 8　2011 年迁入地移民收入状况

单位:%

	迁入地移民
0—9999 元	55.8
10000—19999 元	28.0
20000—29999 元	9.0
30000 元及以上	7.2
合　计	100.0

资料来源:课题组 2012 年抽样调查。

除收入增加外,移民生活水平的提高还主要体现在安置区基础设施建设及社会服务等多个方面。移民搬迁到近水、靠城、沿路的区域后,安置区内不再是泥泞崎岖的山路和土路,超过 70% 的主干道都是干净平坦的柏油路或水泥路;移民的饮水安全得到保障,基本喝上了卫生的井水或者自来水;太阳能、沼气、风能等可再生清洁能源在安置区也得到广泛使用。通过搬迁,81.6% 的移民脱离了草棚、窑洞和土坯房,搬进了宽敞明亮的平房,家庭平均居住面积和人均居住面积都远超移民之前。移民新村实现了"七通七有两转变",即通电、通(自来)水、通(柏油)路、通(公交)车、通广播电视、通邮、通电话,有学校、有村级活动场所、有医疗服务站、有劳动就业服务中心、有超市、有文化广场、有环保设施,公共服务设施齐全,运行成本有效降低,服务质量明显改善,移民生活水平普遍提高。

三　生态环境得到极大改善

宁夏南部山区是泾河、葫芦河、清水河的发源地,水源涵养、水土保持、生物多样性保护等生态功能独特,生态区位十分重要。生态移民的实施极大地减轻了该地区的人口压力,有效地恢复了当地生态环境。尤其是实施整村搬迁以后,结合国家级防沙治沙示范省区、大六盘生态经济圈、"三河源"水源保护工程、退耕还林、退牧还草等国家和自治区重点生态项目建设,收回的土地全部用于生态建设,使原有的林地、草地得到了有效保护,遏制了生态环境的恶化。

从迁入地移民对原居地生态环境改善的看法可见，超过90%的移民认为原居地生态环境确实得到改善，并且有33.7%的移民对此持非常肯定的态度（见表1-9）。这说明移民原居地生态环境不仅得到了改善，而且改善力度较大，改善效果比较明显。但是由于自然和历史等原因，移民迁出地人口严重超载，生态环境十分脆弱，水资源短缺、自然灾害频繁等问题十分突出。因此，只能说生态改善已初见成效，生态改善的任务仍然繁重。

表1-9　对迁出地生态环境改善的看法

单位:%

		迁入地移民
移民工程实施以来,移民迁出地(原居地)的生态环境得到改善	很不同意	0.6
	不太同意	9.2
	比较同意	56.5
	很同意	33.7
	合　计	100.0

资料来源：课题组2012年抽样调查。

在移民迁出区生态环境得到改善的同时，移民安置区的生态建设也取得了较大成效。移民迁入后按照创建优美宜居环境的要求，结合发展经果林、庭院经济、生态循环农业、小流域治理、新村绿化和农田防护林带建设，因地制宜，打造各具特色的生态园林安置区，实现了经济开发与环境保护并举。

整体来看，移民对安置区生态环境的评价较高。从表1-10可见：有73.1%的移民认为当前居住地生态环境好；有24.3%的移民认为当前居住地生态环境一般；只有2.3%的移民认为当前居住地生态环境不好，主要表现为沙尘暴等恶劣气候条件和土壤沙化、盐渍化等土地退化现象。

表1-10　对迁入地生态环境的评价

单位:%

	迁入地移民
好	73.1

续表

	迁入地移民
一般	24.3
不好	2.3
不清楚	0.4
合　计	100.0

资料来源：课题组 2012 年抽样调查。

四　移民观念实现较大转变

过去，人们只重视经济开发，不重视环境保护。但随着生态环境的恶化，生活在宁夏中南部地区的人民逐渐产生了强烈的生存危机感，在生态移民工程实施的影响下，这种危机感增强了保护生态环境的观念，促使移民在经济建设的同时，时刻牢记保护生态环境。从移民对生态环境的态度可见，不论是迁出地还是迁入地移民，都非常重视生态环境。由于待迁地移民仍然处在恶劣的生态环境中，他们对生态环境的重视程度要高于迁入地移民。调查结果显示，有 81.5% 的待迁地移民表示重视生态环境，比迁入地移民高出 6.6 个百分点（见表 1 – 11）。

另外，转变最明显的就是移民的生育观念。过去，人们为了"多子多福""养儿防老"，毫无节制地生育子女，生育三孩、四孩的情况比比皆是。搬迁后，随着妇女经济地位的提高和政府利益导向机制的实施，多数移民响应政府号召，只生育两个孩子，甚至只要一个孩子。现阶段，少生快富、优生优育的观念已经深入移民心中，有力地促进了移民迁入区的人口控制，缓解了紧张的人地关系。

表 1 – 11　对生态环境的态度

单位:%

	待迁地移民	迁入地移民
重视	81.5	74.9
一般	17.8	23.1

续表

	待迁地移民	迁入地移民
不重视	0.3	1.6
根本不关心	0.5	0.4
合　计	100.0	100.0

资料来源：课题组 2012 年抽样调查。

五　民族关系更加和谐

移民搬迁打破了原有的民族关系格局，在迁入区民族关系得以重构。在移民迁出地，许多村庄都是以回族或汉族为主体构成的，甚至有不少纯回族村或汉族村。在日常的生产生活中，回汉两族接触较少，彼此认知程度较浅，有时会因宗教文化或生活习俗的差异而产生一些矛盾。搬迁打破了原来的居住格局，来自不同地区、不同民族的移民混杂居住在同一个村落。虽然政府在移民安置时考虑到回汉差异，一般将回汉两族移民相对集中地分开居住，但这并没有过多地影响到回汉移民的正常交往。回汉移民在共同建设移民新村、共同脱贫致富的过程中，彼此间有了深入的了解，建立了深厚的友谊。每逢过开斋节、圣纪节等节日，回族会给周围的汉族邻居、朋友送乜贴，汉族过春节等节日也会邀请回族邻居、朋友到家里做客。随着交往频率的逐渐增加，交往程度的逐渐加深，回汉民族融合的态势也趋于明显。

从移民对搬迁后民族关系的看法可知，有 6.6% 的移民认为搬迁后民族关系更加和谐，有 73.8% 的移民认为搬迁对民族关系没有影响（见表 1-12）。换句话说，他们原居地的民族关系比较和谐，搬迁后也没有太大变化。虽然有 5.8% 的移民认为搬迁给民族关系带来了负面影响，但这一比例低于正面影响的比例，而且，在搬迁安置过程中，由于种种原因，民族间发生个别矛盾是在所难免的，通过长期的接触交往，这一负面影响会慢慢消减。总的来看，移民搬迁后，民族关系更加和谐融洽了，突出表现在回汉通婚上。过去鉴于民族文化差异，回汉不通婚的传统思想根深蒂固，现在搬迁到一个更加开阔、更加包容的生活环境中，移民的思想观念也发生了极大的变化，人们学会更加包容地接纳彼此，回汉关系更加密切，回汉通婚逐渐增多，最终形成"你中有我，我中有你，你离不开我，我离不开你"的民族和谐发展的局面。

表 1 - 12　移民搬迁对民族关系的影响

单位:%

	迁入地移民
正面影响	6.6
没有影响	73.8
负面影响	5.8
不清楚	13.8
合　计	100.0

资料来源：课题组 2012 年抽样调查。

六　移民致富渠道大幅拓宽

宁夏政府以促进移民增收为核心，通过培育现代高效农业、特色养殖业和劳务产业，切实解决移民的发展问题。搬迁前，有 85.7% 的移民家庭的主要收入来源于种植业，有 10.9% 的移民以打工收入作为家庭主要收入，以养殖业收入作为家庭主要收入的移民家庭所占比例更小，只有 1.5%（见表 1 - 13）。可见，搬迁前，移民基本上依靠种植业收入维持生活，形式较为单一，一旦遭遇自然灾害，移民收入减少的风险较大，不仅影响到移民脱贫致富，而且会导致温饱都难以实现。

表 1 - 13　移民搬迁前家庭主要收入来源

单位:%

	迁入地移民
种　植	85.7
养　殖	1.5
打　工	10.9

续表

	迁入地移民
做生意	0.3
出租收入	0.0
行政事业单位工作收入	1.0
补贴救济	0.1
其他来源	0.5
合　计	100.0

资料来源：课题组 2012 年抽样调查。

移民搬迁后，仍以种植业为主。各移民安置区因地制宜，实施产业化经营，开展节水农业、设施农业、优势特色农业试验示范，促进移民的生产方式逐步由粗放旱作农业向高效节水农业转变，由广种薄收向精耕细作转变，形成马铃薯、压砂瓜、红枣、葡萄、高酸苹果、中药材、苗木等特色种植业，取得了良好的经济效益。家庭收入主要来源的单一格局被打破，形成了以种植和打工为主的家庭收入主要来源。从表 1-14 可见，在家庭增加收入中，有 45.2% 的移民认为家庭收入的增加主要来源于打工所得，仅次于种植业收入（46.8%）。移民依托城市和重点工程从事建筑、交通运输、商贸和服务业，实现移民收入来源由农业向二、三产业的转变，增加了移民的工资性收入，使劳务输出真正成为旱涝保收的"铁杆庄稼"，不仅有效保障了移民温饱，而且成为移民脱贫致富的主要推力。

表 1-14　移民搬迁后收入增加的最主要来源

单位：%

	迁入地移民
种　植	46.8
养　殖	2.8
打　工	45.2
做生意	3.0
出租收入	0.0

	迁入地移民
行政事业单位工作收入	1.2
补贴救济	0.1
其他来源	0.9
合　计	100.0

续表

资料来源：课题组 2012 年抽样调查。

七　残疾人救助和慈善事业迅速发展

　　宁夏回族自治区政府积极将符合条件的贫困残疾人纳入社会保障体系，使残疾人依法享受最低生活保障、医疗保障和养老保障，按照分类施保的原则，对有残疾人的低保家庭提高了救助水平，对重度残疾人减免部分参保费用，并充分发挥了临时性救济在保障贫困残疾人基本生活方面的重要作用。针对智力残疾人和精神残疾人基数大的问题，集残疾人医疗康复与生活供养为一体，筹划建立残疾人康复及供养机构，提高残疾人服务保障水平。红寺堡区先后建立了慈善服务（康复）中心、南川乡菊花台村残疾人照料（托养）中心及幼儿园，彻底改善了辖区智力、精神、重度残疾人的托养和基本生活问题。在对残疾人进行"输血"扶贫的同时，政府重视残疾人就业扶助，针对有就业能力需求的残疾人举办实用技术培训班，支持和鼓励残疾人从事个体经营，对从事个体经营的残疾人采取减免税收、办证优先等办法，积极调动残疾人从事个体经营的积极性。同时，支持鼓励兴办福利企业，帮助残疾人实现就业。面对全区 40 多万残疾人，自治区主要领导多次提出"要打'慈善'牌，引进福利企业，发展光彩事业"。"黄河善谷"是宁夏在沿黄河城市以及南部山区建设的新型慈善工业园区集群，是集聚产业慈善资源、探索扶贫助残的一种新模式，通过吸纳轻度残疾人士入企就业，实现慈善与产业的双赢。

第三节　生态移民开发中存在的问题

　　尽管宁夏生态移民取得了显著成效，在帮助移民群众脱贫致富、改善生态环境方面发挥了巨大作用，但生态移民工程是一项艰巨而复杂的社会系统工程，尚不能在短时间内彻底解决贫困问题，其间必然会出现各种各样的问题，这些问题涉及社会、政治、经济、文化等方方面面，给生态移民工程的深入推进造成了一定的障碍。

一　部分移民规划与移民现实需求脱节

移民规划是针对移民工程设计的、比较全面的长远发展计划。宁夏移民涉及地域广阔，移民迁出地情况各异，政府在做移民规划时可能出现为考虑移民规划的整体性而忽视其差异性的情况，导致部分移民规划本身缺乏适应性，难以满足移民的现实需求。

1. 移民县外搬迁愿望强烈

从移民搬迁意愿可以看出，接近七成的被访者是愿意服从政府安排进行搬迁的，但仍有30.9%的被访者不愿意搬迁（见表11-26）。不愿意搬迁的被访者多是不满意移民安置区环境，尤其是宁夏"十二五"中南部生态移民规划中县内安置的2.84万户12.11万人。因多数县内安置地自然条件差，他们搬迁的积极性普遍不高。

在对搬迁地区的选择上，有30%的被访者愿意迁入政府规划的迁入地，但64.6%的被访者提出前提条件是迁入地条件要优于迁出地（见表11-29）。随着县外搬迁安置工作的全面启动，原本不愿搬迁的群众看到县外安置区完善的产业配套和优美的居住环境，也都放弃了顾虑，纷纷表达县外搬迁的愿望。但规划中县内移民规模与县外移民规模的结构性差异，导致政府在短时期内难以满足移民县外搬迁的愿望。

2. 移民中"三代多人"家庭居住困难

根据自治区"十二五"生态移民规划，生态移民住房标准为54平方米/户，劳务移民周转房标准为40平方米/户。可见，移民安置住房是按户分配的，但实际上，由于每户家庭人口不均，就出现了家庭人口多与住房面积小的矛盾。从移民对安置住房面积标准的预期来看，待迁地移民中，有79.6%的人希望按家庭人口数分配住房面积，迁入地移民中的这一比例也达到了73.1%（见表11-37）。可见，多数移民都存在家庭居住困难的情况。待迁移民中，有76.7%的人认为人均住房面积必须在20平方米甚至更大；迁入移民中，这一比例也达到 71.2%（见表 11－38）。拿一家三口来说，如果按户分配，生态移民人均只有 18 平方米，劳务移民人均只有不到 14 平方米，离移民预期差距较大。而且，按照移民户籍界定时间点，移民存在"三代多人"及多子女已婚的情况，搬迁后人均居住面积尚不足 10 平方米，根本无法居住。

3. 限制部分群众搬迁影响移民整体进程

根据自治区移民局要求，对单人单户、60 岁以上老两口及 2009 年 12 月 31 日以后分户的新户不予搬迁安置；另外，对不符合搬迁条件的，长期居住在移民迁出区且没有固定工作的非农户、鳏寡孤独等特殊人群也不予搬迁安置。目前，各移民迁出村均存在上述情况，且所占比例较大，对这部分群众不进行妥善安置，将严重影响整村搬迁和生态恢复工作。

二　移民增收缓慢影响脱贫步伐

为了帮助移民尽快解决温饱、脱贫致富，宁夏回族自治区政府出台了多项优惠政策，扶助移民进行生产建设。现阶段，部分移民解决了温饱，正在或已走上脱贫致富的道路。但在内因和外因双重作用下，仍有部分移民群众收入增长缓慢，始终未能摆脱贫困的处境。

1. 文化素质低下导致发展生产的能力不足

对移民而言，文化素质与发展生产能力一般呈正相关关系。移民文化素质越高，其运用农业生产技术发展生产的能力越强。义务教育实施以来，青少年受教育水平有较大提高，但从整体来看，移民文化素质仍然不高，与其他地区群众相比文化水平明显偏低。从迁入地移民受教育水平来看，移民文化层次普遍偏低，仅文盲就占了 39%，有 69.2% 的移民仅有小学及以下文化水平（见表 1－15）。而且，受过各类职业教育培训的移民较少。在调查中我们发现，半数以上移民在接受普通教育后，未经职业教育就直接投入农业生产或其他行业中，难以用较高的生产技术对生产资料加以最大程度的利用，造成资源浪费，使移民生活一直在较低水平徘徊。

表 1 – 15　移民受教育水平

单位:%

	迁入地移民
文　盲	39.0
私塾/扫盲班/小学未毕业	3.4
小　学	26.8
初　中	21.7
职业高中/普通高中/中专/技校	7.4
大学专科(成人高等教育)/大学专科(普通高等教育)/大学本科(成人高等教育)/大学本科(普通高等教育)	1.7
研究生及以上	0.0
其　他	0.0
合　计	100.0

资料来源: 课题组 2012 年抽样调查。

2. 产业发展缓慢导致投入产出比低

一般来说,移民分配的土地较原居地要更肥沃,但这并不代表移民安置区的所有土地都是肥沃的。从移民迁入地土地质量看,仅有不到半成的移民认为自己的土地肥沃,认为土地质量中等的有 43.4%,甚至还有 7.7% 的移民认为土地是贫瘠的 (见表 6 – 11)。土地贫瘠的情况在移民安置区确是不争的事实。大水漫灌、土地沙化等因素,致使土地条件差,土壤养分含量低,供肥能力差,土壤培肥改良周期长、成本高、水耗大、利用率低。土壤改良和新的经济增长点的形成不能一蹴而就,从土地整理到设施配套再到区域布局、引进企业,逐渐过渡到移民自给自足发展生产需要较长时间。在土壤改良前的这段时间内,移民的投入产出比较低。

另外,从移民认为政府在产业发展方面需要加强之处来看,有 58.2% 的移民认为政府需要大力发展特色产业,有 64.7% 的移民认为政府应该加大扶持力度 (见表 11 – 47)。扶持包含众多方面,比如资金、政策、农资等,这是当前移民产业发展最急需的。由于移民经济基础薄弱,加之搬迁后的过渡性困难,移民资金、技术欠缺,后续产业培育难度较大。产业设施没有完全发挥效益，日光温室、大中型拱棚以及养殖棚圈等产业设施虽已建成，但发挥效益的不多，特别是已建成的养殖棚圈空置率较高。

三　移民培训与实际需要有相当差距

科技培训是政府促使移民脱贫致富的重要手段。通过科技培训，一方面可以增强移民的致富本领，另一方面可以为移民区周边工业、企业提供大量人力资源，促进区域经济发展。虽然政府在移民培训方面投入了大量人力、物力和财力，但移民培训与实际需要仍有相当差距。

调查结果显示，移民培训与生产需要结合不紧密。在对迁入地移民的调查中，有66.1%的移民要求提供专业技术指导，还有67.7%的移民希望派遣专业人士进行实地指导（见表11-50）。这反映了两个问题：一是移民培训工作形式单一；二是种养技术和就业技能培训的针对性、实用性及实效性不强，未能与移民生产生活充分结合。

四　移民安置区建设资金短缺严重

随着移民安置区工程建设的逐步推进，建设资金短缺的问题逐渐暴露出来。工程建设成本增加，项目资金到位率不高，各县（市、区）自筹资金能力有限，影响了工程进度。由于移民住房批复预算造价较低，在集中建设期间，各类建材、人工工资大幅上涨，导致基础设施建设成本增加，建设资金缺口较大。

五　劳务移民进展缓慢

劳务移民是由迁入县政府负责签订就业合同，采取多种扶持措施，为务工人员实现稳定就业和增收创造条件。但就目前来看，各地劳务用工方向不明确，用工缺口有待拓展，难以实现劳务移民与用工企业的有效对接，移民就业工作的滞后延缓了劳务移民搬迁的进程。劳务移民衔接政策也不完善：一方面，现阶段城乡一体化的户籍制度尚未建立，城乡居民在福利待遇方面的较大差距，使劳务移民的福利待遇难以及时与城市有效衔接；另一方面，迁入地政府在涉及移民就业、住房、教育、社会保障等方面的制度及相关社会管理服务并不完善，劳务移民户籍核转周期过长，导致搬迁后不能及时享受当地的社会保障等优惠政策。另外，劳务移民实行的是无"土"安置，即移民搬迁后不分配土地，完全依靠务工收入维持家庭生活。现阶段，让移民脱离土地，实现由农民向工人、商人、服务人员的转变，使移民产生失业就面临生存危机的后顾之忧。面对无"土"安置，调查显示，在不愿意搬迁的移民中劳务移民就占了四成，劳务移民搬迁积极性不高。

第四节　生态移民开发建设的对策措施

一　合理调整移民规划，满足移民群众需求

在移民安置区条件允许的前提下，合理调整县内移民与县外移民规模，将部分安置条件差的县内移民转向县外安置；充分考虑移民住房扩建的需要，对"三代多人"移民家庭需增加住房的，按照统一规划和相关标准，预留宅基地，或通过合理分户、重新分配住房的方式予以妥善解决，满足"三代多人"家庭居住的需要；对于单人单户、60岁以上老两口及2009年12月31日以后分户且不愿意合并户籍搬迁的新户及不符合搬迁条件的移民，适当放宽搬迁条件，以确保移民工程的整体推进。

二　多渠道筹措资金，推行差别补助政策

鉴于国家及各部门资金有限，地方政府财政能力和移民自筹资金能力薄弱，要保障生态移民的顺利实施，首先必须"开源"——动员社会力量参与，积极争取外资。一方面应通过降低企业投资移民项目门槛，简化行政审批环节，提供优惠的土地、税收等政策，积极推动企业参与生态移民项目建设，实现企业化移民的互利共赢。另一方面，利用宁夏特色浓厚的回族优势，吸引来自阿拉伯国家和穆斯林地区的投资或贷款，并利用当前国际社会对绿化建设和荒漠化治理的关注，争取德国、日本等国家跨国投资宁夏生态修复和沙漠化治理等项目。其次是"节流"——在分配补助资金时，对安置任务重、自身财力弱、建设任务难度大的县（区）给予差别化的补助政策，以保证移民安置任务按期完成。

三　加大劳务移民扶持力度

首先，积极引导企业建立长效用工机制。一方面，通过减免企业税负、给予用工补助等激励措施引导企业积极接纳劳务移民；另一方面，对劳务移民实行定岗培训，满足企业用工需求。其次，紧紧围绕移民对象的确定、户籍核查、搬迁方式、安置模式以及移民培训、务工就业、子女教育、社会保障的接续等重点工作，积极开展迁入地与迁出地、市与县（区）的移民安置对接工作，主动征求移民意见和建议，完善搬迁安置方案。再次，实行"先就业、后搬迁"的安置方式，确保移民搬迁前可以有稳定的收入来源，在移民未实现就业前，迁出地政府依然保障移民享有原土地承包经营权。此外，在一些土地资源丰富的移民安置区，可以参照生态移民标准，给劳务移民分配等量或部分土地，实现真正的有"土"有"业"安置。

四　重视移民实用技能和创业能力的提高

政府需全面整合就业、扶贫、教育、科技、农牧、林业等各类培训资源，搭建培训平台，集职业院校教育、职业技能培训、岗位实训和技术人员现场传授等多种方式，注重培训内容与移民及用工单位实际需求的衔接，组织移民进行分层、分期、分班培训。另外，注重移民创业能力的培养，引导移民面向市场，培养移民的市场意识，发挥移民的主观能动性，向第二、三产业发展，根据自身条件选择合适项目开展创业活动，实现由"政府要我就业"到"我要主动创业"的观念转变。

五　农牧业企业化经营，提高产业效益

引进企业化经营管理模式发展移民产业，改变一家一户的小农经济模式，实现"资源集中流转、企业托管经营"，一方面发展节水农业和高效养殖业，另一方面依靠企业减轻农户的投资风险。促进移民地区产业发展由数量增长型向质量增长型转变，提高产业效益，增加移民收入。

六　结合移民经济，推动移民区生态建设

充分利用国家的生态移民、西部大开发、扶贫攻坚、退耕还林（草）

等各项优惠政策，发展移民经济。通过给予农民持续、稳定的财政补偿，加快大面积退耕还林（草）、恢复植被进程，改善生态环境。加强对移民开展旱作农业、节水农业、造林种草、新能源和环境资源利用技术的推广和普及，使生态保护与新的产业发展有机结合起来，达到生态效益、经济效益和社会效益的统一。

第二章

宁夏生态移民的
经济社会生活状况

　　由于自然条件恶劣，宁夏中南部山区是最不适宜人类生存和发展的地区之一，也是全国的贫困区。三十年来，为了帮助宁夏中南部山区的群众摆脱贫困和保护当地脆弱的生态环境，宁夏回族自治区先后组织了"吊庄移民"和"生态移民"，将 80 多万移民迁移到银川市和吴忠市等 22 个区县。"十二五"期间，宁夏将在中南部地区继续深入推进生态移民，把生活在不宜居住、不宜发展的地方的 35 万人搬迁到有水的、沿路的、靠城的、能打工的地方，帮助他们脱贫致富。

　　搬迁后，移民经济收入倍增，生活显著改善，移民工作各方面都取得了可喜的成果。但这仅是就宏观层面而言，至于不同移民类型之间、移民社区之间、移民个人之间在微观层面的比较，移民前后的发展与变化等，不是用单一定性和宏观数据可以简单概括的。只有通过一系列可供量化的变量，用具体数字将微观层面的移民现状和移民变化呈现出来，对移民问题的研究才更具说服力，才能更好地总结移民的经验和教训。

　　本章利用"课题组 2012 年抽样调查"数据（调查介绍见导论），通过比较移民前后及迁移人群和待迁人群的社会地位、生活条件、收入和消费支出等的差异，详细分析移民的经济社会生活现状及其变化。

第一节   生态移民的经济状况

经济状况主要包括个人与家庭收入状况、家庭支出状况、耐用消费品的保有状况和家庭收支盈余等。

一   收支盈余

迁移人群的家庭收支处于盈余状态，而待迁人群的家庭收支却处于入不敷出状态。2011 年，迁移人群家庭收支盈余平均为 1631.62 元，而待迁人群家庭收支盈余平均为 –7846.46 元。也就是说，处于边远山区、生存条件恶劣的待迁人群 2011 年的家庭收入无法抵消家庭支出，导致家庭的盈余状态为负值。相反，那些移民到生存条件较好、靠近城市地区的迁移人群 2011 年的家庭收支获得盈余。表 2 – 1 是 2011 年迁移人群和待迁人群的家庭收支盈余状况的详细对比。2011 年，接近六成的迁移人群的家庭收支处于盈余状态，而待迁人群的家庭收支处于盈余状态的只有三成多一点，超过六成的待迁人群家庭处于入不敷出的境况。

表 2 – 1   迁移人群与待迁人群的家庭收支盈余状况

单位:%

家庭收支盈余	迁移人群	待迁人群
10001 元及以上	29.8	8.3
5001—10000 元	11.9	8.4
1—5000 元	15.8	16.6
0 元	5.7	3.0
– 1 – – 5000 元	11.2	20.9
– 5001— – 10000 元	7.8	14.3
– 10001 元及以上	16.0	28.6
有效样本(百分比合计)	769(100.0)	336(100.0)

二　收入状况

迁移人群比待迁人群的劳动者个人收入①高。2011 年，迁移人群劳动者个人的平均收入为 13458.69 元，差不多是那些生活在边远山区的待迁人群劳动者个人平均收入——7022.71 元——的两倍。在迁移人群中，55.8% 的劳动者个人收入在 10000 元以下，28.0% 的劳动者个人收入在 10000 元至 19999 元之间，9.0% 的劳动者个人收入在 20000 元至 29999 元之间，7.2% 的劳动者个人收入在 30000 元以上。而那些生活在恶劣的生存条件下的待迁人群中，高达 75.7% 的劳动者个人收入在 10000 元以下，只有 13.8% 的劳动者个人收入在 10000 元至 19999 元之间，5.1% 的劳动者个人收入在 20000 元至 29999 元之间，5.4% 的劳动者个人收入在 30000 元以上。

移民之后，大部分家庭的总收入增长，迁移人群比待迁人群的家庭总收入高。与移民之前相比，接近九成的移民家庭的收入增加了，只有 1.3% 的家庭的收入减少了，11.5% 的家庭的收入没有变化。2011 年，迁移人群的家庭总收入为 26191.19 元，接近于那些生活在边远山区的待迁人群家庭总收入——14121.32 元——的两倍。在迁移人群家庭中，只有 11.4% 的家庭的总收入在 10000 元以下，30.9% 的家庭的总收入在 10000 元至 19999 元之间，23.5% 的家庭的总收入在 20000 元至 29999 元之间，34.2% 的家庭的总收入在 30000 元以上。而那些生活在恶劣的生存条件下的待迁人群家庭中，高达 41.6% 的家庭总收入在 10000 元以下，29.6% 的家庭的总收入在 10000 元至 19999 元之间，只有 12.7% 的家庭的总收入在 20000 元至 29999 元之间，仅有 10.1% 的家庭的总收入在 30000 元以上。

迁移人群远比待迁人群的家庭人均收入高，实现总体脱贫，超过宁夏全区农民人均纯收入的水平。2011 年，迁移人群的家庭人均收入为 5831.22 元，接近于那些生活在边远山区的待迁人群的家庭人均收入——3041.60 元——的两倍。只有 19.1% 的迁移人群家庭的人均收入在国家扶贫标准

---

① 此处劳动者是指从每个家庭户中 18—69 岁的所有成员中随机抽取的那些被访者，没有排除仍在读书或者已退休的人群，也忽略了 18 岁以下参加劳动的人群。劳动者收入不仅包括劳动收入，也包括非劳动收入。

（中央政府门户网站，2011）——2300元——以下，而在待迁人群中，却有高达55.2%的家庭生活在国家贫困线之下。2011年宁夏农民人均纯收入为5410元（红寺堡统计信息网，2012a），只有12.2%的待迁人群的家庭人均收入超过这一水平，超过这一水平的迁移人群家庭的比例达35.2%。

总体上，迁移人群劳动者个人收入的主要来源是从事以打工为主的非农职业，而待迁人群劳动者个人收入的主要来源是务农与打工并重。

如图2-1与图2-2所示：农业经营收入占迁移人群劳动者个人收入的比重仅为三分之一强——35.3%，非农收入占迁移人群劳动者个人收入的比重为64.7%；而对于居住在恶劣的自然条件下的待迁人群来说，农业经营收入占其个人收入的比重接近一半——46.1%，非农收入占其个人收入的比重为53.9%。打工收入均是迁移人群与待迁人群劳动者个人的主要收入来源，但是打工收入对迁移人群收入的贡献更大。

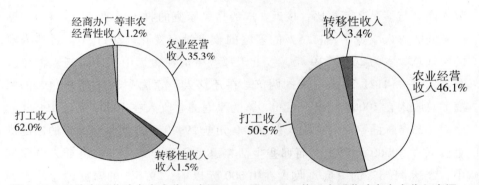

图2-1　迁移人群劳动者个人收入来源　　　图2-2　待迁人群劳动者个人收入来源

移民改变了家庭的主要收入来源，使更多移民家庭的主要收入来源变为外出打工和经商等非农职业所带来的收入。在移民之前，多达87.2%的家庭主要收入靠种植和养殖，仅有10.9%的家庭的主要收入来源是外出打工，1.3%的家庭的主要收入来源是经商或者行政事业单位工作收入。而在移民之后，只有49.6%的移民家庭的主要收入来源是种植和养殖，多达45.1%的移民家庭的主要收入来源是外出打工，主要收入来源为经商或者行政事业单位工作收入的家庭比例也上升到4.3%。64.8%的待迁人群家庭的主要收入来源是种植和养殖，只有30.5%的待迁人群家庭的主要收入来源是外出打工，2.5%的家庭的主要收入来源是经商或者行政事业单位工作收入。以上对比表明，主要收入来源为非农职业的迁移人群家庭的比例高于待迁人群家庭。在表2-2中，迁移人群家庭比待迁人群家庭的收入渠道更加广泛，如迁移人群家庭拥有待迁人群家庭所没有的经商办厂收入和财产性收入等。迁移人群家庭的农业经营收入、打工收入和转移性收入等均比待迁人群家庭多。

表 2-2　迁移人群与待迁人群的家庭收入来源

单位：元

收入来源	迁移人群	待迁人群
农业经营收入	11323.59	6690.29
打工收入	13686.68	7108.58
经商办厂等非农经营性收入	454.99	0.00
财产性收入	135.49	0.00
转移性收入	590.44	322.45
总收入	26191.19	14121.32
有效样本	775	352

注：在本调查研究中，农业经营收入是指家庭从事各种农业活动所得的收入；打工收入包括工资、奖金、津贴、节假日福利等收入（如有实物，请折价计算；注意不含退休金），及其他收入（在被调查者的回答统计中，其他收入主要是指打工收入）；经商办厂等非农经营性收入是指经商办厂收入；财产性收入包括出租房屋、土地收入，及家庭金融投资理财收入（债券、存款、放贷等的利息收入，股票投资收入及股息、红利收入等）；转移性收入包括家庭成员退休金、养老保险金、失业保险金、工伤保险金、生育保险金等社保收入，家庭成员医疗费报销收入，政府、工作单位和其他社会机构提供的社会救助收入（如最低生活保障、困难补助、疾病救助、灾害救助、学校奖学金/助学金、贫困学生救助等），政府提供的生产经营补贴、政策扶持收入（如农业补助、税费减免等），及居委会、村委会提供的福利收入（如集体生产经营分红、非救助性补贴等）等。

迁移人群与待迁人群中退休居民每月领取的退休金是一样的，都为1500元；迁移人群中退休居民每月领取的养老保险金约为21元，而待迁人群中退休居民每月领取的养老保险金稍高，为38元。

三　支出状况

总体上，迁移人群的支出水平比待迁人群的支出水平高，待迁人群的支出水平接近于宁夏农民的平均支出水平。2011 年迁移人群的家庭总支出为 24714.4 元，稍微高于待迁人群的家庭总支出 22238.0 元。2011 年，迁移人群的家庭人均支出为 5538.0 元，高于宁夏农村居民人均支出的 4726.6 元（红寺堡统计信息网，2012a）；待迁人群家庭人均支出与宁夏农村居民的人均支出在同一个水平上，为 4787.8 元。虽然迁移人群在收入水平和人均支出水平上远高于待迁人群，但是迁移人群的家庭恩格尔系数与待迁人群的家庭恩格尔系数相近，分别为 22.6% 和 22.1%。

恩格尔系数（食品支出占家庭总支出的比重）是家庭生活水平的一个重要指标，恩格尔系数越低，说明家庭生活水平越高。宁夏迁移人群和待迁人群的家庭恩格尔系数都仅有 22% 多一点，远低于全国平均水平（2011年全国城乡居民家庭恩格尔系数分别为 36.3% 和 40.4%），但从实际调查情况来看，这并非说明宁夏迁移人群和待迁人群的家庭生活水平远高于全国平均水平，主要是因为他们的人情往来支出、看病支出和子女教育支出过高，不得不省吃俭用，从而拉低了家庭恩格尔系数。宁夏迁移人群和待迁人群的家庭人情往来和自家红白喜事支出（14.3% 和 34.9%）、医疗保健支出（18.4% 和 15.5%）、文教娱乐用品及服务支出（11.3% 和 8.2%）三项合计，占家庭总支出的比重竟然分别高达 44.0% 和 58.6%。特别是待迁人群家庭的人情往来支出高达 30.2%，简直让人难以置信。

从表 2-3 可见，在 2011 年食品、衣着、居住、家庭设备及服务、交通与通信、文教娱乐用品及服务和医疗保健等生活消费支出的各个项目上，迁移人群的支出金额和各项生活支出占家庭支出的比重均多于/高于待迁人群。待迁人群将更多的家庭支出用于人情往来和自家红白喜事，在支出金额和比重上均多于/高于迁移人群家庭。

表 2-3　迁移人群与待迁人群的家庭支出项目

单位：元,%

支出项目	迁移人群		待迁人群	
	支出金额	占家庭总支出的比重	支出金额	占家庭总支出的比重
食　品	5584.3	22.6	4909.4	22.1

续表

支出项目	迁移人群		待迁人群	
	支出金额	占家庭总支出的比重	支出金额	占家庭总支出的比重
衣　着	1403.6	5.7	705.4	3.2
居　住	2272.9	9.2	1275.5	5.7
家庭设备及服务	2417.4	9.8	987.9	4.4
交通与通信	1534.4	6.2	1292.8	5.8
文教娱乐用品及服务	2786.0	11.3	1821.5	8.2
医疗保健	4549.3	18.4	3444.3	15.5
赡养不在一起生活的亲属的费用	197.1	0.8	50.4	0.2
自家红白喜事	374.5	1.5	1055.3	4.7
人情往来	3161.4	12.8	6725.1	30.2
其他支出	667.3	2.7	15.2	0.0
家庭总支出	24714.4	100.0	22238.0	100.0
有效样本	793		392	

注：食品支出包括在家饮食支出（自产的食品，估算其价格，并计算在内）和外出饮食支出；居住支出包括缴纳房租的支出、购房首付及分期偿还房贷的支出（非 2011 年首付不计）和住宅改建、装修的支出；家庭设备及服务包括家用电器、家具、家用车辆等购置支出和电费、水费、燃气（煤炭）费、物业费、取暖费；交通与通信支出包括上下班交通费及家用车辆汽油费、保养费、养路费、路桥费，固定电话/手机/小灵通的话费、电脑上网费等；文教娱乐用品及服务包括教育支出（如学费、杂费、文具费、课外辅导费、在校住宿费等，但在校的饮食支出不计）和文化、娱乐、旅游支出；医疗保健支出包括看病、住院、买药等费用，不扣除报销部分。

四　耐用消费品的保有状况

如图 2-3 所示，目前迁移人群家庭拥有最多的耐用消费品是彩色电视机、洗衣机和冰箱，对这三种耐用消费品的保有比例均超过六成，其中彩色电视机和洗衣机接近普及的程度。彩色电视机、洗衣机和冰箱也是待迁人群家庭保有比例最高的耐用消费品，但是保有比例均低于迁移人群家庭的保有比例。迁移人群家庭对微波炉、电脑、音箱/DVD、热水器、相机/DV、空调/取暖器和汽车等的保有比例很低，但均高于待迁人群家庭的保有比例。总体上，迁移人群家庭比待迁人群家庭拥有更多的耐用消费品。

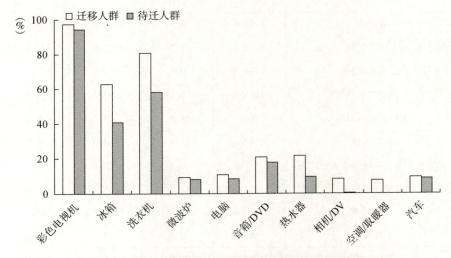

图 2-3　迁移人群与待迁人群家庭耐用消费品的保有状况

第二节　生态移民的生活条件

本节从自然条件/区位、交通/水源/生活能源、住房条件、社区服务设施与生活便利度和休闲方式等方面描述和分析移民当前的生活条件及搬迁对移民生活条件变化的影响。

一　自然条件/区位

移民使人们从干旱少雨的中南部山区搬迁到多雨的地区，很少经历旱灾，生存的自然条件总体改善。根据对迁入地村委会的调查数据，超过六成的移民迁入地社区在最近五年没有经历过旱灾，而所有待迁地社区则在最近五年经历过旱灾。虽然移民摆脱了旱灾，但是移民在迁入地也遇到了新的灾害，即水灾和沙尘暴。最近五年内，43.8%的迁入地社区遭遇过水灾，68.8%的迁入地社区遭遇过沙尘暴。

移民使人们从边远的山区搬迁到靠近城镇的地方居住，使移民更加容易脱贫致富。如表 2 - 4 所示，迁入地社区的居民到最近的集镇的平均距离只有 5.3 公里，而待迁地社区的居民到最近的集镇的平均距离为 9.4 公里；迁入地社区的居民到县城（市区）的平均距离为 15.1 公里，而待迁地社区的居民到县城（市区）的平均距离却为 47.4 公里；迁入地社区的居民到省城的平均距离只有 91.3 公里，而待迁地社区的居民到省城的平均距离远达 335.1 公里。

表 2 - 4　迁入地社区与待迁地社区到城镇的距离

单位：公里

城镇类型	迁入地社区	待迁地社区
最近的集镇	5.3	9.4
县城(市区)	15.1	47.4
省城	91.3	335.1
有效样本	16	8

二　交通/水源/生活能源

移民解决了原先住在中南部山区的人们的"行路难"和"吃水难"问题，使人们居住社区内的道路变得平坦，喝上卫生的水，开始使用更加高效和清洁的能源。目前，超过七成迁入地社区内的主干道/主要马路是平坦干净的柏油路或者水泥路；而大部分待迁地社区内的主干道/主要马路还是坎坷的土路，只有两成待迁地社区内的主干道修建了水泥路。迁入地社区居民都喝上了卫生的井水或者自来水；而在待迁地社区内，只有四成的居民喝上了井水或者自来水，另外四成待迁地社区内的居民仍然喝雨水，还有一部分社区内的居民需要买水吃。虽然在大部分迁入地社区内，家庭做饭的主要燃料还是柴草，但是接近三成迁入地社区内的家庭开始将煤炭作为做饭的主要燃料；而在待迁地社区内，家庭做饭的主要燃料仍然是柴草。而且，迁入地社区内使用新能源的比例高于待迁地社区：八九成的迁入地社区在使用太阳能和沼气等新能源，而使用太阳能和沼气的待迁地社区只有一成多；少数迁入地社区也在使用风能，没有一个待迁地社区使用风能（见图2-4）。

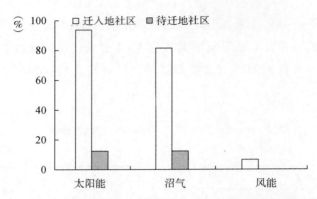

图2-4   迁入地社区与待迁地社区的新能源使用情况

三   住房条件

住房条件主要包括住房类型、房屋面积、居住人数和人均居住面积等指标。

搬迁改善了移民的住房条件。相对于移民之前和待迁人群，迁移人群当前的住房条件较好。如表2-5所示，在居住类型方面，九成多的迁移人群当前居住在平房中，近1%的人居住在条件更好的别墅/单元房/楼房/筒子楼中，只有1.1%的人居住在土坯房或条件更差的窑洞、帐篷、草棚中。而在迁移之前，65.6%的移民居住在土坯房中，16.0%的人居住在条件更差的窑洞、帐篷、草棚中，只有不到两成的人居住在平房中。待迁人群中居住在平房中的比例高达76.1%，但仍然有两成多的人尚居住在土坯房或条件更差的窑洞、帐篷、草棚中。在人均居住面积方面，2011年迁移人群人均居住面积为23.37平方米，与当年宁夏农村人均住房面积——25.9平方米（红寺堡统计信息网，2012a）——相当，远大于移民之前和待迁人群的人均居住面积——13.38平方米和15.88平方米。

表 2 – 5　迁移人群与待迁人群的住房条件

单位:%

指标	取值	迁移人群		待迁人群
		当前	移民之前	
住房质量	别墅/单元房/楼房/筒子楼	0.9	0.3	0.0
	平房	92.8	18.1	76.1
	土坯房	0.1	65.6	20.1
	其他(条件更差的窑洞、帐篷、草棚等)	1.0	16.0	3.8
	有效样本(百分比合计)	794(100.0)	794(100.0)	400(100.0)
人均住房面积	人均住房面积(平方米)	23.37	13.38	15.88
	有效样本	797	784	398

四　社区服务设施与生活便利度

　　总体来看,移民后,人们居住地社区的服务设施更加完善,人们的日常生活更加便利和丰富。如表 2 – 6 所示,所有的迁入地社区都设有卫生室/诊所及便利店(小商店/小卖部),而中南部山区仍然有一成多的待迁地社区没有卫生室/诊所,两成多的待迁地社区没有便利店(小商店/小卖部)。6.3% 的迁入地社区拥有较大型的百货商店,这在边远的中南部山区是不存在的。少数迁入地社区和待迁地社区还设有农贸市场/集市。超过九成的迁入地社区拥有文化活动中心/室,待迁地社区中拥有文化活动中心/室的比例较低,为 62.5% 。56.3% 的迁入地社区还设有体育运动场所/设施,待迁地社区尚没有体育运动场所/设施。部分迁入地社区还考虑到儿童的玩乐需求,在社区内设置了儿童游乐场所/设施,尚没有待迁地社区设置儿童游乐场所/设施。68.8% 的待迁地社区设有/靠近公交车站,只有 12.5% 的待迁地社区设有/靠近公交车站。所有的迁入地社区和待迁地社区都设有垃圾站/公用垃圾箱。大多数迁入地社区和待迁地社区都没有银行(柜员机),

只有 6.3% 的迁入地社区设有银行（柜员机），低于待迁地社区相应的比例——12.5%。93.8% 的迁入地社区拥有幼儿园/中小学，而所有的被调查的八个待迁地社区全部设有幼儿园/中小学。

表 2-6 迁入地社区与待迁地社区的服务设施情况

单位:%

社区服务设施	迁入地社区	待迁地社区
卫生室/诊所	100.0	87.5
便利店(小商店/小卖部)	100.0	75.0
百货商店	6.3	0.0
农贸市场/集市	12.5	12.5
文化活动中心/室	93.8	62.5
体育运动场所/设施	56.3	0.0
儿童游乐场所/设施	25.0	0.0
公交车站	68.8	12.5
垃圾站/公用垃圾箱	100.0	100.0
银行(柜员机)	6.3	12.5
幼儿园/中小学	93.8	100.0
有效样本	16	8

移民们感觉到了社区服务设施的完善给其日常生活带来的便利。生活便利度是通过从移民的居住点到公共服务机构所需的步行时间等指标来测量的。公共服务机构包括上班工作的地点、最近的超市/百货商店、最近的邮局、最近的银行、最近的医院/诊所、最近的公交站和最近的学校。

移民使得人们从家到上班/工作的地点变得更加便利。在迁移之前，只有三成的人从家步行到上班/工作的地点所需时间在半小时以内，近一成的人需要步行半个小时至一个小时之间，超过六成的人需要步行一个小时以上。而在移民之后，近六成的人能够在半小时内从家步行到上班/工作的地点，超过两成的人需要步行半个小时至一个小时之间，仅有两成的人需要步行一个小时以上。即使与待迁人群相比，迁移人群从当前的居住地到上班/工作的地点也更加便利。虽然待迁人群中能够在半小时内从家步行到上班/工作的地点的比例比迁移人群高一点，但是待迁人群中超过三成的人从家到上班/工作的地点需要步行一个小时以上，远高于迁移人群。

移民使得人们从家步行到最近的超市/百货商店变得更加便利。移民之后，八成移民能够在半小时内从当前的居住地步行到最近的超市/百货商店；而在移民之前，近八成的人从家步行到最近的超市/百货商店需要花费半个小时以上，超过六成的人需要步行一个小时以上。待迁人群中能够在半小时内从家步行到最近的超市/百货商店的人不到六成，超过四成的待迁人群从家步行到最近的超市/百货商店需要花费半个小时以上。

移民也使得人们从家到最近的邮局变得更加方便。在迁移之前，高达85.3%的人需要花费超过一个小时的时间从家步行到最近的邮局，只有6.3%的人能够在半个小时内从家步行到最近的邮局。而在移民之后，只有46.4%的人需要花费超过一个小时的时间从家步行到最近的邮局，接近四成的人能够在半小时内从家步行到最近的邮局。待迁人群中需要花费超过一个小时的时间从家步行到最近的邮局的人高达76.3%，只有14%的人能够在半个小时内从家步行到最近的邮局。

同样，移民也使得人们从家到最近的银行变得更加方便。移民之后，36.5%的移民能够在半小时内从家步行到最近的银行，尚有46.2%的人从家步行到最近的银行需要在一个小时以上；而在移民之前，仅有6.2%的人能够在半小时内从家步行到最近的银行，多达88.4%的人需要步行一个小时以上。与迁移人群相比，待迁人群从家步行到最近的银行并不便利。待迁人群中只有10.6%的人能够在半小时内从家步行到最近的银行，多达82.0%的人从家到最近的银行需要步行一个小时以上。

移民也使得人们能够更加便利地从家步行到最近的医院/诊所。迁移人群中有70%的人能够在半小时内从家步行到最近的医院/诊所，只有16.5%的人需要一个小时以上。这比移民之前和待迁人群从家到最近的医院/诊所便利许多。在移民之前，仅有16.5%的人能够在半小时内从家步行到最近的医院/诊所，多达73.3%的人需要步行一个小时以上。待迁人群中有45.8%的人能够在半小时内从家步行到最近的医院/诊所，仍然有34.8%的人需要步行一个小时以上。

　　与移民之前和待迁人群相比，迁移人群从家步行到最近的公交车站更加方便。在移民之前，只有1.5%的人能够在十分钟内从家步行到最近的公交车站，超过八成的人居住在离最近的公交车站需要步行一个小时以上的地方。移民之后，有近三成的人能够在十分钟内从家步行到最近的公交车站，只有21.5%的人居住在离最近的公交站需要步行一个小时以上的地方。在待迁人群中，只有9.8%的人能够在十分钟内从家步行到最近的公交站，78.8%的人需要花费超过一个小时的时间。

　　搬迁使得移民的孩子们上学更加便利。目前，超过八成的迁移人群居住在步行不到半个小时就能到达最近的学校的地方，只有5.1%的迁移人群居住在步行需要超过一个小时才能到达最近的学校的地方。而在移民之前，只有34.5%的人居住在步行不到半个小时就能到达最近的学校的地方，接近五成的人居住在步行需要超过一个小时才能到达最近的学校的地方。在待迁人群中，有六成多的人居住在步行不到半个小时就能到达最近的学校的地方，仍然有19.5%的人居住在步行需要超过一个小时才能到达最近的学校的地方。

五　休闲方式

　　休闲方式一般包括逛街购物、去电影院看电影、跟家人或朋友喝酒聊天、外出郊游、参加文艺活动、打麻将/扑克、体育锻炼/健身/健美、去KTV/舞厅/酒吧、听音乐会和上网娱乐等。

　　迁移人群当前最主要的休闲方式是逛街购物和跟家人或朋友喝酒聊天，大部分迁移人群几乎从来没有体验过其他现代化的休闲方式。在迁移人群中，有53.4%的人至少一个月几次去逛街购物，只有20.9%的人从来没有去逛过街购过物；有29.8%的人至少一个月几次跟家人或者朋友一起喝酒聊天，但有超过六成的人从来没有采用过这样的休闲方式。九成以上的迁移人群从来没有采用过以下的现代化休闲方式：去电影院看电影、读文学/社会科学/科技类的书、外出郊游、参加文艺活动、打麻将/扑克、参观各类博物馆、体育锻炼/健身/健美、到现场看体育比赛、做手工艺、去KTV/舞厅/酒吧、听音乐会、上网娱乐和去茶馆等。

　　调查结果显示，移民能够使更多的人去休闲，尤其是对现代化/城市化休闲方式的体验。在迁移人群中，半年内至少一次逛过街购过物的比例为

79.1%，这一比例高于移民之前的 71.1% 和待迁人群的 70.4% 。半年内至少一次跟家人或者朋友喝酒聊天的比例为 33.8% ，这一比例高于移民之前的 30.4% 和待迁人群的 11.0% 。在迁移人群中，半年内至少一次打麻将/扑克的比例为 10.3% ，这一比例高于移民之前的 7.1% 和待迁人群的 4.8% 。

搬迁使得移民平时体验各种现代化/城市化休闲方式的频度增加。如图 2 –5 所示，迁移人群平时去电影院看电影的频度平均值为 1.08 分①，高于移民之前的 1.07 分和待迁人群的 1.02 分。迁移人群平时读报纸杂志的频度平均值为 1.31 分，高于移民之前的 1.22 分和待迁人群的 1.16 分。迁移人群平时读文学/社会科学/科技类的书的频度平均值是 1.18 分，比移民之前和待迁人群的频度平均值都高。迁移人群平时听音乐会的平均频度也比移民之前和待迁人群的平均频度高。与移民之前和待迁人群相比，迁移人群平时外出郊游、参加文艺活动和参观各类博物馆的频度也更高。迁移人群平时进行体育锻炼/健身/健美的频度平均值为 1.06 分，高于移民之前的 1.03 分和待迁人群的 1.03 分。迁移人群平时到现场看体育比赛的频度平均值为 1.05 分，高于移民之前的 1.03 分，却低于待迁人群的 1.06 分。迁移

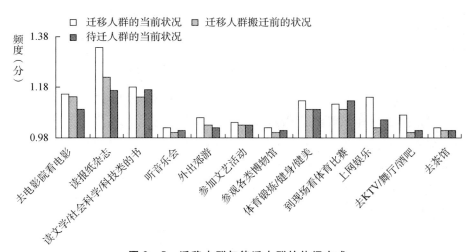

图 2 –5　迁移人群与待迁人群的休闲方式

① 1 分代表"从来没有"，2 分代表"半年几次"，3 分代表"一个月几次"，4 分代表"一个星期几次"，5 分代表"每天都有"。

人群平时上网娱乐、去 KTV/舞厅/酒吧和去茶馆的频度也均比其移民之前和待迁人群高。

第三节   生态移民的社会地位

社会地位可从户籍身份、教育水平、政治面貌和职业身份等几个方面进行分析。在农村地区，家庭规模也是反映一个家庭的经济社会状况的重要指标。本章从上述五个方面分析宁夏生态移民社会地位的现状及搬迁对移民社会地位变化的影响。

一   户籍身份

搬迁对移民户籍身份的改变有积极影响，使移民的户籍登记地更加多样化，这意味着户籍登记和管理工作更加复杂。表 2 – 7 显示，在户口类型方面，大多数迁移人群当前的户籍身份仍然是农业户口，比例为 95.6%，非农业户口的比例为 4.2%。迁移人群中在搬迁之前的户籍身份属于农业户口的比例为 97.1%，非农业户口的比例为 2.0%。待迁人群中持有农业户口证的比例为 98.3%，持有非农业户口证的比例为 1.6%。这三份数据说明搬迁使得移民有机会改变自己的农业户口身份，获得非农业户口身份，提升自己的社会地位。搬迁也改变了移民的户口登记地的结构，只有 15.5% 的移民在搬迁后没有改变户口登记地，30.9% 和 53.6% 的移民分别将户口迁入当时的居住地和当时居住地以外的其他地方。迁移人群当前的户口登记地主要是本乡/镇/街道（85.3%）和搬迁前原居住地（12.6%），少部分移民的户口登记地是本县/市/区的其他乡/镇/街道（0.9%）、本区/县/县级市以外（1.0%）和户口待定（0.3%）。而待迁人群户口登记地只有三类，即本乡/镇/街道（98.7%）、本县/市/区的其他乡/镇/街道（1.0%）和户口待定（0.3%），不存在本区/县/县级市以外和搬迁前原居住地等类型。

二   教育水平

迁移人群和待迁人群在受教育水平的结构分布上是大体一致的。如表 2 – 7 所示，近七成被访者的受教育程度为小学及以下水平，两成被访者的受教育程度在初中水平，不到一成的被访者接受过高中/中专/技校及以上程度的教育。但是，从迁移人群和待迁人群在受教育水平的细微差异上可以发现，搬迁可以提高移民的受教育水平。例如，迁移人群中受过小学以下教育水平的被访者的比例为42.4%，比待迁人群（50.8%）低8.4个百分点；同时，迁移人群中受教育水平为小学水平、初中水平、高中/中专/技校水平和大专及以上水平的比例均比待迁人群高。

三　政治面貌

总体上来说，搬迁对移民政治面貌的改变没有多大影响。表2-7显示，迁移人群和待迁人群的主要政治面貌均是群众，比例分别为90.1%和90.8%。迁移人群中政治面貌为共产党员的比例为4.9%，低于待迁人群（6.0%）；但是，前者中政治面貌为民主党派和共青团员的比例分别为0.1%和4.9%，略高于后者（分别为0.0%和3.3%）。

表2-7　迁移人群与待迁人群的户口类型、教育水平和政治面貌

单位:%

指标	取值	迁移人群		待迁人群
		当前	移民之前	
户口类型	农业户口	95.6	97.1	98.3
	非农业户口	4.2	2.0	1.6
	其他或者不清楚	0.1	0.9	0.3
	有效样本（百分比合计）	800(100.0)	795(100.0)	400(100.0)
教育水平	小学以下水平	42.4	—	50.8
	小学水平	26.8	—	22.3
	初中水平	21.7	—	20.5
	职业高中/普通高中/中专/技校	7.4	—	5.3
	大学专科及以上水平	1.7	—	1.3
	有效样本（百分比合计）	799(100.0)	—	400(100.0)

指标	取值	迁移人群		待迁人群
		当前	移民之前	
政治面貌	共产党员	4.9	—	6.0
	民主党派	0.1	—	0.0
	共青团员	4.9	—	3.3
	群众	90.1	—	90.8
	有效样本（百分比合计）	799（100.0）	—	400（100.0）

四　家庭规模与构成

迁移人群和待迁人群的家庭人口规模主要为4—6人，这说明多数家庭生育孩子的数量为2—4人。调查数据显示，移民有利于缩小家庭规模。迁移人群中家庭规模为4人的比例最高，占31.0%，平均家庭规模为4.99人；而待迁人群中比例最高的家庭规模是5人，平均家庭规模为5.36人。移民家庭规模的缩小，有利于减少家庭的抚养成本，让移民更易脱贫致富。而且，移民家庭规模越小，移民家庭的人均收入越高。例如，迁移人群中家庭规模为1—4人的家庭的人均收入为6998元，高于家庭规模在5人及以上的家庭的人均收入（4584元）；同样，待迁人群中家庭规模为1—4人的家庭的人均收入为4204元，高于家庭规模在5人及以上的家庭的人均收入（2444元）。

在家庭的民族构成方面，移民没有任何影响。迁移人群和待迁人群的家庭几乎都是由单一民族构成的，单一民族家庭的比例均为99.5%（见表2-8）。

五　职业身份与外出务工意愿

表2-8显示：迁移人群中从未外出务工的比例为50.3%，低于待迁人群中从未外出务工的比例（63.5%）；相应的，迁移人群中当前或者曾经外出务工的比例为44.6%，在家从事非农职业的比例为5.1%，分别高于待迁

人群中相应的比例（34.7%和1.8%）。在外出务工意愿方面，迁移人群比待迁人群高出10个百分点，前者中有外出务工打算的比例为41.3%，后者中有外出务工打算的比例为31.3%。从上面的数据可以看出，搬迁能够增强移民外出务工的意愿和增加外出务工的机会，也增加移民在家从事非农职业的机会，从而使更多的移民实现脱贫致富。

表2-8 迁移人群与待迁人群的家庭民族构成、职业身份和外出务工意愿

单位:%

指标	取值	迁移人群的当前状况	迁移人群搬迁前的状况	待迁人群的状况
家庭的民族构成	单一民族	99.5	—	99.5
	两个民族	0.1	—	0.2
	两个以上民族	0.4	—	0.3
	有效样本（百分比合计）	799(100.0)	—	400(100.0)
职业身份	从未外出务工	50.3	—	63.5
	当前/曾经外出务工	44.6	—	34.7
	在家非农职业	5.1	—	1.8
	有效样本（百分比合计）	799(100.0)	—	400(100.0)
外出务工意愿	打算外出务工	41.3		31.3
	不打算外出务工	58.7		68.7
	有效样本（百分比合计）	800(100.0)		400(100.0)

第四节　总结和讨论

宁夏移民工程的一个重要目的就是帮助原先生活在宁夏中南部边远贫困山区的群众脱贫致富，改善生活，过上幸福生活，共享改革开放所取得

的成果。对宁夏移民千人调查的数据分析显示,宁夏移民工程总体上改善了移民的经济社会生活状况,提高了移民的社会地位,移民的受教育水平有所提升,移民就业以从事农业活动为主转向以二、三产业的非农就业为主,移民个人和家庭收入水平显著增加,移民家庭由入不敷出向收支盈余转变,移民总体脱贫,移民居住条件显著改善,日常生活更加便利,移民家庭拥有更多的耐用消费品,有更多的机会体验现代化的休闲方式。搬迁对改善移民经济社会生活状况的意义体现在以下三个方面。

第一,移民改善了人们的经济状况。首先,搬迁实现了移民的收入倍增目标。迁移人群的劳动者个人收入、家庭人均收入和家庭总收入均是待迁人群的两倍左右。其次,搬迁增加了待迁移民的支出水平。2011年,迁移人群的支出水平比宁夏农民的支出水平和待迁人群的支出水平都要高;在食品、衣着、居住、家庭设备及服务、交通与通信、文教娱乐用品及服务和医疗保健等生活消费支出的各个项目上,迁移人群的支出金额和各生活项目支出占家庭支出的比重均多于/高于待迁人群家庭。再次,搬迁使得人们的家庭收支由入不敷出状态转向盈余状态。2011年,迁移人群的家庭收支总体上处于盈余状态,而待迁人群的家庭收支在总体上却处于入不敷出状态。而且,搬迁改变了人们收入的主要来源并拓宽了收入的渠道。与待迁人群劳动者个人收入的主要来源是务农与打工并重相比,迁移人群劳动者个人收入的主要来源是从事以打工为主的非农职业。迁移人群家庭比待迁人群家庭的收入渠道更加广泛,如迁移人群家庭拥有待迁人群家庭所没有的经商办厂收入和财产性收入等。迁移人群家庭的农业经营收入、打工收入和转移性收入等均比待迁人群家庭多。最后,搬迁提高了人们对耐用消费品的消费水平,迁移人群家庭比待迁人群家庭拥有更多的耐用消费品。

第二,移民改善了人们的生活条件。首先,搬迁改善了人们生存的自然条件,使人们居住在经济条件较好的靠近城镇的地区。其次,在政府的支持下,搬迁解决了居民的行路难和吃水难问题。再次,搬迁还改善了人们的住房条件。在搬迁之前,大部分人都住在土坯房甚至窑洞中;搬迁后,移民都住上了平房或者更好的楼房。搬迁增加了移民家庭的住房面积和人均住房面积。搬迁后,迁入地社区内的服务设施更加完善,使迁移人群比迁移之前和待迁人群的生活更加便利。迁移人群能够更加便利地使用公共服务机构，包括上班地点、最近的超市/百货商店、最近的邮局、最近的银行、最近的医院/诊所、最近的公交站和最近的学校。还有，搬迁使更多的人有条件去休闲和懂得休闲，尤其是对现代化/城市化休闲方式的体验。迁移人群比待迁人群体验以下休闲方式的频度更高/机会更大：去电影院看电影、读文学/社会科学/科技类的书、外出郊游、参加文艺活动、打麻将/扑克、参观各类博物馆、体育锻炼/健身/健美、到现场看体育比赛、做手工艺、去 KTV/舞厅/酒吧、听音乐会、上网娱乐和去茶馆等。

第三，移民提升了人们的社会地位。搬迁对移民户籍身份的改变有积极意义，使移民有更多机会进入城市生活和就业，进而获得改变户籍身份的机会。搬迁增强了移民外出务工的意愿，增加了移民外出务工的机会，甚至提高了移民在家从事非农职业的机会，改变了移民的职业身份，提升了移民的社会地位。搬迁也有助于提高移民的受教育水平，例如迁移人群中受教育水平为小学水平、初中水平、高中/中专/技校水平和大专及以上水平的比例均比待迁人群高。搬迁缩小了移民的家庭规模，家庭规模的缩小减少了家庭的抚养成本，并提高了家庭的人均收入。

尽管搬迁改善了移民的经济社会生活状况，使移民享受到改革开放三十余年来经济社会发展所取得的成果，但是迁移人群当前仍然面临一些问题，需要政府的后续关注和研究解决。待迁人群的经济社会生活现状对于宁夏回族自治区政府实行"十二五"生态移民也有参考意义。以下将对迁移人群和待迁人群的现状和存在的问题进行总结。

第一，农业户籍身份与户口登记的复杂化。虽然搬迁提高了迁移人群持有非农户籍的比例，但是当前绝大多数迁移人群和待迁人群一样，户籍身份仍然是农业户口。搬迁也改变了移民的户口登记地的结构，只有15.5%的移民在搬迁后没有改变户口登记地，另外30.9%和53.6%的人分别将户口迁入当时的居住地和当时居住地以外的其他地方。这意味着移民的户籍登记地更加多样化，移民的户籍登记和管理工作更加复杂。待迁人群户口登记地只有三类，即本乡/镇/街道（98.7%）、本县/市/区的其他乡/镇/街道（1.0%）和户口待定（0.3%）。

第二，总体受教育水平过低。迁移人群和待迁人群在受教育水平的结构分布上是大体一致的。七成左右被访者的受教育程度为小学及以下水平，两成被访者的受教育程度在初中水平，不到一成的被访者接受过高中/中专/技校及以上水平的教育。过低的受教育水平影响移民外出务工就业和从事现代特色种养业，不利于其向二、三产业转移就业。

第三，家庭人口规模过大，人口生育水平过高，影响家庭经济和生活水平的提升。迁移人群平均家庭规模为 4.99 人，待迁人群平均家庭规模为 5.36 人。这说明多数家庭生育孩子的数量为 2—4 人，生育 3 个孩子的家庭最常见。人口生育水平过高，导致家庭规模过大，不利于脱贫致富。移民家庭规模过大，增加家庭的抚养成本，降低家庭的人均收入水平。

第四，从事传统农业种植的劳动力比例过高，非农就业的比例较低，待迁人群外出务工意愿低。迁移人群中有五成的被访者在家从事农业种植，另外五成的被访者当前或者曾经外出务工，或者在家从事非农职业；而待迁人群中六成多的被访者在家从事农业种植，只有三成多的被访者当前或者曾经外出务工，或者在家从事非农职业。迁移人群中有外出务工打算的比例为 41.3%，而待迁人群中有外出务工打算的比例仅为 31.3%。

第五，迁移人群的住房条件较好，待迁人群的住房条件较差。2011 年，几乎所有迁移人群都住上了平房或者更好的楼房，只有 1.1% 的人居住在土坯房或条件更差的草棚中。待迁人群中七成多的被访者居住在平房中，但还有两成多的被访者住在土坯房或窑洞中。迁移人群当前房屋的家庭平均面积为 103.68 平方米，而待迁人群的家庭房屋面积为 70.64 平方米。迁移人群当前人均居住面积为 23.37 平方米，与当年宁夏农村人均住房面积相当，而待迁人群的人均居住面积为 15.88 平方米。

第六，迁移人群生活较便利，而待迁人群的生活不便利。大部分迁移人群能在半小时内步行到以下主要的公共服务机构/设施：上班地点、最近的超市/百货商店、最近的邮局、最近的银行、最近的医院/诊所、最近的公交站和最近的学校，而大部分待迁人群到达这些地方需步行半个小时甚至一个小时以上。

第七，迁移人群家庭人均收入超过宁夏全区农民人均收入水平，实现了总体脱贫和家庭收支的盈余；而待迁人群家庭人均收入过低，高达 55.2% 的家庭生活在国家贫困线之下，总体上家庭收支处于入不敷出状态。迁移人群的家庭人均支出为 5538.0 元，高于宁夏农村居民人均支出

（4726.6 元）；待迁人群家庭人均支出（4787.8 元）与宁夏农村居民的人均支出在同一个水平上。

第八，由于受收入水平和教育水平等的限制，大部分迁移人群和待迁人群的耐用消费品保有率和日常体验现代化休闲方式的比例都很低。目前，迁移人群和待迁人群家庭拥有最多的耐用消费品是彩色电视机、洗衣机和冰箱，其中彩色电视机和洗衣机接近普及的程度；而对微波炉、电脑、音箱/DVD、热水器、相机/DV、空调/取暖器和汽车等耐用消费品的保有比例很低。迁移人群当前最主要的休闲方式是逛街购物和跟家人或朋友喝酒聊天，九成以上的迁移人群从来没有体验过以下的现代化休闲方式：去电影院看电影、读文学/社会科学/科技类的书、外出郊游、参加文艺活动、打麻将/扑克、参观各类博物馆、体育锻炼/健身/健美、到现场看体育比赛、做手工艺、去 KTV/舞厅/酒吧、听音乐会、上网娱乐和去茶馆等。

为了宁夏政府后续关注和研究解决迁移人群当前面临一些的问题，使移民"稳得住、能致富"，及更加有效和顺利地实施"十二五"生态移民工程，课题组在调研基础上提出以下几点建议。

第一，加强户籍管理，防止因移民户口登记地的复杂化导致户籍管理的混乱，从而产生相应的问题。同时，采取更加有效的措施促进移民到城市工作和定居。

第二，加大移民的教育和培训投入，提高移民的受教育水平，帮助其掌握有关的文化素质和技能，有能力到城市务工、经营，或者在家从事特色种植、专业养殖、餐饮与运输经营等非农职业。

第三，采取有效措施降低移民的生育水平，缩小家庭人口规模。当地政府可加大少生优育和脱贫致富的关系的宣传活动，改变人们养儿防老的思想观念，降低人们的生育意愿，同时采取切实的物质激励和政策措施鼓励人们少生优育。

第四，除了教育和技术培训之外，政府还可通过提供就业信息、小额信贷资助和创业服务等综合措施，促进移民劳动力向二、三产业转移就业和从事特色种养业等。

第五，科学规划和完善移民居住地/社区的服务设施，进一步提高移民的生活便利度。

第三章
宁夏生态移民的
社会关系和社会评价

　　人们的生存和发展环境不仅包括经济状况和生活条件等物质条件，也包社会成员或群体之间的关系、对社会的评价等社会与心理环境。因此，宁夏移民工程在着力解决人与自然的矛盾的同时，也应注意维护和改善人与人和人与社会的关系，不仅使宁夏中南部山区生态环境得到保护和改善，帮助居住在中南部山区的贫困居民脱贫致富，也使移民在迁入地拥有一个好的社会环境，人与人之间的联结纽带更加广泛和加强，这样才能实现移民"稳得住"的目标。

　　第二章的分析表明迁移能够改善移民的经济社会生活状况，帮助其脱贫致富。那么，除了改善物质条件之外，搬迁是否改善了移民的社会环境？具体地讲，当前迁移人群和待迁人群的社会关系和社会评价现状是怎样的？搬迁对移民的人际关系、社会参与状况、民族关系和宗教信仰及社会评价有什么影响？搬迁是否改善了移民的社会关系，提高了移民的社会评价？本章通过对"课题组2012年抽样调查"（调查介绍见导论）数据的分析回答以上问题。

第一节　生态移民的人际关系与社会参与

求助关系是众多人际关系中重要的一类，分析移民求助关系的变化可以反映其人际关系的变化。社会参与包括成为社会政治组织的成员、参加社会政治活动和接触社会政治组织的成员等。本节主要分析移民参加村民代表大会、加入农村经济合作组织和与村干部的接触等方面的社会参与状况。另外，本节也分析移民日常的交流方式和获取信息的渠道。

一　人际关系

搬迁后，移民在遇到困难时最主要的求助对象仍然是基于血缘或者地缘的传统关系：亲戚、朋友和现在的邻居。如图 3 - 1 所示，当遇到困难时，大部分的移民回答会向亲戚求助，还有一部分的人会向朋友或者现在的邻居求助。14.1% 的人表示不会向任何人寻求帮助。向同事、同学或校友、村干部、专业合作经济组织、银行或者政府等现代性关系求助的移民的比例相当小。向现在的邻居或者村干部求助的移民的比例高于向移民前的邻居或移民前的村干部求助的比例，这说明移民已经与当前的居住社区建立起较好的关系，能够从居住社区的邻居或村干部那里获得所需要的帮助。

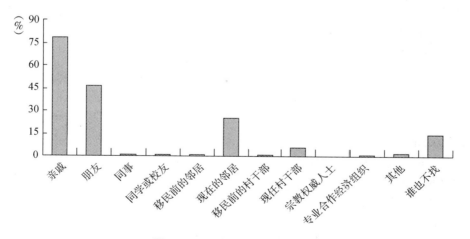

图 3 - 1　迁移人群的求助对象

　　与迁移人群相同，待迁人群在遇到困难时最主要的求助对象也是基于血缘或者地缘的传统关系：亲戚、朋友和邻居。如表 3－1 所示，当遇到困难时，大部分的待迁人群表示会向亲戚求助，还有一部分的人会向朋友或邻居求助。多达 21.6％的人表示不会向任何人寻求帮助。向同事、同学或校友、村干部、专业合作经济组织、宗教权威人士等现代性关系求助的移民的比例相当小。

　　一定程度上，生态搬迁使移民与更多的现代性群体/机构建立现代化关系，从而使移民有更多的社会关系渠道获得所需的帮助。如表 3－1 所示，向同学或校友、村干部、专业合作经济组织等现代性群体/机构求助的迁移人群比例高于相应的移民之前的比例和待迁人群的比例。在"其他"求助对象中，大部分迁移人群回答能够求助的对象是工作单位、信用社、银行或者政府等现代性机构，而在移民之前和待迁人群均不会向这些现代性机构求助。

表 3－1　迁移人群与待迁人群的求助对象

单位:%

求助对象	迁移人群		待迁人群
	移民之前	当前	
亲　戚	82.6	78.4	69.8
朋　友	46.7	46.1	31.8
同　事	1.2	0.7	0.5
同学或校友	0.3	0.7	0.3
邻　居	17.5	25.4	12.8
村干部	3.7	5.8	4.0
宗教权威人士	0.0	0.0	0.3
专业合作经济组织	0.3	1.2	0.5
其　他	1.0	2.3	2.7
谁也不找	14.0	14.1	21.6

　　总体上，绝大多数的迁移人群和待迁人群都很愿意帮助那些向其求助的熟人。在被问及"现在如果有亲朋、同事或者邻居向你寻求帮助，你会

如何处理"时，95.2%的迁移人群表示会"很高兴地帮忙"，待迁人群中回答"很高兴地帮忙"的比例则高达97.8%。

二　社会参与

迁移人群当前的社会参与水平一般，但是移民有助于提高人们的社会参与水平。根据调查数据，只有39.9%的移民参加过村民代表大会，5.3%的移民成为农村合作经济组织成员。但是，与移民之前和待迁人群相比，迁移人群当前的社会参与水平较高。如图3－2所示，迁移人群当前参加村民代表大会的比例高于移民之前的比例和待迁人群的比例。

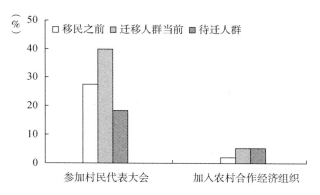

图3－2　迁移人群与待迁人群的社会参与情况

在被问及参加村民代表大会的情况时，在移民之前，13.0%的被访者回答经常参加村民代表大会，14.3%的被访者回答偶尔参加村民代表大会。在待迁人群中，9.8%的被访者回答经常参加村民代表大会，8.8%的被访者回答偶尔参加村民代表大会。但是在迁移人群中，有21.2%的被访者回答经常参加村民代表大会，18.8%的被访者回答偶尔参加村民代表大会（见表5－3）。在加入农村合作经济组织方面，只有2.1%的被访者在移民之前加入过农村合作经济组织，5.3%的待迁人群回答加入了农村合作经济组织，有5.3%的迁移人群回答属于农村合作经济组织成员（见表5－4）。移民有助于增加人们与村干部的接触机会。例如，42.2%的移民表示现在与村干部接触的机会比迁移之前多，仅有5.0%的被访者表示现在与村干部接触的机会比迁移之前少，52.8%的被访者回答当前与村干部接触的频度与迁移之前相比没有变化。

三　交流方式与信息来源

当前，面谈和电话是迁移人群最主要的交流方式，电视、广播是迁移人群最主要的信息来源，网络还不是其日常主要的交流方式和信息来源。在图3－3中，92.1%的移民回答面谈是其当前主要的交流方式之一，75.6%的移民表示电话也是其主要的交流方式之一，只有4.3%和0.5%的人把网络与邮寄信件作为其与他人进行交流的主要方式。76.0%的迁移人群把电视、广播作为其日常信息的主要来源，还有18.1%的移民把日常闲聊作为其日常信息的主要来源，而只有极小比例的移民的主要信息来源是网络、报纸杂志或者村干部宣传。

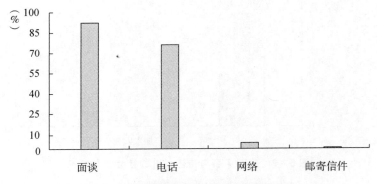

图3－3　迁移人群平时的主要交流方式

面谈和电话也是待迁人群当前最主要的交流方式。95.5%的待迁人群回答面谈是其当前主要的交流方式之一，76.0%的待迁人群表示电话也是其主要的交流方式之一，只有3.8%的待迁人群把网络作为其与他人进行交流的主要方式。待迁人群最主要的信息来源也是电视、广播。九成待迁人群把电视、广播作为其日常主要的信息来源，而只有极小比例的移民的主要信息来源是网络、报纸杂志、村干部宣传或者日常闲聊。

生态搬迁能够使人们减少对面谈这一传统交流方式的依赖，更多地使用现代化交流方式——网络——作为其日常主要的交流方式和信息来源。如图3－4所示，与移民之前和待迁人群相比，更少比例的迁移人群把面谈作为其日常交流的主要方式，更多比例的迁移人群把网络作为其日常交流的方式。在移民之前，51.1% 的人主要通过日常闲聊来获取信息，只有 0.1% 的人是主要通过网络获得信息的。在待迁人群中，人们主要的信息来源是电视、广播，89.3% 的人主要通过日常闲聊来获取信息，只有 1.8% 的人主要通过网络获得信息。在当前迁移人群中，人们主要的信息来源是电视、广播，76.0% 的人主要通过日常闲聊来获取信息，3.5% 的人主要通过网络获得信息。

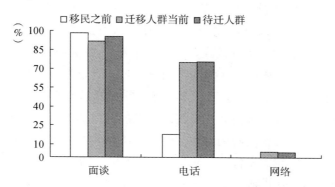

图 3 - 4　迁移人群与待迁人群主要交流方式对比

第二节　生态移民的民族关系和宗教信仰

本节主要分析移民的民族关系和宗教信仰状况。民族关系部分包括移民的民族构成、变化及其对民族关系产生的影响、民族交往意愿和对民族矛盾的看法等内容。宗教信仰部分包括移民信仰何种宗教、宗教信仰的重要性、宗教信仰的原因、对寺庙/宗教的经济贡献和宗教知识的学习情况等。

一　民族关系

1. 民族构成、变化及其影响

生态搬迁能够使更多移民生活在汉族比例较高的居住区内，改变居住区内的民族构成比例。当前，大部分迁移人群和待迁人群都生活在汉族占少数、少数民族占大多数的地区，但是生活在汉族占多数地区的迁移人群的比例高于相应的待迁人群的比例。生活在汉族比例在 10% 以下的居住区的迁移人群的比例为 51.5%，低于相应的待迁人群的比例——69.6%；生活在汉族比例在 10%—39% 的居住区的迁移人群的比例为 9.0%，低于相应的待迁人群的比例——13.1%；生活在汉族比例在 40%—59% 的居住区的迁移人群的比例为 11.2%，与相应的待迁人群的比例——11.8%——相当；生活在汉族比例在 60% 及以上居住区的迁移人群的比例为 28.3%，远高于相应的待迁人群的比例——5.5%。虽然移民之后，仍然有过半移民回答其居住区内汉族的比例没有发生变化，但是部分移民的居住区内汉族的比例有所上升。居住区内汉族的比例上升的迁移人群的比例为 24.0%，高于那些居住区内汉族的比例下降的迁移人群的比例——16.9%。

移民居住区内汉族构成比例的适当上升可一定程度上增加汉族与其他少数民族之间的交往。当前，待迁人群中 92.2% 的人属于回族。移民可以使回族群众迁往汉族人口比例较多且经济社会发展较好的居住地区，增加移民的民族交往及回族与汉族之间的交往。例如，迁移人群中拥有其他民族的朋友的比例为 50.3%，远高于待迁人群中拥有其他民族的朋友的比例——33.3%；迁移回族群众中拥有其他民族的朋友的比例为 53.3%，大幅高于待迁回族群众中拥有其他民族的朋友的比例——30.05%。在被问及 "您认为，民族构成比例的变化对当地民族关系产生了怎样的影响" 时，超过七成的迁移人群认为没有影响，认为有正面影响的比例为 7.8%，高于认为有负面影响的比例——5.7%。移民认为民族构成比例改变的正面影响是 "人口外迁，本地生活压力减小，缓和民族矛盾" 和 "人口外迁，各民族需寻求外部帮助，增加了民族交往" 等，负面影响主要是移民与当地民众之间在生活习俗与宗教信仰上的差异及引发的问题。

2. 民族交往意愿

关于迁移人群的民族交往意愿，大部分人愿意或者不反对与其他民族的人聊天、一起工作、做邻居或者亲密朋友，但是近八成的人不愿意与其他民族的人通婚。在迁移人群中，73.6% 的人愿意与其他民族的人聊天，只有 5.8% 的人不愿意与其他民族的人聊天，另外有 20.6% 的人表示无所谓；73.4% 的人愿意与其他民族的人一起工作，只有 6.0% 的人不愿意与其他民族的人一起工作，另外有 20.6% 的人表示无所谓；超过六成的人愿意与其他民族的人做邻居，一成的人不愿意与其他民族的人做邻居，超过两成的人表示无所谓；只有四成多的人愿意与其他民族的人做亲密朋友，超过三成的人表示不愿意，两成的人表示无所谓；仅有 13.0% 的人愿意与其他民族的人通婚，79.5% 的人表示不愿意，只有 7.5% 的人表示无所谓。

待迁人群的民族交往意愿与迁移人群的民族交往意愿程度相当，大部分人愿意或者不反对与其他民族的人聊天、一起工作、做邻居或者亲密朋友，但是超过七成的人不愿意与其他民族的人通婚。在待迁人群中，89.7% 的人愿意与其他民族的人聊天，只有 3.0% 的人不愿意与其他民族的人聊天，另外有 7.3% 的人表示无所谓；82.4% 的人愿意与其他民族的人一起工作，只有 4.3% 的人不愿意与其他民族的人一起工作，另外有 13.3% 的人表示无所谓；近七成的人愿意与其他民族的人做邻居，近两成的人不愿意与其他民族的人做邻居，15.3% 的人表示无所谓；六成多的人愿意与其他民族的人做亲密朋友，两成的人表示不愿意，近两成的人表示无所谓；仅有 18.8% 的人愿意与其他民族的人通婚，75.5% 的人表示不愿意，只有 5.8% 的人表示无所谓。

通过对以上迁移人群和待迁人群民族交往意愿的对比分析，可以发现，迁移人群与其他民族的交往意愿比待迁人群低，与其他民族之间的社会距离较大。

3. 对民族矛盾的看法

当本民族文化与其他民族文化产生矛盾时，大部分的迁移人群和待迁人群均能够从客观的立场去理智地分析应对，但是与迁移人群相比，更多的待迁人群在立场上显得不够客观。在被问及如果本民族文化与其他民族文化之间产生矛盾时的态度时，61.8% 的迁移人群和 61.7% 的待迁人群均表示"具体问题具体对待"，这表示站在客观立场上理智应对民族矛盾的迁移人群和待迁人群占多数。移民在应对民族文化矛盾时所秉持的客观立场，是成功移民、生态搬迁后移民能够在迁入地安居下来的重要前提。当然，也有部分移民的立场不够客观。例如，23.4% 的迁移人群和 32.6% 的待迁人群表示会从"竭力维护本民族文化"的立场去应对本民族文化与其他民族文化之间所产生的矛盾。移民所持有的这种僵硬的民族立场对于处理移民在迁入地所可能产生的民族文化矛盾及民族交往产生不利的影响，当地政府应该对迁移人群和待迁人群进行宣传教育，创立一种有利于生态搬迁和民族交往的移民文化和民族相处文化。这种民族相处的移民文化应该以不损害各民族的文化和相互尊重为基础，这是因为没有移民愿意完全放弃本民族的文化和接受其他民族的文化。例如，只有0.5%的迁移人群和1.5%的待迁人群愿意"摒弃本民族文化，接受其他民族文化"。另外，有14.3%的迁移人群和4.3%的待迁人群表示在应对民族文化矛盾时会"保持中立"。

在被问及"最近三年内，当地不同民族之间发生过群体冲突吗"时，绝大部分的迁移人群和待迁人群回答"没有发生过"。但是，迁移人群中回答"发生过，但没有械斗"的比例为1.0%，高于待迁人群中相应的比例——0.5%；而且，还有0.6%的迁移人群回答"发生过械斗，且有人员伤亡"，而待迁人群中没有人回答发生过这样的民族群体冲突。之所以迁移人群中发生民族群体冲突甚至械斗导致人员伤亡的事例多于待迁人群，其中最重要的一个原因可能是迁移人群居住区中汉族所占的比例高于待迁人群居住区中汉族所占的比例。根据宁夏千人调查数据，26.8%的迁移人群属于汉族，超过七成的人属于回族；而待迁人群中属于汉族的比例仅为6.8%，超过九成的人属于回族。移民后汉族比例的提高意味着回族与汉族有更多的接触机会，加之两个民族文化的差异，引发民族群体冲突的机会上升；而待迁人群中，大部分的人属于回族，汉族的比例极小，这种民族构成比例引发民族群体冲突的机会很小。这种生态搬迁导致民族构成比例的变化及民族群体冲突比例的上升，需要引起移民政策有关主管部门和移民居住地政府的注意，采取有效措施预防和有效处理这种民族群体冲突事件，以免影响移民搬迁之后与当地居民的融合及移民政策的有效性和落实。

迁移人群和待迁人群对政府处理当地民族冲突的评价总体较高，但是与待迁人群相比，迁移人群对政府处理当地民族冲突的评价较差。在被问及"当地不同民族之间最近一次发生冲突，您认为政府处理得如何"时，58.8%的迁移人群认为处理得"好"或者"很好"，75.0%的待迁人群认为处理得"很好"，25.0%的待迁人群认为处理得"好"。在迁移人群中，还有17.6%的人认为政府处理得"一般"，有11.8%的人认为处理得"差"或者"很差"，还有11.8%的人认为政府没有对当地最近一次发生的民族冲突进行处理。可以看出，虽然大部分移民对政府处理当地民族冲突事件较为满意，但是仍有少部分移民表示不满意。为了移民搬迁之后与当地居民的和谐相处及移民政策的有效落实，移民迁入地政府需要及时发现和处理好民族群体冲突事件。

二　宗教信仰

大部分迁移人群和待迁人群都有宗教信仰，信仰最多的宗教是伊斯兰教。在迁移人群中，73.7%的人信仰伊斯兰教，2.8%的人信仰佛教，0.3%的人信仰道教，0.3%的人信仰天主教，0.3%的人有民间信仰（如拜妈祖、关公等），21.8%的人没有宗教信仰。在待迁人群中，91.2%的人信仰伊斯兰教，1.3%的人信仰佛教，0.5%的人信仰道教，0.3%的人信仰天主教，0.3%的人有民间信仰（如拜妈祖、关公等），6.5%的人没有宗教信仰。

大部分移民的宗教信仰是由家庭传承而来的。在被问及信仰宗教的最主要原因时，78.1%的迁移人群和98.9%的待迁人群表示是"与生俱来"，即由家庭传承而来；2.8%的迁移人群和0.3%的待迁人群表示其宗教信仰是受"他人影响"；14.4%的迁移人群和0.3%的待迁人群认为其宗教信仰是出于"精神寄托"；0.5%的迁移人群认为其宗教信仰是出于"现实利益"的考虑；还有4.3%的迁移人群和0.5%的待迁人群回答其宗教信仰是出于"其他"原因。

大部分迁移人群和待迁人群都认为宗教信仰在其生活中占有很重要的位置。在迁移人群中，76.9%的人认为宗教信仰对其生活具有很重要的意义，7.1%的人认为宗教信仰在其生活中比较重要，4.4%的人认为宗教信仰在其生活中的位置一般，11.5%的人认为宗教信仰对其生活并不太重要。在待迁人群中，高达94.5%的人认为宗教信仰对其生活具有很重要的意义，1.3%的人认为宗教信仰在其生活中比较重要，1.6%的人认为宗教信仰在其生活中的位置一般，只有2.6%的人认为宗教信仰对其生活并不太重要。

大部分迁移人群和待迁人群平时对寺庙/宗教都有经济贡献。如图3－5所示，30.2%的迁移人群回答其平时向寺庙/宗教提供很多的经济贡献，20.9%的待迁人群回答其平时向寺庙/宗教提供很多的经济贡献；回答其平时向寺庙/宗教提供适中的经济贡献的迁移人群的比例为44.7%，低于相应的待迁人群的比例——58.1%；回答其平时向寺庙/宗教只提供很少的经济贡献的迁移人群的比例为13.9%，低于相应的待迁人群的比例——18.0%；而回答其平时没有向寺庙/宗教提供任何经济贡献的迁移人群的比例为11.2%，高于相应的待迁人群的比例——2.9%。

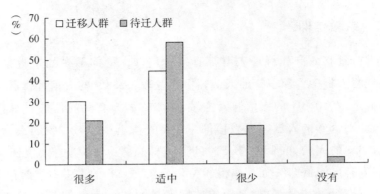

图 3 - 5   迁移人群与待迁人群平时对寺庙/宗教的经济贡献

大部分迁移人群和待迁人群平时都很少阅读宗教书籍或观看有关影像资料，但与迁移人群相比，待迁人群平时阅读宗教书籍或观看有关影像资料的频度更高。在被问及"您阅读宗教书籍/观看影像资料吗"时，21.3%的迁移人群回答平时经常阅读宗教书籍或观看有关影像资料，28.0%的待迁人群回答平时经常阅读宗教书籍或观看有关影像资料；回答其平时偶尔阅读宗教书籍或观看有关影像资料的迁移人群的比例为41.5%，低于相应的待迁人群的比例——49.2%；回答其从未阅读宗教书籍或观看有关影像资料的迁移人群的比例为37.2%，高于相应的待迁人群的比例——22.8%。

第三节   生态移民的社会评价

本节从社会经济地位自评、生活满意度、社会信任、居住地/社区环境评价和生态移民工程评价等几个方面分析移民的社会评价。

一   社会经济地位自评与生活满意度

1. 社会经济地位自评

大部分迁移人群都认为其生活水平和社会地位比移民之前有所提升。在被问及"与移民搬迁前相比，您的生活水平有什么变化"时，57.3%的迁移人群回答"上升很多"，36.8%的人认为"略有上升"，只有5.7%的人认为其生活水平"没有变化"，仅有0.3%的人认为其生活水平"略有下降"。在被问及"您家在搬迁后总体社会地位有什么变化"时，60.8%的迁移人群回答"上升了"，21.9%的人认为"没有变化"，只有1.3%的人回答"略有下降"，另有16.0%的人表示"说不清"。

在待迁人群中，有相当一部分的人生活于贫困中，认为自己属于当地社会的下层或者中下层。在调查中，53.3%的待迁人群认为其家庭生活状况在当地属于贫困户，42.8%的待迁人群认为其家庭在当地属于中等户，只有3.0%的待迁人群认为其家庭在当地属于富裕户，另外1.0%的待迁人群"不清楚"其家庭生活状况在当地的经济地位。在被问及"您认为现在您家社会地位在当地处在哪个层次上"时，21.9%的待迁人群回答其家庭社会地位在当地处于"下层"，21.4%的待迁人群回答其家庭社会地位在当地处于"中下层"，45.8%的待迁人群认为其家庭社会地位在当地处于"中层"，10.9%的待迁人群认为其家庭社会地位在当地处于"中上层"或者"上层"。

2. 生活满意度

绝大部分迁移人群认为在搬迁之后其生活变得更加幸福。在被问及"总体而言，移民搬迁后，您觉得自己的生活有没有变得幸福"时，86.6%的迁移人群认为其生活变得"更加幸福了"，仅有1.8%的迁移人群表示"不如以前幸福"，一成的迁移人群认为其生活"和以前一样"或者"没感觉"。

大部分待迁移民对自己现在的生活表示满意，但仍有一部分人对自己现在的生活表示不满。如图3-6所示，68.5%的待迁人群对其现在的生活表示满意，26.5%的待迁人群并不满意自己现在的生活，还有5.0%的待迁人群"说不清"自己的生活现状。

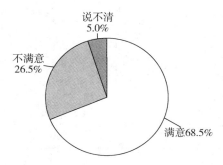

图3-6 待迁人群对自己现在生活的满意度

二 社会信任

目前，迁移人群最信任的人是家人，朋友和邻居也是迁移人群非常信任的对象，医院、地方政府、地方法院和社会上大多数人也是迁移人群比较信任的对象，陌生人是迁移人群非常不信任和最不信任的对象。如表3－2 所示，99.5%的迁移人群表示信任家人，只有0.5%的人不信任家人；96.4%的人表示信任朋友，只有2.7%的人表示不信任朋友，0.9%的人说不清是否信任朋友；93.9%的人表示信任邻居，只有5.4%的人表示不信任邻居，0.8%的人说不清是否信任邻居；76.4%的人表示信任医院，19.7%的人表示不信任医院，3.9%的人说不清是否信任医院；75.1%的人表示信任地方政府，21.5%的人表示不信任地方政府，3.4%的人说不清是否信任地方政府；68.8%的人表示信任地方法院，15.6%的人表示不信任地方法院，15.6%的人说不清是否信任地方法院；67.1%的人表示信任社会上大多数人，27.0%的人表示不信任社会上大多数人，6.0%的人说不清是否信任社会上大多数人；只有11.8%的人表示信任陌生人，73.4%的人表示不信任陌生人，14.9%的人说不清是否信任陌生人。

表3－2 迁移人群的社会信任

单位:%

对象	信任	不信任	说不清
家人	99.5	0.5	0.0
朋友	96.4	2.7	0.9
邻居	93.9	5.4	0.8
医院	76.4	19.7	3.9
地方政府	75.1	21.5	3.4
地方法院	68.8	15.6	15.6
社会上大多数人	67.1	27.0	6.0
陌生人	11.8	73.4	14.9

三 对居住地/社区环境的评价

绝大部分迁移人群对其居住地/社区的生活环境感到满意，而待迁人群中对其居住地/社区的生活环境表示满意的比例要低很多，有一部分待迁人群并不满意其居住地/社区的生活环境。在图3-7中，94.6%的迁移人群对其居住地/社区的生活环境感表示满意，只有1.6%的迁移人群表示不满；而在待迁人群中，只有66.5%的人满意其居住地/社区的生活环境，30.3%的人不满意其居住地/社区的生活环境。

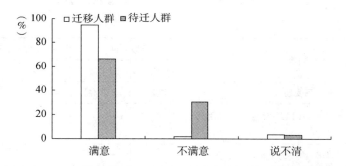

图3-7 迁移人群与待迁人群对其居住地/社区生活环境的评价

绝大部分迁移人群对搬迁后居住地/社区环境的改善持积极的评价。根据调查，94.4%的迁移人群赞同搬迁后居住地/社区附近的环境变得更加安全，95.9%的迁移人群认为搬迁后居住地/社区附近的环境变得更加整洁，98.2%的迁移人群认为搬迁后居住地/社区附近的环境变得更加方便，94.0%的迁移人群认为搬迁后居住地/社区附近的环境变得更加亲切。

绝大部分待迁人群对其居住地/社区附近的人持正面的评价。例如，96.7%的待迁人群认为其居住地/社区附近的人"彼此友善"，91.2%的待迁人群认为其居住地/社区附近的人会"互相照顾"，93.5%的待迁人群认为其居住地/社区附近的人"互相信赖"，94.7%的待迁人群认为其居住地/社区附近的人"彼此很熟悉"。

四 对移民工程的评价

由于在缓解迁出地生态环境压力和帮助移民实现脱贫致富等方面取得

了显著效果，宁夏生态移民工程总体上获得迁移居民和待迁居民的认可。与待迁居民相比，那些已经从生态移民中获得实惠的迁移居民更加认可和支持生态移民工程。

绝大多数迁移人群和待迁人群认为移民工程使西部人民受益。如表3-3所示，97.2%的迁移人群赞同"移民工程使西部人民受益"的说法，只有2.8%的人不赞同这种说法。94.7%的待迁居民也认为移民工程使西部人民受益，只有5.3%的待迁居民不赞同这种说法。

表3-3   迁移人群与待迁人群对生态移民工程的评价

单位:%

内容	迁移人群		待迁人群	
	同意	不同意	同意	不同意
移民工程使西部人民受益	97.2	2.8	94.7	5.3
移民工程实施以来,移民迁出地的人民生活水平上升了	97.4	2.6	—	—
移民工程实施以来,移民的生活水平上升了	—	—	89.8	10.2
移民工程实施以来,移民与原迁出地人民的收入差距加大了	91.5	8.5	88.6	11.4
移民工程实施以来,移民迁出地的资源得到了有效的利用,生态环境得到了改善	90.2	9.8	—	—
移民工程实施以来,迁入地(现居住地)的资源得到了有效的利用	—	—	87.7	12.3
移民工程实施以来,缩小了移民与当地城市居民的收入差距	88.0	12.0	87.6	12.4

政府通过生态移民工程千方百计拓宽移民的就业途径、增加移民的收入和帮助移民脱贫致富等努力，获得了移民的认同。迁移人群和待迁人群认为移民工程带来移民和迁出地人民生活水平的提高。97.4%的迁移人群认为"移民工程实施以来，移民迁出地的人民生活水平上升了"，89.8%的待迁居民认为"移民工程实施以来，移民的生活水平上升了"。

生活在最不适宜人类生存的原迁出地的居民只能从事低收入的传统粗

放式农业生产经营，通过生态迁移工程搬迁到近水、沿路和靠近城镇与工业区等生活与生产条件较好的地方后，移民有更多的机会从事收入相对较高的特色种养业、外出务工和旅游、餐饮、运输等非农经营。自然地，移民与原迁出地居民的收入差距会逐渐拉大，移民与迁入地城市居民的收入差距逐渐缩小。迁移人群和待迁人群已经意识到生态迁移的这种效应。91.5% 的迁移人群认为"移民工程实施以来，移民与原迁出地人民的收入差距加大了"，88.6% 的待迁人群也赞同这种说法。88.0% 的迁移人群和87.6% 的待迁人群均认为"移民工程实施以来，缩小了移民与当地城市居民的收入差距"。

生态移民工程的一个重要目的就是保护和改善迁出地脆弱的生态环境。当前，迁移人群和待迁人群已经认识到生态移民工程对于保护宁夏中南部山区生态环境和开发利用迁入地较丰富自然资源的意义。九成的迁移人群赞同"移民工程实施以来，移民迁出地的资源得到了有效的利用，生态环境得到了改善"这一说法，也有近九成的待迁人群认为"移民工程实施以来，迁入地（现居住地）的资源得到了有效的利用"。

第四节　总结和讨论

根据本章的分析，宁夏移民工程对移民的人际关系和社会参与产生了积极的影响，提高了移民的社会评价，但是移民工程也可能通过改变民族构成比例对移民的民族关系产生某些轻微复杂的影响，移民的宗教信仰也随着民族构成比例的变化产生某些细微的变化。移民工程对人们的社会关系和社会评价所产生的变化和影响主要体现在以下三个方面。

第一，移民拓展了人们的现代化社会关系纽带，提高了人们的社会参与水平，使移民主要的交流方式和信息来源更趋现代化。生态搬迁使移民与更多的现代化群体/机构建立联系，从而使移民有更多的现代化的社会关系获得所需要的帮助。例如，向同学或校友、村干部、专业合作经济组织等群体/机构求助的迁移人群的比例高于移民之前的比例和待迁人群的比例；有少部分迁移人群还能够向工作单位、信用社、银行或者政府等现代化机构求助，移民之前则缺乏这样的可求助的现代化机构，待迁人群也是如此。移民有助于提高人们的社会参与水平。迁移人群当前参加村民代表大会的比例高于移民之前的比例和待迁人群的比例;迁移人群加入农村合作经济组织的比例高于移民之前的比例,与待迁人群的比例相当;移民增加了人们与村干部接触的机会。搬迁能够使人们减少对面谈/闲聊和电视、广播等传统交流方式和信息来源的依赖,更多地使用现代化的交流方式——网络——作为其日常主要的交流方式和信息来源。

第二,移民工程可通过改变民族构成比例对移民的民族关系和宗教信仰产生细微的影响,既有正面影响也有负面的影响。

首先,迁移人群中汉族的比例高于待迁人群中汉族的比例。迁移人群中有两成的人属于汉族,近八成的人属于回族;而待迁人群中不到一成的人属于汉族,超过九成的人属于回族。

其次,移民之后,居住区内汉族居民比例上升的迁移人群的比例为24.0%,高于那些居住区内汉族居民比例下降的迁移人群的比例——16.9%;迁移人群中生活在汉族占多数地区的比例高于相应的待迁人群的比例。

再次,居住区内汉族构成比例的上升可一定程度上增加汉族与其他少数民族之间的交往。例如,迁移人群中拥有其他民族的朋友的比例为50.3%,远高于待迁人群中拥有其他民族的朋友的比例——33.3%;迁移人群中的回族群众拥有其他民族的朋友的比例为53.3%,大幅高于待迁人群中的回族群众拥有其他民族的朋友的比例——30.05%。超过七成的迁移人群认为居住区内汉族构成比例的上升对民族关系没有影响,认为有正面影响的比例为7.8%,高于认为有负面影响的比例——5.7%。移民认为民族构成比例改变的正面影响是"人口外迁,本地生活压力减小,缓和民族矛盾"和"人口外迁,各民族需寻求外部帮助,增加了民族交往"等,负面影响主要是移民与当地民众之间在生活习俗与宗教信仰上的差异及引发的问题。但是,随着汉族构成比例的上升,与待迁人群相比,迁移人群与其他民族的交往意愿较低,与其他民族之间的社会距离较大,迁移人群中的民族群体冲突事件稍微多于待迁人群中的民族群体冲突事件,迁移人群对政府在处理民族群体冲突事件中的评价稍稍低于待迁人群。不过,与待迁人群相比,迁移人群中有更高比例的被访者能够从客观的立场去面对民族矛盾。

最后，民族构成的变化对迁移人群的宗教信仰也有细微的影响。由于迁移人群中汉族的比例高于待迁人群中汉族的比例，迁移人群中没有宗教信仰的比例高于待迁人群中没有宗教信仰的比例，78.1%的迁移人群的宗教信仰是由家庭传承而来的，而待迁人群的比例更高，达98.9%。搬迁增加了人们对寺庙/宗教的经济贡献，30.2%的迁移人群回答其平时向寺庙/宗教提供很多的经济贡献，20.9%的待迁人群回答其平时向寺庙/宗教提供很多的经济贡献。但是，与待迁人群相比，迁移人群平时阅读宗教书籍或观看有关影像资料的频度较低。

第三，移民提高了移民的社会评价。绝大部分迁移人群对搬迁后居住地/社区环境的改善持积极的评价，对其居住地/社区的生活环境感到满意的迁移人群的比例高于相应的待迁人群的比例。搬迁也提高了人们对生态移民工程的评价。与待迁人群相比，那些已经从生态移民中获得实惠的迁移人群更加认可和支持生态移民工程。

以上总结了搬迁对移民总体的社会关系和社会评价所产生的变化和影响。下面是迁移人群和待迁人群的社会关系与社会评价的现状及存在的问题。

第一，基于血缘或地缘的传统关系仍然是迁移人群和待迁人群的最主要求助对象。当前迁移人群和待迁人群在遇到困难时最主要的求助对象是基于血缘或者地缘的传统关系：亲戚、朋友和现在的邻居，而向同事、同学或校友、村干部、专业合作经济组织、银行或者政府等现代化关系对象求助的比例相当小，也有一两成的被访者选择不向任何人寻求帮助。而且，向现在的邻居或者村干部求助的迁移人群的比例高于向移民前的邻居或村干部求助的比例，这说明迁移人群已经与当前的居住社区建立起较好的关系，能够从居住社区的邻居和村干部那里获得所需要的帮助。绝大多数的迁移人群和待迁人群也都很愿意帮助那些向其求助的亲朋、同事或者邻居。

第二，当前迁移人群和待迁人群总体的社会参与水平较低。只有四成的迁移人群和不到两成的待迁人群参加过村民代表大会，只有5.3%的迁移人群和待迁人群加入了农村合作经济组织。

第三，面谈和电话是迁移人群和待迁人群最主要的交流方式，电视、广播是迁移人群和待迁人群最主要的信息来源，网络还不是迁移人群和待迁人群日常主要的交流方式和信息来源。面谈是当前超过九成的迁移人群和待迁人群的主要交流方式之一，超过七成的迁移人群和待迁人群表示电话也是其最主要的交流方式之一，只有不到5.0%的人把网络作为其与他人进行交流的主要方式。电视、广播是超过七成的迁移人群和九成的待迁人群的日常主要信息来源，还有相当一部分的迁移人群和待迁人群把日常闲聊作为其日常主要信息来源之一，只有极小比例的迁移人群和待迁人群的主要信息来源是网络。

第四，大部分人属于回族，生活在回族占大多数的地方，有强烈的民族交往意愿，居住地很少发生民族群体冲突，人们的立场比较客观，对政府在处理民族冲突中的表现评价较高。大部分迁移人群和待迁人群生活在汉族占少数、回族占大多数的社区。大部分迁移人群和待迁人群有强烈的民族交往意愿，愿意或者不反对与其他民族的人聊天、一起工作、做邻居或者亲密朋友，但是近八成的人不愿意与其他民族的人通婚。当本民族文化与其他民族文化产生矛盾时，大部分的迁移人群和待迁人群能够从客观的立场去理智地分析应对；但也存在部分群众立场不够客观的现象，两三成的人表示会从"竭力维护本民族文化"的立场去应对本民族文化与其他民族文化之间所产生的矛盾。绝大部分的迁移人群和待迁人群中都没有发生过民族群体冲突事件，但是迁移人群中回答"发生过，但没有械斗"的比例为1.0%，高于待迁人群中相应的比例——0.5%，还有0.6%的迁移人群回答"发生过械斗，且有人员伤亡"，而待迁人群中没有人回答发生这样的民族群体冲突。迁移人群和待迁人群对政府处理当地民族冲突的评价总体较高，但是与待迁人群相比，迁移人群对政府处理当地民族冲突的评价较差。

第五，大部分人信仰伊斯兰教，其宗教信仰主要是由家庭传承而来的，宗教信仰对大部分人都很重要，大部分人平时对寺庙/宗教都有经济贡献，平时很少阅读宗教书籍或观看有关影像资料。七成的迁移人群和九成的待迁人群信仰伊斯兰教，两成的迁移人群和极少待迁人群没有宗教信仰，还有很少部分人信仰其他宗教。接近八成的迁移人群和接近十成的待迁人群的宗教信仰是由家庭传承而来的，另外两成的迁移人群的宗教信仰是因为精神寄托需要或者受他人影响。接近八成的迁移人群和超过九成的待迁人群认为宗教信仰对其生活很重要，只有很少的人认为宗教信仰对其生活不重要。近八成的迁移人群和待迁人群平时对寺庙/宗教有适度或很多的经济贡献，只有极少的人没有提供过经济贡献。大部分迁移人群和待迁人群平时很少阅读宗教书籍或观看有关影像资料，但是两成的迁移人群和三成的待迁人群平时经常阅读宗教书籍或观看有关影像资料。

　　第六，大部分迁移人群对自身的经济社会地位评价较好，而待迁人群中部分人对其生活不满。超过九成的迁移人群认为其生活水平比移民之前有所提升，六成的迁移人群认为其经济社会地位提升了，只有不到2.0%的人认为其经济社会地位略有下降。在待迁人群中，超过五成的人认为自己属于贫困户，超过四成的人认为自己在当地社会处于下层或者中下层，近三成的人对自己现在的生活表示不满意。

　　第七，迁移人群的总体社会信任水平较高，但对陌生人极不信任。迁移人群最信任的人是家人，几乎所有的人都表示信任家人。朋友和邻居也是迁移人群非常信任的对象，超过九成的人都表示信任朋友和邻居。医院、地方政府、地方法院和社会上大多数人也是迁移人群比较信任的对象，七成左右的人表示自己信任医院、地方政府、地方法院和社会上大多数人。陌生人是迁移人群非常不信任和最不信任的对象，只有一成的人信任陌生人，超过七成的人不信任陌生人。

　　第八，绝大部分迁移人群对其居住地/社区的生活环境感到满意，待迁人群对其居住地/社区的生活环境的满意度较低。绝大部分迁移人群对搬迁后居住地/社区环境的改善持积极的评价，超过九成的人认为搬迁后居住地/社区附近的环境变得更加安全、整洁、方便和亲切。超过九成的迁移人群对其居住地/社区的生活环境感表示满意，而在待迁人群中，只有六成多的人满意其居住地/社区的生活环境，三成的人不满意其居住地/社区的生活环境。但是，绝大部分待迁人群对其居住地/社区附近的人持正面的评价，超过九成的人认为其居住地/社区附近的人彼此很熟悉、友善，互相照顾和互相信赖。

　　第九，大部分人认可和支持宁夏移民工程。超过九成的迁移人群和待迁人群认为移民工程使西部人民受益。九成左右的人认为移民工程实施以来,不仅移民的生活水平上升了,移民迁出地居民的生活水平也上升了。大部分人意识到移民工程实施以来,移民与原迁出地居民的收入差距会逐渐拉大,移民与迁入地城市居民的收入差距逐渐缩小。九成的迁移人群认为移民工程实施以来,移民迁出地的资源得到了有效的利用,生态环境得到了改善,近九成的待迁人群认为移民工程实施以来,迁入地(现居住地)的资源得到了有效的利用。

为研究解决迁移人群当前面临的一些问题,使移民能够"稳得住",更加有效和顺利地实施"十二五"生态移民工程,我们根据调查结果提出以下几点建议。

第一,加强移民与当前居住地村委会及村干部的联系,使村委会和政府能够及时了解移民的困难和需求,使移民的困难能够尽快得到解决,增强移民适应新环境的信心。

第二,提高移民的社会参与水平。完善村民代表大会制度,鼓励移民参加村民代表大会,发挥移民建设新家园的主人公精神;鼓励移民成立和加入农村合作经济组织,充分利用团体合作互助的力量;帮助移民从银行/信用社等金融机构获得创业致富等所需的资金。

第三,注意民族构成比例对移民民族关系及未来移民工程的影响。加强对那些汉族与回族比例相当的移民居住地/社区的关注,严防民族群体冲突事件的发生。一旦发生,要及时、公平、公正、公开处理。对于"十二五"期间的移民安置,也要慎重考虑各个移民居住地/社区的民族构成比例。

第四章
宁夏生态移民区
社会结构和管理模式

第一节　生态移民区社会结构

自生态移民工程实施以来，移民安置区的经济建设取得了巨大成就，移民群众生活水平普遍提高，优势特色产业不断发展壮大，移民安置区区域经济迅猛发展。但与此同时，诸多深层次社会问题，诸如资源竞争激烈、就业形势严峻、户籍管理混乱等关系到移民切身利益和民生改善的问题也逐渐凸显出来，引发了移民社会的不稳定。实质上，这些突出问题正是在生态移民进程中，社会结构与经济结构没有实现同步转变而造成的。随着宁夏"十二五"生态移民建设的深入推进，宁夏生态移民区已经进入了新的发展阶段，面对纷繁复杂的社会矛盾问题，要改变过去只重视经济发展、不重视社会管理的思路，从社会管理的角度出发，运用社会管理的方法、手段予以解决。只有经济发展和社会管理双管齐下，使社会结构与经济结构相契合，才能保证生态移民区经济社会的可持续发展。

一　宁夏生态移民区社会结构分析——以红寺堡区为例

宁夏吴忠市红寺堡区是全国最大的生态移民开发区，也是宁夏唯一成建制（县区级）的生态移民安置区，其开发建设在宁夏所有生态移民区中具有典型意义。通过分析红寺堡区的社会结构，可以以小见大，概观整个宁夏生态移民区的社会结构。

1. 人口结构

2011 年，红寺堡区常住人口为 168707 人，同 2000 年的 80472 人相比，共增加 88235 人，增长 109.65%。其中：男性 86039 人，占 50.99%；女性 82668 人，占 49.01%；总人口性别比（以女性为 100，男性对女性的比例）由 2000 年的 107.81 下降为 104.08。汉族 63097 人，占 37.4%；回族 105389 人，占 62.5%；其他少数民族 221 人，占 0.1%（见图 4-1）。同 2000 年相比，汉族人口增加 31306 人，增长 101.55%；回族人口增加 49144 人，增长 114.45%。全年人口出生率为 15.19‰，自然增长率为 12.62‰，死亡率为 2.57‰（红寺堡统计信息网，2012a）。

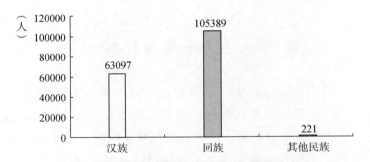

图 4-1 2011 年红寺堡区常住人口数量及民族构成

2. 家庭结构

2010 年第六次全国人口普查数据显示，红寺堡区常住人口中共有家庭户 40559 户，家庭户人口为 162327 人，平均每个家庭户的人口为 4.00 人，比 2000 年第五次全国人口普查的 4.53 人减少 0.53 人（红寺堡统计信息网，2011）。近年来，红寺堡移民的生育观念发生改变，生育率有所下降，另外，劳务产业的发展造成人口的大规模流动，许多家庭被拆离，加之父母与子女之间代际居住分离，所以，红寺堡区平均家庭人口数呈下降趋势，家庭规模缩小。现阶段来看，红寺堡区家庭代际结构主要以二代户为主，其次是三代户，一代户、四代户及其他户所占比例较小。但是可以预见，随着生育率的下降及人口的大规模流动，核心家庭的比例将出现下降趋势，祖孙三代直系家庭的比例将出现上升趋势。

3. 就业结构

由表4-1可知，红寺堡区三次产业的就业结构是：第一产业包括农林牧渔业，有从业人员58085人；第二产业包括工业，有从业人员1003人；第三产业包括建筑业，交通运输仓储及邮政业，信息传输、计算机服务及软件业，批发与零售业，住宿及餐饮业，以及其他行业，从业人员共计14549人。

表4-1　红寺堡区各行业从业人员数量

单位：人

从事行业	人员数量
农林牧渔业	58085
工业	1003
建筑业	8702
交通运输仓储及邮政业	940
信息传输、计算机服务及软件业	119
批发与零售业	1449
住宿及餐饮业	772
其他行业	2567

数据来源：《2011年宁夏回族自治区统计年鉴》。

三次产业从业人员所占比例分别为78.88%、1.36%、19.76%，如图4-2所示。可见，三次产业就业结构极不平衡，接近80%的人仍在传统的农业领域就业，仅有1.36%的人从事第二产业。红寺堡区移民主要通过农业和务工获得收入，今后这两大途径仍是移民增收的主要途径，第一产业和第三产业从业人员的结构会有所改变。可以预见，第一产业从业人员的比例会有所降低，第三产业从业人员的比例会有所提高，而红寺堡区工业基础较为薄弱，为了生态建设与环境保护，大力发展工业的可能性不大，因此，第二产业从业人员的比例不会发生太大变化。

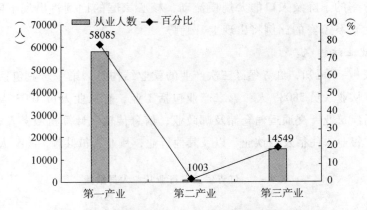

图 4 - 2　红寺堡区三次产业从业人数与就业结构

4. 消费结构

2012 年一季度,红寺堡区农村居民家庭人均现金支出 2803.54 元,同比增加 748.26 元,增长 36.41%。其中,生活消费支出 1601.13 元,同比增加 235.78 元,增长 17.27%;生产费用支出 578.46 元,同比增加 325.62 元,增长 128.79%;以赠送农村亲友及支付大中专学生生活费和学杂费为主的转移性支出 604.34 元,同比增加 172.86 元,增长 40.06%。在生活消费支出中,食品消费支出 355.05 元,同比增长 2.01%;衣着消费支出 152.49 元,同比下降 1.61%;以购买家具和机电设备为主的家用设备和耐用品消费支出 162.19 元,同比增长 7.77%;以坐车出行及使用手机为主的交通与通信消费支出 333.57 元,同比增长 119.15%;以教育投入和购买文化教育娱乐用品为主的文化教育娱乐消费支出 148.51 元,同比增长 60.86%;以购买医疗卫生用品及医疗保健为主的医疗保健消费支出 89.09 元,同比增长 33.77%;以购买首饰及化妆品为主的其他商品和服务消费支出 84.79 元,同比增长 25.83%(红寺堡统计信息网,2012b)。在农村地区,恩格尔系数为 12.66%,食品消费支出占人均总支出的比重较小,农村居民在发展资料、享受资料方面的消费增加,提高了消费层次和消费质量。农村居民生活水平提高,消费结构改善。

5. 城乡结构

2011 年,红寺堡区城镇人口为 43847 人,乡村人口为 124860 人,城镇化率为 26%（红寺堡统计信息网，2012a）。国家统计局发布报告显示，2011 年，我国城镇化率首次突破 50%，达到 51.3%，西部城镇人口比重为 43%，城乡结构发生历史性变化。红寺堡区城镇化水平约为全国水平的 50%，西部地区水平的 60%，但其城镇化呈现提速态势，由城乡二元向城乡一体稳步推进。

二　宁夏生态移民区社会结构滞后于经济结构分析

1. 生态移民区社会结构与经济结构的外部性偏差

按照库兹涅茨产业结构模式，产业结构模式转变为"二、三、一"的模式，并且第一产业比重小于 20%，就表示该地区已经进入工业化中期阶段（陆学艺，2010：33）。2011 年，宁夏全区三次产业增加值调整为 8.9：52.2：38.9，从目前的产业结构看，宁夏的产业结构已经从"一、二、三"模式转变为"二、三、一"模式，进入了工业化中期阶段，但是社会结构转变较慢，仍停留在工业化初期阶段。尤其是宁夏生态移民区，其社会结构转变更加缓慢，跟不上经济结构转变的速度。

首先，从人口结构来看，宁夏生态移民区自然增长率为 12.62‰，远远高于工业化后期 1‰的自然增长率，也高于 2007 年我国工业化阶段社会结构指标中工业化中期阶段 5.71‰的自然增长率（陆学艺，2010：33）；从就业结构来看，根据钱纳里标准，工业化中期阶段的就业结构标准依次应为 15.6：36.8：47.6，按照国内有关研究，中国工业化中期阶段的就业结构指标为 50：22：28（陆学艺，2010：33），宁夏生态移民区就业结构为 78.88：1.36：19.76，不论以哪种指标为准，宁夏生态移民区都仍处在工业化初期阶段；从消费结构来看，进入工业化中期后恩格尔系数应该在 30% 以下（陆学艺，2010：33），宁夏生态移民区农村地区恩格尔系数为 12.66%，说明已经进入了工业化中期阶段；从城乡结构看，工业化中期的城镇化率应该达到 60% 以上（陆学艺，2010：33），宁夏生态移民区的城镇化率仅为 26%，仍滞留在工业化初期阶段。除消费结构外，其他几个重要社会结构指标都表明宁夏生态移民区仍处在工业化初期阶段，社会结构严重滞后于经济结构。

宁夏生态移民区社会结构严重滞后于全国社会结构。首先，从就业结构看，按改革 30 年来第一产业就业人员比重下降速度年均 1 个百分点来计算（陆学艺，2010：34），2011 年宁夏生态移民区第一产业就业人员比重为 78.88%，要下降到钱纳里标准工业化中期阶段 15% 以下的指标，需要 63 年左右，即使按照国内工业化中期阶段第一产业 50% 的标准，也需要 28 年左右；其次，从城乡结构看，如果以近三十年来城市化率每年提高近 1 个百分点的速度计算（陆学艺，2010：34），城市化率要达到工业化中期阶段 60% 以上的指标，大概需要 34 年时间。从以上分析可以看出，宁夏生态移民区社会结构滞后于经济结构至少 28 年，社会结构与经济结构的外部性偏差较大。

2. 生态移民区社会结构的内部性偏差

宁夏生态移民区不仅存在社会结构与经济结构的外部性偏差，社会结构内部也存在较大偏差，社会结构的子结构之间并不协调。

根据现代化一般经验，现代社会结构的形成要先后经历三个转换点：首先是产值结构的转换点，即非农业产值占国内生产总值的比重上升到 85% 以上；其次是城乡结构的转换点，即城市人口占总人口的比重上升到 50% 以上；最后是就业结构的转换点，即非农从业人员上升到全部从业人员的 70% 以上（汝信、陆学艺、单天伦，2001：6）。2011 年，宁夏生态移民区的非农产值占国内生产总值的 60.5%，城市人口占总人口的比重仅为 26%，非农从业人员只占全部从业人员的 21.12%。宁夏生态移民区的三大社会结构都未实现现代转换，而且，各社会子结构实现现代转换的时间需求不一致，导致各子结构之间的不协调，这也是社会结构滞后于经济结构的重要原因。

综合人口结构、家庭结构、就业结构、消费结构和城乡结构五个重要指标，并考虑到近年经济发展态势等多种因素，当前宁夏生态移民区社会结构严重滞后于经济结构。经济结构与社会结构的不协调，导致社会出现结构性紧张，社会矛盾和问题的产生不可避免。

第二节　生态移民区社会管理体系建设

生态移民工程是一项纷繁复杂的系统工程，牵涉范围广、涉及事项多、工作任务重，除了需要相应的配套政策措施作保障，还需要在宁夏回族自治区政府的统一领导下，成立由相应各级政府、部门构成的组织管理机构。在生态移民工程的具体实施中，各级政府、部门认真履行职责，加强沟通配合，搞好政策衔接，形成工作合力，才能推进生态移民工程的顺利实施，强化生态移民安置区的社会管理，真正使生态移民这项民生工程惠及每一位移民群众。

经过几十年的不断探索和实践，宁夏生态移民区构建起四位一体的社会管理体系，如图4－3所示。虽然参与主体较少，仍以政府管理为主导，但从现阶段移民区社会管理的成效来看，这一体系的运行在维持社会和谐稳定、促进社会管理可持续发展方面发挥了重要作用。

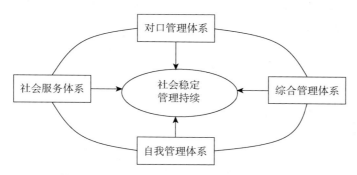

图4－3　宁夏生态移民区社会管理体系示意图

一　对口管理体系

对口管理体系是宁夏生态移民区社会管理体系的核心。为稳步推进宁夏生态移民工程建设，促进移民致富发展与社会和谐稳定，宁夏成立了生态移民领导小组，组织制定全区生态移民工作的重大方针政策，统筹解决相关重大事项。领导小组在自治区发改委设办公室，并成立自治区移民局，组织开展规划编制、政策研究、制订年度建设计划和资金筹措方案、审查审批安置区建设方案、下达年度资金计划、协调解决移民建设和社会管理中的各类问题。组长由宁夏回族自治区政府主要领导担任，成员由自治区发改委、扶贫办、国土资源厅、水利厅、教育厅、财政厅、住房和城乡建设厅、人口和计生委、公安厅、人力资源和社会保障厅、民委（宗教局）、民政厅、国资委、农牧厅、交通运输厅、科技厅、环境保护厅、卫生厅、商务厅、供销社、宁夏电力公司、宁夏邮政公司等有关部门（单位）组成。各市、县（区）是生态移民的责任主体，成立各级生态移民领导小组，实行目标责任制，主要领导为第一责任人，小组成员由各市、县（区）所属部门组成。宁夏生态移民领导小组办公室负责对全区移民进行组织、协调、监督和管理，自治区、各市、县（区）所属各级部门（单位）按照职能分工，对口管理，各负其责，做好移民协调、监督、对口帮扶等移民社会综合管理工作，形成了由自治区、各市、县（区）三级政府及所属各单位构成的对口管理体系。自治区所属各部门（单位）的职能分工如表4-2所示。

表4-2　宁夏回族自治区各职能部门分工情况

部门（单位）	职能分工
国土资源厅	研究提出完善生态移民涉及土地权属变更、建设用地指标调整的意见，编制移民安置用地方案
水利厅	开展移民安置水资源论证、用水指标调整和供水工程前期工作
教育厅	制订移民子女享受职业技能教育方案，继续组织好中南部地区学生到外省区学习和就业
财政厅	制订需由财政承担的生态移民资金筹措方案
住房和城乡建设厅	编制生态移民安置地布局和设计方案，并与发改委衔接做好地震断裂带的移民工作，纳入"十二五"中南部地区生态移民规划，统一下达计划，统一组织建设，统一检查验收
发改委	会同扶贫办分别负责做好生态移民、劳务移民工作
人口和计生委	借鉴原州区"少生快富"经验，研究制定生态移民计划生育管理办法
公安厅	制定统一的移民户籍管理办法
人力资源和社会保障厅、民委（宗教局）、民政厅、国资委	分别就劳务输出、社会保障、户籍迁移、属地管理、企业参与生态移民建设等方面提出相关支持意见或管理办法
农牧厅、交通运输厅、科技厅、环境保护厅、卫生厅、商务厅、供销社、宁夏电力公司、宁夏邮政公司	按照生态移民总体规划，尽早衔接落实行业建设方案

二　社会服务体系

为了满足移民日常生产生活及不断增长的需求，各市、县（区）进一步整合资源，强化部门协调，构建和完善了社会服务管理体系，坚持把群众满意作为加强和创新社会管理的出发点和落脚点，从新村建设管理、扶贫资金管理、帮扶项目管理、产业规划管理、劳务输出和劳务培训管理等移民群众最关心、最直接、最现实的利益问题入手，紧抓民生之本，解决民生之急，排除民生之忧，真正让群众看到变化、见到成效、得到实惠、感到满意，实现了生态移民工作由"管理好移民"向"服务好移民"的转变。

三　自我管理体系

移民自我管理是以政府为主导的社会管理的重要补充。针对管理人员缺乏的问题，也为满足移民"当主人、做主体"的管理需求，宁夏有计划地实施"还权于民"，在宗教事务、社会救助及劳务输出等方面，逐步实现移民新村的自主建设管理，使社区居民困有所助、难有所帮、需有所应。现阶段，移民自我管理仍以村民自治为主，通过建立健全用水协会等合作协会管理机制，加强乡村道路、生活用水、特色产业发展建设，健全村级财务制度、移民安置方案与补偿标准、资金使用管理、村务公开与公示工作，确保实现移民自我管理。

四　综合管理体系

综合管理工作主要由各市、县政法委领导，同时各乡镇、村积极给予配合，进行移民区社会治安综合治理和法制宣传教育，强化移民遵纪守法的意识；围绕移民新村农村经济社会管理需要，实施农村警务运行机制，配备警务室，配齐警务人员，维护移民安置区正常的生产生活秩序；同时，做好信访稳定工作，为移民提供利益诉求渠道，预防和妥善处置群体性突发事件，确保移民安置区社会和谐稳定，构建起集法制教育、社会治安和信访工作三位一体的综合管理体系。

尽管宁夏已经构建起四位一体的社会管理体系，但各体系的发展进度与健全程度并不一致，除对口管理体系外，其他体系均存在覆盖面窄、职能范围不明确的问题。尤其是移民自我管理体系的建设，没有冲破村民自治的局限，缺乏自我管理的目标和具体实施方向。基于目前宁夏生态移民区经济社会发展的现状，社会管理必然由外在强制管理向内在自我管理转变，即实现政府主导管理向移民主导管理的转变。这不仅能解决移民社会管理资源紧缺的难题，也符合移民日益增长的自我管理需求。

第三节　生态移民区社会管理格局

一　宁夏生态移民区社会管理的特殊性

现阶段宁夏生态移民区的社会管理已开始向民主管理发展，但移民社会的特殊性导致这一发展进程缓慢，可以说，仅是迈出了民主式社会管理的第一步。

（一）移民自我管理能力弱化

自我管理能力弱化是移民参与社会管理的一块短板，导致移民自我管理能力弱化的原因比较复杂，主要有以下三个方面。

1. 移民过于关注经济建设，参与社会管理的积极性不高

贫困是生态移民的最大特征，"解决温饱、脱贫致富"成为移民搬迁后的最大心愿，这也是生态移民实施的最终目的之一。尽管经过多年的经济建设，多数移民已经解决了温饱问题，但近年来，移民增收的步伐放缓，离脱贫致富还有一定的差距；部分新移民尚处在搬迁初的三年困难期，温饱尚未解决，更无暇顾及社会管理。总体来看，移民参与社会管理的积极性不高，缺乏自我管理能力的培养。

2. 移民文化素质偏低，对自我管理认识不足

由于移民多来自宁夏南部山区，教育条件的落后致使移民文化素质普遍偏低。多数移民仅有中学及以下文化水平，文盲、半文盲在移民中占有不小比例。所以，部分移民对自我管理的认识十分肤浅，既不知自我管理为何物，更不知该如何进行自我管理。

3. 长期政府集权式管理，移民形成依赖习惯

以政府为主导的集权式社会管理在我国已有几十年的历史。在这种管理格局下，人们逐渐丧失了自我管理的意识和能力，习惯于政府对社会、个人的管理与支配，消极地依赖政府，甚至盲从。

（二）移民自我管理需求增长

目前，移民全面参与社会管理的积极性不高，但在某些特殊领域，比如宗教领域，以及涉及移民经济利益的领域，如产业发展和村级财务等领域，则表现出较强的自我管理意识。随着移民对社会生活要求的不断提高，移民的自我管理需求将有所增长，并逐步扩展到更多的社会领域。

（三）政府着力"放权"于民

我国"党委领导、政府负责、社会协同、公众参与"四位一体的社会管理格局提出以后，各级政府都在积极响应，极力摆脱过去计划经济时代集权式政府的形象，塑造多元主体互助合作的社会管理格局。宁夏生态移民区虽然暂时不具备全面民主社会管理的条件，但也在某些领域积极尝试，为今后民主式社会管理格局的形成进行有益探索。

二　宁夏生态移民区社会管理格局的突出矛盾

从集权化向民主化转变是宁夏生态移民区社会管理格局发展的必然趋势。但在今后一段时期内，基于移民社会管理格局的特殊性，社会管理主体自身及主体之间的突出矛盾将影响到"四位一体"民主式社会管理格局的形成。

1. 移民自我管理能力弱化与自我管理需求增长的矛盾

自我管理是社会管理的一个重要方面。20 世纪 80 年代初全国实行村民自治，标志着政府在基层社会管理中的主导地位向基层民众转移，基层社会开始进入自我管理的新阶段。生态移民开发区作为一个新事物，开发建设的历史较短，实行村民自治的时间更短，移民自我管理的效果并不理想，矛盾和问题比较突出。一方面，由于移民将主要精力放在经济建设和脱贫致富上，无暇进行自我管理；另一方面，移民文化素质低下和依赖心理严重，致使其缺乏自我管理的能力。随着移民脱贫致富步伐的加快及自我管理意识的觉醒，移民自我管理的需求必定增长，直接导致移民自我管理能力弱化与自我管理需求增长的矛盾，最终使移民陷入"有自我管理需求，无自我管理能力"的窘境。

2. 政府"放权"于民与政府管理权力扩张的矛盾

为了顺应社会管理潮流，并解决社会管理人员紧缺的问题，政府决定"放权"于民。一方面，让移民更多地参与社会管理，培养移民的自我管理能力；另一方面，部分减轻政府的社会管理压力。政府试图在"你进我退"中，寻求一个最佳的平衡点，获取社会管理效益的最大化。然而，移民自我管理能力弱导致很多情况下移民根本无力进行自我管理，此时，政府就不得不介入代为管理。政府"放权"于民与管理权力扩张的矛盾使政府陷入"欲放手不管，又不得不管"这种进退两难的境地。

3. 移民自我管理能力弱与政府"放权"于民的矛盾

移民自我管理能力弱是一个长期存在的问题，不是一朝一夕可以解决的。政府应该充分考虑到移民的实际情况，有选择性、有针对性地"放权"于民，同时，发挥政府的指导作用，对移民自我管理中遇到的困难及时提供帮助。但部分政府以"顺应民意"为由，"放权"为名，实则"甩包袱"，将一些管理困难又无利可图的领域交给移民进行自我管理。"放了不该放的"，直接导致移民自我管理能力弱与政府"放权"于民的矛盾，不仅无益于社会的有效管理，反而使社会管理更加混乱。

4. 移民自我管理需求增长与政府管理权力扩张的矛盾

移民自我管理需求的增长与政府管理权力的扩张都无可厚非，关键在于移民错误地判断政府"放权"的领域，政府错误地评估移民自我管理的能力，加之，移民与政府因某种利益使然而争夺一些社会领域的管理权，导致移民自我管理需求增长与政府管理权力扩张的矛盾。"管了不该管的"典型就是政府以基层社会管理混乱为由，强行将本属于村民自治范畴的领域纳入政府的集中管理之下，并美其名曰"统一代理"。虽然基层社会得到了有效管理，但政府在无形中侵占了村民对村务进行自我管理的权力，进一步挤压了移民自我管理的社会空间。

三 宁夏生态移民区社会管理格局的演变

由集权式社会管理格局到民主式社会管理格局的演变是一个循序渐进的过程，在起点与终点之间会有很多不同的演变阶段，宁夏生态移民区社会管理模式的演变也要经历不同的演变阶段，最终实现"四位一体"的社会管理格局。

1. "集中管理"格局

"集中管理"格局是现阶段宁夏生态移民区社会管理的格局。所谓"集中管理"并不等同于"集权管理"。集中管理是在管理人员紧张、移民无力自我管理的情况下，通过信息的集中方便不同移民，同时，大大简化管理者的管理工作，管理权虽由政府掌握，但处理权仍在移民手中。集权管理则是一种完全以政府为主导的社会管理，政府作为社会管理中的唯一主体，对社会各方面进行全面干预和控制，而移民在社会管理格局中几乎没有作为。在这种管理格局下，移民对政府具有强烈的依附性，依赖政府获取生存与发展所必需的资源与条件。如果说，现阶段移民为获得生存发展所需资源对政府产生的强依赖，就是政府"集权式"管理格局的体现，那么可以将"集中"管理格局等同于"集权式"管理格局，但实际上移民是有一定处理权的，并不是一味被动地依赖政府，而政府对移民各方面进行较多干预，只是因为移民在现阶段缺乏自我管理的能力，政府不得不越权行使这一权力，目的并不是控制或支配移民，而是尽快帮助其稳定生活、脱贫致富。

2. "中和管理"格局

随着生活水平的改善和对资源的掌握，移民对政府的依赖逐渐减弱，移民自我管理的能力逐渐增强，并对社会管理中的问题发表自己的意见。与此同时，政府也意识到移民的意见是社会管理中值得关注的问题，并乐于接受移民意见，尽力解决问题。移民在社会管理格局中通过基层自治组织发挥自我管理的作用，并有向政府管理领域进军的趋势。政府在有序退出移民自我管理领域的同时，与移民在某些社会管理领域进行管理权的争夺，双方在社会管理事务中不断博弈，最终达到某种平衡。与此同时，除基层自治组织外的其他社会组织也在这一阶段逐渐成长起来，作为政府与移民的缓冲，调解政府与移民的关系，发挥协同作用，但目前效果并不明显。这就是"中和管理"格局的内涵。移民社会管理在经历了"集中管理"格局后，在较长时期内，将以"中和管理"的模式运行，这将是宁夏生态移民区今后一段时期内主要的社会管理格局。

第五章

宁夏生态移民区
社会管理的问题和对策

第一节　生态移民区社会管理的突出问题

一　水土资源竞争激烈

水资源短缺是移民区人口与资源矛盾最突出的表现，水资源的竞争导致不同利益群体间的矛盾。水资源的短缺可以通过移民的用水情况反映出来。从移民"一水多用"的情况可见，不管是迁入地还是待迁地，都有半数左右的移民经常对水资源进行多次、高效的利用。另外，还有23.9%的迁入地移民和12.5%的待迁地移民偶尔会对水资源进行多次利用（见表6-44）。虽然待迁地移民"一水多用"的情况比迁入地移民少，但整体来看，多数人已经有了"一水多用"的意识，这种意识来源于水资源短缺带来的用水危机。

同时，移民对水资源的现状也有着深刻的认识。在待迁地移民中，仅有36%的人认为"水资源充足，能够满足生产生活需要"，认为水资源不足甚至匮乏的人占了63.3%。虽然迁入地的水资源情况好于待迁地，但仍有

28.3% 的移民认为迁入地水资源不足甚至匮乏，不能满足生产生活的需要（见表 6 - 37）。

水资源短缺给农业用水造成了一定的负面影响，移民对迁入地农业用水收费评价不高。从表 6 - 40 和表 6 - 41 可见，认为农业用水收费不合理的移民占 40.3%，他们认为不合理的原因主要在于价格，有 91.8% 的移民希望能够降低农业用水收费的价格，从而降低农业生产成本。所以，水资源管理的不合理也容易引起移民与管理者之间的矛盾。

移民对土地的无序开发，灌溉面积逐年增加，致使原有的用水指标严重不足，供水矛盾日益突出，群众撬口抢水、霸水、偷水现象经常发生，因灌溉问题而产生的纠纷不断，甚至出现群殴现象。尤其是近年来，黄河水量逐渐减少，黄河管理委员会调配给宁夏的黄河水量相应减少，随着"十二五"期间 35 万新移民的迁入，水资源日趋紧张。

另外，人口与土地资源矛盾突出。"十二五"期间，宁夏规划对中南部地区的 35 万人实施移民搬迁，建设安置区 274 个。在某些移民安置区，规划安置人口超过了土地容量，出现了严重的人口超载现象。以红寺堡区鲁家窑项目区为例，总规划面积 2 万亩，计划安置移民 9500 人，人口密度达到 712.5 人/平方公里，接近北部引黄灌区人口密度的两倍。英国农业系统研究的权威学者斯佩丁（C. R. W. Spedding）认为，即使是在耕种条件进步的前提下，半干旱区的人口密度也不能超过 57 人/平方公里。鲁家窑安置区人口密度已达此标准的十倍以上，人口与土地关系变得非常紧张。

随着移民的不断增加和资源承载力的减弱，移民安置区人口与资源矛盾突出。水资源和土地资源这两大保证生态移民的资源，已经成为制约移民经济发展、影响移民社会稳定的重要因素。

二 户籍管理混乱

宁夏移民户籍经历了由属人管理到属地管理的转变。早期移民由迁出地政府管理，直至 1999 年，逐渐交由迁入地政府管理。但由于人口流动频繁，户籍管理机制不健全，导致自发移民和"人户脱离"现象严重。从表 5 - 1 显示的户口变化情况可见，搬迁后，只有 30.9% 的移民将其户口迁入当时的居住地，正式划归迁入地政府管理。有 15.5% 的移民虽然搬迁，但至今户口仍在迁出地。这部分人多是自发移民。更多的是搬迁后移民户口发生了变化，但迁往了当时居住地以外的其他地区，这是典型的"人户分离"。

表 5–1   移民搬迁后户口变化情况

单位:%

	迁入地移民
没有变化	15.5
有变化,迁入当时居住地	30.9
有变化,迁入当时居住地以外的其他地区	53.6
合 计	100.0

虽然大部分移民希望户籍采取迁入地管理的形式，但由于迁入地条件所限，仍有大批有搬迁意愿的移民被迁入地拒之门外，所以，在迁入后，不得已将户口留在原籍或迁往别处。由此，因户籍问题引发了种种社会问题，比如土地分配、计划生育、惠农政策享受等，不仅加大了移民管理的难度，也损害了移民的切身利益。

对于移民而言，在具体的户籍管理过程中，也存在一些难题。尤其是户籍办理收费高、程序多，给移民搬迁增添许多困难。有 66.3% 的待迁地移民和 56.1% 的迁入地移民认为应当减免户籍转换和户口迁移中的收费，更有 81.6% 的待迁地移民和 78.4% 的迁入地移民认为户籍办理手续烦琐，应当尽量简化（见表 11–55）。随着移民生活水平的提高，一些富裕的移民有进城落户的需求，但现阶段城乡差异很大程度上阻碍了移民进城落户，不利于城镇化建设的发展。

三   自发移民引发系列社会问题

自发移民是相对政策性移民而言的。政策性移民是由政府统一规划、统一搬迁、统一安置的，可以享受政府给予移民的一切优惠政策，但自发移民是政府移民规划外自觉自主的移民搬迁，不仅享受不到政府给予的政策，还是政府管理中着重清理的对象。在过去三十多年的移民历程中，自发移民已经成为移民的重要组成部分。通过对自发移民的调查，我们发现自发移民人数接近移民总数的四成（见表5－2）。在有些移民安置区，自发移民的数量甚至超过了政策性移民。

表5－2　自发移民情况

单位:%

是否自发移民	百分比
是	39.9
不是	57.5
说不清	2.6
合　计	100.0

　　尤其是在自发移民扎根迁入地后，由于自身条件的局限性，搬得起却住不起，亟须政府给予相应的救助。自发移民多来自宁夏贫困山区，对生产资金的渴求最为强烈，有36%的自发移民希望政府提供生产资金，有13.2%的自发移民希望政府可以让移民子女顺利接受教育，有13%的自发移民急需住房，还有10.1%的自发移民没有足够的土地，此外，还有生产门路、医疗等问题需要得到政府帮扶与救助（见表11－4）。这些问题归根结底都是户口未落实的问题。没有迁入地户口，自发移民得不到政府救助，移民子女无法顺利入学，移民住房和土地需要购买，医疗、养老等没有保障。所以在户籍管理中，有26.7%的待迁地移民和27.1%的迁入地移民迫切希望政府切实解决自发移民的户籍问题。

　　在自发移民的管理上，尽管迁入地政府投入了大量的人力、物力、财力，但自发移民因无当地户籍，难以享受与当地群众同等的惠民政策（灌溉、供电、行路、社保、上学、就医、宗教场所、农业直补、良种补贴等），同时他们对应尽的义务（各类基础设施配套的筹资筹劳）拒不履行，拒不接受当地政府管理，逐渐呈现随心而为、无组织、无政府的现象，给移民工作的开展带来极大阻力，重点、难点工作难以推进，且时有因政府无力满足自发移民的要求而出现围堵政府、集体上访的情况，严重影响了政府的正常工作。

四　基层组织管理弱化

基层社会管理是社会管理中最基本也是最重要的组成部分，基层社会管理的成效如何直接影响到移民新村的社会稳定与持续发展。

通过移民在遇到困难时会向谁求助，可以观察村委会这一基层社会管理组织在社会管理中的作用。村委会的构成主体是村干部。表3－1显示，在移民遇到困难时，只有5.8%的迁入地移民和4%的待迁地移民表示会向村干部求助，这表明村委会这一基层管理组织基本没有发挥为移民排忧解难的帮扶作用，更说明基层权威在移民心中分量不足。多数情况下，移民宁愿求助于亲戚、朋友、邻居，也很少求助于村干部。

多数移民新村选派原建制村的村干部进入新的管理组织。一方面，他们对移民情况比较熟悉，便于新村建设管理工作的开展；另一方面他们有较为丰富的管理经验，可以尽快使移民新村稳定有序地发展。但相对而言，贫困地区村干部的基层社会管理能力较差，尤其是对落后的"人治"思想较为推崇，面对新村移民来源多、民族构成复杂、宗教教派交错、建设任务繁重等特殊情况，他们很难胜任新村社会管理的重担。久而久之，移民对村干部管理能力丧失信心。

生态移民实行的是"整村集体搬迁，多村集中安置"的方式，在移民新村中，来自不同地区、不同村庄的移民集中居住在一起。在新的环境里，移民普遍担心自身利益受损，在组建新村管理组织——村委会时便急于寻找自身利益的"代言人"。与搬迁前村级管理组织建设不同的是，新村移民寻找"代言人"的范围由宗族、民族等层面上升到原建制村层面，新村中形成了一个个以原建制村为范围的"移民群体"，他们推举原建制村干部进入新村管理层。然而，当移民有困难时，却很难找到合适的求助对象。

五　移民自我管理能力差

移民自我管理突出表现在移民参与村民自治及参加各种社会组织，这是我国现行社会管理格局"公众参与"的必然要求。

村民代表大会是村民参与村民自治的重要形式。通过调查发现，当前移民参加村民代表大会的情况一般。迁移人群中，有四成的人参加过村民代表大会，但其中有 18.8% 的人只是偶尔参加，尚有六成的人根本没参加过村民代表大会，也就是说这部分人根本没享受过村民自治及自我管理的权利，只是被管理。待迁人群参加村民代表大会的情况更差，有八成以上的人从没参加过（见表 5-3）。可见，在移民地区，通过村民自治进行移民自我管理不太理想。

表 5-3　移民参加村民代表大会的情况

单位：%

	迁移人群	待迁人群
是，经常	21.2	9.8
是，偶尔	18.8	8.8
不参加	60.0	81.4
合　计	100.0	100.0

除村民自治组织外，有些移民还参加了村级社会组织，对移民的某些事务进行自我管理。我们考察了移民参加村级经济合作组织的情况，结果显示，参加情况很不乐观。不管是迁移人群还是待迁人群，都只有 5.3% 的人参加了村级经济合作组织（见表 5-4）。可以说，绝大多数人没有通过这一形式进行自我管理。

表 5-4　移民参加村级经济合作组织的情况

单位：%

	迁移人群	待迁人群
是	5.3	5.3
否	94.7	94.7
合　计	100.0	100.0

在基层社会管理能力差、移民自我管理能力弱的前提下，社会管理的重担多是落在了各级政府的身上。从移民初期来看，政府管理力量大、见效快，但长此以往，并不利于社会管理的可持续发展。

六　其他社会管理问题

随着移民的不断迁入，移民区社会结构始终处在动态变化中。在一些方面，社会管理严重滞后于"移民速度"，呈现"先问题、后治理"的局面。面对接踵而来的社会管理问题，个别政府管理部门不仅未能提前有效预防，而且出现难于治理的情况，给移民生产生活带来较大的负面影响。除上述各种社会管理问题外，在调查中我们还发现以下几类突出问题。

1. 土地资源管理问题

移民迁入后不满足转租、承包、买卖的耕地面积，总是想方设法扩大耕地，或在承包地头开发，或者私自开发国有荒山、荒地，甚至出现了部分土地投机分子，大肆开荒，并转手倒卖，致使安置区土地无序开发日益严重，形成了土地无序流转的恶性循环。这部分移民在开发地乱建房屋，乱占国有土地。尤其是自发移民，他们没有迁入地户籍，相关部门执法力度不够，当地政府管理不严，造成大量国有荒山、荒地流失，由此引发的争抢开发国有荒山、荒地的纠纷不断出现，致使当地土地管理出现无法控制的局面。

2. 宗教活动场所建设管理问题

首先，合坊问题难以解决。目前，各县（市、区）对宗教活动场所建设规划不明确，仅预留了建设用地，未作详细计划和长远规划。由于移民安置区的信教群众来自多个地区，所属门宦教派不同，分坊建寺的思想比较突出，致使"不同教派合坊"难以实现。其次，政府难以满足教民要求。移民因资金短缺、教派合坊、坟地规划等要求一时得不到解决而上访。再次，宗教场所管理混乱。有些移民安置区刚建成，未组建民主管理组织，未建立健全各项管理制度，特别是在教职人员聘任、财务管理等方面存在较大漏洞，容易产生矛盾。

3. 人口与计划生育问题

一是传统生育观念与生育政策变化的矛盾。移民多来自山区八县（原州区、海原县、西吉县、隆德县、泾源县、彭阳县、盐池县、同心县），在迁入川区后，要执行川区的计生政策（少数民族在山区可以生三孩，到川区只能生二孩）。山区计生政策向川区计生政策的转变打破了原有的"超生许可"，在新的生育制度面前，许多移民，尤其是少数民族和纯女户移民很难适应，婚育观念仍然比较落后，政策外生育时有发生。二是人户分离现象加大了计生管理的难度。移民搬离安置区后，将政府分给自己的土地和房屋转卖给他人，户口仍在原安置区，但人不在当地生活，造成"有户无人"或"有人无户"的情况。他们时常以生活困难、无户籍为借口，拒绝接受当地计生部门的管理和服务，政策外生育现象较多，且违反计划生育政策法规时，当地政府和户籍所在地政府都苦于管理和服务没有明确责任，造成计划生育政策执行困难。

4. 社会管理人员紧缺问题

社会管理人员紧缺是当前宁夏生态移民安置区面临的主要问题之一。"吊庄"移民阶段，移民安置区实行属人管理，公共服务人员基本由迁出地抽调配备。实施属地管理后，公共服务人员由迁入地配备，随着大规模的移民搬迁，迁入地难以及时配备充足的公共服务人员，尤其是教师、医务人员和警察等紧缺，严重制约社会公共服务的有效开展。

5. 新老移民政策不一问题

宁夏移民工作的开展已有近30年时间，政府针对不同类型、不同时期的移民给予了不同的移民政策。随着经济社会的发展，国家与地方政府对移民工程的投入力度逐步加大，给予移民的优惠条件逐渐增多，老移民和新移民享受的政策反差较大。老移民，尤其是"吊庄"移民搬迁时，政府在给予少量补助的基础上，住房基本由移民自建，移民经历了从地窖、土坯房再到砖瓦房的艰苦历程。新移民，主要是生态移民搬迁时，政府在移民住房补助方面给予了更多支持，补助比例节节攀升。公共服务方面，政府为新移民配备太阳能热水器、太阳灶等，为300户以上的移民安置区建设村级（社区）活动场所（含医疗、计生、文化、科技、劳务服务室），而对老移民来说，移民初期各项公共服务设施配套简陋，能源设备更要自筹购买。移民新村与旧村在生产生活环境上的巨大差距，导致老移民产生"相对剥夺感"，引发老移民的不满，影响了移民地区的社会稳定。

6. 劳务移民社会认同问题

一是城市居民对劳务移民的社会排斥。受城乡差异、城乡分治等因素的影响，部分城市居民仍将劳务移民视同为"农民工"或"流动人口"，不但对劳务移民不关心、不包容，甚至产生冷漠、歧视的态度。城市居民的这种态度、观念直接转化为实际行动，将劳务移民排斥在城市的主流社会生活之外，设置了一道"隔离墙"，劳务移民成了"城墙内的城外人"。二是劳务移民的自我排斥。劳务移民在经济条件、生活方式、价值观念等方面与城市居民形成的反差，使其产生自我排斥感。调查发现，五成以上的劳务移民认为自身在现居地的社会地位比在原居地低，处在社会的中下层或下层。城市居民的社会排斥和劳务移民的自我排斥共同作用，使劳务移民产生自卑心理，影响了他们与城市居民的互动与沟通。城市居民和劳务移民之间并没有构建起有效的相互认同，彼此间的生疏感和隔阂感容易引发社会矛盾，影响社会稳定。

第二节　生态移民区社会管理的对策建议

当前生态移民区社会管理面临各种困难和诸多挑战，需要我们不断探索，不断创新，以社会管理创新来促进生态移民区经济社会平稳较快发展。

一　落实自发移民户籍，根除自发移民问题

自发移民多来自西海固贫困地区，在自治区"十二五"生态移民规划范围内。按照自治区生态移民相关政策，可以将这部分自发移民纳入生态移民范围，解决其户籍管理矛盾。但凡落户迁入地的，原户籍必须无条件核销，并取消在原户籍地享受的优惠政策。不核销原户籍的一律不予办理入户手续，并限期迁回原籍。同时，公安部门要严格执行《中华人民共和国户口登记条例》，对以后出现的自发移民要随时依法迁回原籍。

二　加强土地执法管理，完善土地流转服务

首先，由迁入县（区）国土资源部门对移民（包括自发移民）近年开发并种植的土地进行丈量核实，核实准确面积，明确土地性质和权属；其次，成立土地专项整治领导小组，对乱占、乱开发、私自倒卖土地及违法、违规乱建房屋等行为开展专项整治清理；再次，建立健全县（区）、乡（镇）、行政村"三级负责"的土地流转管理服务体系。

三　促进移民区水土资源的高效利用

充分挖潜利用现有国有、集体、企业及个人经营的各类耕地和中北部土地整理后的新增耕地，并在引、扬黄灌区和库井灌区通过节水改造适度开发部分宜农荒地、对山区原耕地进行改造等多种途径解决土地资源紧张问题。在北部引黄灌区，主要通过实施灌区节水改造、调整种植结构、提高水资源利用率，实现水资源优化配置；在中南部地区，主要通过对已建成的固海扬水、固海扩灌、盐环定扬水、红寺堡扬水灌区和库井灌区的节水改造，新建一批水源延伸工程（如水库、集雨场和田间水柜）等措施，大力发展高效节水农业和集雨补灌农业，解决农业用水问题。

四　培育多元管理主体，强化移民自治能力

首先，改变过去政府单一的社会管理模式，理清政府职能，并缩小管制职能，逐步加强公共服务的职能和责任，积极培育公共治理的多元主体，依靠社会组织特殊的自治方式，注重公民在社会管理中的基础性作用等，促进政府负责、社会协同、公众参与的宁夏社会管理新格局的形成。同时，强化基层民主自治，推进村委会、各类社会组织、企业和移民群众参与社会管理和服务，让宁夏生态移民区各社会成员在参与中培养合作精神，促使社会管理体制创新和发展。

五　完善利益导向机制，促进生育观念转变

一是建立奖金一次性发放制度，对独生子女户和纯女户的奖金实行一次性发放，使群众获得足够的生产启动资金，解决奖金拖欠甚至不落实的问题；二是建立长期跟踪帮扶机制，对计划生育户进行跟踪回访，帮助他们解决在以后的生产生活中遇到的新困难和新问题；三是建立计生户奖励政策扩大机制，将计划生育奖励政策扩大到财政、教育、卫生、民政、劳动、工商、税务、农业、保险等多个部门和多个行业，推广到群众生产生活的方方面面，形成一个综合性较强的系统机制，同时，加大优惠帮扶力度，增强奖励政策的吸引力；四是提高奖励和扶贫专项基金额度，提高奖励标准，弥补因物价上升、通货膨胀等因素导致的奖金缩水问题，另外，

增加扶贫专项基金额度，满足更多群众脱贫致富的现实要求。

六 做好信息收集工作，规范宗教场所管理

首先，迁入县区统战、宗教部门做好教派及信教群众信息收集工作，掌握信教群众人员数量、教派关系等信息，为宗教场所用地做详细长远的规划。其次，以"打破地域界限、保留教派界限"为原则，将来自不同地区、同一教派的回族移民群众，集中安排在同一安置区，实现合坊建寺。最后，针对部分信教群众不满清真寺建设规划，私自建设清真寺的问题，严格执行清真寺修建审批程序，杜绝清真寺"先修建、后审批"现象的发生。

七 建立部门帮扶机制，强化基层管理组织建设

第一，在选拔基层干部过程中，充分听取移民的建议，兼顾不同移民群体的利益，合理构建基层管理组织，防止移民因利益受损而产生矛盾纠纷。第二，建立部门联合帮扶移民村建设的管理机制，选派素质高、管理能力强的干部组成"下基层"工作组，培育基层组织的社会管理能力。第三，强化基层干部培训，培养高素质的基层管理队伍。

八 培养管理人员能力，打造专业管理队伍

通过市场化的招聘机制，配合宁夏农村社区建设，组建专业化和社会化的宁夏社会管理人才队伍；通过专业性的社会组织和中介组织，以从事宁夏移民社会服务和管理的专业社工机构为载体，进行专业的社会服务和社会事务，以满足不断增长的社会服务需求。

九 进行心理干预疏导，维护社会和谐稳定

建立健全宁夏移民群众心理医疗服务体系，着重加大对特殊移民群体的日常心理筛查和干预力度，建立心理危机干预预警机制；及时解决凸显的社会问题，做好信访接待工作，及时疏导移民群众的不满和悲观情绪，组建专业的心理辅导团队进驻移民安置区，了解移民的心理状态，对移民群众出现的消极、悲观情绪进行疏导，及时了解移民群众生活生产的不便

和困难，定期排查生态移民区存在的隐患，化解各种矛盾。

十 建立健全矛盾预防化解机制

建立重大移民决策和项目风险评估机制和社会运行监测机制，建立健全行政调解、司法调解、人民调解和社会力量调解相互衔接的工作格局，建立健全劳资、征地拆迁、医疗、交通事故及环境污染等社会矛盾多发重点领域的专业调解机制，从源头上发现和预防各类移民社会矛盾。

十一 关注基层民生问题，构建善治社会管理

紧紧围绕发展教育事业、促进就业工作、调整收入分配关系、推进社会保障体系建设、改革医疗卫生事业、建设住房保障体系、关爱农村留守儿童及残疾人等工作，着力解决好移民群众反映强烈的突出民生问题和切身利益问题，努力实现全体移民群众"学有所教、劳有所得、病有所医、老有所养、住有所居"的目标，建立善治的社会治理模式。

第六章
宁夏生态移民与
资源环境的可持续发展

人口与资源环境的尖锐矛盾是导致宁夏南部地区居民处于贫困状态的根本原因。长期以来，这一地区全年干旱少雨、风沙肆虐、灾害频发，同时土地贫瘠、生态脆弱、收益低下，加之人口增长失控、人口密度较大，在这种人口与资源环境恶性循环的情况下，居民的生存环境和生存状态极为恶劣。

为了缓解人口与资源环境的矛盾，当地农民在长期的生产实践中采用了"吊庄"这一流动式农业经营的生产方式，每当播种、收获季节，农民到离家较远的荒地耕种，并在地头挖洞搭棚暂居。这种流动经营的农业生产方式虽在一定程度上缓解了人地矛盾，但仍无法改变资源环境恶劣的现实，粗放式的农业生产也无法有效地改善居民的贫困状态。

20世纪90年代，政府为帮助南部山区居民摆脱生产、生活困境，在当时有限的发展条件下，以居民"自愿搬迁、两头有家、来去自由"的方式实施了移民工程，并以传统的"吊庄"命名以达成认识上的沟通、理解，增进共识。这一工程取得了较为明显的成效，但其目的仅在于帮助居民摆脱贫困，因此尽管部分居民的生活得到改善，但仍未彻底解决长期以来影响宁夏南部地区发展的资源环境问题。

随着经济的发展和社会的进步，人们越来越认识到人与自然、人与人、人与社会之间和谐发展、良性互动的重要意义。尤其是在人与自然的关系中，尊重和维护生态环境，才能使人类社会获得可持续的发展。2001 年以来，宁夏将扶贫开发与生态环境建设有效结合，实施了生态移民工程。其目的在于通过改善迁入地的居民生产、生活条件，帮助移民摆脱贫困；同时，缓解迁出地的人口压力，为改善和恢复当地生态环境创造条件。经过十多年的努力，宁夏的生态移民工程为解决人口与资源环境的矛盾、提高居民生产生活水平、改善和恢复生态环境发挥了重要的作用。

第一节　生态移民工程与生态环境现状

一　生态环境意识已成为人们的基本共识

在宁夏生态移民工程中，政府将"搬得出、稳得住、能致富"作为基本目标。之所以将"搬得出"作为首要目标，不仅仅因为它是移民工程的第一个阶段，更因为它是移民工程中形成共识的基础环节。对于移民而言，告别祖先安息的故土、离开世代居住的家乡是一件情感上难以割舍的事情。加之移居他乡，一切需要熟悉和重建。因此，能够在移民中形成共识是生态移民工程成功的基础。这从以往"吊庄"移民工程的命名中就可以看到，以移民所熟知的农业流动生产方式命名，可以在移民工程启动过程中起到较好的动员效果。

生态移民工程建立共识的基础是人们对生态环境状况的共同认识以及对移民工程在改善生态环境方面作用的认可。生态移民工程是要从根本上解决长期困扰宁夏南部居民的人口与资源环境的尖锐矛盾。因此，人们对这一基本矛盾是否形成了清醒的认识，在很大程度上决定着生态移民工程的成败。而且，与以往的以"扶贫致富"形成迁移共识不同，对于移民来说，生态环境的改善和恢复虽是根本原因，但其效果及作用要相对间接和缓慢。因此，能否使人们在生态环境意识上形成共识，是检验生态移民项目绩效的首要标准。从"课题组 2012 年抽样调查"（调查介绍见导论）的结果看，目前的生态移民工程的确在很大程度上使人们对生态环境及生态移民工程达成了共识，具体表现在以下三个方面。

第一，人们普遍认识到造成迁出地居民生活贫困的主要原因是生态环境的恶化。

调查表明，无论是迁移人群还是待迁人群对于宁夏中南部地区的生态环境状况都有着极为一致的看法。迁移人群中94.2%的人表示很赞同或比较赞同"生态环境的破坏严重威胁了宁夏中南部地区人民的生存"这一观点，待迁人群中88.6%的人表示很赞同或比较赞同这一观点（见表6-1）。说明人们已经普遍认识到生态环境的恶化是自身生活难以得到根本改善的主要原因。

表6-1　对"生态环境的破坏严重威胁了宁夏中南部
地区人民的生存"这一观点的看法

	待迁人群		迁移人群	
	频数	百分比	频数	百分比
很不赞同	6	1.5	3	0.4
不太赞同	39	9.8	43	5.4
比较赞同	157	39.4	416	52.1
很赞同	196	49.2	336	42.1
合　计	398	100.0	798	100.0

资料来源：课题组2012年抽样调查。

第二，人们普遍认识到移民政策与生态环境有着密切的联系。

将生态环境与移民政策联系起来，认识到生态环境因素是启动移民工程的重要原因，同时也认识到移民工程的实施将从根本上改善生态环境，是形成与生态移民工程相关的生态环境意识的核心内容。从调查结果看，人们普遍认识到移民政策与生态环境有着密切的联系。迁移人群中96.2%的人认为"应该根据环境破坏程度制定相应的移民政策"，77%的人认为"移民政策的实施是摆脱贫困和改善环境的根本途径"；而在待迁人群中，很赞同或比较赞同上述两种观点的比例分别为92.3%和77.7%（见表6-2）。总体来看，人们认同以改善和恢复生态环境为重要目标的移民政策。但同时我们也可以发现，人们对于移民政策的实施在帮助人们摆脱贫困和改善环境的效果预期及现实评价上有所保留，有 22.4% 的待迁居民和 22.9% 的迁移居民不认为移民政策的实施是帮助人们摆脱贫困和改善环境的根本途径。待迁居民对移民政策持保守预期是可以理解的，而迁移居民对移民政策持保守态度则是需要我们进一步分析的。

通过对这部分迁移居民的深入分析可以发现，早期迁移居民对移民政策实施效果的评价持保留意见的比例较高。自改革以来，宁夏分别启动了三次移民工程，即 1983 年起的"吊庄"移民、1998 年起的"1236"移民工程和 2001 年起的生态移民工程。数据显示，1983 年以前的自发移民中，半数对移民政策的效果持保留态度；"吊庄"移民时期的迁移人群中，27.4% 的人对移民政策持保留态度；"1236"移民工程时期的迁移人群中，20.4% 的人对移民政策持保留态度；而生态移民工程时期的迁移人群中，对移民政策持保留意见的为 19.4%。这从一个侧面反映出目前的生态移民工程在落实移民政策的实际效果上好于以往历次移民工程，这对于增强待迁群体的共识起到了示范作用。

表 6 - 2 对生态环境与移民政策的关系的看法

		待迁人群		迁移人群	
		频数	百分比	频数	百分比
应该根据环境破坏程度制定相应的移民政策	很不赞同	0	0.0	3	0.4
	不太赞同	30	7.7	27	3.4
	比较赞同	194	49.6	469	59.0
	很赞同	167	42.7	296	37.2
	合　计	391	100.0	795	100.0
移民政策的实施是摆脱贫困和改善环境的根本途径	很不赞同	18	4.6	13	1.6
	不太赞同	70	17.8	169	21.3
	比较赞同	152	38.6	391	49.3
	很赞同	154	39.1	220	27.7
	合　计	394	100.0	793	100.0

资料来源：课题组 2012 年抽样调查。

第三，人们普遍认识到保护生态环境、实施生态移民既是国家的责任，也与居民个人密切相关。

既然生态环境恶化严重影响居民生产生活，而通过制定生态移民政策、实施生态移民工程可以提高居民生活和改善生态环境，那么国家及居民个人在以移民工程促进生态环境改善的过程中是否负有责任呢？居民认为移民政策的制定和移民工程的实施不仅是国家的责任，也与居民个人密切相关。数据显示，迁移人群中95.1%的人认为"生态环境的保护与国家的移民政策有关"，待迁人群中91%的人持此看法；同时，迁移人群中有86.2%的人不同意"移民政策的制定和生态环境的保护与我们个人无关"的观点，待迁人群中有86.3%的人也持此看法（见表6-3）。

表6-3　对生态移民政策责任的看法

		待迁人群		迁移人群	
		频数	百分比	频数	百分比
移民政策的制定和生态环境的保护与我们个人无关	很不赞同	275	68.8	407	51.1
	不太赞同	70	17.5	279	35.1
	比较赞同	50	12.5	86	10.8
	很赞同	5	1.3	24	3.0
	合　计	400	100.0	796	100.0
生态环境的保护与国家的移民政策有关	很不赞同	1	0.3	4	0.5
	不太赞同	35	8.8	35	4.4
	比较赞同	209	52.4	524	66.2
	很赞同	154	38.6	229	28.9
	合　计	399	100.0	792	100.0

资料来源：课题组 2012 年抽样调查。

二　生态环境有所好转，但环境问题依然突出

通过生态移民工程的实施，无论是迁入地还是迁出地的生态环境均有所改观，但环境问题依然是威胁人们目前生产生活的重要问题。生态移民

工程实施 10 多年来，无论对迁移居民还是对待迁居民来说，其生产生活所依赖的生态环境状况均得到一定的改善。依托各类水利设施，迁入地灌溉水源得到保障、土壤质量得到提高、生活设施得到改善；而在迁出地，随着居民迁出，人口压力有所减轻，退耕还草、退耕造林工程的实施，使当地的生态状况得到恢复。但对于整体生态系统的恢复和改善来说，又非一朝一夕可以实现，同时对于迁入地而言，由于迁移人数的增加，新的生态环境问题有可能出现。因此，人们在对目前的生态环境进行评价时，一方面肯定其得到逐步改善的现状，同时也认为环境问题仍然是困扰人们生产生活的主要问题。主要表现在以下五个方面。

第一，总体而言，居民对所处的生态环境现状给予了肯定评价。

调查数据显示，迁移人群中有 73.1% 的人认为目前所处的生态环境好，24.3% 的人认为一般，仅有 2.3% 的人认为不好；而在待迁人群中，有 49.5% 的人认为目前所处的生态环境好，32.3% 的人认为一般，有 18% 的人认为不好（见表 6-4）。由此我们可以看出，对于迁移人群来说，生态移民工程在很大程度上达到了改善其生产生活所需的生态环境的目的，大部分迁移人群对其目前所处的生态环境状况给予好评；而对于待迁人群来说，尽管有近 1/5 的人认为目前所处的生态环境现状不佳，但仍有近半数的人表示目前所处的生态环境现状好。待迁人群对于其所处的生态环境现状的较好评价，更能体现出生态移民工程在恢复生态环境方面的初步成效。

表 6-4　您认为您目前所处的生态环境怎样

	待迁人群		迁移人群	
	频数	百分比	频数	百分比
好	198	49.5	585	73.1
一般	129	32.3	194	24.3
不好	72	18.0	18	2.3
不清楚	1	0.3	3	0.4
合　计	400	100.0	800	100.0

资料来源：课题组 2012 年抽样调查。

第二，人们对所处的生态环境的变化趋势持乐观态度。

调查数据显示，迁移人群中79.9%的人认为其所处的生态环境将日趋好转，16.8%的人认为会相对稳定，仅1.8%的人认为会继续恶化；而在待迁人群中，41.5%的人认为其所处的生态环境将日趋好转，46.3%的人认为会相对稳定，仅8.5%的人认为会继续恶化（见表6-5）。由此我们可以看出，迁移人群对其所处的生态环境的变化较为乐观，而待迁人群对此也表现出谨慎乐观的态度，至少对于待迁人群而言，其所处的生态环境继续恶化的趋势将得到很大程度的遏制。

表6-5   您觉得您所处的生态环境变化趋势将是怎样的

	待迁人群		迁移人群	
	频数	百分比	频数	百分比
日趋好转	166	41.5	639	79.9
相对稳定	185	46.3	134	16.8
继续恶化	34	8.5	14	1.8
不清楚	15	3.8	13	1.6
合　计	400	100.0	800	100.0

资料来源：课题组2012年抽样调查。

第三，尽管目前生态环境状况有所好转，但环境问题依然存在。

调查数据显示，无论是迁移人群还是待迁人群均认为沙尘暴等环境问题依然严重。在迁移人群中，沙尘暴（66.1%）、耕地/草场减少（27.7%）、固体废弃物污染（19.7%）、水污染（12.9%）等是威胁其生产生活的主要环境问题；而在待迁人群中，沙尘暴（65.9%）、水土流失（35.1%）、耕地/草场减少（29.8%）、植被破坏（26.0%）等是威胁其生产生活的主要环境问题（见表6-6）。

对这两个群体来说，沙尘暴和耕地/草场减少是他们共同面临的环境问题。西北地区是我国沙尘暴多发地区之一，其有效治理有赖于在更大范围内实施生态环境的改善和恢复，因此迁移群体虽然从迁出地迁出，但也未能摆脱沙尘暴的威胁。耕地/草场减少问题对于迁移群体和待迁群体而言，其原因有所不同。在迁入地，由于可开发和已开发面积的限制，尽管其耕地/草场的土壤质量提高，但相对于原迁出地，迁移家庭所拥有的土地面积有所减少。据本次调查数据显示，迁移家庭在移民前家庭人均耕地为 4.91 亩（主要是贫瘠的旱地），移民后家庭人均耕地为 1.68 亩（主要是中等以上的水浇地）。因此，对于迁移群体来说，耕地/草场减少并非完全由环境问题所致；而对于待迁群体来说，耕地/草场减少则主要是环境问题所致。

就迁移群体和待迁群体所面临的环境问题差别看，待迁群体所面对的水土流失、植被破坏问题完全是生态环境恶化所致，其有效解决需要长时间不懈的生态环境治理。而迁移群体所面对的固体废弃物污染和水污染则是人类活动所导致的环境问题：固体废弃物污染是人类生产生活过程中产生的垃圾对空气、土壤、水体等的污染，目前世界各国固体废弃物数量均以高于其经济增长 2—3 倍的速度增长；水污染则是人类活动所产生的废弃物对水体的污染，是目前世界各国首要的环境治理难题。迁移群体自迁出地迁出，摆脱了原有的生态环境恶化对其的影响，但又面临人类共同的环境问题。

表 6－6　目前您正在受到哪些环境问题的威胁

	待迁人群		迁移人群	
	频数	百分比	频数	百分比
耕地/草场减少	62	29.8	135	27.7
植被破坏	54	26.0	38	7.8
水污染	9	4.3	63	12.9
沙尘暴	137	65.9	322	66.1
酸雨危害	1	0.5	1	0.2
水土流失	73	35.1	27	5.5
大气污染	3	1.4	22	4.5
噪声污染	4	1.9	40	8.2
固体废弃物污染	13	6.3	96	19.7

资料来源：课题组 2012 年抽样调查。

第四，现有环境问题对居民生活危害较大，其中生态问题更为突出。

　　就上述环境问题对居民的危害来看，迁移人群中认为危害很大的占17.7%，认为一般的占46.9%，认为比较小的占12.5%，认为几乎没有的占18.8%；而在待迁人群中认为危害很大的占24.9%，认为一般的占33.2%，认为比较小的占25.6%，认为几乎没有的占15.5%（见表6-7）。总体来看，待迁人群对环境问题所造成的危害反应更为强烈，表明目前生态环境恶化对他们的影响更为突出。但同时，迁入地的环境污染问题也不可忽视。

表6-7　这些环境问题对您造成的危害有多大

	待迁人群		迁移人群	
	频数	百分比	频数	百分比
很大	69	24.9	119	17.7
一般	92	33.2	315	46.9
比较小	71	25.6	84	12.5
几乎没有	43	15.5	126	18.8
不清楚	2	0.7	27	4.0
合　计	277	100.0	671	100.0

资料来源：课题组 2012 年抽样调查。

　　第五，人们对移民工程在生态环境保护方面的力度给予了肯定性评价。

　　调查数据显示，迁移人群中 37.7% 的人认为移民工程对生态环境保护的力度很大，51.7% 的人认为一般，仅 7.5% 和 1.9% 的人认为比较弱或几乎没有作为；而在待迁人群中有 30.3% 的人认为力度很大，49.6% 的人认为一般，仅 10.8% 和 3.8% 的人认为比较弱或几乎没有作为（见表6-8）。表明无论是迁移人群还是待迁人群对于移民工程在生态环境保护方面的作用都给予了较为积极的评价。

　　从移民时间来看，1983 年以前的自发移民中，仅 7.1% 的人认为移民工程对生态环境的保护力度很大；1983 年后"吊庄"移民的居民中，也仅有 17.2% 的人认为移民工程对生态环境的保护力度很大；而在 1998 年起的"1236"移民工程和 2001 年起的生态移民工程的居民中，均有半数的人认为移民工程对生态环境保护方面的力度很大，这也表明随着经济的发展和对生态环境的日益重视，移民工程在生态环境保护方面正发挥着越来越大的作用。

表 6 - 8　您觉得移民工程在生态环境保护方面的力度如何

	待迁人群		迁移人群	
	频数	百分比	频数	百分比
很大	121	30.3	301	37.7
一般	198	49.6	413	51.7
比较弱	43	10.8	60	7.5
几乎没有作为	15	3.8	15	1.9
不清楚	22	5.5	10	1.3
合　计	399	100.0	799	100.0

资料来源：课题组 2012 年抽样调查。

第二节　土地资源管理与生态移民工程

在移民工程中，土地资源的有效管理、公平分配、合理利用是一个既重要又繁杂的问题。其中所涉群体多样，利益关系复杂，既涉及迁入地土地的征用、划拨、开发、建设、安置、补偿，又涉及迁出地土地的调整、治理，无论在迁入地还是迁出地又都同时存在土地流转的问题。作为移民工程的重要推动者，政府主要是加强法规制度建设、土地规划、调控监管等方面的工作，以保障移民工程的有序推进。而作为移民工程的重要利益相关者，迁移人群则更关注土壤质量、公正分配及有效利用。

一　移民工程中居民的土地变化及农业经营

生态移民工程对于居民的农业生产，尤其是迁入群体的农业生产有较大影响，主要表现在以下三个方面。

第一，农业生产经营活动类型的变化。

尽管迁移人群在迁入地仍然以农业生产经营活动为主，但其结构有所变化。如果我们将待迁人群的农业生产经营状况与迁移人群相比，可以发现，迁移人群从事饲养业或畜牧业的比例大幅减少，从事粮食作物生产的比例有所减少，而从事经济作物的比例有所增加，并出现了个别的从事渔业/水产养殖的家庭。调查数据显示，待迁人群中从事饲养业或畜牧业的家庭比例为47.4%，而迁移人群中的这一比例下降为16%；待迁人群中从事粮食作物生产的比例为95.3%，而迁移人群中的这一比例下降为90%；待迁人群中从事经济作物生产的比例为13.8%，而迁移人群中的这一比例上升为14.5%；待迁人群中没有从事渔业/水产养殖业的家庭，而迁移人群中则有0.4%的家庭开始从事渔业/水产养殖业（见表6-9）。

表6-9 目前您家从事下面哪些农业生产经营活动

	待迁人群		迁移人群	
	频数	百分比	频数	百分比
粮食作物	366	95.3	646	90.0
经济作物（指瓜果/烟草/棉油/林木等）	53	13.8	104	14.5
渔业/水产养殖	0	0.0	3	0.4
饲养业或畜牧业	182	47.4	115	16.0

资料来源：课题组2012年抽样调查。

第二，家庭土地类型的变化。

迁移人群家庭拥有的土地类型也发生了变化。主要表现为人均土地面积大幅减少，而水浇地面积大幅增加。迁移人群在其移民前的家庭土地类型与待迁人群相同，家庭人均土地面积均为5亩左右，其中主要是以旱地为主，同时拥有少量的山林。而迁移人群在移民之后，其家庭人均土地面积为1.68亩，其中人均水浇地面积为1.56亩（见表6-10）。

表6-10 移民迁移前后家庭人均土地比较

单位：亩/人

土地类型	待迁人群	迁移人群	
		移民前	移民后
耕地（旱地、水浇地）	4.99	4.91	1.68
其中：水浇地	0.15	0.23	1.56
旱地	4.84	4.68	0.12

续表

土地类型	待迁人群	迁移人群	
		移民前	移民后
山林	0.01	0.19	0.00
其他(鱼塘等)	0.00	0.02	0.00
总　计	5.00	5.12	1.68

资料来源：课题组 2012 年抽样调查。

第三，迁移人群在移民后的土地质量明显提高。

迁移人群在移民后的土地质量较移民前明显提高。迁移人群在移民前的土地质量甚至低于目前的待迁人群的土地质量。调查显示：待迁人群中认为目前的土地质量肥沃的占 13.8%，认为中等的占 55.5%，认为贫瘠的占 30.7%；而迁移人群中认为在移民前其土地质量肥沃的占 11.3%，认为中等的占 28.5%，认为贫瘠的占 60.1%（远远高于目前的待迁人群）。而迁移人群在移民后，认为其土地质量肥沃的占 48.9%，认为中等的占 43.4%，认为贫瘠的占 7.7%（见表6-11）。这表明：首先，移民工程的确做到了优先考虑生态环境恶劣、土壤质量极差的居民实施移民；其次，迁入地的土壤质量远优于迁出地。这为迁移人群在迁入地的安居乐业、脱贫致富奠定了良好的基础，同时也为迁出地改善和恢复生态环境创造了良好的条件。

表 6-11　您家当前的土地质量如何

	待迁人群		迁移人群			
			移民前		移民后	
	频数	百分比	频数	百分比	频数	百分比
肥　沃	55	13.8	89	11.3	361	48.9
中　等	221	55.5	224	28.5	320	43.4
贫　瘠	122	30.7	472	60.1	57	7.7
合　计	398	100.0	785	100.0	738	100.0

移民后，迁移群体家庭人均收入较待迁人群家庭有较大的提高。从家庭人均总收入看，迁移群体为5924元，待迁群体为3044元；从家庭人均农

业经营收入看，迁移群体为 2502 元，待迁群体为 1422 元。迁移群体在移民后由于土壤质量的提高、土壤种类的变化，其农业经营收益得到较为明显的提高。但我们也看到，土壤条件的变化对农业经营者适应能力的提高和生产方式的转变有着一定的要求。相对于迁出地的旱地经营，水浇地对于生产方式、生产技术、品种选择等均有较高的要求，这就需要迁移人群在农业生产中有一个适应期。调查数据显示，尽管早期移民尤其是 1983 年以前的自发移民所拥有的土壤质量较近期移民要差一些，家庭人均耕地面积也略少一些，但早期移民的家庭人均农业经营收入却比近期移民高。就家庭人均农业经营收入来看，1983 年以前的自发移民家庭为 3052 元，1983 年后的"吊庄"移民家庭为 2533 元，1998 年后的"1236"移民家庭为 2790元，而 2001 年后的生态移民家庭则为 2217 元。

二　移民工程中的土地资源使用和管理

为加强移民工程中的土地资源管理，宁夏回族自治区政府把坚持原则性和连续性、体现灵活性和针对性作为制定和完善土地管理制度的指导方针。在法规制度建设方面，建立了一套有关土地置换和权属调整的法规体系；在规划管理方面，强化对重点项目和民生项目用地的保障；在征地、补偿等涉及群众切身利益的工作环节方面，强调"阳光操作"以提高透明度和知晓度；在土地承包经营流转机制方面，以转包、出租、互换、转让、股份合作等多种形式促进土地的有效利用。从调查结果看，这一系列举措有效地保证了移民工程的顺利进行。然而，土地是农民的命根，调查结果显示，生态移民对土地使用和管理的变化高度关注。

第一，在希望承包地保持稳定的同时，迁移人群保留现有土地的意愿较待迁人员强烈。

尽管迁移人群在移民后非农就业的比例有了一定的提高，但农业经营仍是其家庭生产活动的主要内容，因此土地仍是其生活的重要保障。调查数据显示，待迁人群中目前从事农业经营的占 83.8%，迁移人群在移民前从事农业经营的占 85.9%，而在移民后仍有 71.8% 的人从事农业劳动。同时，随着城镇化、工业化进程的推进，土地资源的增值潜力及其对农村居民家庭未来生活的保障作用日益凸显，所以无论是待迁人群还是迁移人群，在对承包地分配使用的政策措施方面均表现出较高的求稳心态。其中，希望维持现有状况，通过土地确权保持永久不变的比例最高，待迁人群和迁移人群中分别有 55.3% 和 55.4% 的人持此态度；其次是希望土地私有，最好是把土地分给农民，以后永不调地，待迁人群和迁移人群中分别有 15.8% 和 25.7% 的人持此态度；再次是希望尽量减少调地次数或是 30 年承包期内不要调整，待迁人群和迁移人群中分别有 15.8% 和 10.8% 的人持此态度；最后是希望定期调整土地的，待迁人群和迁移人群中分别有 13.2% 和 8.1% 的人持此态度。

虽就一般情况来说，人们希望承包地保持稳定不变，但当被问及"土地是否应结合人口增减进行调整"时，待迁人群和迁移人群中分别有 89.5% 和 96.4% 的人表示应该调整（见表 6 - 12）。

表 6 - 12　您认为土地是否应该结合人口增减进行调整

	待迁人群		迁移人群	
	频数	百分比	频数	百分比
应　该	349	89.5	767	96.4
不应该	41	10.5	29	3.6
合　计	390	100.0	796	100.0

资料来源：课题组 2012 年抽样调查。

对于承包地保持稳定的期望是仅就土地调整而言的，而在补偿合理的条件下所表现出的保留现有土地的意愿则是真实反映人们对土地的态度的指标之一。在调查中，当被问及"如果给予足够合理的补偿，您愿意放弃现在的土地吗？"时，待迁人群和迁移人群的看法有所不同。由于待迁人群所承包的土地质量较差、生态环境恶劣，因此 48.6% 的人表示愿意放弃现在的土地，43.2% 的人表示不愿意放弃，8.1% 的人表示无所谓；迁移人群所承包的土地质量及生态环境均较好，因此，61.8% 的人表示不愿意放弃，31.6% 的人表示愿意放弃，6.6% 的人表示无所谓。

第二，从现有土地的来源看，迁入地居民的土地来源趋于多样化。

调查显示，待迁人群中家庭所经营的土地完全来自集体分配，而在迁移人群中有 70.4% 的土地来自集体分配, 同时也有 21.9% 的土地通过购买指标获得, 有 6.4% 的土地以转入方式获得, 有 1.3% 的土地由自己开荒获得 (见表 6 - 13)。与待迁人群家庭相比, 迁移人群家庭的土地来源趋于多样化。

表 6 - 13 目前您家的土地来源于哪种方式

	迁移人群	
	频数	百分比
集体分配	505	70.4
转入	46	6.4
购买指标获得	157	21.9
自己开荒	9	1.3
合 计	717	100.0

资料来源: 课题组 2012 年抽样调查。

第三, 土地分配过程总体上公开、透明、有序。

在土地分配过程中, 86.5% 的待迁人群和 81.1% 的迁移人群表示村里进行了相关的登记或证明, 这在很大程度上保证了分配过程的公开、透明、有序。

因为土地分配过程公开、透明, 所以出现的问题极少。调查显示, 待迁人群中没有出现土地分配问题, 迁移人群中仅有 2.1% 的人表示在土地分配过程中出现过问题。就存在问题的内容看, 主要集中在土地分配不均匀、人口不清、土地肥沃程度不同、土地总数不清等方面 (见表 6 - 14)。除上述客观原因造成的土地分配问题外, 也有一些人为因素导致的问题, 包括买卖移民指标、瞒报指标、越界规划耕地、土地测量偏差等 (见表 6 - 15)。

表 6 - 14 您村在土地分配过程出现哪些问题

	迁移人群	
	频数	百分比
土地总数不清	2	14.3
人口不清	4	28.6

续表

	迁移人群	
	频数	百分比
土地分配不均匀	10	71.4
土地肥沃程度不同	4	28.6
集体土地数据不透明	0	0.0

资料来源：课题组 2012 年抽样调查。

表 6 – 15　您村在土地分配过程中是否还出现以下问题

	迁移人群	
	频数	百分比
瞒报指标	2	28.6
越界规划耕地	2	28.6
买卖移民指标	3	42.9
土地测量偏差	1	14.3

资料来源：课题组 2012 年抽样调查。

　　对于这些在土地分配中出现的问题，迁移人群认为其主要原因是部分村干部谋取私利、土地管理机制不健全和移民时的管理混乱（见表 6 – 16）。从移民的迁移时期来看，早期的自发移民没有土地分配的问题，"吊庄"移民时期土地分配中产生的问题也较少，而 1998 年以后的移民工程中土地分配问题略显集中。因此，对于大规模移民工程而言，除加强法规制度建设和规划管理外，进一步细化操作流程并严格监管是十分必要的。

表 6 – 16　您认为出现这些问题的原因有哪些

	迁移人群	
	频数	百分比
土地管理机制不健全	6	35.3
移民时的管理混乱	5	29.4
部分村干部谋取私利	10	58.8

资料来源：课题组 2012 年抽样调查。

虽然存在极个别的土地分配过程中的问题，但迁移人群表示村子里因此而产生矛盾的情况不多，即使有矛盾也主要是个别人闹事，集体闹事的情况比较少见（见表6－17）。就相关土地分配问题的解决情况看，2/3的问题最终不了了之，而其余的问题则通过村委会协调和上访等渠道得到解决（见表6－18）。总体来看，在宁夏移民工程中，与土地分配有关的问题极少发生，即使发生，其引发矛盾的比例也较低，一些问题也通过调解、上访等方式得到了解决。因此移民工程中的土地分配总体上做到了公开、透明、有序。

表6－17　您村是否因以上问题产生过矛盾

	迁移人群	
	频数	百分比
有, 个别人闹事	4	33.3
有, 集体闹事	2	16.7
没有	6	50.0
合　计	12	100.0

资料来源：课题组2012年抽样调查。

表6－18　上述矛盾是如何解决的

	迁移人群	
	频数	百分比
村委会协调	2	16.7
上　访	1	8.3
私下解决	0	0.0
不了了之	8	66.7
其　他	1	8.3
合　计	12	100.0

资料来源：课题组2012年抽样调查。

从调查结果看，待迁人群和迁移人群中分别有13.1%和10.1%的人表示本村现有留置的机动地。在对留置土地的管理方面，人们主流的意见是转包给个人，待迁人群和迁移人群中分别有74.4%和60.3%的人持此看法。

对于待迁人群来说，所在地区的土地质量较差，因此其居第二位的意见是闲置；而对于迁移人群来说，所在地区有较好的工业发展条件，因此其居第二位的意见是包给企业（见表6-19）。

表6-19　您认为留置的土地该如何管理

	待迁人群		迁移人群	
	频数	百分比	频数	百分比
转包给个人	93	74.4	352	60.3
包给企业	3	2.4	155	26.5
干部自留	4	3.2	5	0.9
闲　置	16	12.8	12	2.1
其　他	9	7.2	60	10.3
合　计	125	100.0	584	100.0

资料来源：课题组2012年抽样调查。

第四，土地流转的情况在待迁人群和迁移人群中均不普遍。

土地流转机制是改革以来家庭承包经营制度的延续和改进，它有利于土地的集约化经营，更好地提高农业经济效益，也为现代农业的顺利推进打下基础。从目前情况看，无论是待迁人群还是迁移人群，其家庭参与土地流转的比例均较低。待迁人群中，8%的人表示目前家庭存在土地流转，迁移人群在搬迁前有2.9%的家庭参与土地流转，而在搬迁后有6.1%的家庭参与土地流转（见表6-20）。从参与流转的情况看，绝大部分属于自愿流转，其中待迁人群和迁移人群分别有93.5%和95.9%属于自愿流转。

表6-20　您家是否存在土地流转

	待迁人群		迁移人群			
			搬迁前		搬迁后	
	频数	百分比	频数	百分比	频数	百分比
是	32	8.0	23	2.9	49	6.1

	待迁人群		迁移人群			
			搬迁前		搬迁后	
	频数	百分比	频数	百分比	频数	百分比
否	368	92.0	777	97.1	749	93.9
合　计	400	100.0	800	100.0	798	100.0

资料来源：课题组 2012 年抽样调查。

（1）从土地流转的主要形式看，转包是最多的土地流转形式，待迁人群和迁移人群中分别有 56.3% 和 62.0% 的家庭采取这一形式；其次是出租，待迁人群和迁移人群中分别有 15.6% 和 18% 的家庭采取这一形式；土地流转中的"其他"形式包括赠予、购买、承包等，其在待迁人群和迁移人群中所占的比例分别达到 25% 和 16%（见表 6-21）。

表 6-21　现阶段您家主要进行哪种形式的土地流转

	待迁人群		迁移人群	
	频数	百分比	频数	百分比
转　包	18	56.3	31	62.0
出　租	5	15.6	9	18.0
互　换	1	3.1	2	4.0
其　他	8	25.0	8	16.0
合　计	32	100.0	50	100.0

资料来源：课题组 2012 年抽样调查。

（2）从土地流转的规模看，主要以 6—10 亩为主。待迁人群由于其所在地区耕地面积较大，因此其土地流转规模比迁移人群要大。待迁人群中 50.1% 的家庭其土地流转面积在 11 亩以上，迁移人群中在搬迁前有 43.5% 的家庭其土地流转面积在 11 亩以上，而在搬迁后则有 28.6% 的家庭其土地流转面积在 11 亩以上（见表 6-22）。这表明在迁出地由于可供流转的土地面积较大，因此进行流转的家庭中实际流转的土地规模较大。

　　但从家庭中进行流转的土地在其家庭现有土地总数中所占的比例来看,迁移人群由于现有耕地面积相对较少,同时非农就业渠道较多,因此进行土地流转的家庭中,将绝大部分土地甚至全部土地参与流转的比例较待迁人群高。数据显示:待迁人群进行土地流转的家庭中,有 37.5% 的家庭将其绝大部分甚至全部土地参与流转;而迁移人群中的这一比例为 53.1%。这表明,参与土地流转的迁移人群家庭中有半数以上不从事或很少从事农业经营。

表 6 – 22　您家土地流转的亩数是多少

	待迁人群		迁移人群			
			搬迁前		搬迁后	
	频数	百分比	频数	百分比	频数	百分比
1—5 亩	6	18.8	8	34.8	14	28.6
6—10 亩	10	31.3	5	21.7	21	42.9
11—15 亩	6	18.8	6	26.1	10	20.4
16—20 亩	4	12.5	2	8.7	2	4.1
20 亩以上	6	18.8	2	8.7	2	4.1
合　计	32	100.0	23	100.0	49	100.0

资料来源:课题组 2012 年抽样调查。

　　(3) 从土地流转的价格看,迁出地的流转价格相对较低,近期移民的流转价格相对较高。在待迁人群中,40.6% 的流转价格在每亩 200 元以下,同时有 31.3% 的人表示"其他",即不要钱;迁移人群在搬迁前流转价格也较低,57.2% 的流转价格在每亩 200 元以内,同时有 19% 的人表示"其他",即不要钱;而迁移人群在迁移后,其流转价格提高幅度较大,40.8% 的流转价格在每亩 500 元以上,同时有 36.7% 的人表示"其他",即每亩价格在 1000 元到 5000 元 (见表 6 – 23)。迁入地土质较好,同时数量较少,使得其土地流转价格远远高于迁出地。

表 6-23　您家土地流转的价格是多少

| | 待迁人群 | | 迁移人群 | | | |
| | | | 搬迁前 | | 搬迁后 | |
	频数	百分比	频数	百分比	频数	百分比
100 元/亩以内	8	25.0	9	42.9	0	0.0
100—200 元/亩	5	15.6	3	14.3	7	14.3
201—300 元/亩	2	6.3	1	4.8	3	6.1
301—500 元/亩	5	15.6	0	0.0	1	2.0
501—700 元/亩	2	6.3	0	0.0	6	12.2
700 元/亩以上	0	0.0	4	19.0	14	28.6
其　他	10	31.3	4	19.0	18	36.7
合　计	32	100.0	21	100.0	49	100.0

资料来源：课题组 2012 年抽样调查。

从不同时期的迁移情况看，1998 年以来的迁移人群中不仅进行土地流转的家庭数量较以往多，而且其流转价格也呈现上升趋势。"吊庄"移民时期的家庭中目前进行土地流转的价格 60% 在每亩 300 元以下；"1236"移民时期的家庭中目前进行土地流转的价格 47.1% 在每亩 700—1000 元，有 29.4% 在 1000 元以上；而生态移民时期的家庭中目前进行土地流转的价格 18.5% 在每亩 700—1000 元，有 48.1% 在 1000 元以上。

（4）从土地流转的期限看，待迁人群进行土地流转的期限较短，58.1% 的期限在 5 年以下；而迁移人群进行土地流转的期限较长，50% 的期限在 10 年以上（见表 6-24）。

表 6-24　您家土地流转的期限有多长

| | 待迁人群 | | 迁移人群 | |
	频数	百分比	频数	百分比
1—2 年	12	38.7	16	33.3
3—5 年	6	19.4	4	8.3
6—8 年	2	6.5	4	8.3

续表

	待迁人群		迁移人群	
	频数	百分比	频数	百分比
9—10 年	2	6.5	0	0.0
10 年以上	9	29.0	24	50.0
合　计	31	100.0	48	100.0

资料来源：课题组 2012 年抽样调查。

（5）从土地流转的原因看，"土地太少，耕作不成规模"是最主要的原因，待迁人群和迁移人群中分别有 82.8% 和 64.6% 的人持此看法（见表 6 - 25）。与待迁人群相比，迁移人群进行土地流转的原因较为多样化，土地耕种成本高、家庭劳动力少、举家搬迁到城市等原因的比例均高于待迁人群，另外由于移民安置过程中部分耕地尚未落实，因此个别农户也以流转方式先解决土地问题。

表 6 – 25　您家进行土地流转的主要原因是什么

	待迁人群		迁移人群	
	频数	百分比	频数	百分比
土地耕种的成本较高	1	3.4	6	12.5
家庭劳动力较少	2	6.9	4	8.3
土地太少,耕作不成规模	24	82.8	31	64.6
举家搬迁到城市	0	0.0	1	2.1
其　他	2	6.9	6	12.5
合　计	29	100.0	48	100.0

资料来源：课题组 2012 年抽样调查。

（6）从土地流转方式看，以个人流转为主，无论是待迁人群还是迁移人群均有 95% 左右的人表示本村的土地流转是以个人流转方式进行的。大多数人也认为以个人流转方式进行土地流转较为合理，待迁人群和迁移人群中，分别有 87.7% 和 76.4% 的人认为个人流转方式更为合理（见表 6 – 26）。值得注意的是，迁移人群中有 17% 的人认为集体流转方式更为合理，其原

因可能是迁入地土地增值较大，流转形式多样，个人流转中因流转行为不
规范所造成的利益风险较高，因此迁移人群较待迁人群略多地希望以集体
流转方式加强流转管理、规范流转行为、规避流转风险、保障流转收益。

表6-26　您认为哪种流转方式更为合理

	待迁人群		迁移人群	
	频数	百分比	频数	百分比
个人流转	321	87.7	588	76.4
集体流转	27	7.4	131	17.0
其　他	18	4.9	51	6.6
合　计	366	100.0	770	100.0

资料来源：课题组2012年抽样调查。

（7）从对土地流转现象的评价看，人们的态度相对复杂。虽然认为土
地流转合理的比例较高，待迁人群和迁移人群中分别有42.9%和34.7%的
人持此态度，但更多的人则表示说不清，在两类人群中分别占45.2%和
55.9%，同时有11.9%的待迁人群和9.4%的迁移人群认为不合理（见表
6-27）。尽管土地流转机制为解决土地集约经营开辟了一条道路，但人们
在目前的情况下仍不知道这条道路会通向哪里。目前在全国范围内土地流
转也只是初步推行，参与流转的耕地面积占全国耕地面积的比例为15%左
右。因此对于仍主要依靠土地为最终保障的农村居民来说，比较土地流转
可能带来的收益和风险还不是一件容易的事情。

表6-27　您认为土地流转现象是否合理

	待迁人群		迁移人群	
	频数	百分比	频数	百分比
是	169	42.9	276	34.7
否	47	11.9	75	9.4
说不清	178	45.2	445	55.9
合　计	394	100.0	796	100.0

资料来源：课题组2012年抽样调查。

　　就土地流转合理的原因看，可以提高农民收入和有利于提高土地的效益列前两位，且高于有利于建设社会主义新农村和有利于农村地区的经济繁荣这两项原因（见表6-28）。待迁人群中对土地流转持积极评价的比例高于迁移人群。处在土壤贫瘠、生态恶化环境中的待迁人群对现有土地的价值有着明确的认识，在低价值、低效益的情况下，其土地流转风险也相应较小；而处于土壤肥沃、生态良好，同时又有较好农业设施及交通条件环境中的迁移人群，则对土地流转的态度相对谨慎。这在人们对土地流转不合理原因的陈述中可以体现。待迁人群中45.1%的人认为土地流转易产生土地纠纷、43.1%的人认为土地流转过程混乱；迁移人群中53.6%的人认为土地流转造成部分土地资源浪费、51.2%的人认为土地流转易产生土地纠纷、40.5%的人认为不利于提高土地的效益、39.3%的人认为土地流转过程混乱（见表6-29）。可见，除认为"土地流转过程混乱"这一比例略低于待迁人群外，迁移人群认为土地流转现象不合理的各种原因所占的比例中均高于待迁人群。与仅重视土地流转中的管理风险的待迁人群相比，迁移人群还更多地顾虑土地流转后的效益问题。

表6-28　您认为土地流转现象合理的原因有哪些

	待迁人群		迁移人群	
	频数	百分比	频数	百分比
可以提高农民收入	142	84.0	211	77.9
有利于建设社会主义新农村	51	30.2	40	14.8
有利于提高土地的效益	132	78.1	165	60.9
有利于农村地区的经济繁荣	34	20.1	31	11.4

　　资料来源：课题组2012年抽样调查。

表6-29　您认为土地流转现象不合理的原因有哪些

	待迁人群		迁移人群	
	频数	百分比	频数	百分比
造成部分土地资源浪费	7	13.7	45	53.6
不利于提高土地的效益	13	25.5	34	40.5

续表

	待迁人群		迁移人群	
	频数	百分比	频数	百分比
易产生土地纠纷	23	45.1	43	51.2
土地流转过程混乱	22	43.1	33	39.3

资料来源：课题组 2012 年抽样调查。

（8）从土地流转管理看，待迁人群和迁移人群中分别有 81% 和 58.5% 的人表示现在所在的乡镇没有建立土地流转交易服务中心，还有 16% 的待迁人群和 33% 的迁移人群表示不清楚，仅 3% 的待迁人群和 8.5% 的迁移人群表示有土地流转交易服务中心（见表 6 - 30）。

表 6 - 30　您现在所在的乡镇有没有土地流转交易服务中心

	待迁人群		迁移人群	
	频数	百分比	频数	百分比
有	12	3.0	68	8.5
没有	323	81.0	467	58.5
不清楚	64	16.0	263	33.0
合　计	399	100.0	798	100.0

资料来源：课题组 2012 年抽样调查。

在调查中人们对加强土地流转方面的管理有所期待。迁移人群对此的愿望更为强烈，60.3% 的迁移人群认为应该对土地流转进行管理，而待迁人群中的这一比例为 48.4%；有 25.4% 的迁移人群和 33.2% 的待迁人群认为不应该；另有 14.3% 的迁移人群和 18.5% 的待迁人群表示无所谓（见表 6 - 31）。

表 6 - 31　您认为应不应该对土地流转进行管理

	待迁人群		迁移人群	
	频数	百分比	频数	百分比
应　该	191	48.4	477	60.3
不应该	131	33.2	201	25.4

续表

	待迁人群		迁移人群	
	频数	百分比	频数	百分比
无所谓	73	18.5	113	14.3
合　计	395	100.0	791	100.0

资料来源：课题组 2012 年抽样调查。

就应该加强对土地流转进行管理的原因看，在迁移人群和待迁人群中，回答可以提高土地的使用效率、可以提高农民收入、可以保证农民的合法权益、可以规范土地流转、使集体的利益最大化等选项列前五位（见表 6 - 32）。

表 6 - 32　您认为应该对土地流转进行管理的原因有哪些

	待迁人群		迁移人群	
	频数	百分比	频数	百分比
可以提高农民收入	150	69.1	318	58.7
可以提高土地的使用效率	151	69.6	325	60.0
可以保证农民的合法权益	115	53.0	295	54.4
可以规范土地流转	74	34.1	177	32.7
使集体的利益最大化	65	30.0	84	15.5
可以减少土地纠纷	33	15.2	83	15.3

资料来源：课题组 2012 年抽样调查。

就目前土地流转管理的情况看，待迁人群表示现在主要是由参与土地流转的双方在进行管理，还有 34.4% 的人表示不清楚，而认为目前由村委会管理的比例仅占 12.1%（见表 6 - 33）。而迁移人群中有 68.2% 的人表示应该由村委会对土地流转进行管理，而认为不应该的比例仅占 13.4%，还有 18.4% 的人表示无所谓（见表 6 - 34）。显然，迁移人群希望村委会能更多地参与对土地流转的管理。

表 6－33　您知道谁在管理土地流转吗

	待迁人群	
	频数	百分比
村委会	38	12.1
参与土地流转的双方	168	53.5
其他	108	34.4
合　计	314	100.0

资料来源：课题组 2012 年抽样调查。

表 6－34　您认为村委会应不应该对土地流转进行管理

	迁移人群	
	频数	百分比
应　该	530	68.2
不应该	104	13.4
无所谓	143	18.4
合　计	777	100.0

资料来源：课题组 2012 年抽样调查。

第五，迁移人群在迁出地的土地大部分用于生态恢复工程。

按照宁夏回族自治区政府的政策，生态移民迁出区的土地收归国有，由属地县（区）加强管理，采取禁牧和封育措施，恢复林草植被，改善生态环境。调查中，71.4% 的迁移人群表示其在迁出地遗留的土地全部用于退耕还林等生态恢复工程，还有 28.6% 的人表示没有用于生态恢复工程。

就生态恢复用地的管理看，表 6－35 显示，迁移人群中 63.3% 的人回答由村上管理，12.2% 的人回答承包给个人，而回答由所在县/区、乡/镇管理的比例仅为 11.8%，说明迁移人群对于迁出地的土地管理工作了解不多。同时，在被问及"您认为生态恢复用地应该以何种方式管理"时，54.6%的迁移人群认为应由个人承包管理，政府补贴；33.8% 的人认为应该由村上管理，村级以上单位给予指导和经费；仅 9.3% 的人认为应该由村级以上单位管理（见表 6－36）。

表 6 – 35　您搬迁后，您村生态恢复用地由谁来管理

	迁移人群	
	频数	百分比
承包给个人	95	12.2
村　上	491	63.3
乡/镇	70	9.0
县/区	22	2.8
市	0	0.0
省	1	0.1
其　他	97	12.5
合　计	776	100.0

资料来源：课题组 2012 年抽样调查。

表 6 – 36　您认为生态恢复用地应该以何种方式管理

	迁移人群	
	频数	百分比
个人承包管理,政府补贴	429	54.6
村上管理,村级以上单位给予指导和经费	265	33.8
由村级以上单位管理	73	9.3
其　他	18	2.3
合　计	785	100.0

资料来源：课题组 2012 年抽样调查。

第三节　水资源管理与生态移民工程

　　水资源问题在宁夏生态移民工程中居于首要位置。宁夏中南部山区降水少且年内降水量分布不均匀，同时蒸发量大；而区域内的河流也呈现径流小、水质差、间歇性等特点。因此在迁出地，水资源匮乏对居民的生产生活带来很大不便，也严重影响了当地生态环境的改善。因此，宁夏回族

自治区政府在制定生态移民工程规划时，就把"水源、生态、开发、特色、转移"等作为重点，其中水源列在首位，同时确定了"人随水走，水随人流"的思路，并优先将居住在偏远分散、生态失衡、干旱缺水地区的贫困人口搬迁到有水、靠路、近城的地方。可以说，围绕水资源展开生态移民工程是一个极为重要的部署。总体来看，经过生态移民工程，水资源的供给问题得到初步解决，迁移人群关心的主要问题是进一步改善农业灌溉条件、适当降低用水成本等。

第一，从移民工程的实施情况看，水资源匮乏的问题初步得到解决。

数据显示，迁移人群中70.8%的人表示"现有水资源充足，能够满足生产生活的需要"，有25.8%的人表示"水资源不足，不能满足生产生活需要"，仅2.5%的人表示"水资源匮乏，生产生活很困难"；待迁人群中，36.0%的人认为水资源充足，39.5%的人认为水资源不足，23.8%的人表示水资源匮乏（见表6-37）。可见，移民工程在很大程度上缓解了居民的生产生活用水问题。但值得注意的是，从移民时期看，1998年以前的移民对现有水资源的情况反映很好，96%以上的移民认为水资源充足；但1998年以后的移民对现有水资源情况表示满意的比例略低，"1236"时期移民中认为水资源充足的比例为69.5%，而生态移民工程时期移民中认为水资源充足的比例为46.3%，在2001年以后的移民中有48.8%的人表示现有水资源不足。从相关移民安置的调研报告中我们了解到，"水利骨干工程和农田水利配套工程进展缓慢直接影响了移民安置工程的基础设施建设进度，加之供电、供水、学校等配套不及时，使移民有地无法种、有房无法住，移民两头跑，影响了移民到位和定居"（宁夏区发展改革委地区处，2007）。因此，进一步加快相关水利工程建设，保障移民定居安居是当务之急。

表6-37　您对现有水资源的评价是怎样的

	待迁人群		迁移人群	
	频数	百分比	频数	百分比
水资源充足,能够满足生产生活需要	144	36.0	566	70.8

续表

	待迁人群		迁移人群	
	频数	百分比	频数	百分比
水资源不足,不能满足生产生活需要	158	39.5	206	25.8
水资源匮乏,生产生活很困难	95	23.8	20	2.5
其　他	3	0.8	8	1.0
合　计	400	100.0	800	100.0

资料来源：课题组 2012 年抽样调查。

第二，移民对进一步解决农业用水问题有着较大的期望。

从表 6－38 所显示的调查结果看，待迁人群目前在水资源方面面临的主要问题是水源，80.8% 的待迁人群希望政府在解决水源方面多下功夫，其次是改进灌溉方式和改善灌溉设施；而在迁移人群中，改进灌溉方式和改善灌溉设施成为主要问题，相对待迁人群来说其水源问题初步得到缓和。

表 6－38　现阶段您对政府在农业用水方面的希望

	待迁人群		迁移人群	
	频数	百分比	频数	百分比
解决水源问题	295	80.8	290	40.2
改进灌溉方式	195	53.4	411	57.0
改善灌溉设施	144	39.5	410	56.9

资料来源：课题组 2012 年抽样调查。

从移民时期看，1983 年以前的移民对改进灌溉方式最为关注，81.8% 的人希望政府加强这方面的工作，他们对解决水源问题的要求并不高；而 1998 年以后的移民对于解决水源问题、改进灌溉方式、改善灌溉设施方面的需求都较高，尤其是 2001 年以后的移民对水源问题呼声最高，有 56.3% 的人希望政府解决水源问题（见表 6－39）。

表 6 - 39　不同年代移民对现阶段政府在农业用水方面的希望

单位:%

	移民年代			
	1983 年以前	1983—1997 年	1998—2000 年	2001—2012 年
解决水源问题	27.3	20.1	44.3	56.3
改进灌溉方式	81.8	65.2	54.7	50.2
改善灌溉设施	54.5	65.2	53.2	52.1

资料来源:课题组 2012 年抽样调查。

第三,调整农业用水价格是部分移民的愿望。

对于迁移人群来说,离开干旱少雨的迁出地在迁入地定居,不仅是居住环境的改善,更是农业生产方式的改变,以往粗放的靠天吃饭的经营方式转变为集约化的经营方式。配套设施滞后、管理经验不足、灌溉技术落后等多种原因,导致用水超标现象严重。为节约用水,管理部门通过编制用水计划、核定用水指标等措施加强管理,同时改进灌溉技术、设施,但这也增加了农户总的用水成本。因此,人们对于农业用水价格的敏感程度较高。调查显示,迁移人群中,有 44.8% 的人认为现在的农业用水收费合理,但也有 40.3% 的人认为不合理,同时有 14.9% 的人表示说不清(见表6 - 40)。从农业用水收费需要改进的方面来看,91.8% 的人认为是价格,6.6% 的人认为是计费方式(见表 6 - 41)。

表 6 - 40　您认为现在的农业用水收费是否合理

	迁移人群	
	频数	百分比
合　理	357	44.8
不合理	321	40.3
说不清	119	14.9
合　计	797	100.0

资料来源:课题组 2012 年抽样调查。

表 6 - 41 您认为现在的农业用水收费在哪些方面需要改善

	迁移人群	
	频数	百分比
计费方式	21	6.6
价 格	293	91.8
不需要	1	0.3
其 他	4	1.3
合 计	319	100.0

资料来源：课题组 2012 年抽样调查。

就计价方式而言，待迁人群和迁移人群中大多认为应以支渠进水口为计量点计价，其比例分别为 40.1% 和 52.4%；而迁移人群中也有 33.3% 的人表示应以干渠直开口为计量点计价（见表 6 - 42）。

表 6 - 42 您认为现在的农业用水计费方式应采取哪一种

	待迁人群		迁移人群	
	频数	百分比	频数	百分比
以干渠直开口为计量点计价	9	5.4	7	33.3
以支渠进水口为计量点计价	67	40.1	11	52.4
不清楚	91	54.5	3	14.3
合 计	167	100.0	21	100.0

资料来源：课题组 2012 年抽样调查。

就农业用水的价格而言，迁移人群中 34.4% 的人希望每立方米 10 分左右，超定额加价每立方米不超过 2 分。从整体定价标准看，人们的意见较为分散，有一部分希望按限量定价、超量加价的方式，也有的希望单纯以每立方、每小时、每亩等标准定价，因此选择"其他"选项的比例较高（见表 6 - 43）。

表 6 – 43　您认为现在的农业用水价格应维持在哪一水平

	待迁人群		迁移人群	
	频数	百分比	频数	百分比
每立方米 10 分左右,超定额加价每立方米不超过 2 分	9	7.1	96	34.4
每立方米 10 分左右,超定额加价每立方米不超过 5 分	13	10.2	47	16.8
每立方米 12 分左右,超定额加价每立方米不超过 2 分	7	5.5	8	2.9
每立方米 12 分左右,超定额加价每立方米不超过 2 分	3	2.4	7	2.5
其　他	95	74.8	121	43.4
合　计	127	100.0	279	100.0

资料来源：课题组 2012 年抽样调查。

　　第四，形成良好的节水习惯是充分利用水资源的根本。

　　调查中我们也问及居民日常生活中是否会"一水多用"。结果显示，待迁人群和迁移人群中均有一半左右的人表示会"一水多用"，但待迁人群和迁移人群中仍有 37.8% 和 25.9% 的人表示没有"一水多用"，另有 12.5% 和 23.9% 的人表示偶尔会"一水多用"（见表 6 – 44）。可见，尽管当地水资源紧张，水价较高，但居民在日常生活中能够做到"一水多用"的比例并不是很高。因此，形成与改善和恢复生态环境相适应的日常用水习惯，是人们充分利用水资源的根本。

表 6 – 44　您在用水上是否会"一水多用"

	待迁人群		迁移人群	
	频数	百分比	频数	百分比
是	199	49.8	401	50.2
否	151	37.8	207	25.9
偶尔	50	12.5	191	23.9
合　计	400	100.0	799	100.0

资料来源：课题组 2012 年抽样调查。

　　综上所述，目前的生态移民工程在普及生态环境保护意识、改善居民生活生产的生态环境、提高农业经营的土地使用效率、合理利用水资源等方面发挥着较大的作用。人们对于生态环境保护意识的提高，不仅有助于目前生态移民工程的顺利开展，也为今后彻底改善和恢复宁夏生态环境状况奠定了基础；居民生活生产所依赖的生态环境状况的好转，也有效地促进了迁出地和迁入地居民生活生产条件的改善，对居民收入提高、农业生产经营方式转变提供了良好的条件；农业土地经营使用效率的提高，改变了人们长期以来靠天吃饭的传统生产方式，为发展集约、高效的现代农业开拓了极大的发展空间；而合理利用水资源，则在根本上解决了长期困扰宁夏中南部地区居民缺水的状况，为稳定人们的生活生产消除了最大的隐患。这一系列有关生态环境的变化，均为今后生态移民工程的继续实施和生态环境的进一步改善创造了可持续发展的条件。

　　但同时我们也应该看到，生态环境问题的解决并非一蹴而就，一个问题的解决往往又面临新的问题的开始。迁移人群在迁入地摆脱了以往生态环境恶化所带来的贫困状态，但同时又面临固体废弃物污染、水污染等发展过程必然面临的生态环境问题。随着生态移民工程的实施，迁入地人口规模将继续扩大，其人口密度也会进一步提高，随之而来的发展过程中的生态环境问题有可能进一步显性化。因此，如果我们把原来困扰迁出地居民生活的水土流失、植被减少等视为自然生态环境问题的话，那么今后在迁入地因人口进一步聚集和相关配套设施不完备等引发的发展性生态环境问题有可能成为关注的焦点。从目前看，相关生态环境改善和恢复政策措施，更多地体现在对迁出地的治理方面，而对迁入地今后可能面临的新的生态环境问题重视不够。要使生态移民工程充分体现可持续发展的原则，就有必要整体考虑迁出地与迁入地生态环境的保护、改善和恢复，以避免使生态移民工程在解决原有生态环境问题后，又陷入新的无法摆脱的生态环境问题之中。另外，从迁出地和迁入地居民的反映看，沙尘暴是人们都明显感受到的生态环境问题，而对于这一问题的解决，仍需要在更大的范围内寻求改善的办法。

　　在土地资源方面，迁入地肥沃的土地有效地解决了迁移人群的生计问题，使他们获得了进一步改善生活条件的基础和平台。但同时，迁移人群在迁入地对新的农业生产方式的适应时间相对较长，影响了其家庭农业经营收入的迅速提高，而土地流转规模相对较小，也使得现代集约化农业的发展有些缓慢。其中，因土地流转管理缺失造成的人们对土地流转风险意识的上升，严重阻碍着土地流转的规模及进程。而迁入地土地价值的提升，更强化了迁移人群对土地流转的谨慎态度。由此可以看出，在生态移民安置的土地政策方面，还应该加强对迁入地土地流转的管理工作，充分利用人们对村民自治组织在土地流转管理方面的较高信任，探索以村委会协调管理为基础、以个人流转为前提、多种土地流转形式并存的土地流转体制，在最大限度地保护人们的土地流转收益的同时，推进农村土地的规模化、集约化经营，消除人们对土地流转的顾虑。这不仅有助于更好地发展现代农业，也有助于推进迁入地的工业化和城镇化发展。

在水资源方面，依托大型水利灌溉设施，迁入地有效地解决了迁移人群以往面临的水资源短缺问题，为改善其生活生产提供了保障。但同时，农业生产经营中存在的用水量大、用水成本高、相关节水技术尚未被人们掌握、改进节水技术设备所需费用较大等问题，依然是影响迁移人群生活生产的主要问题，加之部分地区水利配套设施尚未完成，也对人们的生活生产造成了一定的困难。从目前看，解决这一问题的主要办法是发展特色农业，通过选择节水、高效的经济作物品种以缓解农业生产经营对水资源的大量需求。而这就需要当地政府在产业规划布局、生产技术培训、生产资金供给等方面加大扶持的力度。

从以上情况看，通过移民工程的实施，目前迁移人群的生活生产条件得到了明显的改善，摆脱贫困、解决温饱已不再是他们面临的主要问题。但在其迁入地生态环境较好的情况下，由于小规模农业经营和缺乏外出务工意愿，迁移人群在移民之后减弱继续发展的动力。因此，形成居民生活提高、区域经济提升与生态环境改善相协调的发展格局是生态移民工程所希望的可持续发展的基础，而人们在这一过程中始终保持发展的意愿则是其可持续发展的根本动力。

第七章

宁夏生态移民区
群体性矛盾处理：红寺堡案例

    2010 年第六次全国人口普查数据显示，宁夏吴忠市红寺堡区回族人口为 100269 人，占 60.76%，是典型的回族聚居区，开发建设十多年来，经济社会各项事业取得了显著成效，正在把来自宁夏南部贫困山区近 20 万移民群众脱贫致富的梦想变成现实。但是，处在社会转型期的红寺堡同样面临因各种不同诉求而导致的社会管理难题，较之其他地区而言，红寺堡移民自身的特殊性，进一步加大了社会管理的难度，曾一度出现矛盾纠纷多如牛毛、困难问题堆积如山的严峻形势。不可避免地，群体性矛盾作为一般矛盾激化的产物也时有发生，是影响社会和谐的重大不稳定因素，成为冲击和干扰当地正常的生活秩序和社会治安的重大隐患。红寺堡区秉着化解社会矛盾、应对社会风险、保持社会稳定的原则，通过不断创新社会管理方式与方法，逐渐积累了预防和化解群体性矛盾的典型经验，有效抑制了群体性事件的发生。本章在对红寺堡区群体性矛盾综合调查（包括对当事人进行深度访谈和走访有关部门并做部分样本问卷）的基础上，深入挖掘群体性矛盾的成因，探究处置群体性矛盾中的不足，并提出切实有效的对策措施，积极防范、妥善化解，维护当地社会稳定和经济发展，为少数民族移民区社会管理创新提供示范案例。

第一节　红寺堡移民区的基本情况

宁夏吴忠市红寺堡区是全国最大的生态移民扶贫区。目前，全区已开发水浇地 50 万亩，搬迁安置宁夏南部山区贫困群众近 20 万人，其中回族人口占 60% 以上。行政区划总面积 2767 平方公里，现辖 4 个乡镇、55 个行政村和 2 个城镇社区。作为全国最大的生态移民区，红寺堡的移民情况既与其他地区有着共同之处，又有不同于它们的特殊性。

一　移民来源的多样性

1999 年以来，大批回汉群众陆续从宁夏南部山区的原州区、隆德县、西吉县、海原县、泾源县、彭阳县、同心县等县区，以及中宁县的部分乡镇搬迁至红寺堡。搬迁本着"群众自愿、分散搬迁"的原则进行，并没有采取成建制规模的"整村搬迁"方式。所以，在移民安置过程中出现了同一村落的居民来自不同迁出地、不同民族的居民比邻而居的情况，呈现混杂居住的格局。随着红寺堡经济社会条件的改善，除政策移民外，大批迁出地区以外的群众以投亲靠友等方式自发搬迁至红寺堡，以"插花"的形式分居在各个村落。搬迁后，移民脱离了原来的熟人社会，原来相对稳定的社会网络瓦解了，在新的环境中，移民成为独立自主的个体，移民之间成为陌生人，彼此间建立起关系与信任并不容易。

二　民族构成的二元性

在红寺堡，民族的二元结构依然存在，但主要表现为汉族与回族的二元结构。2000 年第五次全国人口普查数据显示：红寺堡区汉族人口为 31306 人，占 38.90%；回族人口为 49142 人，占 61.07%；其他少数民族人口为 25 人，占 0.03%。2010 年第六次全国人口普查数据显示：汉族人口为 64547 人，占 39.12%；回族人口为 100269 人，占 60.76%；其他少数民族人口为 200 人，占 0.12%（见图 7-1）。可见，十年来，红寺堡回汉民族二元结构未发生大的改变，更重要的是，回汉两族都有着相当的人口规模。在这种情况下，民族成员身份的认同被强化，民族内部的交往多于与外部的交往，这不利于回汉两族关系的发展。

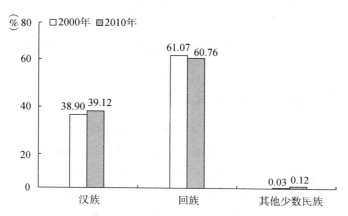

图 7 - 1 2000 年与 2010 年红寺堡区民族构成比例

三 经济发展的滞后性

开发初期，移民年人均收入仅几百元。经过十多年阶梯式的渐进发展，至 2011 年，红寺堡区年人均收入达到 4027 元，群众的收入水平实现了量的突破，生产生活方式也发生了质的转变。但从整体来看，与宁夏平均水平相比仍有较大差距（见图 7 - 2）。红寺堡与宁夏及全国其他地区相比，经济发展水平较低，地区内部也呈现经济发展不平衡的格局。这种经济发展水

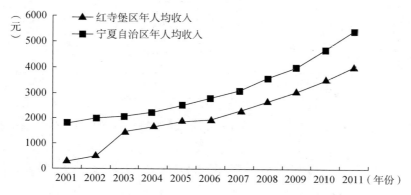

图 7 - 2 2001—2011 年红寺堡区与宁夏回族自治区年人均收入对比

平的相对滞后性以及利益差别的明显性，导致一些群众价值体系紊乱，产生"相对被剥夺感"，容易引发对他人或政府的不满。

第二节　红寺堡区群体性矛盾的类型和特征

一　群体性矛盾类型

结合红寺堡区群体性矛盾，我们在进行大规模实地调查后，做出相关模型进行分析说明。紧密型组织结构是我们对应有机结构体，为分析红寺堡区群体性矛盾而探索出的分析模型。其含义是，在群体性矛盾中，由某种诱因导致参与主体之间发生某种表现形式的对抗，其发生具有一定规模，参与主体各方是有机地联系在一起的具有后续力量的凝聚体，凝聚力和号召力是较为持久的，参与是自愿的，本质是紧密的。紧密型组织结构就是要说明，一定规模的参与主体是某种目的的群体性延伸，长久的号召力、真实的凝聚力，让矛盾因参与主体的群体性目的而持久反复地发生。

根据红寺堡区群体性矛盾的发生根源，我们将其主要分为三类：利益性群体矛盾、民族性群体矛盾和宗教性群体矛盾（见图 7 - 3）。

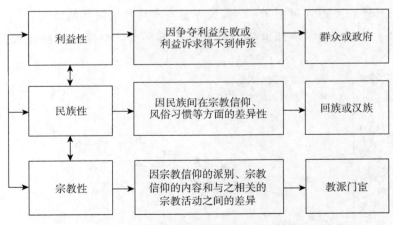

图 7 - 3　红寺堡区群体性矛盾的类型

1. 利益性群体矛盾

主要表现为参与主体的一方因争夺利益失败或利益诉求得不到伸张而

产生不满情绪所引发的矛盾，参与主体既有利益相关群众，也有政府部门。涉及政府部门的此类矛盾，通常是因为群众利益受损时政府处置不当，或政府存在重大决策失误导致群众利益受损，利益相关群众通常会采取非正常途径，例如静坐、游行示威，甚至冲击政府部门等手段，向政府施加压力来谋求利益满足。红寺堡区至今未发生群众暴力冲击政府的事件。

2. 民族性群体矛盾

参与主体主要是回汉两族群众，在共同的生活地域内，长期的交往过程中，因民族间在宗教信仰、风俗习惯等方面的差异而产生一些矛盾和纠纷，甚至伴有械斗和伤亡。

3. 宗教性群体矛盾

这类矛盾是指发生在宗教内部，因宗教信仰的派别、宗教信仰的内容和与之相关的宗教活动之间的差异而引发的群体性矛盾。红寺堡伊斯兰教教派门宦林立，在较大的村落，会同时并立几大教派门宦，往往因为上寺等宗教活动而发生群体性矛盾，参与人数众多。

利益性群体矛盾在所有类型中所占比例最大。但近年来，群体性矛盾发生批次和涉及人数都呈下降趋势，矛盾影响范围逐渐减小，可控性逐渐增强。主要原因在于，红寺堡区针对群体性矛盾的高发，相继出台了一系列对策措施，加强了社会管理。

二 群体性矛盾特征分析

红寺堡群体性矛盾除一般群体性矛盾具备的群体性、组织性、破坏性等特征外，还具有以下突出特征。

1. 表现形式上民族性突出

红寺堡的回汉及其他各民族都有各自独特的民族意识及民族习俗，在政治、经济，特别是文化、生活方面存在较大差异。当地群体性矛盾多以少数民族群众为主，以利益冲突、民族关系、风俗习惯等为导火线，进而引发民族性很强的群体性矛盾。虽然经过十多年的接触与磨合，社会网络格局正被重新构建，但区域内的社会网络关系仍未达高度整合和深度契合的状态。隔离的居住格局，较低的族际通婚率，文化的不相适应，族际认知的缺乏，时刻影响着红寺堡区民族关系的正常发展，因民族问题而引发的群体性矛盾仍然不容忽视。

2. 表现方式温和，内部矛盾呈非对抗性

多数被访者都有这样的观点："我们的利益受到侵害，不理亏，我们去找利益既得者，是去讲理的，不是去打架的。即使给他人造成伤害，那也是极少数人不理智行为的后果，并非我们所愿。"事实也是如此，红寺堡群体性矛盾的发生在整体上呈现较为温和的表现方式，并没有出现"打、砸、抢、烧"及冲击政府部门的过激现象。另外，红寺堡地处西北内陆，并不像新疆、西藏等边疆地区那样存在国外敌对势力的干预。所以，本质上这是在根本利益一致基础上的人民内部矛盾，群体性矛盾的发生是人民内部矛盾激化的表现，是非对抗性的矛盾。

3. 诱导因素多样，矛盾类型复杂

群体性矛盾的诱因不仅包括现实中经济利益的分配不均、政治诉求的难以伸张，还包括民族地区历史及文化传统因素、民族宗教因素等。对于占红寺堡人口绝对主体的回汉两族群众来说，历史上回汉矛盾的深刻记忆仍在人们的心理上产生了一定的隔阂与偏见，进一步导致群体性矛盾的发生。而且，诱因多样使矛盾类型更加复杂，社会转型下价值观念的多元化、社会文化分化加速同民族的向心力等因素交织在一起，极易使单纯的宗教、利益矛盾纠纷发展成为大规模的群体性矛盾。在大河乡红崖村就出现过类似矛盾，一个汉族人将相邻回族人的灌溉用水截留到自家农田，险些引起村中回汉两族人的械斗，由利益纠纷引发民族性群体矛盾的情况并不少见。正如图 7-3 所示，三类矛盾之间存在相互转化或相互附加的情况。

4. 矛盾影响广泛，处置难度较大

涉及民族、宗教方面的矛盾极具敏感性，也极易引起国内外社会的广泛关注，不仅扩展渠道广、蔓延迅速，而且发展趋势高度不稳定。一旦民族认同感、民族意识产生联动反应，不仅会伤害到民族间的感情，还会对当地政治形势产生影响，成为破坏社会和谐的不利因素。正因为红寺堡群体性矛盾的民族性、复杂性、影响广泛性等特征，如果在处置上不及时、不果断，很容易迅速扩大蔓延，并极易导致矛盾性质和表现形式的变异，协调处理起来难度更大、更棘手。

第三节　红寺堡区群体性矛盾成因分析

群体性矛盾的成因并不单指利益、民族、宗教等矛盾发生的根源，还包括满足群体性矛盾发生的每一个环节或条件，具化到红寺堡区群体性矛盾的成因，我们认为有以下三个重要方面。

一　强势群体与弱势群体：追求"效率"而非"公平"导致利益格局失衡

现阶段红寺堡正处于社会大发展、经济大跨越的特殊时期，原有的利益格局因大量移民迁入而不复存在，随着迁入人口的继续增加，各种资源处在不断分配和流动中，利益格局始终处在动态调整中。在这样一个资源流动性强、资源占有缺乏有效控制和监督的状态下，任何强势群体对资源的侵占或控制，都有可能使相对弱势群体的利益受损。对于红寺堡扬黄灌溉开发区而言，最为稀缺的资源便是水和土地。在调查过程中我们发现，对水和土地资源的争夺最为激烈，农村发生的群体性矛盾中，因争夺资源引起的占83%，而且，现阶段没有明确的政策法规对资源分配进行约束，甚至默认强势群体对资源的占有。资源稀缺的现实无法改变，效率得以优先，而公平却没有兼顾，资源继续向强势群体倾斜以致利益格局失衡，这自然使得人民内部矛盾愈演愈烈，利益格局转变的急速性更导致各方利益冲突的增加，使得群体性矛盾一再发生。

二　基层权威与国家权威：基层组织社会控制力弱化导致社会关系紧张

红寺堡群体性矛盾多发生在农村基层，这源于农村基层组织对基层社会控制力的弱化。改革开放以来，村民自治得以全面推行，政府正在有序退出社会管理领域，在政府的指导和监督下，农村、社区逐步实现了自我管理。但由于红寺堡建设时间较短，基层自治水平较低、自治意识薄弱，在失去政府管理的前提下，新的基层社会管理秩序和规范尚未建立、健全，社会管理诸多领域出现越位、错位、失位等新情况、新问题。问卷数据表明：69%的被访者认为"基层干部执政能力差"，72%的被访者认为"基层干部缺乏诚信"，还有11%的被访者认为"如果权益再次被侵害，仍会选择越过基层组织，向更高级政府表达诉求"。这就表明，基层组织的权威弱化是推动弱势群体寻求体制外的途径和手段向国家权威表达诉求的重要原因。他们期望通过扩大影响给上级部门、政府施加压力使问题得以解决，但结果并非都如他们所愿。通过政法委等部门的介绍，我们了解到：越级表达诉求的成功率不高，一般情况下，上级部门、政府会再次将诉求向基层组织转达，责成其予以解决。并非上级政府不愿亲力亲为，而是因为不了解真实情况无法处理，或因人力匮乏等客观原因不便处理。如果弱势群体利益诉求得不到及时满足或未达到所期望的标准，就会导致社会关系越来越紧张，社会张力积累到一定程度，就会导致一般矛盾的激化，发生群体性矛盾。

三　法律意识与维权意识：法律意识淡薄与维权意识超前导致维权方式错误

红寺堡区移民多来自宁夏南部贫困山区，法律意识极为淡薄。红寺堡区政法委副书记告诉我们："在搬迁初期，交通事故发生率非常高，究其原因是在山区村民很少用车，很多人连基本的交通法规都不懂，更别提其他法律知识了。"所以，他们极易通过过激行为对党政机关或冲突对象施加压力以宣泄内心的不满情绪。

从山区搬出以后，群众的维权意识不断增强，但维权方式与维权意识不相匹配导致利益诉求表达机制缺失，社会矛盾和冲突难以得到有效的调节和控制。调查发现，89%的参与者抱有一种"大闹大解决，小闹小解决，不闹不解决"的心理，总以为有理就该闹，闹到越高层的政府，解决问题的可能性越大。通过"闹"的方式，利益得到满足的被访者占到了36%，这更加使他们意识到集体行为和集体力的重要性，一旦个人利益受损，便纠结同族、同村或相同利益者参与维权活动，以期通过集群行为（群体性矛盾）引起政府部门重视并施加压力。还有77%的被访者抱着"法不责众"的错误观点去行动，不考虑后果，一味"闹"下去，致使矛盾激化，也让群体性矛盾失去了最好的处置时机。

通过对红寺堡群体性矛盾成因的分析，矛盾演化过程就显而易见了（见图7-4）。

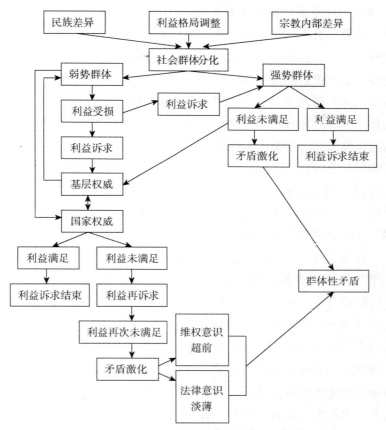

图7-4　红寺堡区群体性矛盾成因及过程分析框架

第四节　红寺堡区群体性矛盾处置经验

红寺堡区共有近20万贫困移民，而包括党、政、群、司法等各类机构在内的乡镇干部人数总共不足400人，每千名群众拥有干部人数仅为2人，社会管理难度可想而知。但是，通过借鉴国内外经验并结合特殊区情，红寺堡逐渐积累预防和化解群体性矛盾的经验，我们称之为"红寺堡群体性矛盾处置典型经验"，主要包括事前预防、事中控制和事后处置三部分。

一　事前预防机制

1. 构建社会矛盾预防和化解机制，形成"大调解"格局

充分依靠广大人民群众的力量，发挥人民调解员的优势。加强村（居）人民调解组织，在各村（居）形成了人民调解委员会、调解组、调解小组、调解中心户、纠纷信息员的五级人民调解网络；加强对人民调解员的业务技能培训，努力提高调解水平；开展人民调解案卷评查，促进人民调解业务规范化；开展人民调解制度建设和人民调解委员会规范化建设；加强人民调解的保障工作，在全区率先提出"以案定补"方式解决人民调解员报酬，并得以在全区乃至全国推行；开展行业性人民调解组织建设，在学校、医院、农贸市场、企业等设立人民调解组织；开展人民调解、司法调解、行政调解"三调联动"的工作局面。目前，在红寺堡区真正形成了以基层村（居）人民调解组织为基础——"纵向到底"，以行业人民调解组织为扩展——"横向到边"，以职业化个人人民调解工作为升华——"竖向到顶"的"三维"人民调解大格局，使红寺堡出现了人民调解案件连年上升，信访案件、治安案件、民事诉讼案件逐年下降这一"一升三降"的局面，真正形成了"小矛盾不出村、大矛盾不出乡镇、特大重大矛盾纠纷不出红寺堡"这一人民调解维护社会稳定的第一道防线。

2. 构建城乡社会保障机制，形成"大民生"格局

面对红寺堡区贫困人口比例高、残疾人口比例高的突出问题，红寺堡区提出了"大民生"的构建格局，在全区率先实行了城乡社会保障工作的整合与统筹，建立起涵盖区、乡镇、村（居）的城乡一体化民生服务中心。在全区率先实施农村"五保"人员集中供养，目前，共集中供养"五保"老人105名；在全区第一个建立了解决重度残疾人基本生活与康复活动的残疾人照料中心，并高度重视能够自食其力、实现自我价值的残疾人就业、再就业工作。为了从根本上解决红寺堡区贫困人口多、经济社会发展底子薄的问题，红寺堡区抢抓宁夏打造"黄河善谷"的历史性机遇，在全区率先成立了全国第一个慈善工业园区——宁夏"弘德"慈善工业园区，为热衷公益慈善的企业开展助残扶贫搭建了新平台，也为特殊困难群体实现就业创业、改善生活境遇营造了新环境。

3. 构建村务管理机制，形成"大村务"格局

（1）设置村务"明白墙"。推行"1+5"公开模式和"6个1"入户工程。"1+5"模式，即每个乡镇、行政村都设置1堵"明白墙"，分设村务、党务、两委班子的中长期奋斗目标和近期工作任务、群众点题、回音壁等5个专栏。"6个1"入户工程，即每户1页民主管理"流程图"，每户1册村务公开目录，每月入户调查1次，每季度检查1次，每半年听取汇报1次，年终专项考核1次。制定了《阳关村务考核办法》和《村务公开实施细则》，把推进"阳光村务"、构建"和谐农村"活动纳入红寺堡区党建和党风廉政建设责任制考核，同部署、同检查、同落实，目前，"1+5"模式和"6个1"入户工程在红寺堡区的覆盖率达到100%，公开率达到100%。

（2）建立村级"明白账"。统一内容、项目和标准，为每个行政村设立资产管理、土地管理、社会事业管理和综合治理"4本台账"，摸清了"家底"，为村级经济发展提供较完善的基础信息。对集体资产、资源等实施情况建立了定期通报制度，并根据村民反映的问题，跟踪督察，及时纠偏。

（3）健全"监督网"。开通了红寺堡廉政网，对群众反映较多的涉农补贴、低保发放情况全部在网上公开；向社会和群众公开了区委、区政府领导的办公室电话和手机号码，开通了区委书记、区长"专线"和信箱。

4. 构建民族宗教人士社会管理参与机制，形成"大团结"格局

充分发挥民族宗教场所和民族宗教人士的特殊作用。在红寺堡北大寺等清真寺设专门的调解室，专门针对民族问题与宗教问题发挥民事调解组织的作用；在清真寺设立穆斯林书屋，由阿訇引导教民学习法律、宗教知识，倡导民族团结。宗教人士作为一堵"维稳墙"，清真寺作为一台"稳压器"，有力地维护了民族团结、宗教和睦与社会稳定。

二　事中控制机制

1. 快速反应机制

红寺堡各单位建立了自上而下的领导轮流值班和应急值班制度，一旦发生群体性矛盾，立即启动应急指挥分中心，值班领导享有先期指挥权，对应急行动做出先期部署，确保在第一时间转入应急状态。同时，收集上报情况，与有关单位互通信息，采取边行动、边报告的方式，为遏制矛盾扩大争取宝贵时间。

2. 归口管理机制

通过各种信息工作渠道，收集有关突发性、群体性矛盾的舆情信息，按可控性、严重程度、影响范围对矛盾定级，不同等级矛盾由相应应急处置机构和有关部门组织协调和归口管理，并按照《红寺堡区群体性矛盾应急预案》处置原则进行处置，如图7-5所示。

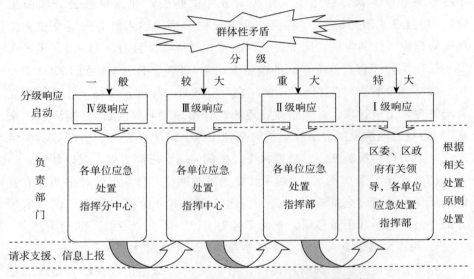

图7-5　红寺堡区群体性矛盾应急控制分级响应

3. 舆论引导机制

矛盾处理过程中，主管部门适时组织新闻发布活动，对外反映实际情况，及时引导社会舆论，并及时向主流网络、媒体通报事实，防止不负责任的负面报道，防止一哄而起的炒作性报道，避免制造紧张形势，引发社会动荡。

三　事后处置机制

1. 深入调查、发现问题

事后成立专门调查小组，认真调查取证、分类梳理，全面掌握矛盾诱因及其真实目的，获取准确、翔实的第一手材料，为化解矛盾提供可靠的依据。

2. 信守承诺、解决问题

矛盾的基本事实查清后，对属于正当诉求的予以解决，增强处置的有效性。

3. 深入排查、避免问题

注意矛盾的关联性和诱因的复杂性，排查与矛盾相关的隐藏问题，避免类似矛盾发生。

第五节　完善红寺堡区群体性矛盾处置的对策建议

"红寺堡群体性矛盾处置典型经验"推广以来，群众矛盾得以有效化解，群体性矛盾发生率大大降低，移民区逐渐成为平安、法治、和谐、幸福之地，成为引领社会管理工作的典型区和经验地。但通过对群体性矛盾成因及过程的分析，我们也注意到红寺堡群体性矛盾处置对策还不完善，特别是在事前预防方面仍待加强。针对问题，我们应该直面现实、未雨绸缪、及时发现、及时解决，把矛盾化解在萌芽状态，把问题解决在始发阶段，这才是处置群体性矛盾的根本之道。

一　畅通诉求渠道——弱势群体追求公平的希望之路

与目前颇为流行的"厕所理论"（即除道德因素之外，厕所建得少是随地大小便现象严重的主要原因）类似，群众以越轨行为呼吁社会关注，谋求合法利益的保护，往往是因为正常渠道无法充分表达其意愿，保护其正当利益，这也是近年来群体性矛盾数量剧增的一个重要原因（李波，2003：98-99）。当前，红寺堡虽已形成多位一体的"大调解"格局，有效化解了大部分社会矛盾，但是，有些矛盾纠纷超出了这一格局的调解范畴，必须通过政府干预才能解决。比如，政府决策失误导致的群众利益受损，只能由政府来自我更正。弱势群体有充分表达诉求的权利，政府有提供顺畅表达渠道、维护群众根本利益的责任，那么"利益表达－顺畅渠道－接受诉求－反馈结果"的过程就是顺理成章的。实际上，却往往因为"顺畅渠道"环节的缺失，导致群体性矛盾的发生，所以，必须要提供畅通的群众利益诉求表达渠道。

1. 构建"多位一体"的信访工作平台

构建"多位一体"的信访事项受理、督办工作平台，深化区、乡镇、村（居）三级干部联动接访机制，常态开展领导干部接访、下访、约访及在线访谈活动。

2. 健全信访工作机制

健全信访工作机制，完善信访依法处置、积案动态管理、重复信访事项甄别处理办法，健全复杂疑难信访领导包案、部门会办和督察督办工作制度，探索建立信访事项调处评查机制、重大信访事项办理新闻发布制度等。

3. 坚持以群众工作统揽信访工作

坚持以群众工作统揽信访工作，努力形成信访工作从源头做、全过程做、靠大家做的新格局，积极倡导"阳光信访"，广泛吸纳"两代表一委员"、律师等参与的巡调、听证、恳谈等工作，切实维护群众合法权益。

二 树立社会权威——国家权威与基层权威的平衡发展

总的来说，每个社会都应由各种各样的权威来构成。在已达到权威均衡的社会中，民众就会比较简单和方便地寻找到实现自己的利益诉求的渠道。然而，目前红寺堡社会权威结构存在比较显著的问题——社会权威结构失衡，具体表现在：民众在重大社会性问题里可依赖或信任的机构过于单一，民众对于基层政府的信任度大大下降，基层政府存在严重的信任危机，从而，民众会直接将矛盾反映到更高级别的政府组织甚至中央政府。其中，最重要的就是基层政府权威的丧失。如何才能树立权威，最根本的是切实加强生态移民服务与管理，以能立威、以信立威。以能立威，就是要提高基层政府的执政能力，能够迅速有效地为人民排忧解难。建立、健全村级"两委"班子和群团组织，对移民群众在社会管理中涉及治安防范、户籍迁移、矛盾化解、计划生育、民风民俗、宗教事务等最关心、最迫切、最需要的问题，一件一件兑现、落实。以信立威，就是政府要做到"言必行、行必果"，加大政策落实力度，及时办理户籍迁移手续，抓好计划生育服务与管理，落实好义务教育、医疗保险、养老保险、社会救助等社会保障政策，解决移民后顾之忧。国家权威与基层权威的平衡发展，才能使强大的社会权威既是社会管理的权威又是人民群众的靠山。

三　规范社会控制——外在控制与内在控制相结合

社会控制是维持社会秩序、保持社会稳定、化解社会风险的重要手段。正如上文所分析的那样，当前红寺堡的社会控制机制，尤其是基层社会控制力弱，亟待强化。所谓强化，并不意味着过分严格或强硬。科赛的社会冲突功能理论告诉我们：过分严格的控制固然可以避免或者消除社会冲突，但是也可能因为部分社会成员的不良情绪得不到释放而累积起来，在条件具备的情况下导致更大规模的社会冲突。所以，一定要注意控制的"度"。"度"的控制主要指外在控制，由国家政府来完成。这就要求红寺堡区政府首先要完善法律，针对引发矛盾的诱因，及时调整有关政策法规，适应群众利益需求；其次，构建强有力的执法机构，应急管理专家队伍和应急志愿者队伍，聘任社会安全、综合管理等方面专家，强化应急管理的智力、技能支撑，构建布局合理、精干实用的应急队伍体系；再次，要贯彻司法公正，执法文明，惩治犯罪，保障公民合法权益。但社会控制本身不是社会发展的目的，更重要的是要加强社会内在控制，即社会成员自觉地把社会规范内化，用以约束和检点自己的行为，这有赖于整个社会的道德建设，并不是一朝一夕，单靠红寺堡区一己之力就能完成的。此外，对于红寺堡这样一个回族人口占60%以上的地区而言，宗教约束教徒社会行为的能力比道德控制更强，强化对宗教约束力量的控制非常重要。因此，要突出抓好宗教事务规范化管理。一是要加强宗教教职人员的管理。加大对中青年宗教界代表人士的培养力度，严格落实宗教人士培训制度，分级制定培训规划，切实提高宗教教职人员的综合素质，努力培养一支政治上靠得住、宗教上有造诣、人品上能服众、关键时刻能起作用的爱国宗教人士和骨干力量。二是要定期向宗教界传达区党委、政府的最新政策法规，通报区党委、政府关于经济发展和社会管理方面的进展，广泛听取他们的意见建议，引导宗教界把主要精力集中在经济建设和维护社会安定团结上来。三是以清真寺等宗教场所为宗教控制的制高点，开展"同心共建红寺堡"活动，丰富各类教育活动，不断深化教民的自我内在控制。只有通过适度多元的社会控制，才能使红寺堡达到社会稳定的最佳状态。

第八章
宁夏自发移民:
涝池村和永新村案例

改革开放以来，宁夏已多次有组织、有计划地进行了大规模的生态移民。由于受资金、技术条件、利益协调等问题的制约，部分贫困群众的愿望难以实现。但由于看到了迁入地土地资源丰富，且有政府有力支持，发展环境较好，增收门路较广，再加上宽松的自由迁移环境，一部分群众便采取了自主搬迁的方式来寻求发展，进而形成了自发移民。

自发移民问题由来已久，它的存在既有积极的一面，又有消极的一面。随着经济社会的发展，特别是在人们致富欲望日益强烈的背景下，在未来一个较长时期内，自发移民将长期存在，且在地域上具有广泛性。由于规模有不断扩大的趋势，问题也显得越来越突出，已引起了社会各界广泛的重视。

为了全面了解宁夏自发移民问题的现状，我们于 2010 年 10 月至 2012 年 3 月对此问题较为突出的银川市、中卫市、吴忠市等地先后进行了有针对性的调查，以期在掌握自发移民发展现状第一手资料的基础上，剖析自发移民面临的各种困难、问题及原因所在，进而提出解决自发移民问题的对策建议，引导自发移民从无序流动变为有序流动，促进所在地区经济社会的发展。

第一节　涝池村和永新村自发移民的基本情况

一　样本村的选择

由于自发移民自身问题的突出性和引发的社会问题的严重性，在自发移民较为集中、社会问题较为突出的社区，目前已经设立了流动人口管理站。根据调研地区的易入性和数据的可得性，我们选择了生态移民地区的嵌入型自发移民社区进行了调研。

所谓生态移民地区的嵌入型自发移民社区，是指自发移民与政策移民之间有着密切的联系，特别是在以回族群众为主的生态移民地区，从一开始他们就以投亲靠友的形式迁移到政策移民地区发展。由于所处的区位优势不同，我们将其划分为城市边缘型和农村腹地型。

1. **城市边缘型自发移民社区——宁夏银川市兴泾镇涝池村**

涝池村位于银川市西夏区兴泾镇东北边缘，占地面积4603.1亩，于1985年由自治区政府动员搬迁，截至目前已有常住人口210户、1045人；自发移民610户、2875人，多来自海原、同心等地，回族人口占总人口的95%。为便于管理，兴泾镇党委、政府于2005年6月6日在这里成立了移民综合管理站，于2008年8月5日设立了流动党支部。

2. **农村腹地型自发移民社区——宁夏中卫市永康镇永新村**

永新村是沙坡头区一个移民村。全村共有326户居民、1865人，其中自发移民100余户、近500人。现有耕地面积4865亩，户均约15亩，人均2.6亩。村民的主要收入来自经果林、粮食种植、养殖业和外出务工。

二　样本户的选择

为了便于对比，易于问题的研究，我们均采取随机抽样、入户调查的方式，对两个村的50家农户进行了调研。抽样的汇总数据如表8-1所示。

表 8-1　永新村、涝池村的基本情况

单位:%

	性　别		年　龄			
	男	女	29 岁及以下	30—39 岁	40—49 岁	50 岁及以上
永新村	84	16	26	16	30	28
涝池村	72	28	28	28	36	8
	民　族		文化程度			
	回族	汉族	文盲	小学	初中	高中以上
永新村	96	4	48	32	16	4
涝池村	100	0	24	32	40	4
	迁出地		迁移年限			
	宁南山区	其他省区	3 年及以下	3—10 年	10—20 年	20 年以上
永新村	100	0	10	34	38	18
涝池村	96	4	4	14	60	22

第二节　自发移民对生存与发展现状的评价

一　生存条件得以改善，收入水平得以提高

1. 现有生产条件得以改善

从图 8-1 可以看出，两村自发移民对于生产条件的变化有着不同的感受。其中，永新村认为"变好"的比例为 84%，远远高于涝池村的 42%；

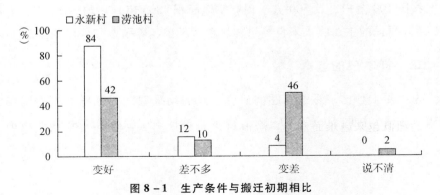

图 8-1　生产条件与搬迁初期相比

相反，涝池村认为"变差"的比例为46%，远远高于永新村的4%。

从图8-2可以看出，由于区位条件和发展环境的不同，两村自发移民对生产条件改善的原因的看法有所不同。永新村属于农村腹地型自发移民社区，自发移民认为生产条件改善的原因主要是从农业生产方面来考虑的，包括"土地质量好"（60%）、"气候条件好"（48%）、"基础设施较好"（45%）、"土地数量增加"（33%）四个方面。涝池村属于城市边缘型自发移民社区，自发移民认为生产条件改善的原因主要是基于发展环境而言的，因而"其他"（62%）占第一位（包括致富门路较广、收入来源较多、易于家庭发展等），占第二位的是"基础设施较好"（33%）（包括子女上学、出行、医疗方便等）和"气候条件好"（33%），占第三位的是"政策优惠"（19%）（包括教育、社会保障等）。

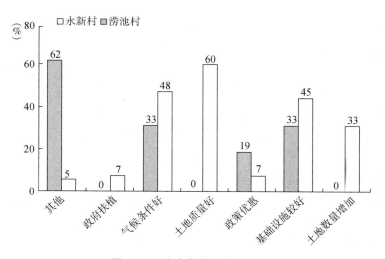

图8-2　生产条件改善的原因

从图8-1可以看出，虽然永新村认为生产条件"变差"者只有4%，但其代表了部分自发移民群众的心声。如图8-3所示，一方面100%认为"缺乏政府扶植"，另一方面100%认为"气候条件差"，这主要是针对农业生产的灌溉越来越难而言的。涝池村之所以认为生产条件"变差"者高达46%，关键在于其所在地处于银川市郊，而银川市正在加快城市化进程，已将其规划为工业用地，使自发移民失去了赖以生存的天然保障——土地，面临二次搬迁问题。

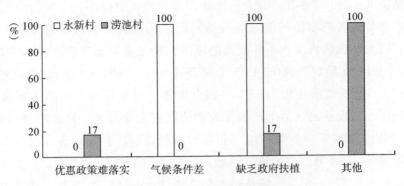

图 8 - 3 生产条件变差的原因

2. 现有住房条件得以改善

从图 8 - 4 可以看出，无论是永新村还是涝池村，绝大多数自发移民的住房条件都得到了改善，涝池村达到了 90%，永新村也达到了 80%。从图 8 - 5 可以看出，两村住房条件得以改善主要集中于两个方面，但侧重点有所不同。永新村首先表现为"住房质量提高"（90%），其次为"住房面积增加"（68%）。这说明农村腹地型社区的自发移民已经做好了长期定居的准备，因而在注重住房质量的同时，追求住房面积的增加。涝池村首先表现为"住房面积增加"（96%），其次为"住房质量提高"（67%）。这说明城市边缘型社区的自发移民受不断变化的城市发展环境的影响，也在不断地调整着自己的住房需求。在调研中发现，涝池村户均住房为 8.6 间，是永新

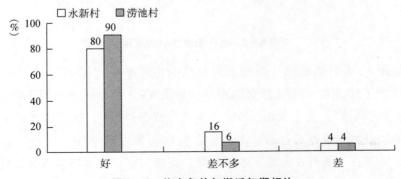

图 8 - 4 住房条件与搬迁初期相比

村户均住房 3.7 间的 2.3 倍。进一步分析发现，涝池村的自发移民已把满足自己的住房需求转变为用已有的住房进行出租以获取更多的收入，从而为自发移民规模的不断扩大奠定了基础；同时也是政府多次进行调研，但均未形成解决方案所致，结果是每调查一次，住房数量都会增加，人口规模均会扩大，致使自发移民问题解决的难度越来越大，成本越来越高。

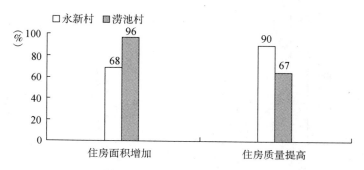

图 8-5　住房条件变好的原因

3. 现有收入水平得以提高

从图 8-6 可以看出，永新村与涝池村两村均有 90% 的自发移民认为自己的收入水平比搬迁初期有了提高，认为降低了的只是极少数。

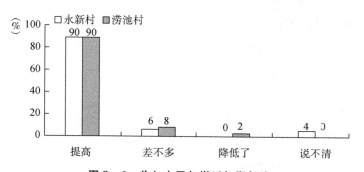

图 8-6　收入水平与搬迁初期相比

从图 8-7 可以看出，尽管两村均有 90% 的自发移民认为收入水平有了提高，但提高的原因则有所不同。永新村认为收入提高的前三位原因中，第一位是"生产条件改善"（60%），第二位是"增收渠道较广"（50%），第三位是"国家惠农政策好"（18%）。涝池村认为收入提高的前三位原因中，第一位是"增收渠道较广"（72%），第二位是"劳动力增加"（26%），第三位是"生产条件改善"（18%）。通过分析可看出，农村腹地型社区的自发移民对土地的依赖性较强，而城市边缘型社区的自发移民则由于增收渠道较广，已逐步摆脱对土地的依赖，开始向市民转变。

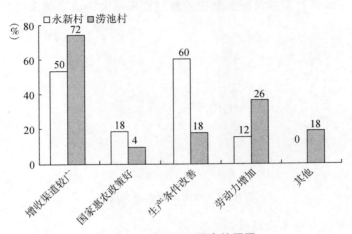

图 8 – 7　收入水平提高的原因

4. 现有生活水平得以提高

从图 8 – 8 和图 8 – 9 可以看出，无论是永新村还是涝池村，由于生产条件、住房条件得以改善，收入水平得以提高，自发移民的生活水平与老家和搬迁初期相比，90% 左右的都有了提高。

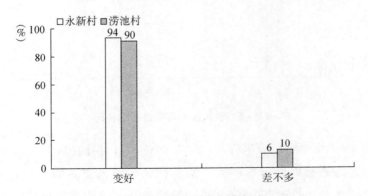

图 8 – 8　生活水平与老家相比

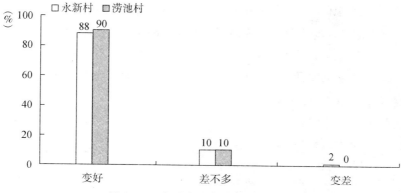

图 8 - 9 生活水平与搬迁初期相比

二 搬迁初衷得以实现，自我发展能力得以提高

1. 搬迁动机得以实现

从图 8 - 10 可以看出，自发移民搬迁动机主要基于三个方面，即改善生存条件、增加家庭收入、缓解人地矛盾。当然，尽管搬迁动机位次基本趋于一致，但由于表现程度不一，因而自发移民选择了不同的迁入地区。涝池村自发移民的搬迁动机分别为改善生存条件（86%）、增加家庭收入（64%）、缓解人地矛盾（54%），表明搬迁欲望强烈，实现动机心切，因而选择了发展

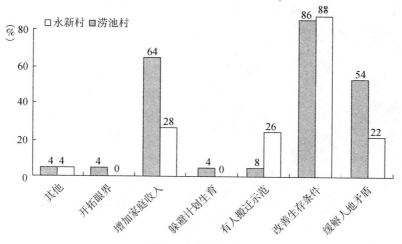

图 8 - 10 搬迁动机

空间较大、面临风险较大的城市边缘型自发移民社区进行发展。相反，永新村自发移民的搬迁动机分别为改善生存条件（88%）、增加家庭收入（28%）、缓解人地矛盾（22%），除改善生存条件略高于涝池村外，其余两项均低于涝池村，因而选择了易于生存发展、潜在风险较小的农村腹地型自发移民社区。

2. 自我发展能力得以提高

从图 8 - 11 可以看出，两村自发移民认为自我发展能力得以提高的比例均较高，其中永新村为 84%，涝池村为 72%。

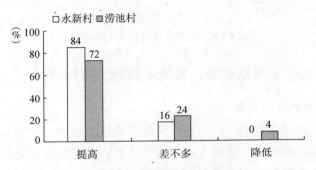

图 8 - 11　自我发展能力变化

从图 8 - 12 可以看出，两村自我发展能力提高的原因基本相同，均为"致富能力增强""生产条件改善""劳动力增加"。其中，"致富能力增强"均居第一位（永新村为 55%、涝池村为 58%）；永新村第二、三位分别是"生产条件改善"（48%）、"劳动力增加"（31%）；涝池村第二位是"劳动力

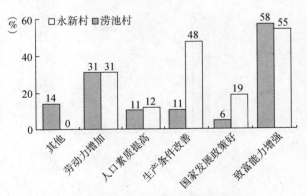

图 8 - 12　自我发展能力提高的原因

增加"（31%），第三位包括"生产条件改善"（11%）和"人口素质提高"（11%）。这显示，为适应市场经济发展的需要和城市化加快的要求，居于城市边缘型的自发移民已认识到人口素质的提高对于家庭发展的重要性。

第三节 自发移民对社区综合环境的评价

一 居民生活性设施状况

1. 生活用水状况

从图 8－13 可以看出，对于生活用水的来源，永新村的来源呈现多样性，既有自来水，也有井水、河水、窖水等，其中使用自来水的比例较高，达 82%；涝池村则相对单一，生活用水 100% 来自于井水。从图 8－14 可以看出，涝池村生活用水 100% 自发解决，这是因为其居住地具有丰富的地下水资源，常住居民均以手压井的方式获得生活用水，自发移民也仿效之。永新村生活用水 72% 是由周边政府帮助解决的，这是因为当地政府为了加快开展包括永新村在内的移民地区的新农村建设，把使用自来水作为一项重要任务来解决，该村已基本普及自来水，但部分居民因自来水价格高而未使用，其中被调查的 28% 的自发移民就自行解决，继续使用井水、窖水等。在已经使用自来水的自发移民中，54% 的自发移民认为自来水价格较高。

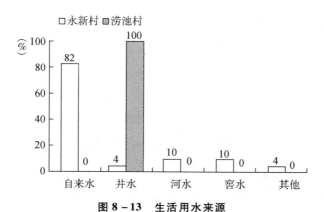

图 8－13 生活用水来源

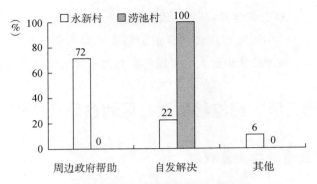

图 8 - 14　生活用水解决途径

2. 生活用电状况

从图 8 - 15 可以看出，两村通电状况良好，回答常年通电者均达到了 90% 以上。对于涝池村来说，由于地处城市边缘，"偶尔停电" 亦属正常。永新村仍有 4% 尚未通电，一方面是由于居住地离居民点较远，另一方面是因为刚刚搬来，电力设施尚未解决。从图 8 - 16 可以看出，两村自发移民的生活用电 90% 左右均由周边政府帮助解决，但两村仍有 10% 左右的人自发解决。进一步分析可发现，有的人采用借电（不单独申请、通过别人的电表进行用电）或通过私拉电线来满足自己的用电需求。

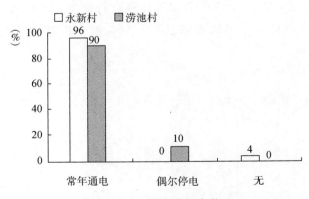

图 8 - 15　生活用电通电状况

从图 8 - 17 可以看出，对于电价的评价，永新村的自发移民中，84% 认为 "不高"，只有 12% 认为 "高"；涝池村则有 50% 认为 "高"，这主要是居住人员混杂、用电管理混乱，导致偷电、盗电现象存在，从而提高了用电成本。

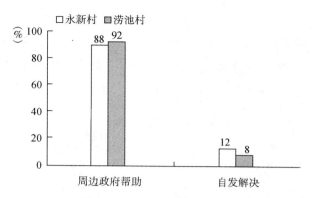

图 8－16 生活用电解决途径

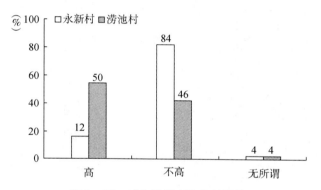

图 8－17 对生活用电电价的评价

3. 通信状况

从图 8－18 可以看出，永新村 88%、涝池村 96% 的移民拥有手机，部分人既拥有手机，还拥有座机和电脑。可见对外交流对自发移民发展的重要性。

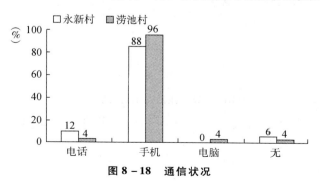

图 8－18 通信状况

4. 家庭卫生状况

从图 8-19 可以看出，两村自发移民家庭没有垃圾堆放点的比例均较低，永新村只有 16%，涝池村也只有 26%。从图 8-20 可以看出，两村自发移民家庭已经有 1/3 以上有了卫生厕所，但没有的仍高达 2/3 左右。

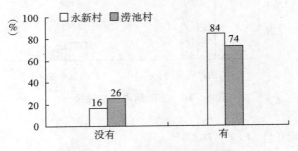

图 8-19　家庭拥有垃圾堆放点情况

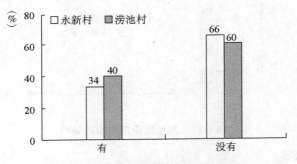

图 8-20　家庭拥有卫生厕所情况

二　社会服务性设施状况

1. 公共卫生状况

从图 8-21 可以看出，关于村内是否设有垃圾处理点，涝池村一致表示"有"，而永新村分歧较大，超过 1/3 的人认为"有"，近 2/3 的人则认为"没有"，导致我们难以做出准确的判断。从图 8-22 可以看出，两村自发移民对本村有无公共厕所的判断基本相同，多数（永新村 66%、涝池村 60%）认为"没有"。

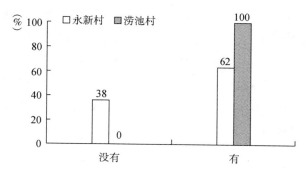

图 8 - 21 村内拥有垃圾处理点情况

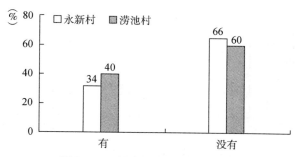

图 8 - 22 村内拥有公共厕所情况

2. 交通状况

从图 8 - 23 可以看出，两村自发移民对村内交通状况评判持截然相反的态度。永新村 88% 的被访者认为"好"，涝池村则有高达 90% 的被访者认

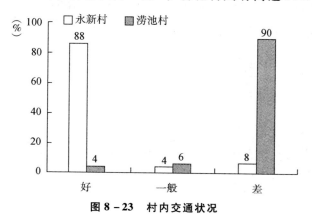

图 8 - 23 村内交通状况

为"差"。这一点与我们调研组成员的直观感受是一样的，永新村整洁卫生、道路通畅，涝池村则卫生状况较差，乱搭乱建现象严重。从图 8 - 24 可以看出，尽管永新村只有 8% 的被访者认为村内交通状况"差"，但其述说的原因具有一定的代表性，100% 认为"卫生较差"，67% 认为"过于狭窄"。涝池村认为"差"者高达 90%，原因主要有"缺乏硬化"（87%）、"卫生较差"（76%）、"缺乏规划"（47%）和"过于狭窄"（31%）。

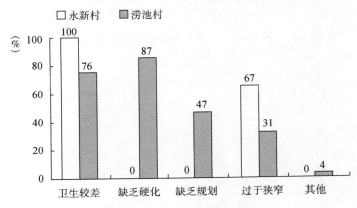

图 8 - 24　村内交通差的原因

从图 8 - 25 可以看出，永新村对村外交通状况评价较高，认为"好"的比例达到 78%，认为"差"的只有 6%；涝池村认为"好"的仅有 50%，认为"差"的占到 32%。从图 8 - 26 可以看出，涝池村认为村外交通状况"差"的比例较高，主要表现在"缺乏规划"（100%）和"路况较差"（44%），还有 13% 认为"无路可谈"。

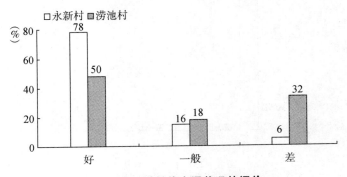

图 8 - 25　对村外交通状况的评价

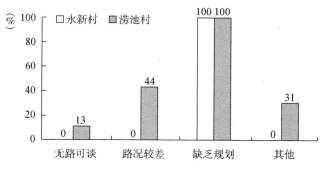

图 8 - 26 村外交通差的原因分析

3. 小学状况

目前两村均设有小学，但对于其教学质量情况，群众的意见较多，可以看出自发移民普遍对子女的教育问题十分关注。从图 8 - 27 可以看出，两村对于各村小学质量的评价不一。永新村认为"差"的比例高达 56%，主要表现在师资队伍水平偏低、教师教学水平较低、代课教师较多等；涝池村认为"好"的比例为 0，认为"一般"的为 58%，而认为"差"的比例占到了 32%，其原因除了与永新村基本相似外，还有群众反映因为教师出去谈生意所以学校经常放假。

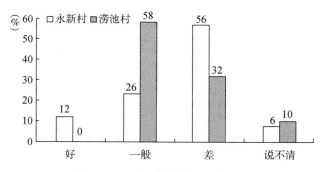

图 8 - 27 对小学质量状况的评价

4. 村级医疗点状况

从图 8 - 28 可以看出，两村关于有无村级医疗点的争议较大，焦点在于医疗点是私人经营还是国有经营，不管是哪种形式，村上有医疗点是既定的事实。从图 8 - 29 可以看出，两村对自己所在村的医疗点质量评价不一。

永新村对于本村医疗点的医疗水平评价较低，认为"好"的只有22%，而认为"差"的达到了1/3，主要表现在医疗水平不高、设备极其简陋、药品质次价高，甚至出现了假冒伪劣药品；涝池村认为"好"的只有6%，认为"一般"的高达64%，认为"差"的只有19%，除与永新村的原因基本一致外，还在于涝池村处于城市边缘，因而移民看病多到就近的市区医院，相比之下便对本村医疗点的水平评价较低。

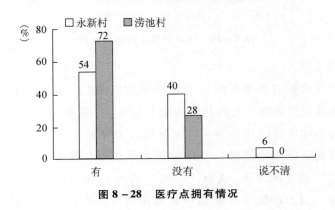

图 8 - 28　医疗点拥有情况

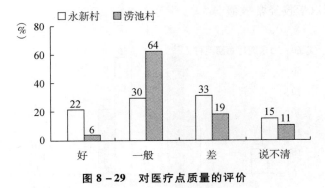

图 8 - 29　对医疗点质量的评价

5. 幼儿园状况

通过调查发现，农村腹地型的自发移民社区没有幼儿园，而在城市边缘的自发移民社区有幼儿园（见图 8 - 30）。从图 8 - 31 可以看出，涝池村自发移民对所拥有的幼儿园的评价是不一样的。认为"一般"的比例较高，占40%；认为"好"的只有22%；认为"差"的尽管只有8%，但他们反映的问题具有普遍性，主要表现为三差，即师资水平太差、办园条件太差、教学内容太差。

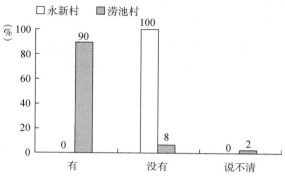

图 8 - 30　幼儿园拥有情况

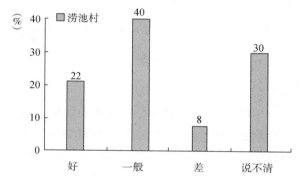

图 8 - 31　对幼儿园质量的评价

三　乡风文明状况

1. 邻里关系状况

从图 8 - 32 可以看出，两村的邻里关系"较好"。但在"好"和"一般"的选项中，两村存在较大的差别。永新村认为"好"的比例高达 90%，认为"一般"的比例只有 4%；涝池村认为"好"的比例只有 40%，认为"一般"的比例达到了 58%。这从一定的角度折射出两村社会关系的复杂程度存在较大差别。永新村属于农村型社区，属于熟人社会，即使有自发移民的不断涌入，由于自发移民与政策性移民之间，以及自发移民之间有着良好的亲缘关系、血缘关系、教民之间的关系等，邻里关系相对简单，并无太多的利益之争，因而社区邻里关系相对较好。涝池村介于农村社区与城市社区之间，由于自发移民来源地不同，尽管也存在一定的亲缘关系、血缘关系、教民之间的关系等，但其辐射范围有限，从整体来看，由于人员复杂，人口流动频繁，仍属于陌生人社会，只要大家没有太大的利益冲突都可以和睦相处，因而认为关系"一般"者居多。

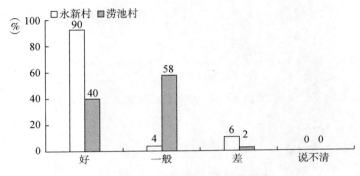

图 8－32   对邻里关系状况的评价

2. 社会治安状况

从图 8－33 可以看出，两村对社会治安状况的评价结果差异较大。永新村 90% 的自发移民认为"好"，涝池村则有 58% 的自发移民认为"差"。这也可以看出，农村腹地型自发移民社区的社会治安状况相对较好，而城市边缘型自发移民社区的社会治安状况则相对较差。

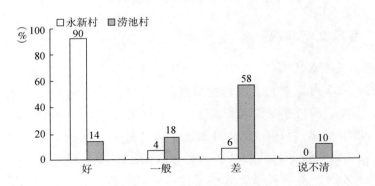

图 8－33   对社会治安状况的评价

　　从图 8-34 可以看出，永新村尽管只有 6% 的被访者认为社会治安"差"，但其表现在农村具有普遍性，第一位是"邻里纠纷较多"（100%），"人员情况复杂"（67%）和"赌博现象较多"（67%）并列第二位。涝池村认为社会治安"差"的比例高达 58%，主要表现在以下五个方面：第一位是"小偷小摸较多"（100%），第二位是"不务正业者较多"（62%），第三位是"赌博现象较多"（48%），第四位是"人员情况复杂"（45%），第五位是"打架现象较多"（24%）。正因为如此，兴泾镇政府根据西夏区政府的要求和社会发展的需要，于 2005 年 6 月 6 日在这里成立了（自发）移民综合管理站。但由于人力有限、人员能力有限，其作用极其有限。

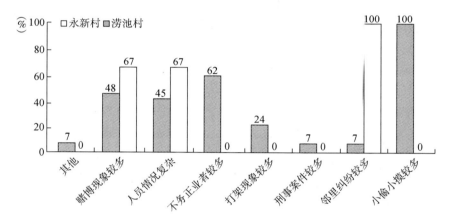

图 8-34　社会治安差的表现

3. 计划生育状况

　　计划生育问题是移民乡镇工作的一个老大难问题，也是移民群众较为敏感的问题之一。从图 8-35 可以看出：永新村认为"好"的占到了 94%，涝池村也达到了 64%；两村认为"不好"的只有 4% 和 18%。但从图 8-36 可以看出，关于"不好"的原因，永新村均表示"说不清"，涝池村则主要有以下三点原因。一是"人口流动频繁"（100%），计划生育工作难以开展；二是"超生严重"（56%），自发移民社区成为"超生游击队"的避风港；三是"无人管理"（22%），移民社区的计划生育工作实行属地管理，但由于情况极其复杂，社区无人从事计划生育工作，即使有也是形同虚设。

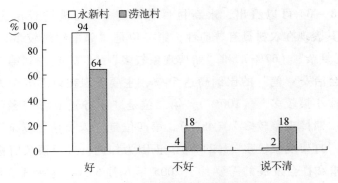

图 8 – 35　对计划生育状况的评价

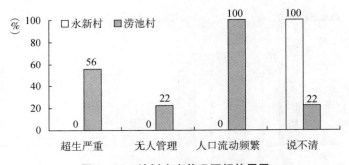

图 8 – 36　计划生育状况不好的原因

4. 与邻村关系状况

从图 8 – 37 可以看出，两村对与邻村关系状况的评价不一。相对来说，农村腹地型自发移民社区与邻村的关系相对较好，认为"好"的比例高达 88%；城市边缘型自发移民社区与邻村的关系相对较差，认为"好"的比例只有 26%。

从图 8 – 38 可以看出，尽管认为"差"的比例较少（永新村为 10%，涝池村为 12%），但其反映出的情况足以说明移民社区与周边社区关系较差的原因所在。永新村认为"干部缺乏沟通"（100%）为第一位，表现在办事能力相对较弱，有些事情只要村干部主动与邻村干部交流即可得到解决，但并未做到。占据第二位的是"村民摩擦较多"（60%），主要表现在农时用水和路界地界之争，这主要是由村干部与邻村干部缺乏沟通引起的。并列第三位的原因有两条：其中之一是"干部矛盾较多"（40%），由于干部

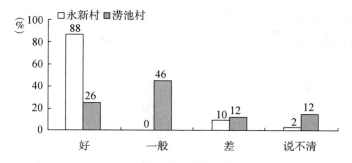

图 8-37　对本村与邻村关系状况的评价

之间矛盾突出，难以形成一致意见，因而对于与邻村相关事宜政见不一，进而导致关系较差；还有一条是"个别人行为不佳"（40%），个别人缺乏诚信、道义，影响了村与村的关系。

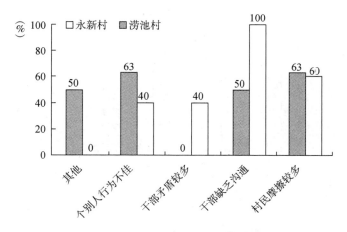

图 8-38　本村与邻村关系差的原因

5. 社区管理状况

从图 8-39 可以看出，在迁入农村腹地型自发移民社区初期时，有 76% 的自发移民接受了当地政府的管理，而在迁入城市边缘型自发移民社区时，高达 78% 的自发移民未接受当地政府的管理，这可能是因为城市边缘型移民社区本身就有许多问题难以解决，因而无暇顾及自发移民的管理问题。从图 8-40 可以看出：永新村 66% 的自发移民认为"已纳入规范管理"，32% 的自发移民认为有"当地政府介入"，因而该村的邻里关系、社会治安、计划生育、邻村关系等都相对较好；涝池村54%的自发移民认为有"当地政府介入"，还有26%认为是"自我管理"。

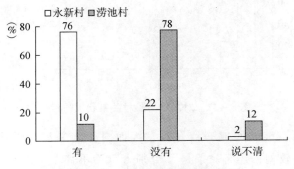

图 8 - 39　搬迁初期管理状况

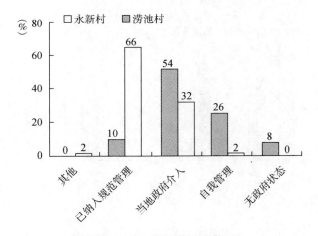

图 8 - 40　现有管理现状

　　从图 8 - 41 可以看出，由于两村的管理现状情况各异，因而对于能否满足发展需要各持己见。永新村84%的自发移民认为能满足本村发展需要，而涝池村则有86%的自发移民认为不能满足本村发展需要。从图 8 - 42 可以看出，涝池村之所以认为管理现状不能满足本村发展需要的原因主要有三条：一是"不能为民办理实事"（74%），二是"管理人员能力低下"（30%），三是"组织处于瘫痪状况"（26%）。

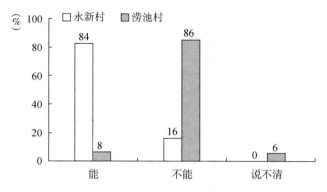

图 8－41　管理现状能否满足发展需要

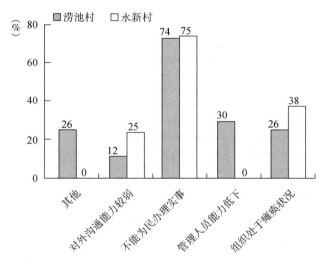

图 8－42　管理现状不能满足发展需要的原因

第四节　自发移民搬迁和发展中存在的困难

一　搬迁决策阶段

搬迁对于人的一生来说是一次重大抉择，要做出搬迁决定是极其困难的，要承担来自多方面的风险和压力。

1. 搬迁难

从图8-43可以看出,永新村和涝池村自发移民均认为搬迁不容易,认为"难"的比例分别占88%和96%。从图8-44可以看出,两村自发移民认为搬迁难的主要原因基本相同,只是排序有所差别。永新村处于第一位的是"缺少迁移资金"(60%);占第二位的是"比较麻烦"(32%),既要处理好迁入地的土地、住房等问题,还要处理好老家的相关事务等;占第三

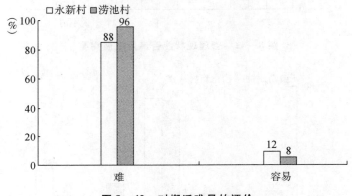

图8-43 对搬迁难易的评价

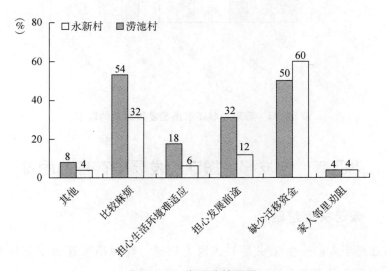

图8-44 搬迁难的原因

位的是"担心发展前途"（12%）。涝池村占第一位的是"比较麻烦"（54%），因为移民是从宁南山区迁往北部川区，属于长距离迁移，因而相对难度较大；占第二位的是"缺少迁移资金"（50%）；占第三位的是"担心发展前途"（32%）。

2. 迁入地的选择

自发移民对迁入地选择的标准呈现多样性，两村自发移民选择时既有共同点，也有不同点。从图8-45可以看出，永新村自发移民选择迁入地的原因依次为"有人牵线搭桥"（44%）、"发展条件较好"（40%）、"易于扎根生存"（34%）、"只会种植庄稼"（28%）。进一步分析表明，永新村的自发移民优先选择熟人社会，这样可以通过一定的社会关系克服迁入初期和发展中可能出现的问题，并结合自身的劳动技能情况，最终选择了农村腹地型自发移民社区发展。涝池村自发移民选择迁入地的原因依次为"发展条件较好"（68%）、"易于扎根生存"（54%）、"只会种植庄稼"（22%）、"管理较为松懈"（14%）。经过分析可以发现，涝池村自发移民首选发展条件较好的地方，是因为可以通过多种途径获取较多收入，当然仍然把土地种植作为自己生存的基本来源，最终选择了城市边缘型自发移民社区发展。

无论是永新村还是涝池村的自发移民，在选择迁入地时都考虑了家庭因素，主要包括两个方面，一是文化程度，二是家庭人口与劳动力。

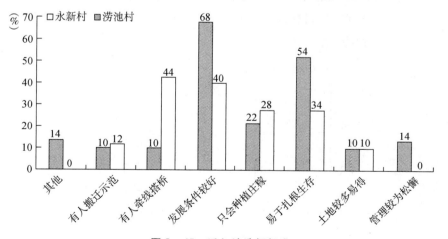

图8-45　迁入地选择标准

从图 8 - 46 可以看出，在"小学""高中以上"比例相同的情况下，永新村的文化程度总体水平低于涝池村。其中，永新村的"文盲"在该村被访者中所占的比例达 48%，高出涝池村 24 个百分点，而"初中"比例则比涝池村低了 24 个百分点。从这一点可以看出，文化水平的高低与自发移民迁入地的选择有着密切的关系。文化程度偏低者，思想观念比较保守，一般选择迁入地为农村腹地型自发移民社区的较多；相反，文化程度较高者，因为发展欲望强烈，思想开放，敢于承担风险，所以选择城市边缘型自发移民社区的较多。

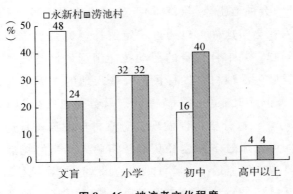

图 8 - 46 被访者文化程度

从图 8 - 47 可以看出：永新村的户均人口与户均劳动力均高出涝池村 0.7 人，因而选择了农村腹地型自发移民社区；涝池村劳动力相对较少，因而选择了城市边缘型自发移民社区。

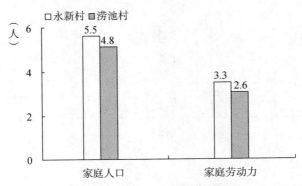

图 8 - 47 被访者家庭人口与家庭劳动力状况

二　搬迁初期面临的困难及其解决途径

1. 搬迁初期面临的困难

从图 8-48 可以看出，自发移民搬迁初期均面临较多的困难和问题。由于两村所处区位不同，因而面临的困难也有所不同。永新村自发移民在搬迁初期面临的主要困难依次是"户口问题"（54%）、"住房问题"（44%）、"土地问题"（40%）和"生产资金"（40%），反映出农村腹地型自发移民社区生产较为单一，主要依靠土地的产出，加上农业及其他方面的优惠政策的兑现是以户口为前提的，因而对户口问题有着较强的关注，同时对涉及农业生产方面的问题有着较多的期盼。而涝池村自发移民面临的问题依次是"住房问题"（68%）、"生产资金"（46%）、"户口问题"（40%）和"子女上学"（40%）。这反映出城市边缘型自发移民社区由于获取收入的机会较多，只要有立足点就可寻求更大的发展，因而住房问题位列第一位；当然无论是从事农业生产，还是其他的非农生产，都需要一定资金的支持，在搬迁过程中，资金已几近枯竭，因而对资金有着较多的渴望；从后两项可以看出，涝池村自发移民从一开始就比较关注子女的教育问题，但由于户口问题而使这一问题未能得到及时解决，再加上农业及相关政策日益优惠，没有户口则难以享受，因而户口成为其关注的问题之一。

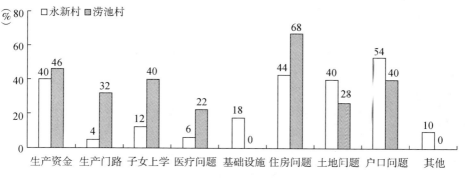

图 8-48　搬迁初期面临的困难

2. 搬迁初期得以尽快解决的问题

从图 8-49 可以看出，两村除均有 18% 的自发移民表示"均未解决"

外，搬迁初期得以尽快解决的问题中，所占比例最高的都是"住房问题"，永新村和涝池村这一选项所占比例分别为 54%、50%，其余问题由于社区环境不同解决的程度也不同。永新村排在其次的分别是"土地问题"（28%）、"基础设施"（16%）和"子女上学"（16%），涝池村则分别是"子女上学"（28%）、"生产资金"（14%）。

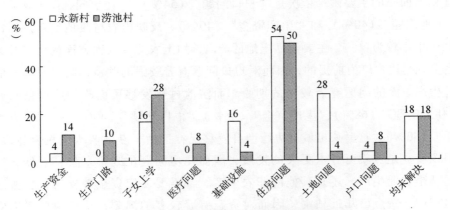

图 8 - 49　搬迁初期得以尽快解决的问题

3. 搬迁初期困难得以解决的途径

从图 8 - 50 可以看出，两村搬迁初期困难得以尽快解决的途径均依次为"自己克服""亲友帮忙""地方政府"，只是比例有所不同，永新村分别为 76%、32%、32%，涝池村分别为 100%、17%、5%。这主要在于，自发

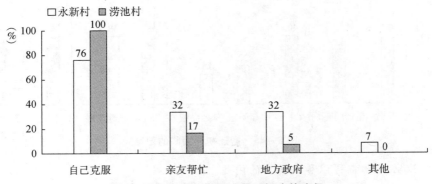

图 8 - 50　搬迁初期困难得以解决的途径

移民为了尽快寻找立足点，往往是"连房带地"一起购买，尽管付出的代价较高，但为自己的发展奠定了良好的基础，有房住、有地种，满足了其发展的最基本需求；当缺乏资金时，由于缺乏最基本的信贷条件——户口，因而主要是通过"亲友"帮忙解决的；对于"基础设施"和"子女上学"，则主要是通过"地方政府"予以解决的。

三 目前面临的困难

1. 生活方面

从图8–51可以看出，在生活方面，两村面临的主要困难基本趋于一致，均依次为"户口""收入""医疗"，永新村比例分别为76%、40%、22%，涝池村分别为72%、64%、46%。从所占比例的高低来看，应该说涝池村对解决这些困难的需要更为迫切。

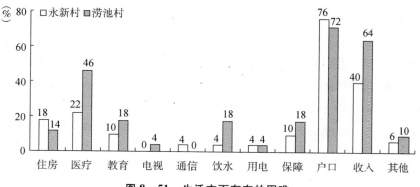

图8–51 生活方面存在的困难

2. 生产方面

从图8–52可以看出，经过一段时间的发展后，两村自发移民目前所面临的困难和问题已与搬迁初期有了较为明显的变化。永新村分别是"资金"（68%）、"技术"（32%）、"劳动力"与"土地"（均为12%）。涝池村分别是"其他"（54%）、"资金"（32%）、"政策"与"技术"（均为22%）。涝池村所选的"其他"主要是指该村自发移民土地被征收后土地补偿款的兑现问题，以及今后的发展与生产问题等。

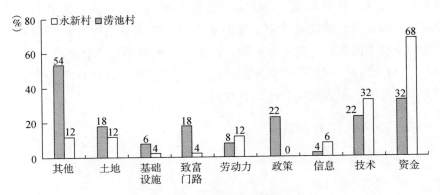

图 8 - 52   生产方面存在的困难

四   目前最需要政府解决的困难和问题

由于自发移民需要解决的困难和问题是多种多样的，为了便于向政府提出有针对性的意见和建议，我们又对其特别需要政府解决的困难和问题进行了询问。从图 8 - 53 可以看出，涝池村和永新村自发移民最需要政府解决的困难和问题均是"户口问题"，比例分别达 68% 和 72%，其余需要政府解决的问题则由于两村所处的区位环境和发展环境不同而表现不一。永新村依次为"水利设施"（18%）、"教育质量"（16%）和"医疗问题"（16%），这可以说是农村腹地型自发移民社区迫切需要解决的问题。涝池

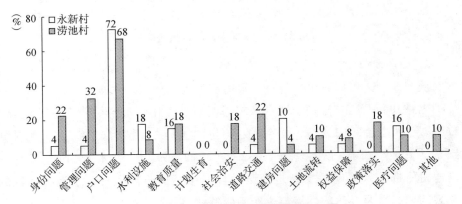

图 8 - 53   最需要政府解决的困难和问题

村依次为 "管理问题"（32%）、"身份问题"（22%）与 "道路交通"（22%），以及 "教育质量"、"社会治安" 和 "政策落实"（均为18%）。

第五节　对策与思考

通过对两个不同类型的嵌入型自发移民社区的比较研究，我们对自发移民所产生的背景、发展现状、存在问题及群众呼声等有了进一步的认识和了解，这些将有助于问题的解决。

一　自发移民的存在有其积极的一面，但不宜鼓励

自发移民是一个弱势群体，业已存在并将长期存在下去。作为主动走出生产生活条件极端艰苦、生态环境极其脆弱的深山老林，力图实现脱贫致富愿望的自发移民，他们不仅为迁出地、迁入地的发展作出了自己的贡献，而且减轻了国家的扶贫负担，有其积极的一面，但不宜鼓励。

二　自发移民的形成与发展与迁入地社会管理水平有着密切关系

宁夏的生态移民已有近30年历史，在发展中采取了边摸索、边实践的做法，社会管理工作也经历了由松散管理到严格管理、由低水平管理到高水平管理的阶段。总的来看，目前在土地管理、人口管理等方面存在较多问题，但迁入地政府由于权力所限无法形成有利于问题解决的相应政策，只能在有限的条件下被迫地解决自发移民呼声较高的问题。

三　自发移民由于所处区位不同，问题解决的难易程度不同

相对来说，处于农村腹地型社区的自发移民问题易于解决，其发展相对平稳、规范，只要给予适当的政策，纳入生态移民范畴就可解决；处于城市边缘型社区的自发移民问题解决起来难度较大，因为其人员复杂、管理失范、利益呈现多元化，因而，对其问题的解决需要制定一整套政策才可以得到有效的解决。

四　自发移民问题的解决是一项系统工程，需要各方面的协作与沟通

自发移民问题的解决，不仅需要自发移民作出积极的努力，而且需要迁入地与迁出地政府积极配合，更需要省级政府的大力关怀与支持，需要各部门之间的相互协调。只有自发移民问题涉及的方方面面齐心努力，这一问题才能得到有效的解决。

五　自发移民是特有的移民现象，应该加以引导和规范

自发移民自古就有，在某种程度上推动了人类社会的发展。但若管理不当，就会形成历朝历代都出现的"流民"现象；若处理不当，就会引起社会动荡。面对现实中存在的自发移民现象，应积极、慎重地予以对待，可通过相应政策加以规范和引导，使其向着有利于社会、有利于自发移民发展的方向发展。

第九章
宁夏县内移民：
彭阳县和西吉县案例

第一节 南部山区和县内移民概况

宁夏南部山区的行政范围包括海原县、西吉县、隆德县、泾源县、彭阳县、同心县、盐池县和原州区，总面积 3.05 万平方公里，总人口 233 万人，其中回族人口 115 万人，分别占宁夏总面积、总人口、回族人口的 59%、44.6%、64.7%。该区是我国北方农牧交错生态脆弱带的组成部分，生态环境极为脆弱、生态环境容量有限、干旱化趋势明显、环境灾害日趋严重是该区生态环境的基本特征。从人口数量、土地面积来看，该区可谓是宁夏的半壁河山，而其国民生产总值、财政收入仅占宁夏全区的 14% 和 6%。到 2001 年，宁南山区贫困人口占宁夏全区总贫困人口的 83.4%，农民年人均纯收入 470 元人民币，不及宁夏北部引黄灌区的一半（参见杨蓉等，2005）。

"山川共济"——将宁南山区的贫困人口通过跨县移民的方式搬迁到宁夏北部的川区是宁南山区扶贫发展的重要方式。但是，随着北部川区环境容量的日益饱和，探索宁夏南部山区在本区域内解决人口与资源困境，实现可持续发展的模式，成为一个迫在眉睫的课题。

在宁夏"十二五"生态移民规划中，同心县、盐池县、原州区、西吉县、隆德县、泾源县、彭阳县、海原县和沙坡头区等迁出县（区）中，35%的移民是采取县内移民的方式安置的，共涉及人口28368户12.11万人。其中，彭阳县3232户13533人，西吉县4399户21409人。

县内移民的基本思路是：围绕"水源、生态、开发、特色、转移"五个重点，按照"人随水走，水随人流"的思路，优先将居住在偏远分散、生态失衡、干旱缺水地区的贫困人口搬迁到现有扬黄工程沿线、公路沿线和城郊，积极发展优势特色农业、设施农业和旱作节水高效农业，实现"山内的问题山外解决，山上的问题山下解决，面上的问题线上解决"，从根本上解决中部干旱带贫困问题。坚持整村（乡）搬迁，人退林进，恢复和保护当地的生态环境。坚持整合各类支农资金，建设移民大村庄，确保安置区社会稳定、经济发展。县内生态移民区享受扶贫开发和各项直补政策，自治区各类扶贫和支农资金在人畜饮水、农村沼气、乡村道路、危房改造、设施农业、小城镇建设及电力、通信、广播电视、涉农信息平台等方面向安置区倾斜。整村搬迁后，迁出区生态恢复和迁入区生态建设并举，实现消除贫困和改善生态的双重目标。移民迁出地的土地，纳入迁出地退耕还林规划，实施退耕还林、退牧还草，恢复和保护当地的生态环境，移民享受退耕还林政策。

如表9-1所示，县内移民的迁出区与迁入区的选择体现了宁南山区区域内的"山川共济"。宁夏南部山区自然环境比较复杂，泾源、隆德处于六盘山山地，虽属中温带半湿润区，但海拔高，形成阴湿、低温的山地生态环境；西吉、海原、固原、彭阳是典型的黄土高原区，地表崎岖破碎；丘陵沟壑纵横，形成低植被、高水土流失的生态环境；同心、盐池则降水稀少，气候干旱，多为荒漠草原。清代以来，大量回民被迫移入宁南山区并实施大规模的垦荒农耕。早期回族社区多在适宜农耕、交通便利的河谷（如清水河谷、葫芦河谷、泾水河谷、祖历河谷）地带的川道地，村落毗邻，人口集中。随着粗放农耕的扩展，回族社区开始向山地阳坡迁移，形成了分散的多台阶式多层结构的社区空间布局（陈忠祥、沙爱霞、马海龙，2007：7）。县内移民是从这种大分散的居住格局向水土资源较好的川道区集中的过程，是宁夏南部山区城镇化和工业化发展的内在需求。

表 9 – 1　县内移民迁出区和迁入区标准

迁出区标准	迁入区标准
不具备基本生存条件,一方水土养活不了一方人的地方	有可以安置移民的水、土资源。利用已经建设的引、扬水工程,新建、改造水库,改造库井灌区和有灌溉水源的川台地等,通过调整土地安置移民
现有或规划建设的人饮工程不能覆盖的地方、建得起工程用不起水的地方	有饮用水源。就近有符合农村安全饮水标准的水源,有已建成或拟建的饮水工程
交通不便、出行困难的区域	出行、就学方便。移民安置点应靠近乡镇、行政村,交通便利,有利于出行和外出务工;移民安置点 3 公里半径内应有已经建成的完全小学
当地农民收入以劳务收入为主的地方	
"千村扶贫"和"整村推进"范围内的扶贫重点村	

第二节　县内生态移民推动新农村
建设与小城镇发展

在宁南山区,县内生态移民工程通常与当地的新农村建设、小城镇发展以及产业现代化联系在一起,其主要目标之一是推动宁南山区的工业化和城市化进程。

彭阳县位于宁夏回族自治区南部边缘,六盘山东麓,西连宁夏固原,东、南、北环临甘肃的镇原、平凉、环县等市县。面积 2532.3 平方公里,辖 12 个乡镇、156 个行政村、24.5 万人,其中少数民族占 29.6%,年平均气温 7.4—8.5℃,无霜期 140—170 天,降水量 350—550 毫米。地形分为北部黄土丘陵区、中部河谷残塬区和西南部土石质山区三个自然类型区,海拔 1248—2418 米,属典型的温带半干旱大陆性季风气候。

"十二五"期间,彭阳县移民总规模为 8676 户,36333 人。其中:县内移民 3232 户,13533 人,占移民总数的 37.2%;县外移民 5444 户,22800 人,占移民总数的 62.8%。2011 年彭阳县计划实施县内移民 4716 人,规划建设古城镇皇甫新村、新集乡民族新村、草庙乡草庙新村和城阳杨坪村 4 个生态移民安置区,安置群众 585 户 2632 人;在县城建设民生家园劳务移民安置区，安置劳务移民 480 户 2084 人。如表 9 - 2 所示，县内生态移民是一个与各个乡镇的新农村建设和小城镇发展联系在一起的项目规划。

表 9 - 2　"十二五"期间彭阳县县内生态移民安置计划表

安置区名称		户数（户）	人数（人）
白阳镇	大沟湾安置区	429	1795
	任湾安置区	83	345
古城镇	任河安置区	216	904
	乃河北山安置区	28	117
	温沟安置区	45	187
	老庄洼安置区	21	90
	三洼湾点	26	112
王洼镇	王家湾安置区	101	423
	窨子掌安置区	156	530
	范新庄安置区	84	361
	北洼安置点	156	600
新集乡	民族新村安置区	120	503
	河南安置区	50	235
	张湾安置区	50	245
	杨明安置区	50	225
城阳乡	杨坪安置区	144	603
	沟圈安置区	85	348
	余沟安置区	38	184
红河乡	黑牛湾安置区	83	280
	夏塬安置区	85	372
	何塬安置点	94	322
	野王安安置点	115	489
草庙乡	草庙安置区	167	699
	赵洼安置区	184	816
孟塬乡	岔口安置点	48	217
	塬畔安置点	45	221
	上洼安置点	39	173
	堡壕安置点	35	157
冯庄乡	上壕安置点	62	290
	小园子安置点	70	316

续表

安置区名称		户数（户）	人数（人）
罗洼乡	罗洼安置区	103	440
小岔乡	小岔安置点	51	
	哈岔安置点	14	
	耳城村安置点	12	
交岔乡	交岔安置点	12	
	马连安置点	12	

资料来源：《宁夏"十二五"中南部地区生态移民规划》。

一 移民搬迁的动力

皇甫新村位于彭阳县古城镇，即表 9 - 2 中的任河安置区，是彭阳县"十二五"规划的首批县内生态移民村。皇甫新村占地 134.7 亩，已经迁入移民 172 户，他们分别来自古城村的三个自然村（组）：西沟、高山和王代沟。每户一栋 70 平方米的暖棚，用于肉牛养殖，牛的品种包括黄牛和西门塔尔牛。皇甫新村 2011 年开始规划，将新农村建设、小城镇发展和产业配套发展相结合是彭阳县县内生态移民的一个核心指导原则。西沟村是古城村的一个自然村，距离古城镇 4 公里，1800 亩土地，94 户。西沟村处于山体滑坡地段，首批迁入皇甫新村的有 42 户。

对于西沟村人来说，移民搬迁的吸引力主要体现在以下两个方面。第一，生态安全效应。居住在西沟村，当地的村民最怕的是打雷下雨。这里处于山体滑坡地段，在启动县内生态移民工程以前，与西沟村毗邻的高山村的 14 户村民就被迫搬离了原住地。皇甫新村建于山下的平地，村民居住的生态环境安全可以得到充分的保障。第二，城镇聚集效应。古城镇的优质教育资源是吸引移民的一个重要因素。首批搬迁的西沟人主要集中在 30—50 岁，其中 30—35 岁的人占 12%，35—50 岁的人占 88%。几乎家家都有处于学龄期的孩子。搬迁之前，孩子们上学路途较远，且山路崎岖，需过桥过河。搬迁之后，上学的路缩短到了 0.5 公里，交通极为便利。除了教育资源便利之外，皇甫新村引附近任山河的水实现了自来水供给，用水之便利被广为称道。搬迁之前，则主要靠驴车拉水和水窖储水。

二　"离村不离土"的生计与农民的兼业化

彭阳县的县内生态移民迁出区的土地并没有被强制收归国有，搬到山下的移民还可以继续利用山上的土地进行农业经营。我们在移民村中看到的是一种"离村不离土"的生计模式。移民居住在皇甫新村的新房子里，但在农业耕作和收获的季节，每天都上山种地。最典型的生活方式是，夫妻二人早晨送完孩子上学，即上山"上班"，傍晚再回皇甫新村的家。西沟村户均20—30亩旱地，主要种植玉米、荞麦、小麦、糜子、洋芋、胡麻等粮食作物。这里"靠天吃饭"的旱作农业受气候变异的影响较大。雨水好的年份和干旱的年份相比，粮食产量的波动很大。在旱年里，甚至有颗粒无收的现象。在这样的生产条件下，农民的粮食种植主要用于满足自家的温饱，除了出售部分玉米之外，其他粮食都用于自食。在种粮之外，每家都会养两头牛，既满足耕地时的役使之用，每年生两头小牛也可以卖一万元。用当地人的话说，在山上生活，十几天不出门也没有什么花费。但是在移民村的生活则大为不同。移民普遍反映在移民村的生活开支增大。一方面，在生活上，以前在山上生火做饭到处都是秸秆和柴草，在移民村则主要依靠电和煤。水、电、煤的开支使移民感到生活成本提高。另一方面，居住在镇上，受周围消费环境的影响，孩子们吃穿方面的消费也增多了。在这样的情况下，农闲时节，移民都开始寻找其他的打工收入途径。附近的工地和企业是吸纳这些剩余劳动力的主要部门。可见，在城镇化消费的拉动下，农民在逐渐地向兼业化转型。

三　产业聚集与劳务吸纳

在皇甫新村，每户移民都有70平方米的暖棚可以发展养殖业。移民村虽然为养殖业的发展提供了产业聚集的优势，但是并没有实现养殖业的规模化效益，这里的肉牛养殖主要还是家户的分散经营。牛是各个家户按照自己的家庭情况到附近集市上购买的，价格一般在5000元/头，育肥2—3个月，利润在1000元/头。事实上，在最初的移民规划中，与皇甫新村的建设同步，周边一些配套产业也开始建设。如陕西六盘山城市景观苗木中心、银川卫民养殖公司、山西浩源设施温棚农业公司、江苏雨润集团的养殖基地等。城市景观苗木中心就建在皇甫新村的旁边，占地400多亩。主要种植城市景观建设所需要的树木和花卉，已经进入经营正轨。该中心的常年员工在20人左右，移民村的临时性用工成为其主要的劳动力来源。很多移民村家庭的妇女都在该中心打工，按天计酬，每天工资70—80元。在某种意义上，移民村和周边产业成为一种"相互辅助，同步发展"的关系。移民村的劳动力聚集效应可以满足产业发展的劳动力需求，产业发展也带动了移民劳务收入的增加。

四　致富精英与多元收入

如上文所述，在移民搬迁的初期，大多数移民并没有脱离原来的农业生产，形成了一种"离村不离土"的生计模式。在这个城镇化的过渡阶段，西沟村也涌现出了一些致富精英。他们充分利用移民带来的一切有利条件，积极地拓宽家庭收入来源。

典型户一：

马君梅，29岁，高中毕业，丈夫马秀恩31岁，大女儿10岁，小女儿4岁。马君梅一家四口2011年10月28日搬入皇甫新村。两个女儿在古城镇上小学和幼儿园。学校和幼儿园距离皇甫新村0.5公里，中午小孩可以在幼儿园和学校就餐。马君梅在西沟的家现在公婆在住。两位老年人70多岁了，不想搬到山下住。他们在家里养了2头牛，并负责照看山上的土地。马家有20亩地，其中退耕还林10亩。退耕还林地每年每亩地可获得补偿90元。剩余的10亩地种植小麦和玉米，年产粮食2000多斤。小麦的亩产不到100斤，玉米亩产不到800斤。粮食保障自食外，少量出售。马家还另外租种了10亩地，发展苗木产业，即种植培育松树、柳树、杏树等树种的树苗，树苗种植一年后即可出售。租种的地是依靠井灌的水地，每亩租金600元。每棵树苗的成本去年是2元，今年是1.3元。共种植10000多棵树苗，其中8000棵松树。雇人种植的成本是每天80元，这样苗木种植的成本投入为4万多元。彭阳的水资源条件较好，深井多、水好。农户自己打井需要20万元投资，打成后国家给配套井房和机泵。井一般在200米深，80—100米即可见水。浇水井灌 1 小时需 20 元。马秀恩 2008 年花 5 万元买了一辆车，自己挂牌跑出租。现在每月收入在 3000—4000 元。马君梅在皇甫新村旁边的城市景观苗木中心做零工，每天收入 70—80 元。

马君梅和马秀恩夫妇是年轻人中的致富能人。马秀恩是个头脑灵活的人，2004 年他便参加了当地政府组织的劳务输出，到宁夏惠冶镁业集团公司务工，从最苦最累的装卸工干起。马秀恩在工作中锻炼了胆识，积累了经验，2007 年自己组织 20 多名村民到惠冶镁业集团公司位于陕西神木的分公司上班。在外务工的经历也使马秀恩积累了一定的财富。2008 年，马秀恩花 5 万元买了一辆出租车，自己跑起了出租。跑出租的过程中，马秀恩常常会拉一些贩卖树苗的乘客，在与这些树贩子的闲聊中马秀恩感到苗木种植是一项收入可观、前景良好的经营项目。种植苗木的经济收益远远比种植粮食高，且有利于当地山地的环境保护，也容易得到政府的支持。就这样，马秀恩大胆地租种了 10 亩水浇地来种植树苗，2013 年春天就可见到可观的收益（见表 9 - 3）。

表 9 - 3　2012 年马秀恩家收入来源表

收入类型	收入来源	收入金额
农业种植收入	山上承包地 10 亩	2000 元/年，粮食自食
退耕还林补偿收入	山上退耕地 10 亩	900 元/年
苗木种植收入	租种土地 10 亩	3 万—4 万元/年
养殖收入	家养耕牛	1 万元
务工收入	开出租车	3000—4000 元/月
	附近企业打零工	70—80 元/天,不超过 60 天

典型户二：

剡文林，1962 年生，50 岁。夫妻二人育有两个儿子和两个女儿。大女儿已经出嫁了，在红寺堡一中教书；小女儿在吴忠上幼儿师范学院；大儿子结婚后分户独立生活，留在西沟没有搬；小儿子在天津上完大学，现在在银川工作。

剡文林家在西沟有 30 亩地，种植玉米、洋芋、小麦等。剡文林在搬入移民村后每天骑摩托车回家种地，上午和下午往返两次。搬迁之前，剡文林一直在西沟种粮，但并不是一种商品化的农业生计。在其所种的所有粮食作物中，只有玉米用于出售，其他的全部用于自食。剡家共种玉米 11 亩，雨水好的情况下最高亩产可达 800 斤，改良品种后亩产 1400 斤。每年卖玉米收入 5000—6000 元。在粮食种植之外，剡文林家还养了两头母牛用于耕田。每年产下的两头小牛犊可以卖 1 万元。

搬到移民村后，剡文林的兼业收入增加了。首先，剡文林利用移民村配套的暖棚养了 4 头西门塔尔牛，育肥 2—3 个月后卖掉，每头牛的纯收入在 2500 元左右。育肥肉牛的全年总收入在 2 万元左右。另外，剡文林的沟通交流能力较强，西气东送的工程部聘请其做管道铺设 GPS 定位的临时工，每月收入 800 元，年收入 9600 元。此外，他还兼任了移民村的动物防疫员，每年的收入为 4300 元。这样总计下来，剡文林的年收入在 5 万—6 万元，在皇甫新村是佼佼者（见表 9-4）。

剡文林在移民村生活的感受是："这里交通便利，有太阳能，自来水也方便，以前都是驴车拉水。另外这里住着也比较安全，过去总是怕下雨打雷，怕窑洞塌了。孩子们上学要过桥、过河，现在上学近了。女人们在这里生活可以出去找人聊天，不孤单，语言也文明了。"

表 9-4　2012 年剡文林家收入来源表

收入类型	收入来源	收入金额
农业种植	山上承包地 30 亩	5000—6000 元/年
肉牛养殖	家养耕牛	10000 元/年
	育肥肉牛	20000 元/年
务工收入	西气东送工程管道铺设定位员	9600 元/年
	动物防疫员	4300 元/年
	附近企业或工地打零工	80—100 元/天，不超过 40 天

综上所述，对于人地关系矛盾突出的宁南山区来说，"走出去"一直是当地农民的重要生计策略。县内生态移民推动的新农村建设和小城镇发展为当地农民的非农化转型提供了平台。在移民搬迁中涌现出的致富能人通常能够利用在城镇居住的便利条件积极拓展农业种植收入之外的收入来源。养殖收入和务工收入成为移民家庭收入的重要来源。在移民搬迁的初期，

"离村不离土"的生计模式使原居住地的土地成为农民家庭收入的重要保障。在农民适应城镇化新生活的过渡期，原居住地的土地经营收益是一个重要的稳定器。生态移民推动了农民的兼业化和收入的多元化，切实解决了山区农民上学难、出行难、务工难等问题。

第三节　宁南山区的工业化与县内劳务移民

　　狭义上的宁南山区主要是指宁夏南部固原市地区的固原、西吉、隆德、泾源、彭阳县以及海原县的南部山区。从地貌类型上看，宁南以流水侵蚀的黄土地貌为主。宁夏南部为黄土高原的一部分，其上黄土覆盖，厚的地方可达100多米，大致由南向北厚度渐减。六盘山主峰以南，流水切割作用显著，地势起伏较大，山高沟深。六盘山以北地区，由于降水少，流水对地表的切割作用较小，除少数突出于黄土之上状如孤岛的主峰之外，一般为起伏不大的低山浅谷，相对高度在150米左右。凡有河流流过的地方，经河流的冲积，形成较宽阔的河谷山地，适宜发展农业，是重要的粮油产地。水是宁南山区的稀缺资源，山区的旱作农业常常因为降雨量少而产量极低。干旱带来的农业生产的脆弱性，使宁南山区的农民必须靠外出打工来维持生计。由于水资源的限制，这里的工业化进程一直较为落后，是一个以农业生产为主的区域。工业化的滞后也延缓和阻碍了现代农业的转型升级。尽管这里有丰富的农产品资源和劳动力资源，却难以转化成当地的工业发展优势。由于矿产资源和水资源条件的限制，宁夏南部山区必须探索一条环境友好、资源节约的新型工业化道路。

　　在"十二五"移民规划中，劳务移民值得关注。除了向宁夏北部黄河灌区、宁东能源基地转移之外，宁南山区移民规划中还有县内劳务移民。县内劳务移民与当地的工业化进程是密切联系在一起的。

一　水资源约束下的工业化之路

　　西吉县地处宁夏南部山区，属国家级贫困县之一。全县土地总面积3144平方公里，2010年底全县总人口50.83万人，其中农村人口46.63万人，回族人口28.76万人，占56.6%。现辖3个镇、16个乡、306个行政村、4 个居民小组、1912 个村民小组，是宁夏人口第一大县和少数民族聚居县。主要有葫芦河川道平原区、西南部黄土丘陵沟壑区和东北部土石山区三种地貌类型，海拔 1688—2633 米。年平均气温为 5.3℃，年平均降水量为 427.9 毫米。属典型的温带大陆性季风气候，自然灾害较为频繁，尤以干旱造成的损失最为严重，水资源和矿产资源较为贫乏。

西吉县是一个水资源严重短缺的地区，资源性和水质性缺水是基本县情，人均占有可利用水资源量仅为 95 立方米，不到全国平均水平的 1/14，年均降水量为 397.8 毫米，年水面蒸发量高达 1400—1600 毫米。水资源严重短缺造成几乎每年都有不同程度的旱灾，一般年份受旱面积都在 50 万—70 万亩，而且旱灾也由单纯的影响农业生产发展到对国民经济和社会发展的各个方面都带来不同程度的影响。西吉县地下水资源量为 2910 万立方米，多年平均水资源总量为 8120 万立方米，年均产水模数为 2.58 万立方米/平方公里。

表 9-5 反映了西吉县各流域不同保证率下的水资源总量，表 9-6 则体现了西吉县 2011 年各流域水资源利用的现状。我们发现西吉县的农业用水和人畜饮水已经面临较为严峻的水资源短缺，这对于工业化的发展无疑构成一个巨大的挑战。为此西吉县也一直在探索一条适合西吉自然资源现状的工业化发展道路，并积极开拓域外饮水的途径以弥补本地水资源不足的困境。

"十二五"伊始，西吉县终于迈开了工业化发展的步伐。2011 年 9 月，西吉闽宁产业园区开工建设，现已累计完成投资 3.1 亿元，建成园区标准化厂房 15 栋 3.6 万平方米，园区基础设施和配套设施粗具规模，打造了具有较强承载能力的招商引资平台。目前，该园区已与宁夏国圣食品公司、宁夏鸿威电子科技公司、宁夏华晟塑业公司等企业签订了 13.5 亿元的投资协议。

表 9-5　西吉县各流域不同保证率下的水资源总量

分　区	多年平均水资源总量（亿立方米）	不同保证率下的水资源总量（亿立方米）			
		20%	50%	75%	95%
葫芦河干流	0.385	0.506	0.365	0.273	0.171
滥泥河	0.174	0.229	0.165	0.124	0.077

续表

分 区	多年平均水资源总量（亿立方米）	不同保证率下的水资源总量（亿立方米）			
		20%	50%	75%	95%
清水河	0.173	0.230	0.164	0.120	0.073
祖厉河	0.079	0.106	0.075	0.054	0.032
合 计	0.811	1.071	0.769	0.571	0.353

表 9-6   2011 年西吉县各流域水资源利用情况

单位：万立方米

分区	农业用水	人畜饮水	合计
葫芦河干流	2486	445	2931
其中:县城		190	190
滥泥河	107	139	246
清水河	213	86	299
祖厉河	0	72	72
合 计	2806	742	3548

西吉县以闽宁产业园为中心的工业化之路在建设思路上紧紧围绕当地农产品和劳动力资源优势、西吉的区位优势、闽宁合作优势和区域经济发展特点，重点发展农产品加工业、轻工业、电子工业，扶持发展物流、商贸服务等水资源消耗较低的劳动密集型产业。基于闽宁产业园劳动密集型产业集中的特点，西吉县的县内劳务移民是与闽宁工业园区配套建设同步推进的。在下文中，我们将结合对闽宁产业园的实地调研来分析宁南山区的工业化道路与县内劳务移民的关系。

二 "东财西发"：西部工业发展与东部产业转移

西吉一直是劳务输出大县，劳务输出人口在 12 万人以上，形成了所谓的"打工经济"，劳务收入被认为是农民收入的"铁杆庄稼"。由于西吉水资源等各方面条件的约束，长期以来这里的工业发展都处于空白状态。同时，尽管这里的农业资源相对丰富，比如西吉被称为"中国的马铃薯之乡"，但农产品深加工产业的发展一直严重滞后。工业资源匮乏、农产品又难以实现高附加值的转化，成为制约西吉经济发展的瓶颈。为转变经济发展方式，西吉借助宁夏与福建的"东西对口帮扶"关系，积极引进福建的企业入驻西吉，实现了工业发展零的突破。

2009 年至 2010 年，福建省莆田市秀屿区的林珍发和林超雄在西吉县挂职副县长。在挂职期间，他们想方设法实现西吉的发展项目与福建企业的对接，直接促成了西吉第一个工业产业园区——闽宁产业园的建立。

建设宁夏（西吉）闽宁产业园是西吉县实施工业富县战略目标的重要举措，是闽宁两地通力协作、共谋发展的重大成果。在新一轮西部大开发的历史机遇下，西吉县积极承接东部产业转移，促进当地的产业转型升级，建立有效吸纳县内劳务移民稳定就业的重要平台。在西吉县政府的发展蓝图中，闽宁产业园将被打造成"宁夏南部山区产业转型升级的重点区、宁夏承接东部产业转移的先行区、宁夏南部经济开发开放示范区、西吉优势资源加工产业聚集区"。

闽宁产业园位于西吉县县政府所在地——吉强镇的水泉村和袁河村，规划占地面积 12 平方公里。按照特色农产品加工区、轻工区、电子工业区、物流区、商贸服务区"一园五区"的整体空间功能布局，重点发展马铃薯、胡萝卜、西红柿等优质果蔬精深加工和牛羊肉等清真肉制品加工；发展农资及民族服装鞋帽生产和电子产品加工；配套发展服务园区企业的商贸服务业及物流业。园区建设工程于 2011 年 9 月启动。在园区供排水工程方面，新建 500 立方米蓄水池 1 座，埋设 PVC 管道 14.4 公里，完成排水管道 1200 米，建设检查井 24 座等供排水项目。在园区配电工程方面，改造 35 千伏线路 2.261 公里，移位 10 千伏线路 0.6 公里。敷设各类地埋电缆 1270 米。完成秀山路园区段 2.2 公里，闽宁大道安家河桥段新建 4 米盖板涵一座。敷设供热管道 2.6 公里，供热站正在紧张建设中。改造架空光缆 13.3 公里。场地平整完成土方开挖 6 万立方米，土方回填 4 万立方米。已完成园区会展中心及人行桥工程技施设计。完成钢架结构标准化厂房 15 栋、仓库 3 栋，共计 3.6 万平方米，完成厂区道路硬化 300 米，安装路灯 105 盏，建成生产锅炉房 1 座、300 立方米消防用蓄水池 1 座。截至 2012 年 4 月，园区累计完成固定资产投资 3 亿元，园区（一期）框架结构基本形成。闽宁产业园旁的民生家园即是为"十二五"期间的劳务移民建造的廉租房。在投资厂商的眼中，民生家园无疑是他们的"职工宿舍"了。计划建成劳务移民周转房 1224 套。

在西吉政府的支持下，闽宁产业园区在短短六七个月的时间内就完成了各类生产基础设施的建设。截至 2012 年 9 月，宁夏国圣食品公司、宁夏华晟塑业公司、宁夏汇丰天塑业公司等三家企业已经进入了试生产阶段，并向正式投产过渡。宁夏鸿威电子科技公司也完成了机器的安装调试。这四家企业的老板都是年轻的第二代闽商，最年长的 33 岁，最年轻的 25 岁。在我国东部地区劳动力成本日益提高的背景下，一些成功的福建企业将劳动力资源丰富的西部地区作为新一轮投资开发的重点区域。

三　工业发展中的劳务吸纳与用工矛盾

（1）宁夏国圣食品有限公司是依托宁夏的马铃薯产业而引进的龙头企业。该公司是福建红太阳食品的分公司，在闽宁产业园区拥有 2 万平方米的厂房。每天可以生产 50 吨饼干和 20 吨薯仔。国圣食品有限公司的总经理生于 1985 年，用他自己的话说是"帮助父亲在打理宁夏的生意"。他们之所以选择在西吉开厂，正是看中了这里丰富的马铃薯资源和劳动力资源。

> 父亲考察了很多地方，西吉的工业企业很少，马铃薯产业链很短，这里的土豆资源和劳动力资源都很丰富，既然有十几万的劳务输出，那如果在家门口办厂，岂不是更好？既可以解决当地就业，也满足了我们的用工需求。（访谈 GSY，2012）

目前，国圣食品有限公司有 132 名工人，90% 为当地人。在试生产阶段，公司给出的用工价格为女工每月 1350 元，男工每月 1450 元。这远远低于福建企业在沿海地区的工资成本。在厂商看来，对于家就在附近居住的当地劳动力来说，这个价格已经足够有吸引力了。国圣食品有限公司的设计生产能力为每天消化 100 吨马铃薯。公司在西吉建立了 6 个生产收购基地，并成立了国圣农牧公司负责马铃薯的收购。西吉的土豆共有十几个品种，现在普遍使用的是"青薯 168"，淀粉含量很高。6 个基地共种植 2 万亩土豆，分布在火石寨、新营乡等地。公司首先与村委会建立联系，协议收购价格，新成立的国圣农牧公司也在一些村庄租赁农户的土地来自己扩大种植面积。如图 9-1 所示，国圣食品有限公司的引入使马铃薯就地实现了深加工，延伸了产业链条，吸纳了更多的当地剩余劳动力。

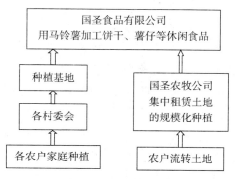

图 9-1 西吉马铃薯产业链条示意图

（2）宁夏汇丰天塑业有限公司是西吉闽宁产业园区第一家投产的企业，产品远销欧洲、东南亚，是国家安全生产监督管理局、全国工业产品生产许可证办公室、国家质量监督检验检疫总局定点生产铁道运输化工危险货物包装品的企业。该企业在闽宁产业园区投资 1000 万元，引进全自动平膜拉丝机等专业集装袋生产设备，生产各种规格吨包、集装袋、塑料编织袋、塑料内膜等产品。项目投产后年产值可达 1.3 亿元，上缴税金近 1000 万元，提供就业岗位 800 个。2010 年，西吉、莆田两地合作，闽宁产业园项目确立。好友给福建莆田的商人林天龙推荐了这个项目。2011 年 3 月，林天龙和朋友们第一次踏上宁夏的土地，来到西吉。林天龙生于 1937 年，随父亲在陕西和甘肃做过多年的生意。其家族是最早来西北地区投资的福建商人中的一员。在父亲的支持下，林天龙将公司的发展拓展到了宁夏。在林天龙的印象中，西吉这个传说中的西海固腹地，并没有想象中那么落后。在随后的几个月里，林天龙几次前来考察，他认为"如果在这里建厂，家门口打工的优势必然能吸引足够的劳动力。当地投资环境还不错，政府的思路很清楚，基础设施也都已经建好。在这里建厂的收益一定很高"。在了解到林天龙的企业污染小、耗水少，又是劳动密集型企业后，西吉县大力支持、全力配合建厂工作。从提交材料给招商部门，到所有证件齐备，只用了 8 天时间。为了让汇丰天塑业有限公司能够早日生产，西吉各相关部门加班加点完成通水通电等配套服务。2011 年 12 月 22 日，汇丰天塑业有限公司投资 800 多万元建设的第一条生产线正式开工，40 多名经过培训的当地工人上岗。月保底工资 1400 元，还有"三险"。截止到 2012 年 9 月我们调查期间，汇丰天塑业有限公司的厂房中又增加了 6 条生产线的机器设备，但车间处于停工状态。原来的几十名工人已经被辞退了。原来，在经过了试生产阶段准备转入正式的生产阶段时，林天龙为了进一步提高劳动生产率决定将原来的"月保底工资制"改为"计件工资制"。但这一决定遭到工人的普遍反对，他们依然希望延续月保底工资。林天龙说："在福建工厂里，都是计件工资制。只要你肯干的话，每个月拿到 3000 块钱都是可能的。但无论怎么说，他们就是不愿意改，觉得死工资有安全感，不管干得怎么样都能旱涝保收，可是我这是开厂啊，我自己还想轻轻松松到北京的大单位上班呢，也得人家要我啊。"事实上，企业是追逐利润最大化的社会行动者，为提高劳动生产率、降低生产成本，企业的用工方式常常使工人陷入不确定的生计风险中。以汇丰天塑业有限公司为例，由于企业很大部分的生产是为了满足出口市场的需要，即所谓的"订单工业"。企业通常是根据订单工作量的需求来安排劳动力的配给，"有多少活儿用多少人"。实行计件工资制，企业就享有很大的灵活性，在订单量大时就多招工人，在订单量小时就裁撤多余的劳动力。但是，站在工人的立场，这样的用工制度常常使他们陷入被动状态，很难积累完整的职业生涯，工资收入也处于不稳定状态。

（3）华晟塑业公司是一家生产农膜的企业。华晟的老板施某同样来自福建莆田。施某此前一直在北京从事建材业，来西吉开厂是希望借助这里的优惠政策和劳动力资源优势投资农膜生产领域。华晟塑业公司的农膜生产线在 2012 年 5 月投入生产。企业在生产过程中也遇到了劳工方面的问题。公司基本上用的都是西吉本地人，很多是回族年轻人。"我觉得这里的人还是有些懒，也不肯学。机器刚来的时候，进行安装，我手把手地教，但还是不合格。特别是回族的工人，傍晚的时候要做礼拜。从来也不肯加班。一次我还在那埋头拆螺丝，一回头却发现工人一个也没有了，我都气晕了。这里的人也特别不省心，一个女工跟工友闹矛盾，一个电话打出去，不一会儿就叫来了十几个人，那边也打电话找人，一会儿也叫来了十几个人，差一点就打起群架来了。弄得我们厂里也很紧张，很麻烦。"

综上所述，在调查中，我们发现，农民向产业工人的转型往往不是一蹴而就的。回族人口聚居区的工业化发展，还需要重视农民工族群文化背景差异带来的影响。东部地区向西部地区的产业转移看重的是当地丰富的劳动力资源，但是往往忽视了当地劳动力常常更多地嵌入地方性的社区组织和文化网络当中，在一个较长的时期内都处于一种由农民向工人的"半转型"状态。政府为县内劳务移民建设的周转房有助于企业稳定的用工和劳动力工资成本的降低。在今后的发展中应进一步重视打工者劳动权益的保护以及劳资双方的关系协调。

以下是本章的简短结语：

首先，宁南山区的城市化和工业化是在一种自然资源约束条件下的城市化和工业化。县内移民是配合宁南山区城镇化和工业化进程而开展的农业人口的集中安置。尽管迁入区的水土资源比迁出区丰富，但是城镇建设和工业发展都涉及自然资源特别是水资源的密集开发和使用。地方政府应充分重视县内移民迁入区的环境保护和自然资源可持续利用。

其次，宁南山区的县内生态移民是以乡镇为中心的集中安置，规模较小，产业聚集程度低。移民无法脱离原居住地的农业生产，基本上是山上山下两头跑。基于不同区县的自然资源特点，地方政府可以因地制宜地挖掘山上与山下的联动机制和互补发展。山上，即移民迁出区，通过建立农民合作社集中发展生态效益高的苗木种植和饲草种植业；山下，即移民迁入区，则也可建立社区经营合作社集中发展养殖业、苗木商品销售点。这样山上山下资源互补、产业联动，既保护了自然环境又有利于经济收入的提高。

最后，宁南山区的工业化是在东西部合作、东部产业向西部转移的背景下开展的。东部企业在西部建立工厂就近吸纳劳动力，西部区县推动县内劳务移民，应着眼于建立一种企业与当地人的共赢模式。企业应充分尊重少数民族群众的宗教信仰，重视打工者的自我管理能力的培育。政府应在劳资关系协调和劳工权益保护中起到润滑剂和催化剂的作用。

第十章
宁夏县外移民：
和顺新村和滨河家园案例

县外生态移民是宁夏"十二五"移民规划中最主要的移民安置模式。县外生态移民区的稳定与可持续发展是关系到移民工程整体性成败的关键。银川市作为宁夏回族自治区的首府，在"十二五"移民规划中是一个重要的移民安置区。仅银川三区——兴庆区、金凤区和西夏区就将安置移民5444户，22800人，其中：生态移民1387户，5800人，占移民总数的25.4%；劳务移民4057户，17000人，占移民总数的74.6%。银川三区的移民全部来自宁南山区的彭阳县。

为了更深入地了解县外生态移民的生态效益、经济效益和社会效益，我们不仅在生态移民安置区——金凤区良田镇的和顺新村与兴庆区月牙湖乡的滨河家园进行了实地调查，而且前往移民迁出区——彭阳县进行了实地考察。在调研中我们发现，在彭阳县被列入县外移民规划的区域，人们更愿意选择"生态移民"，而不愿意选择"劳务移民"。农民出于传统观念和迁移风险的考虑，认为"生态移民"是"有土安置"，土地是农民生活的根本，有了土地才觉得踏实。我们认为，对既有的生态移民安置区产业模式的分析以及相应的农民生计和社区治理研究是探索生态移民长效发展机制的基础。在下文的分析中，我们可以看到，金凤区和兴庆区的移民安置采取了两种不同的产业支持模式，迁入移民户所面临的生计转型和社会适应也呈现不同的特点。

第一节 作为蔬果基地的生态移民村

和顺新村位于银川市南郊的良田镇。事实上，良田镇是具有近 30 年历史的老移民聚居区。良田镇前身系芦草洼铁东乡，1985 年由泾源县搬迁到银川南郊的移民乡镇，2001 年 1 月移交银川市郊区人民政府进行属地管理，挂牌银川市郊区兴源乡，全乡总面积 50.9 平方公里，辖 11 个行政村，52 个村民小组，3064 户，总人口 14441 人，回族占总人口的 98.6%，耕地 2 万亩，年人均收入 847 元。2003 年 8 月与金凤区原良田乡合并成良田镇，如今该镇是金凤区唯一的一个移民乡镇。该镇地处银川市金凤区南部，东与永宁县征沙渠接壤，西至包兰铁路，南至永宁县闵宁镇，北至南环高速公路。现辖园子村、金星村、光明村、兴源村、泾龙村、园林村和植物园村 7 个移民行政村和银川林场 1 个居委会，总面积 93.3 平方公里，耕地 4 万亩，共有 4476 户 21424 人，其中回族人口 20009 人，占总人口的 93%，劳动力 10251 人。其中，移民地区 7 个行政村共有 46 个村民小组，4056 户 20291 人，劳动力 9707 人，回族人口 19858 人，占总人口的 98%。

该地区气候属温带大陆性半干旱荒漠草原气候，其特点是：干旱、多风、少雨、蒸发量大、气温变化大、日温差大。年平均气温 8℃ 左右，最高 39℃，最低 -36℃，年内日照时数 3039.6 小时，日照率为 69%，年有效积温 3298℃。年降雨量 208.8 毫米，且分布不均，7、8、9 三个月的降雨量占全年降雨量的 62%，蒸发量 1583.2 毫米，为年降雨量的 8 倍。无霜期 150—170 天。初霜出现在 10 月上旬，终霜出现在翌年 4 月下旬或 5 月上旬，全年大风日数平均 26 天，最多 56 天。沙尘暴日数平均 6—7 天，最多 15 天。冬春季多北风和西北风。当地主要风害方向为北风和西北风。冻土深度平均 80 厘米，最大 100 厘米。土耕地为沙壤土，适宜瓜果蔬菜等作物的生长。沙荒地为芦草洼沙地，内有零星沙丘土壤为风沙土和淡灰钙土，植被稀疏，主要有苦豆子、沙蒿、花棒、白茨、芦草、马莲等。地下水位为 1.5—2 米。

在彭阳县的"十二五"规划中，小岔乡将有 507 户 2065 人迁往银川市金凤区良田镇的和顺新村。截至 2012 年 9 月，和顺新村已经入驻了生态移民 700 多人。2012 年 10 月 13 日，银川市金凤区和顺新村迎来第二批 244 户 1021 名移民，至此，和顺新村生态移民安置工程全部完成。小岔乡的柳湾村（行政村）包括 5 个自然村：中庄、方沟、虎沟、柳湾和嵝岘。在自治区的移民规划中，柳湾行政村进行整组搬迁的是虎沟和中庄。而在实际的移民过程中，柳湾的五个自然村，即当地人说的五个"队"都有一定数量的移民户加入。中庄 13 户，方沟 9 户，虎沟整队 359 人，嵝岘 12 户，柳湾 21 户。2011 年 10 月 21 日开始搬迁，第一批，共 15 户，各队都有；2011 年 11 月，第二批，共 30 户；2011 年 12 月，第三批，共 100 户；2011 年底，第四批，这批不是国家组织的，共有十几户；2012 年 5 月，又搬来 15 户。

一　生计转型与市场风险

从 2002 年起，良田镇的生态移民村就开始了设施农业的发展。原来芦草洼的泾源移民对于设施温棚的种植颇为熟悉，并成为当地人一条重要的致富途径。在新一轮的生态移民工程建设中，设施农业也就很自然地成为和顺新村的主导产业模式。2011 年以来，金凤区大力实施生态移民"121"计划，为每户建设 1 栋住房，建成 1 栋 2 亩设施温棚，提供 1 个就业岗位。截至 2012 年 10 月，和顺新村已经种植设施温棚 260 栋。对于从宁南山区彭阳县小岔乡搬迁来的移民来说，设施温棚还是一个新鲜事物。他们在原居地从事的是一种种养结合的旱作农业的经营。相比之下，设施温棚的种植在技术、资金投入和生产经验上都对移民提出了挑战。从"旱作农业"到"设施农业"，不仅意味着农民生计的转型，更意味着农民将由一种主要应对生态风险、相对自给自足的生产方式转变为一种主要应对市场风险的商品化的生产方式。

我们在彭阳县迁出地的小岔乡考察时看到，移民搬迁后，院落已经推平，迁出的村组已经断水断电，没有被推平的窑洞已经人去屋空。这种"断根"的方式使移民意识到他们很难再回到原住地，而只有全力投入新生活的开拓。

和顺新村设施温棚的种植可以采取以下两种岔口模式：一、冬春西瓜－秋后番茄；二、冬春番茄－秋后番茄。这两种种植模式的投入与产出情况如表 10 - 1 和表 10 - 2 所示。

表 10 - 1　和顺新村温棚生产成本投入情况

单位：元

茬口	投入 / 种植类型	农家肥	化肥	农药	地膜	种苗	棚膜草苫更新	其他	合计
西瓜 - 番茄	春茬西瓜	450	730	60	60	950	700	300	3250
	秋延后番茄	400	850	310	60	690	700	300	3310
番茄 - 番茄	冬春茬番茄	450	890	430	60	520	700	300	3350
	秋延后番茄	400	850	310	60	690	700	300	3310

表 10 - 2　和顺新村温棚产出效益情况

单位：公斤，元

茬口	种植类型	产量	产值	投入	效益	全年效益
西瓜 - 番茄	春茬西瓜	2500	12500	3250	9250	14940
	秋延后番茄	5300	9000	3310	5690	
番茄 - 番茄	冬春茬番茄	4500	11000	3350	7650	13340
	秋延后番茄	5300	9000	3310	5690	

从表 10 - 1 和表 10 - 2 可以看出，一栋温棚（长 70 米）年产值在 20000—21500 元，生产成本投入在 6560—6660 元，年纯收入在 13340—14940 元。因此，投入产出比为 1∶3.0—3.3。折合亩产值 2.2 万—2.3 万元，亩投入 7300 元，亩纯收入 1.47 万—1.57 万元。

在移民村的调查中，我们发现，尽管移民家庭在生产条件和技术条件上都是相同的，家户之间的经营收入却参差不齐。

2011 年搬来的移民在 2012 年的冬春季节都种了西瓜。100 多户移民的西瓜都卖出去了，但收入的差距很大，卖得好的人卖了 15000 元，卖得不好的人连本带利才 2000 元，大多数在 8000—9000 元。西瓜的种植是政府统一安排的，并联系了银川一个大商贩来收购。收购价格随行就市，波动较大，刚开始每斤能卖到 3.4—3.7 元，过几天之后就降到每斤 2.2 元了。移民村旁边有一个育苗中心，移民统一从那里买的西瓜苗。尽管育苗中心的人说是一个品种的种子，但各家种出来的西瓜不一样。

西瓜的种植岔口过去之后，2012 年 7 月，移民开始种植西红柿。2012年上半年才迁入的移民没有赶上种西瓜，则从种西红柿开始。这些种植项目都是在政府的指导下进行的。全村现在共有 240 个大棚的西红柿，每个大棚内部的净面积在 8 分左右，产量在一万斤上下。当地人告诉我们，这里的西红柿有商贩上门来收购，一共有四个商贩设立了四个收购点。收购价格也是随行就市，价格波动很大。比如，三天前是每斤 1.4—1.7 元，昨天最高只能卖到每斤 1 元，今天早晨的价格则只有 0.4—0.5 元。每一个大棚的投资都在 3000 元以上，但稍有不慎，卖得不好，就只能卖 5000 元。这样的收入是难以支撑家计的。这里的移民正在筹备建立合作社，以提高自身在应对市场风险时的谈判能力，但是目前还没有形成规模，商贩拒绝协议保底价，市场价格的波动让很多移民"心里不踏实"。一方面，西红柿的种植是个新事物。对小岔乡的移民来说，以前的山地是种植小麦为主，现在很多人不适应这里的温棚种植环境，很多人感到不会种地了。比如，同样的种子，有的家户种出来的西红柿却裂缝严重，这样就极为影响市场销售价格，商贩甚至拒绝收购有裂缝的西红柿。移民反映，技术人员也无法说明出现裂缝的具体原因，有的说是因为浇水多，有的说是因为浇水少。有一些移民户因为不熟悉种植技术而不敢种植西红柿，而是种植以前有种植经验的辣椒。个别户也有种植小番茄的，但是 90% 的移民户都种植了西红柿。另一方面，西红柿的种植是一个生产投入较高的农产品。生产投入主要是化肥、农药和良种，一个 8 分地的温棚需要 3000 多元的生产投入。很多移民反映"在老家不怕没吃的，可以保障丰衣足食，老家的山林里杏子、毛桃，什么都有。心里特别安稳。在这里就不踏实、不安稳了，如果西红柿卖不上价，一家人的生活都成问题了"。

在温棚蔬菜收入不稳定的情况下，很多人都选择出去打工。"以前出去打工的人少，平均每家不到一个人。现在家家都在打工，一家一个人、两个人、三个人的都有。大部分的女劳力都在周边的葡萄园打工，和顺新村旁边有一个广厦葡萄基地，女工每天的价格是 70—80 元。以前的贫富差距小，现在的贫富差距大了。"

二 移民搬迁的得与失

和顺新村的移民难免要与老家人相比较。在移民看来，他们的迁出缓解了迁出地人口与资源的紧张关系，迁出地剩下的人的生活更好了。

剩下的人生活可好了，今年雨水不错，光是拾剩下的山毛桃核，户均的收入都能上万。就拿崾岘来说吧，搬了 21 户，剩下 11 户，他们放弃了协议，家里的基础设施好，实在是不想搬。在老家吃水不要钱，吃菜不要钱，在移民村 10 天不动就不行了。剩下的人生活得可美了。我们走的时候，1 万多元盖的房子才卖 2000—3000 元，有 2010 年盖房子的人，2011 年就搬家了。花了 2 万—3 万元装修的窑洞，走的时候 2—3 千元就卖掉了。柳湾有几户人家，东西没有拉完，还想回去再拉，可是政府没有通知就把庄子给推平了。其实，移民后，在老家勤劳的人反倒是没有什么收益了，种的果树啊什么的都扔了。

第一，对于在原居地的农业经营能手而言，移民搬迁往往意味着可利用自然资源的减少以及生产经验优势的削弱，他们在移民初期的生活往往较以前有所下降。

陈文卿曾是小岔乡卷槽村的民办教师，生于 1963 年，两个儿子一个女儿。大儿子在当兵，小儿子上大专，女儿大学刚毕业在银川工作。用陈文卿自己的话说，他是"为了娃娃往出搬"。陈文卿以前在卷槽是有名的养殖专家，家里养了 140 多头猪，还种了 90 亩地，种植小麦、洋芋和玉米，再养牛和羊，年收入在 8 万—10 万元，是当地的富裕户。搬到和顺新村后，陈文卿也开始了蔬菜温棚的种植。他的西红柿大棚已经卖了 5000 元钱，成本投入 2200 元，纯收入在 3000 元左右。他说温棚的年收入应该会在 12000—13000 元。陈文卿还积极在附近寻找打工机会，建筑工地每天 100 元，葡萄园是每天 70—80 元，已经挣了 2000—3000 元。在这样的条件下，陈文卿的收入较搬迁前是下降了。

第二，对于处于 35—45 岁的移民家庭而言，移民搬迁为家庭中正在上学的未成年子女带来了迁出地无法比拟的优良教育资源。他们有着更为坚定的扎根移民村发展生产的愿望，能否适应设施农业的生产方式是影响他们在移民村生活和发展的关键因素。

王德卫，今年 40 岁，家里四口人，夫妻二人加上两个儿子。大儿子 10 岁，小儿子 6 岁。

对王德卫来说，移民后最大的好处是两个儿子都在和顺新村的光彩小学就读了，以前孩子在老家念书，要走 20 里的山路。但是他还不太适应西红柿温棚的种植，前几天价格在每斤 1.5—1.6 元的时候，他卖了 1000 元，现在的价格是每斤 0.8—0.9 元，他在几个商贩之间徘徊，看哪家的价格高就卖给谁。一共才卖了 2000 元，成本还没有收回来。原来在山区生活，尽管收入少，支出也比较少，现在支出很大。家里的土地证已经被政府收走了，王德卫觉得"土地是国家的，拿走了也是没有办法的事"。但是他原来承包土地的退耕还林款还可以享受，一年有 3000 元左右。王德卫从来没有打过工，他还不知道在工地抱砖和在葡萄园摘葡萄的活儿自己能不能干得来。

第三，与 35—55 岁的人不同，对于 20—35 岁的年轻人来说，移民村的生活意味着更多新生活的可能与想象。在最初搬迁的时候，很多年轻人都想搬，老年人不想搬，但是在移民村的生活也使很多年轻人觉得这里并不如老家好。但是，他们年富力强，通常有着较丰富的外出务工的经验。对移民村生活的适应能力远远比年龄较大的人高。

郭云，今年 28 岁，卷槽村人，和父母一起搬到移民村。他有一个弟弟和一个妹妹，都因上大学而变为非农户口了。2012 年 9 月 29 日，郭云在移民村举行婚礼，媳妇是吴忠人。郭云的父亲 50 岁，母亲 48 岁，他们在经营移民村分给的温棚。郭家 2012 年 2 月种了西瓜，5 月成熟，卖了 14000 元。7 月种了西红柿，8—10 月为收获期，收入在4000—5000 元。郭云比较了搬迁前后的生活："以前家里地多，40—50

亩地，每年种地的收入也就是几千元，现在纯收入差不多能到两万元。我现在在银川的宁夏威骏车辆装备设备有限公司当组装工，每月收入1500—1800元。生活开支主要是上下班骑摩托车的燃油费，每月150元，还有生活费要200元。我妻子也打算在银川的同心街做生意。在山里的时候，环境好，很绿色，脚底下踩的是中药材，对父母的身体好。他们现在到这里种温棚，还不太适应。我们那里的年轻人，上完初中没上高中的都出来打工了，多数去了南方或是内蒙古的煤矿。我觉得没有土地对年轻人也没什么影响。我19岁就去福建打工了。2002年，福建的电子厂来招工，每月1000—2000元，劳动就业局给签的一年的合同。我在福建干了一年，又到广州的电子厂干了一年。后来到江苏的数控机床厂干，每月1500—2400元，后来又到内蒙古鄂尔多斯市修车，每月能有2400—4000元。在福建和广州打工的时侯觉得很新奇，那时候年轻，每天至少工作12个小时，那边的天气又热又潮。电子厂招工不要28岁以上的，最小的15—16岁，最大的27岁。我现在一边在银川打工，一边也想着将来干点啥，计划开个餐馆。"

三　生态移民村的产业组织化与社区发展

和顺新村毗邻银川市区，大城市的辐射效应为其商品型设施农业的发展提供了良好的区位优势。可持续的产业发展是生态移民村良性社区发展的基础和前提，组织化程度高、自主行动能力强的社区组织也是生态移民村产业可持续发展的重要保障。

首先，在和顺新村设施农业的建设和发展中，政府的组织化力量起到了核心的主导作用。

一方面，移民村集中居住区和设施农业基础设施的建设是政府投入资金完成的。这为设施农业的产业聚集创造了条件。在宁南山区的原住地，农户分散居住，分散经营，很难形成农业产业化的发展。政府还组织了农牧局的科技人员在移民村设立育苗中心，为农民提供良种和技术服务。另一方面，尽管移民村在产业经营上实现了区位上的聚集和农产品品种上的统一，但是在农产品市场销售方面的社区组织化能力还较低。分户销售的农民缺少价格谈判上的优势,往往成为剧烈市场价格波动的受害者。建立农业合作社是保护农民利益的重要方式,但是移民新村的基层组织化能力还没有跟上产业发展的步伐。

其次,生态移民村是由不同的村组集合而成的新社区,建立一个整合高效的基层自主治理组织是社区良性治理和产业可持续发展所必需的。目前和顺新村的书记陈永东是以前柳湾村的副书记。其他村组,有的有原村干部搬迁到移民村有的则没有。为了移民初期移民村的稳定和有序发展,彭阳县移民局还派了一名干部到和顺新村挂职一年。新的村委会组织了农业合作社的建立,合作社运作还没有步入正轨。合作社作用的有效发挥还需要移民村的村民在长期的生产和生活实践中建立起互信互赖的关系,形成有凝聚力的社区认同,新村干部应该起到组织化核心的作用。

第二节　作为打工者聚居区的生态移民村

在宁夏"十二五"规划的生态移民中,搬迁到银川三区的移民都来自彭阳县。除了上文中提到的银川市金凤区良田镇的和顺新村,还有西夏区镇北堡镇良渠梢村的同阳新村以及位于兴庆区月牙湖乡的滨河家园。其中移民安置规模最大、居住最集中的是月牙湖乡的滨河家园。兴庆区在"十二五"期间共承担4000户16800人的生态移民安置任务。2012年,月牙湖滨河家园第一批1016户生态移民入住,其中包括孟塬乡193户、冯庄乡267户、古城镇153户、新集乡148户、罗洼乡155户。

目前隶属于银川市兴庆区的月牙湖乡,是一个有着30年历史的老移民区。月牙湖位于原陶乐县城南25公里处,东与内蒙古鄂尔多斯台地接壤,北临毛乌素沙漠,境内分布着众多的流动沙丘和半固定沙丘。气候多变,年蒸发量远远大于降水量。昼夜温差大,自然灾害较严重,尤其是夏天,旱灾更为突出。1985年,自治区政府批准海原县在月牙湖地区建设移民吊庄。1986年,成立海原县月牙湖吊庄指挥部。1988年,第一批搬迁移民开始扎根创业,当时主要生活来源靠政府补贴或打工维持。同其他吊庄一样,这里的移民同样历经了搬迁、开发和发展三个时期。但是,月牙湖吊庄移民首先面临的是土壤沙化问题,因此,开发建设时期,首先要与土地沙漠化做斗争。开发时期，共投资 3000 万元用于农田水利基础设施建设，仅渡槽就投资 300 万元。除此之外就是不遗余力地大量改造中低产田，实施沃土工程，主要是大量地往地上铺黄土，压沙压碱，以提高土地的有机质和保墒、蓄水能力，以此方法改造出 2 万亩耕地。1991 年，月牙湖成立海原县吊庄工作委员会。经过几年的开发建设，到 1993 年，月牙湖吊庄的开发建设时期宣告结束，进入发展时期。此时，海原移民中已有 30% 解决温饱，这 30% 的农户以种植黄豆为主，当时黄豆种植面积达七八千亩，亩产 170—200 公斤，每公斤黄豆的收入在 0.5 元左右。此后农户连续三年进行黄豆种植，并渐成气候。1999 年 10 月，月牙湖吊庄移交原陶乐县管理，同时成立了月牙湖吊庄临时工作领导小组，2001 年经自治区人大常委会批准成立月牙湖乡政府。2004 年 2 月，区划调整时整体划归银川市兴庆区政府管辖。经过 20 年的不断发展，目前，全乡共有耕地 2.5 万亩，林地 1120 亩，饲草面积 5400 亩，黄河湿地 2.3 万亩。全乡现辖 7 个行政村，现有住户 2030 户 10245 人，其中回族人口 7549 人，占总人口的 74%。2008 年农民人均纯收入达到 2076 元。经济和社会事业有了较大发展。"十二五"期间，月牙湖乡将接纳移民 4000 户 16800 人。月牙湖滨河家园移民村的产业模式、生产方式也与过去的移民村大为不同。

一　"打工者聚居区"的形成：滨河家园生态移民村产业模式分析

在县外移民的安置模式中，与劳务移民的安置模式不同，生态移民属于"有土安置"。在彭阳生态移民的调查中，我们发现"无土安置"的劳务移民在迁出区的群众中非常不受欢迎，人们普遍觉得"有土安置"更为可靠。移民办的工作人员反映国家安排的劳务移民任务很难完成，因为大家都希望做生态移民。

月牙湖滨河家园生态移民的产业模式是每户移民一头奶牛，每人一亩地。但是移民户并不直接参与奶牛养殖和土地经营，这些生产资料将以奶牛托管和土地流转的方式集中到大型的奶牛养殖企业和农业公司统一经营。每户移民每年可获得固定的奶牛收益 2800 元，6 年后养殖公司一次性返还与被托管初始时同月龄、同体重、同胎次的优质健康奶牛。每户移民还依据人口数的不同领取固定的土地收益，每亩土地的固定收益为当年 300 斤小麦的折价。比如，一家有六口人，则该家庭就拥有 6 亩地，一年可获得 1800 斤小麦的折价的固定收入。

2010 年，与月牙湖生态移民村相配套的万亩奶牛养殖园区开始开工建设。兴庆区万亩奶牛养殖基地划分为 15 个单元，已经有宁夏骏华月牙湖养殖公司、蒙牛牧场、宁夏友牧乳业公司等 10 家奶牛养殖企业入驻，目前存栏奶牛 5000 多头，长远规划存栏 3.6 万头。兴庆区万亩奶牛养殖场占地面积 1.28 万亩，建设标准化规模奶牛养殖场 15 个，1 个大型饲料配送中心，1 个奶牛技术服务中心，预计奶牛存栏 2.2 万头，解决移民就业 1500 余人，并形成万亩饲料种植基地。2012 年，养殖场建设完成，共投资 3 亿元，存栏奶牛 5600 头，日产鲜奶 48.6 吨，提供就业岗位 260 个。为提高奶源质量，养殖场在建设基础上不断完善奶牛良种繁育、动物疾病预防控制、沼气服务、三农保险、生鲜乳质量检测、技术指导等服务体系，严格执行养殖场管理公约，实行封闭式管理。

在滨河家园生态移民的产业链条中，政府处于一个中心性的枢纽地位，如图 10 - 1 所示。

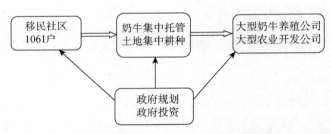

图 10 - 1　滨河家园生态移民产业模式结构图

首先，从移民迁入区自然资源开发的角度来看，月牙湖乡的土地条件和气候条件都较为恶劣，土地改良和种植的成本较高，一家一户的农业经营难以获得良好的效益。当地的生态条件适合发展养殖业，形成种养结合的产业互补格局。但是，奶牛养殖并不是一个劳动密集型的产业，规模化养殖是获得经济效益的前提。所以，月牙湖的可持续产业开发需要有相关大型龙头企业的支撑。其次，从移民生活稳定的角度来看，新移民在生计转型的初期往往面临资金和技术的困境，政府的补助和扶持是移民社区稳定发展的保障。在这一产业模式的设计中，移民并不必自己参与农牧业经营，也不必面对经营中的市场风险，而只需依据其移民身份获得固定的收益。当然，每头奶牛每年 2800 元、每亩地 300 斤小麦的折价收入对于一个移民家庭来说并不算多。尽管这种生产方式避免了移民的市场风险，但也弱化了移民自主组织和自我发展的主导权。用移民的话讲，他们现在是"有牛不见牛，有地不见地"。我们发现生态移民最初的"有土安置"转变成了一种"无土生计"，移民只能通过打工来满足家庭生计的需要。在某种程度上，滨河家园的生态移民村成为一个"打工者"的聚集区。最后，对于大型的奶牛养殖公司和农业开发公司来说，政府的项目规划与投资也恒其便利地获得了规模化的土地、规模化的生产资料（奶牛）以及廉价的劳动力资源。可以说，政府的组织化力量成为这些企业迅速发展的主要推动力。

二 劳动力聚集效应与新移民的生计策略

搬迁以前，居住在彭阳县大山深处的农民分散居住，并从事一种种养结合的农牧业经营。每家除了在旱地上种植玉米、小麦、洋芋等粮食作物外，还种植一些饲草料，用于牛羊的养殖。用一位移民的话来说，"这是一种环保的生活，地保牛，牛保地，牛保人"。但是搬到月牙湖之后，种地、养牛和养羊的生活结束了。"不打工没办法生活"成为移民的普遍共识。

马文虎，57 岁，彭阳县谢寨人，育有一儿一女。女儿 17 岁，现在月牙湖回民第二中学就读。儿子并没有随他们搬来移民村住，在月牙湖很难找到工作。儿子和儿媳一起在家乡古城镇的建筑工地打工，并在镇上租房子住。"以前在谢寨，有 30 多亩旱地，种小麦、胡麻、玉米，再养两三头牛和几只羊。肚子是饿不下，肚子够吃，收入没算，自己种的玉米再喂牛羊，就这么过，在移民村的政策是每人一亩地，但不是自己种，都流转给公司了。每亩地一年给 300 元。家里六口人，一年可以有 1800 元。每户一头奶牛，给了一个奶牛证，写着牛有多重，一头牛一年给 2800 元，一年分两次给，今年 5 月已经给了 1400 元。这个地方可不比老家，不打工是没办法生活的。60 岁的人会给每月 70 元的养老金，但我给人家 70 元想买一袋面粉，人家还说钱不够。在老家至少是能够吃啊。我年纪大了，给人家农业公司掰玉米，第一天去，第二天人家就不要了。"

生态移民村的建立形成了一种劳动力聚集效应，劳动力数量的增加则带来了工资价格的下跌。每天早晨5—6点钟，在天刚刚蒙蒙亮的时候，滨河家园的村口会来一辆车。当地的一些劳务经纪人拉上一车人出去干活。年轻的劳动力都在村口等待，很多人都挤不上车。打工者普遍反映："今年人都上来了，工价低得很。大伙都是这儿干一阵儿，那儿干一阵儿。早晨在村里拉上一车人去干活儿。不认识、不熟悉的还挤不上去呢。有的一天70—80元，有的一天100元。都是按天算。"

打工经济的不稳定对45岁以上的人群影响最大。这些人虽然都有可以务工的成年子女，但是成年子女的收入往往只能满足自己的生活需要，无法接济父母。这些年纪较大的人群，在移民迁出区长期从事农牧业生产，技术和体力都难以适应移民区周边企业的劳务要求。在无法从事农业经营之后，他们可以说是被迫"下岗了"。这种状况在60岁以上的老年人中更为突出，在农村务农可以保障老年人温饱，但在移民村老年人感到自己成了儿女沉重的家庭负担。

在调查中，我们发现，事实上很多移民家庭中的年轻劳动力都是不在地的打工者。他们在搬迁之前就已经在外地打工，搬迁到移民村是为了幼年子女的教育。他们虽然在移民村分得了独立的住房，但只有老人和小孩居住，他们则常年在外地打工。

马德福和老伴儿都72岁了，他们共有三个儿子，因为分户较早，他们都在移民村分到了房子。大儿子40岁，一个孩子，在内蒙古打工；二儿子37岁，两个孩子，在内蒙古打工；三儿子35岁，三个孩子，在银川打工。老马家的儿子们出去打工已经有七八年的历史了，最长的已经有十年。目前，二儿子和三儿子的孩子都在移民村上学。

秦中孝今年67岁，他们以前在挂马沟生活时有20多亩山地，养了4头牛和10只羊。大儿子40多岁留在当地没有搬迁，二儿子和三儿子都在移民村分了房子。二儿子目前在银川贴保暖层，三儿子在吴忠铺地暖。老秦家的六个孙子都在移民村上学。

当然，对于搬迁之前农村的致富精英来说，他们来到移民村之后并不甘于只是打零工，而是积极开拓其他的致富门路。

马生林，45 岁，他有两个儿子，一个 20 岁，一个 16 岁。大儿子要娶媳妇了，但还没有在移民村找到工作。小儿子还在上学。马生林感到生活压力很大。在彭阳的挂马沟生活时，马生林从事柠条编织的副业经营，多年来积累了一些财富。他在移民村定了一处临街的门面房，打算开个榨油坊做生意。可是，因为一些原因他一直没有拿到门面房的钥匙，这使他很不满。"我 45 岁了，出去打工没人要。大儿子也是这儿几天、那儿几天（到处打工），胡跑着呢。在下面可以喂牛喂羊，在这儿我一分钱还没挣上呢。年轻人打工自己都不够活。我打算 10 月份就回去从事我的老本行——柠条编织，租房子雇人收入也不错。不过，话说回来，要是不搬的话，整村都搬了，一个人剩下也没法儿活。下面的教育也确实不行，6 年了我从来没有见过我儿子做作业，一天步行 8 公里上学，老师净打麻将，不管孩子。现在他终于做作业了。搬到这儿，没事儿干了，技术活不会做，也不能喂牛羊，要是奶牛自己养能好一些，我家有四亩地一头牛，应该也很好。以前我养了七八头牛，搬家之前都便宜卖了，少卖了好几万元。我也想在移民村发展，先交了 9 万元订了门面房，可一直都没交房，房子的质量也很差，想做生意却一直被耽误着没能做起来。"

综合来看，滨河家园生态移民村的产业模式使移民村在事实上成为一个"打工者聚居区"。劳动力年龄和劳动力人口数成为影响移民家庭收入的主要因素。大量劳动力的聚集，使劳动力市场的供求关系发生改变，当地面临人多工少价低的困境。探索有序的劳务输出途径，拓宽移民从事多种经营的渠道是保证移民村良性发展的关键。政府可以在资金和技术上给予相应的帮扶和培训，改变低层次打工者密集的现状，提高劳务输出的层次和水平。

三　移民区社区治理中的突出问题与对策

滨河家园移民村入住一年多来，人们在衣、食、住、行等各个方面的需求与矛盾也日益凸显。移民村的社区治理面临以下突出问题。

1. 家庭代际矛盾凸显

在滨河家园二村，来自彭阳挂马沟的移民有 150 户，其中 50 户都是祖孙三辈人住在一起。在农村，老年人户口通常是与一个儿子的户口在一起，很多没有来得及在政府规定的固定日期之前办理分户手续的家庭，老年人没有独立的住房，只能与子女合住。因在农村时都是分开居住，合住给家庭成员的生活带来了很多不便。加之老年人不再经营土地，生活上要依靠子女，这给他们带来巨大的精神压力，代际矛盾凸显。

2. 民族宗教问题

滨河家园二村都是来自彭阳的回民。这些回民分属两个不同的教派，200 多户回民信奉哲合忍耶派，有 108 户回民信奉依和瓦。搬迁到移民村后，这里的清真寺还没有建成。回民便每家出 100 元，集资建成了两座彩钢房作为简易的清真寺，以满足回族群众做礼拜的需要。在移民村的规划中，这里只能建设一座清真寺，提倡不同教派的回民合坊礼拜。但这一政策在回民中激起了较为强烈的抵触情绪。另外清真寺的规划选址也靠近滨河家园汉民的居住地，这同样引起了回民的不满。清真寺迟迟没能动工修建。

3. 幼儿教育问题

在政府规划的移民村建设中，学校和幼儿园都由政府来承建和管理。但是，2012 年 9 月我们调查时，这里的幼儿园还没有开园。家长们只能将孩子送到私人开办的临时幼儿园照管。滨河家园的临时幼儿园是 22 岁的马秀开办的，她从湖北三峡学院的幼儿教育专业毕业，以前在红寺堡的私人幼儿园工作，有三年的工作经验。村干部为了解决村民的幼儿教育问题，将村委会的办公用房借给幼儿园上课。

综上所述，我们发现，移民新村建成入住之后，一系列的社区治理问题摆到了前台。地方政府应重视移民群众的实际生活需要，充分尊重民族生活传统和宗教信仰，以人为本，因地制宜地提供好各项公共服务，积极鼓励社会力量参与社区治理，形成群众自治组织与政府社会管理相辅相成的良性治理机制。

第三节　县外移民的生计转型与社区发展

县外生态移民的跨县集中安置是与黄河沿岸、中北部的土地整治区和引黄灌区的集中式土地开发联系在一起的。土地集中开发模式追求的不再是简单地满足移民的温饱，而是一次自然资源利用方式的变革和农业产业化的结构式转型。与早期的吊庄移民和生态移民不同，"十二五"期间的县外生态移民安置更注重移民迁入区现代农业的产业升级和土地的规模化利用。"有土安置"不再以家户的分散经营为基础，而是着眼于土地资源的高经济附加值的开发和利用。土地开发模式的转变推动了移民生计的市场化转型，并对移民社区的长期发展提出了新的挑战。

首先，宁夏中南部地区农业人口向北部川区大城市及周边聚集，大城市的市场辐射效应成为移民社区致富发展的助推器。以城市农产品消费市场需求为导向的现代设施农业的发展成为大城市周边移民社区采取的主导产业模式。中南部地区的移民从搬迁伊始即面临从旱作农业到设施农业转变、从家庭自给经营向商品化经营转变的生计转型。市场风险成为移民区农民面临的主要风险。移民社区组织和产业合作组织发展的滞后不能满足当下农民应对大市场的需求。政府应组织相应的技术培训培育社区精英，推动产业合作社的建立和发展。

其次，土地的高效规模化开发往往在一定程度上限制了土地的劳动力吸纳功能。以月牙湖滨河家园的万亩养殖园和万亩种植园为例，养殖业和种植业的集中化和规模化尽管提高了土地利用效率，但降低了其对大量移民人口的接收能力。移民在搬迁后必须迅速面对"无土生计"的挑战。劳动力的聚集效应反而给移民就近解决就业问题带来了一定的困难。政府应该在重视经济发展的同时重视"人"的发展，加强移民的职业技能教育，有序组织劳务输出，推动建设以社区为基础的打工者劳动权益保障组织。

最后，跨县移民将实行户籍的属地管理，新建移民社区的社会融入与社区整合是县外生态移民村建设与发展中的核心问题。移民社区的多元化文化构成和族群结构对和谐的社区治理提出了挑战。移民初期是移民适应新的生产方式和生活方式的过渡期，也是移民社区实现可持续发展的关键期。政府应结合新移民的社会文化心理特点和移民的实际生产生活需要推动建立适宜的社区治理结构，充分发挥社会力量在社区各项公共事务中的组织化作用，加强对社会组织的培育、引导和管理。

第十一章

宁夏生态移民的
政策需求和满意度评价

第一节 生态移民与生态移民政策

就一般意义而言，人们因生态环境退化而发生的移民活动统称为生态移民。由于所处生态环境恶劣，早期的移民以自发的方式远离久居的故土而迁移他乡，从而获得新的适宜生存的生态环境。但这种自发式的移民由于缺乏政府的主导，极易成为难民或与迁入地居民形成冲突。因此，从世界范围看，很多国家以政府主导的移民工程来实施移民，通过对迁入地的科学选择和规划，生产生活设施的精心设计和建设，移民社区的有效组织和安置，使移民工程具有稳定发展的可能。而在政府主导的移民工程中，人们又进一步区分了因生态环境恶化而进行的移民和以生态环境保护为目的而进行的移民。前者尽管其移民的原因是由生态环境因素引发的，但其移民并非有意识地着眼于迁出地或迁入地生态环境的改善和恢复，而仅以移民生存条件的改善为直接目的；后者则是直接以生态环境保护为目的，通过移民实现对生态环境的改善和恢复，同时使移民工程获得可持续的发展。因此，从严格意义上讲，后者被称为生态移民。

一　政府主导的自愿移民是生态移民的主要形式

从宁夏中南部地区移民的过程中，我们也可以看到这一由自发移民到政府主导移民、由为扶贫帮困移民到为生态保护移民的变化过程。

"课题组 2012 年抽样调查"（调查介绍见导论）数据显示，在样本中 1983 年以前的移民占 1.8%，1983—1997 年吊庄移民时期的移民占 34.4%，1998—2000 年"1236"工程时期的移民占 28.3%，2001 年以来生态移民工程时期的移民占35.6%（见表 11 –1）。[①]

表 11 –1　您家是哪年搬迁至此的

	频数	百分比
1983 年以前	14	1.8
1983—1997 年吊庄移民时期	275	34.4
1998—2000 年"1236"工程时期	226	28.3
2001 年以来生态移民工程时期	285	35.6
合　计	800	100.0

资料来源：课题组 2012 年抽样调查。

改革开放以后，政府着手在特困地区基于自愿原则对农村人口实施有组织的迁移，同时通过政策扶持，使移民摆脱贫困。在吊庄移民中，政府借鉴传统的农业流动经营的"吊庄"方式，在"贫困村每户迁移一两口人，搬迁初期两头有住房和土地，移民受迁入地、迁出地两头管理，待移民点得到开发，生产生活基本稳定后再完全搬迁，并交属地管理"。（桑敏兰，2005）这种强调居民自愿、两头有家、来去自由的方式，在很大程度上为移民对迁入地生产生活方式的适应创造了条件。"1236"工程则是依托大型水利灌溉项目，通过大量资金投入，开发土地，大规模移民以实现扶贫脱困的目标，它采用了工程移民的迁移方式。

2001 年以来的生态移民工程借鉴了吊庄移民和"1236"工程移民所积

[①] 对于宁夏各项移民工程起止时间，不同的研究有各自的分类，此处采取李耀松、许芬、李霞（2012）在《宁夏生态移民可持续发展研究》一文中的分类。

累的经验，并加以创新。在迁出上，大部分实行整村搬迁；在管理上，实行"属地管理"，移民搬迁后，注销原住地户口，收回承包土地；在安置上，采用以集中安置为主、就近安置和插花安置等多种方式并举。

从调查数据看，以迁移方式、迁移意愿和安置方式划分，被访者中总体上以政府主导、自愿移民、整村安置方式为主，占 39.5%；其次是自发移民、自主安置方式，占 34.8%；再次是政府主导、自愿移民、自主安置方式，占 15.7%；政府强制移民方式所占比例较低，仅占 5.6%。从移民时期看，2001 年以来，政府主导、自愿移民、整村安置的比例较高，在生态移民项目中占 44.9%，而自发移民、自主安置方式也占有较大比例，政府主导、强制移民、整村安置方式的比例为各时期中最低，仅占 2.9%（见表 11 - 2）。由此可见，目前的生态移民充分尊重了迁移居民的迁移意愿。

在这几十年的移民过程中，自发移民占有一定的比例。在样本中，自认为是自发移民的比例占 34.8%。从时期分布看，早期移民中，自发移民的比例较高。1983 年以前的移民中，自发移民占 57.1%；吊庄移民时期的移民中，自发移民占 44.2%；"1236" 工程时期的移民中，自发移民的比例大幅下降，占 20.9%；而 2001 年以来生态移民工程时期的移民中，自发移民比例又大幅上升，占 35.9%（见表 11 - 2）。

表 11 - 2　移民意愿及安置类型

	总体		移民年代			
	频数	百分比	1983 年以前	1983—1997 年	1998—2000 年	2001—2012 年
自发移民、自主安置	273	34.8	57.1	44.2	20.9	35.9
政府主导、自愿移民、整村安置	310	39.5	0.0	20.8	57.8	44.9
政府主导、自愿移民、自主安置	123	15.7	14.3	23.4	8.9	13.8
政府主导、强制移民、整村安置	44	5.6	14.3	7.8	5.8	2.9
其　他	34	4.3	14.3	3.7	6.7	2.5
合　计	784	100.0	100.0	100.0	100.0	100.0

资料来源：课题组 2012 年抽样调查。

在移民搬迁中，90%以上的人是自愿迁移。从其自愿搬迁的原因来看，原居住地太穷是最主要的原因。数据显示，85.3%的人表示原居住地太穷是其自愿搬迁的原因（见表11-3）。从移民年代看，1983年以前的自发移民中，尽管太穷是最主要的原因，但选择随大流和借机闯荡的也占一定比例。表明自发移民中，因其完全的自主特征，部分借机闯荡意愿强烈的移民成为领头者，并带动了一定数量的追随者；而在此后的政府主导移民中，尽管仍有相当比例的自发移民，但由于整个移民活动的发起者和组织者是政府，因此此时的自发移民便不再具有以往那么强烈的闯荡性质，而成为自发跟随政府移民活动、投亲靠友的迁移，其自发行为在一定程度上包含了政府组织、计划之外的迁移的含义。

表 11 - 3　您家自愿搬迁的原因是什么

	总　体		移民年代			
	频数	百分比	1983 年以前	1983—1997 年	1998—2000 年	2001—2012 年
原居住地太穷	631	85.3	66.7	87.7	85.2	84.0
借机闯荡	28	3.8	8.3	3.3	3.8	4.0
政策诱人,试一试	12	1.6	0.0	1.2	3.3	0.7
随大流	23	3.1	16.7	3.3	2.4	2.9
其　他	46	6.2	8.3	4.5	5.3	8.4
合　计	740	100.0	100.0	100.0	100.0	100.0

资料来源：课题组 2012 年抽样调查。

因此，完全自发的早期移民和此后政府组织之外的自发移民，在目前所面临的需要政府帮助解决的困难上有所不同。1983年以前的早期自发移民，至今仍在住房、子女上学等与政府组织、计划密切相关的生活方面存在较大问题，而1998年后政府组织之外的自发移民，虽然在住房等方面也有一定困难，但其主要的问题已成为生产资金缺乏这一所有移民共同面临的问题（见表11-4）。所以，可以看出完全自发的早期移民和此后政府组织之外的自发移民，在其迁移中的困难方面是有所区别的，后者在很大程度上仍间接得到政府在移民安置过程中的较大帮助，从而在一定程度上淡化了自发移民可能面临的生活方面的压力。

表 11-4　如果您是自发移民，那么当前您最需要政府解决哪一方面的困难

	总　体		迁移年代			
	频数	百分比	1983 年以前	1983—1997 年	1998—2000 年	2001—2012 年
生产资金	117	36.0	22.2	22.1	54.8	42.3
子女上学受教育	43	13.2	22.2	11.5	8.1	4.1
住　房	42	12.9	33.3	10.7	11.3	15.4
土　地	33	10.2	0.0	13.0	1.6	6.5
生产门路	27	8.3	11.1	16.0	11.3	10.6
医　疗	26	8.0	11.1	11.5	9.7	8.9
不需要	16	4.9	0.0	1.5	0.0	8.9
户　口	13	4.0	0.0	4.6	1.6	0.8
其　他	8	2.5	0.0	9.2	1.6	2.4
合　计	325	100.0	100.0	100.0	100.0	100.0

资料来源：课题组 2012 年抽样调查。

　　作为以政府主导为主的移民活动，迁移人群在搬迁时得到了政府所提供的各种条件。从调查结果看，75.3% 的人表示获得了政府提供的土地，53.1% 的人表示得到了政府提供的资金，还有 10.1% 的人表示得到了政府提供的住房（在住房方面，政府以资金方式对迁移居民进行了补偿），仅有 1.4% 的人表示得到了政府提供的培训（见表 11-5）。从移民年代来看，2001 年以来的生态移民在获得政府提供的条件方面好于其他迁移人群，74.6% 的人获得了政府的土地支持，67.5% 的人获得了政府的资金支持，均高于其他迁移人群。

表 11-5　您搬迁时政府为您提供的条件有哪些

	迁移人群	
	频数	百分比
土　地	379	75.3

续表

	迁移人群	
	频数	百分比
住　房	51	10.1
资　金	267	53.1
培　训	7	1.4

　　资料来源：课题组 2012 年抽样调查。

　　从目前面临的困难来说，总体上看，资金（56.8%）、收入（11.4%）、住房（5.7%）、医疗（5.4%）、教育（4%）等与民生方面有关的问题是迁移人群面临的主要问题（见表 11－6）。从迁移年代看，资金是人们共同的问题，各个时期的移民均有 50% 以上的人表示资金缺乏。对于移民，尤其是工程移民而言，其安置资金和生产资金的缺乏更为明显。在安置方面，生态移民中，每户安置 54 平方米的住房，尽管政府补贴 2.5 万元，但农民仍需自筹 1.28 万元，这对于生活相对贫困的迁移人群来说有一定的难度；在生产方面，由于农业生产方式的改变，生产成本有所上升，尤其是用水成本上升较大，而新的农业生产技术的采用，如大棚种植等也需要一定的资金投入，因此生产资金的短缺也较为明显。除资金外，由于工程移民需要相关民生、生产设施的配套建设，因此，在移民过程中由于这些配套设施不完善所造成的住房、医疗、教育等方面的困难也在一定程度上存在，但总体上比例极低。值得肯定的是，1998 年以后的工程移民，尤其是生态移民项目中，人们在收入方面的困难较以往移民要低。经过 30 多年扶贫移民项目的经验积累，以及在生态移民项目中所坚持的多种安置方式并存，使生态移民从一开始就把城镇化、工业化等因素与移民工程较为紧密地结合在一起，在一定程度上提高了移民的非农收入。加之生态移民迁移不久，其在迁出地与迁入地短期内较大的收入增长变化，也使其对收入方面的困难表现得不很敏感。但从早期移民对收入困难的较强反应看，一旦移民适应了迁入地生活，其对于收入困难的反应会逐渐明显化，这对于生态移民工程的可持续发展是一个考验。

表 11－6　您认为您目前面临的最大困难是什么

	总　体		迁移年代			
	频数	百分比	1983 年以前	1983—1997 年	1998—2000 年	2001—2012 年
资　　金	452	56.8	50.0	52.2	60.0	59.0
收　　入	91	11.4	28.6	20.4	7.1	5.3
住　　房	45	5.7	0.0	5.1	5.8	6.4
医　　疗	43	5.4	0.0	4.4	4.9	7.1
教　　育	32	4.0	0.0	2.9	4.9	4.6
就　　业	25	3.1	7.1	4.4	2.2	2.5
技　　术	12	1.5	0.0	1.1	1.8	1.8
生　　产	6	0.8	7.1	1.1	0.4	0.4
信　　息	1	0.1	0.0	0.4	0.0	0.0
婚丧嫁娶	1	0.1	0.0	0.4	0.0	0.0
其　　他	28	3.5	0.0	1.8	1.8	6.7
没有困难	60	7.5	7.1	5.8	12.1	6.4
合　　计	796	100.0	100.0	100.0	100.0	100.0

资料来源：课题组 2012 年抽样调查。

二　移民的返迁率极低，移民项目成为人们获得更好发展的平台

一个移民项目的好坏，关键指标是返贫率和返迁率。就返贫率而言，由于移民的生活质量总体上均得到有效改善，因此返贫的可能性极低；而就返迁率而言，由于移民原有的生活环境极为恶劣，因比其返迁的可能性也极低。从调查结果看，迁移人群中 83.5% 的人不打算二次搬迁，仅有 8.3% 的人表示打算二次搬迁，同时有 8.3% 的人表示说不清。而从迁移年代看，生态移民中打算二次搬迁和说不清的比例最高，分别为 12.3% 和 11.9%（见表 11－7）。但从打算二次搬迁的地区看，有 87.9% 的人表示要到综合条件优于现居住地的地方去，而表示要回老家的仅占 1.5%。进一步分析，希望返迁的人群主要集中在"1236"工程时期的移民，而生态移民项目中的移民希望返迁的比例为零（见表 11－8）。

从生态移民中迁移人群的二次搬迁意愿看，由于迁移时间相对较短，还多处于未完全稳定的状态，因此其对于今后的定居地点仍有较大的变动可能。随着其非农就业机会的增加，以生态移民为平台而进一步获得更好发展的可能性较大，因此其二次搬迁意愿在各时期人群中最高，对二次搬迁地点的不确定性也最大，但不管怎样他们均未将返迁作为其目标。

表 11 - 7　您是否打算二次搬迁

	总　体		迁移年代			
	频数	百分比	1983 年以前	1983—1997 年	1998—2000 年	2001—2012 年
是	66	8.3	7.1	2.9	9.7	12.3
否	668	83.5	92.9	92.7	81.4	75.8
说不清	66	8.3	0.0	4.4	8.8	11.9
合　计	800	100.0	100.0	100.0	100.0	100.0

资料来源：课题组 2012 年抽样调查。

表 11 - 8　如果打算二次搬迁，您想要搬去哪里

	总　体		迁移年代			
	频数	百分比	1983 年以前	1983—1997 年	1998—2000 年	2001—2012 年
老　家	1	1.5	0.0	0.0	4.5	0.0
综合条件优于现居地的地方	58	87.9	100.0	87.5	90.9	85.7
不一定	7	10.6	0.0	12.5	4.5	14.3
其　他	0	0.0	0.0	0.0	0.0	0.0
合　计	66	100.0	100.0	100.0	100.0	100.0

资料来源：课题组 2012 年抽样调查。

由于现有的迁移人群中较大比例的是由政府主导进行迁移或受政府主导迁移影响而自主迁移的移民，因此在二次搬迁方面，对政府支持的需求和依赖程度较高。在打算二次搬迁的人群中，51.5% 的人希望得到政府在搬迁经费上的支持，22.7% 的人希望得到政府在医疗、教育、住房等社会及生活保障上的支持，10.6% 的人希望得到政府在优惠政策上的支持，6.1% 的

人希望得到政府在种植、养殖和打工创业技能培训上的支持（见表 11 - 9）。

表 11 - 9　如果您打算二次搬迁，那么您最需要政府提供哪些支持

	迁移人群	
	频数	百分比
搬迁经费的支持	34	51.5
医疗、教育、住房等社会及生活保障的支持	15	22.7
优惠政策的支持	7	10.6
种植、养殖和打工创业技能的培训	4	6.1
搬迁地各种基础设施的规划和建设	2	3.0
生产和就业相关信息的支持	0	0.0
其　他	4	6.1
不需要	0	0.0
合　计	66	100.0

资料来源：课题组 2012 年抽样调查。

三　人们对移民工程的实际效果给予了较高评价

调查结果显示，人们对政府主导的移民工程给予了较高的评价。主要表现在以下三个方面。

1. 移民工程对于整个西部地区人民的生产、生活改善起到了很大的作用

调查结果显示，94.8% 的待迁人群和 97.2% 的迁移人群表示"移民工程使西部人民受益"，而不同意这一看法的仅占待迁人群和迁移人群的5.3% 和 2.8%（见表 11 - 10）。

表 11 - 10　人们对移民工程的主观评价（一）

		待迁人群		迁移人群	
		频数	百分比	频数	百分比
移民工程使西部人民受益	很不同意	5	1.3	4	0.5
	不大同意	16	4.0	18	2.3

续表

		待迁人群		迁移人群	
		频数	百分比	频数	百分比
移民工程使西部人民受益	比较同意	141	35.3	437	55.0
	很同意	238	59.5	335	42.2
	合　计	400	100.0	794	100.0

资料来源：课题组 2012 年抽样调查。

2. 移民工程提高了迁移人群的生活水平

调查结果显示，89.9% 的待迁人群和 97.4% 的迁移人群认为"移民工程实施以来，移民迁出地的人民生活水平上升了"，同时 88.6% 的待迁人群和 91.5% 的迁移人群认为"移民工程实施以来，移民与原迁出地人民的收入差距加大了"（见表 11-11）。这一收入差距的加大主要是指移民工程使迁移人群比其未迁移时的实际收入有了明显的增长。

表 11-11　人们对移民工程的主观评价（二）

		待迁人群		迁移人群	
		频数	百分比	频数	百分比
移民工程实施以来，移民迁出地的人民生活水平上升了	很不同意	4	1.0	2	0.3
	不大同意	36	9.1	19	2.4
	比较同意	169	42.9	468	58.8
	很同意	185	47.0	307	38.6
	合　计	394	100.0	796	100.0
移民工程实施以来，移民与原迁出地人民的收入差距加大了	很不同意	3	0.8	3	0.4
	不大同意	41	10.6	64	8.2
	比较同意	178	46.1	446	56.9
	很同意	164	42.5	271	34.6
	合　计	386	100.0	784	100.0

资料来源：课题组 2012 年抽样调查。

3. 移民工程改善了迁出地的生态环境和迁出地人们的生活

调查结果显示，87.5%的待迁人群和90.3%的迁移人群认为"移民工程实施以来，移民迁出地的资源得到了有效的利用，生态环境得到了改善"；87.7%的待迁人群和88%的迁移人群认为"移民工程实施以来，缩小了移民迁出地人民与当地城市居民的收入差距"（见表11-12）。表明迁出地的居民虽然没有实施搬迁，但也通过生态移民工程而获得了生活的改善和提高。

表 11-12 人们对移民工程的主观评价（三）

		待迁人群		迁移人群	
		频数	百分比	频数	百分比
移民工程实施以来,移民迁出地的资源得到了有效的利用,生态环境得到了改善	很不同意	3	0.8	5	0.6
	不大同意	45	11.7	71	9.1
	比较同意	185	48.3	440	56.6
	很同意	150	39.2	262	33.7
	合　计	383	100.0	773	100.0
移民工程实施以来,缩小了移民迁出地人民与当地城市居民的收入差距	很不同意	4	1.0	13	1.7
	不大同意	43	11.2	31	10.3
	比较同意	171	44.6	473	60.4
	很同意	165	43.1	216	27.6
	合　计	383	100.0	783	100.0

资料来源：课题组 2012 年抽样调查。

第二节　生态移民的满意度评价

在评价移民工程成效的返贫率、返迁率等客观指标外，迁移人群对移民工程的主观满意度也是重要的指标之一。从满意度评价看，迁移人群的幸福感、住房满意度、生产环境满意度、生活环境满意度均较高。

一 迁移人群认为目前的生活比以前幸福

在调查中，当被问及"总体而言，移民搬迁后，您觉得自己的生活有没有变得幸福？"时，86.6%的迁移人群表示更加幸福了，有5.8%的人表示和以前一样，有1.8%的人表示不如以前幸福，还有5.9%的人表示没感觉（见表11-13）。值得注意的是，自发移民、自主安置人群的幸福感较政府主导安置的人群低。数据显示，政府主导安置的移民中认为自己在搬迁后生活变得幸福的比例为91.6%，而自发移民、自主安置的人群中的这一比例为81.7%。对自发移民而言，搬迁后的生活较迁出地原有生活有所改善，但在政府主导的移民工程中处于相对边缘和弱势的位置，又使其对目前生活的幸福感低于其他迁移人群。如果进一步分析自发移民的迁移年代，可以看出，移民时间越短的自发移民，其幸福感较其他群体越低，2001年以来的生态移民工程中的自发移民，其认为更加幸福的比例为73.7%，较此前的自发移民群体低10个百分点以上。

表11-13 总体而言，移民搬迁后，您觉得自己的生活有没有变得幸福

	迁移人群	
	频数	百分比
更加幸福了	693	86.6
和以前一样	46	5.8
不如以前幸福	14	1.8
没感觉	47	5.9
合　计	800	100.0

资料来源：课题组2012年抽样调查。

从幸福的原因看，在认为幸福的人中，63.5%的人回答"移民后，人少地多，生活压力小了，生活水平提高了"，19.6%的人回答"移民后，退耕还林，生态环境变好了"，还有8.9%的人回答"移民后，国家一如既往地对我们进行扶贫帮助"（见表11-14）。可见，生活提高、生态改善和政府扶持是迁移人群幸福的主要原因。

表 11 - 14　您觉得幸福的主要原因是什么

	迁移人群	
	频数	百分比
移民后,人少地多,生活压力小了,生活水平提高了	457	63.5
移民后,退耕还林,生态环境变好了	141	19.6
移民后,国家一如既往地对我们进行扶贫帮助	64	8.9
其　他	58	8.1
合　计	720	100.0

资料来源：课题组 2012 年抽样调查。

从不幸福的原因看，在认为不幸福的人中，41.6% 的人认为“移民后，人少了，村子残缺不全，缺乏生机”，40.8% 的人认为“移民后，地虽多了，但我们未多分到土地，生活改善不大”，还有 10.4% 的人表示“移民后，国家放松了对我们的扶贫帮助”（见表 11 - 15）。可见，村子缺乏生机、生活改善不大和政府扶持力度减小是人们感到不幸福的主要原因。从年龄看，中老年人对村子缺乏活力造成的不幸福感较为敏感，而中青年人对生活改善不大造成的不幸福感较为敏感。

表 11 - 15　您觉得不幸福的主要原因是什么

	迁移人群	
	频数	百分比
移民后,人少了,村子残缺不全,缺乏生机	52	41.6
移民后,地虽多了,但我们未多分到土地,生活改善不大	51	40.8
移民后,国家放松了对我们的扶贫帮助	13	10.4
其　他	9	7.2
合　计	125	100.0

资料来源：课题组 2012 年抽样调查。

二　迁移人群对住房条件的满意度很高

调查显示，待迁人群中有 50% 的人对现有住房条件表示满意，而迁移人群中的这一比例达到 91.8%；待迁人群中有 46.8% 的人对住房条件表示不满意，而迁移人群中的这一比例仅为 2.8%（见表 11 – 16）。

表 11 – 16   您是否满意您现在的住房条件

	待迁人群		迁移人群	
	频数	百分比	频数	百分比
满　意	200	50.0	723	91.8
不满意	187	46.8	22	2.8
说不清	13	3.3	43	5.5
合　计	400	100.0	788	100.0

资料来源：课题组 2012 年抽样调查。

从对住房条件满意的原因看，在对住房条件满意的人中，待迁人群表示居住环境好（68.4%）、居住面积大（50.5%）、住房条件好（47.4%）是主要原因，而迁移人群表示住房条件好（78.3%）、居住环境好（71.5%）、居住面积大（44.2%）是主要原因（见表 11 – 17）。

表 11 – 17   让您满意的地方包括哪些

	待迁人群		迁移人群	
	频数	百分比	频数	百分比
居住面积大	99	50.5	315	44.2
住房条件好	93	47.4	558	78.3
居住环境好	134	68.4	510	71.5
住房的相关费用少	11	5.6	35	4.9

资料来源：课题组 2012 年抽样调查。

从对住房条件不满意的原因看，在对住房条件不满意的人中，待迁人群表示住房条件差（82.6%）、居住面积小（60.3%）、居住环境差（46.2%）是主要原因，而迁移人群表示住房条件差（64.7%）、居住面积小（52.9%）和居住环境差（29.4%）是主要原因（见表 11 – 18）。值得注意的是，在迁移人群中有 23.5% 的人表示住房的相关费用多是其对住房条件不满意的主要原因，这表明对于这部分迁移居民来说，迁入地的住房费用对其生活造成了现实的压力。进一步分析其原因可以发现，与其他人相比，认为住房的相关费用多的人，其在缴纳房租支出、贴房首付及分期还贷支出、水电气等日用支出、家电家具家用车辆购置等方面与其他人的差异不大，而仅在住宅改建、装修支出一项上远远高于其他人。而且这部分人主要是 2012 年迁移的居民，表明举家搬迁对于新移民在住房支出上造成的压力较大。

表 11 - 18　使您不满意的地方包括哪些

	待迁人群		迁移人群	
	频数	百分比	频数	百分比
居住面积小	111	60.3	9	52.9
住房条件差	152	82.6	11	64.7
居住环境差	85	46.2	5	29.4
住房的相关费用多	1	0.5	4	23.5

资料来源：课题组 2012 年抽样调查。

三　迁移人群对生产环境的满意度很高

数据显示，待迁人群中有 43.8% 的人对目前的生产环境表示满意，而迁移人群中的这一比例为 91.1%；待迁人群中有 51.5% 的人对目前的生产环境表示不满意，而迁移人群中的这一比例为 3.1%（见表 11 - 19）。迁移人群对生产环境的满意度极高。

表 11 - 19　与移民搬迁之前相比，您是否满意您现在
所生活的地方/社区的生产环境

	待迁人群		迁移人群	
	频数	百分比	频数	百分比
满　意	175	43.8	726	91.1
不满意	206	51.5	25	3.1
说不清	19	4.8	46	5.8

续表

	待迁人群		迁移人群	
	频数	百分比	频数	百分比
合　计	400	100.0	797	100.0

资料来源：课题组 2012 年抽样调查。

从人们对生产环境满意的原因看，在对生产环境满意的人中，待迁人群表示土地资源优越（51.5%）、务工渠道多（46.1%）、水资源充足（29.3%）和产业政策好（26.9%）是主要原因，迁移人群表示务工渠道多（60.1%）、土地资源优越（60.1%）、水资源充足（57.4%）和产业政策好（18.5%）是主要原因（见表 11－20）。在上述几项上，迁移人群的选择比例均高于待迁人群。而在农资质优价廉和生产资金充足两项上，待迁人群的选择比例则高于迁移人群，表明生产成本的提高对于迁移人群来说构成一定的压力。

表 11－20　让您满意的地方包括哪些

	待迁人群		迁移人群	
	频数	百分比	频数	百分比
务工渠道多	77	46.1	432	60.1
土地资源优越	86	51.5	432	60.1
水资源充足	49	29.3	413	57.4
产业政策好	45	26.9	133	18.5
生产资金充足	11	6.6	26	3.6
市场广阔	20	12.0	74	10.3
农资质优价廉	17	10.2	15	2.1

资料来源：课题组 2012 年抽样调查。

从人们对生产环境不满意的原因看，在对生产环境不满意的人中，待迁人群表示水资源匮乏（70.6%）、务工渠道少（61.7%）、土地资源差（55.2%）是主要原因，迁移人群表示水资源匮乏（42.9%）、务工渠道少（33.3%）、土地资源差（28.6%）是主要原因（见表 11－21）。在上述原因中，迁移人群的选择比例均低于待迁人群，但在农资质劣价高和产业政策差两项上，迁移人群选择比例高于待迁人群。

表 11 - 21　使您不满意的地方包括哪些

	待迁人群		迁移人群	
	频数	百分比	频数	百分比
务工渠道少	124	61.7	7	33.3
水资源匮乏	142	70.6	9	42.9
土地资源差	111	55.2	6	28.6
产业政策差	25	12.4	3	14.3
生产资金不充足	46	22.9	2	9.5
市场狭窄	21	10.4	1	4.8
农资质劣价高	12	6.0	3	14.3

资料来源：课题组 2012 年抽样调查。

四　迁移人群对生活环境的满意度很高

数据显示，待迁人群中有 66.5% 的人对目前的生活环境表示满意，迁移人群中的这一比例为 94.6%；待迁人群中有 30.5% 的人对目前的生活环境表示不满意，迁移人群中的这一比例仅为 1.6%（见表 11 - 22）。表明迁移人群对目前的生活环境满意度很高。

表 11 - 22　与移民搬迁之前相比，您是否满意您现在所生活的地方/社区的生活环境

	待迁人群		迁移人群	
	频数	百分比	频数	百分比
满　意	266	66.5	755	94.6
不满意	122	30.5	13	1.6
说不清	12	3.0	30	3.8
合　计	400	100.0	798	100.0

资料来源：课题组 2012 年抽样调查。

　　从对目前生活环境满意的原因看，在对生活环境满意的人中，待迁人群表示"社会治安良好"（72.9%）、"环境舒适、整洁"（60.6%）、"出行方便"（56.1%）、"邻里亲切、友善"（52.8%）是主要原因，而迁移人群表示"出行方便"（82.0%）、"环境舒适、整洁"（80.5%）、"社会治安良好"（50.3%）是主要原因（见表11－23）。比较而言，待迁人群在社会治安良好、邻里亲切友善方面的选择比例高于迁移人群，而迁移人群在出行方便和环境舒适整洁方面的选择比例高于待迁人群，同时在教育、医疗设施完善方面的选择比例与待迁人群相差不多。表明迁移人群在生活的便利性、舒适性上获得了较大的改善，但在社区治安及邻里交往方面的主观满足感则略低于待迁人群。而教育、医疗等公共服务设施的完善程度也未给迁移人群带来更多的满足。

表 11－23　让您满意的地方包括哪些

	待迁人群		迁移人群	
	频数	百分比	频数	百分比
社会治安良好	196	72.9	380	50.3
环境舒适、整洁	163	60.6	608	80.5
出行方便	151	56.1	619	82.0
邻里亲切、友善	142	52.8	193	25.6
教育、医疗设施完善	71	26.4	221	29.3

资料来源：课题组 2012 年抽样调查。

　　从对目前生活环境不满意的原因看，在对生活环境不满意的人中，待迁人群表示"出行不方便"（81.7%）、"教育、医疗设施不完善"（50.4%）等是主要原因，而待迁人群表示"环境不整洁"（38.5%）、"教育、医疗设施不完善"（30.8%）等是主要原因（见表11－24）。

表 11－24　使您不满意的地方包括哪些

	待迁人群		迁移人群	
	频数	百分比	频数	百分比
社会治安差	13	11.3	2	15.4

续表

	待迁人群		迁移人群	
	频数	百分比	频数	百分比
环境不整洁	28	24.3	5	38.5
出行不方便	94	81.7	3	23.1
邻里不亲切、不友善	10	8.7	1	7.7
教育、医疗设施不完善	58	50.4	4	30.8

资料来源：课题组 2012 年抽样调查。

第三节　生态移民的政策需求

在政府主导的移民工程中，移民政策的制定对移民工程能否顺利实施起着关键性的作用。它不仅影响着迁移人群对搬迁的评价，同时也影响着待迁人群对搬迁的意愿。因此，了解待迁人员对移民政策的需求，分析人们对现有移民政策的看法和评价，对于今后开展政府主导的移民工程有着重要的参考和借鉴意义。

一　待迁人群的移民政策需求总体表现出先生活、后生产的特点

从对待迁人群的调查看，目前其搬迁的政府规划尚未制定或传达到这一人群，有 86.7% 的人表示不知道应何时搬迁，有 9.6% 的人表示在 2012 年搬迁，其余的则表示将在今后几年内搬迁（见表 11-25）。

表 11-25　按照政府规划，您应该哪一年搬迁

	待迁人群	
	频数	百分比
2012 年	36	9.6
2013 年	11	2.9
2014 年	1	0.3
2015 年	2	0.5

	待迁人群	
	频数	百分比
不清楚	325	86.7
合　计	375	100.0

资料来源：课题组 2012 年抽样调查。

　　在迁移意愿方面，69.1% 的人表示愿意按照政府规划进行搬迁，有 30.9% 的人则表示不愿意搬迁（见表 11 - 26）。从个人特征看，迁移意愿主要与年龄有关，年龄越大越不愿意搬迁。数据显示，29 岁及以下的人中，77% 的人愿意搬迁；30—59 岁的人中，69% 的人愿意搬迁；而 60 岁以上的人中，57% 的人愿意搬迁。从家庭经济状况看，不愿意搬迁的家庭其农业经营收入高于愿意搬迁的家庭，而非农业收入则低于愿意搬迁的家庭，表明目前农业经营状况和家庭非农就业状况对待迁人群的迁移意愿有一定影响。另外对目前生活的满意度也对待迁人群的迁移意愿有一定的影响，对目前生活满意的人中，有 39.2% 的人不愿搬迁；而对目前生活不满意的人中，有 13.3% 的人不愿搬迁。

表 11 - 26　您是否愿意按照政府规划搬迁

	待迁人群	
	频数	百分比
愿　意	275	69.1
不愿意	123	30.9
合　计	398	100.0

资料来源：课题组 2012 年抽样调查。

　　从愿意搬迁的原因看，居住地太穷是最主要的原因，占 73.1%；其次是借机闯荡，占 11.6%；再次是随大流，占 6.5%（见表 11 - 27）。表明与迁移人群当时愿意搬迁的原因相同，现有生活的贫困是人们愿意搬迁的最主要原因。而选择"政策诱人，试一试"的比例最低，仅为 1.1%，表明移民政策并非待迁人群愿意搬迁的诱因。现居住地目前的恶劣生存条件本身就足以成为待迁人群搬迁的推力。

表 11 - 27　您愿意搬迁的主要原因是什么

	待迁人群	
	频数	百分比
居住地太穷	201	73.1
借机闯荡	32	11.6
政策诱人,试一试	3	1.1
随大流	18	6.5
其　他	21	7.6
合　计	275	100.0

资料来源：课题组 2012 年抽样调查。

就待迁人群所希望的搬迁安置方式看，目前移民工程所主导的整村搬迁、整村安置方式获得了 77.2% 的待迁人群的支持。这一方式所具有的公开、公正、低成本和社区关系的延续等多种优势成为待迁人群选择的主要原因。同时，也有 8.5% 的人选择整村搬迁、混杂安置，12.1% 的人选择自愿搬迁、混杂安置，1.8% 的人选择自发搬迁、自主安置（见表 11 - 28）。进一步分析可以发现，不同搬迁安置方式的选择与年龄等个人特征及目前的邻里关系无关，而与人们愿意搬迁的原因有一定关系，希望借机闯荡的人选择自愿搬迁、混杂安置的比例较高，表明这部分待迁人群既希望通过政府主导的移民工程实现搬迁，而不采取自发移民的方式，同时又不愿按照整村搬迁的方式使个人的选择有所束缚，通过政府搬迁寻求一个全新的生活环境是其安置方式选择的主要动机。

表 11 - 28　您希望的搬迁安置方式是哪一种

	待迁人群	
	频数	百分比
整村搬迁、整村安置	210	77.2
整村搬迁、混杂安置	23	8.5

续表

	待迁人群	
	频数	百分比
自发搬迁、自主安置	5	1.8
自愿搬迁、混杂安置	33	12.1
其　他	1	0.4
合　计	272	100.0

资料来源：课题组 2012 年抽样调查。

　　就待迁人群希望的迁移地点看，64.6% 的人选择综合条件优于现居住地的地方，30% 的人愿意搬入政府规划的迁入地（见表 11 - 29）。表明约 1/3 的人完全相信政府所规划的迁入地，愿意配合政府实施移民安置工作。而在搬迁后，原居住地房屋、土地的处理上，49.7% 的人愿意任由政府处理，47.6% 的人则希望仍归原所有者所有（见表 11 - 30）。在这方面，待迁人群的意愿与现行政策有所分歧。以现行政策，房屋在搬迁后将被拆除，而土地则由政府收回实施生态环境的改善和恢复。因此，在这方面仍需对待迁人群进行必要的政策说明和说服工作。

表 11 - 29　您想要搬去哪里

	待迁人群	
	频数	百分比
搬入政府规划的迁入地	89	30.0
综合条件优于现居地的地方	192	64.6
不一定	6	2.0
其　他	10	3.4
合　计	297	100.0

资料来源：课题组 2012 年抽样调查。

表 11 - 30　搬迁后，您希望原居住地的房屋、土地等如何处理

	待迁人群	
	频数	百分比
任由政府处理	144	49.7
仍归原所有者所有	138	47.6
其　他	8	2.8
合　计	290	100.0

资料来源：课题组 2012 年抽样调查。

由于不愿搬迁人员主要以中老年人为主，因此在不愿搬迁的原因上，选择安于现状（32.6%）、担心不适应新的生活（19.4%）、恋家（16.3%）等原因的比例较高；而对于部分中青年而言，担心各种政策不能实施到位（17.1%）是其主要原因（见表 11 - 31）。因此，在移民安置实施过程中，应尽可能考虑到中老年居民的生活习惯和担心，为他们提供相应的生活服务，以减轻其因搬迁所造成的心理压力。目前对于宁夏地区迁移人群的生存质量研究表明，移民区老年人尤其是留守老年人的生存质量较差，患病及青年人外出造成的精神孤独等困扰着迁移后老年人的生活（王志忠等，2012）。

表 11 - 31　您不愿意搬迁的原因是什么

	待迁人群	
	频数	百分比
安于现状	42	32.6
恋　家	21	16.3
担心不适应新的生活	25	19.4
担心各种政策不能实施到位	22	17.1
其　他	19	14.7
合　计	129	100.0

资料来源：课题组 2012 年抽样调查。

少数不愿搬迁的居民在应对政府搬迁规划方面的主要措施中，"抗拒"

（42.9%）、"拖延"（29.4%）、"抬高补偿，要求更多优惠政策"（18.3%）列前三位（见表 11-32）。而在猜测政府对此的反应时，认为政府会采取强硬对策的比例较高：32.6% 的人认为政府会断水、断电、断路，任其自生自灭；11.6% 的人认为政府会推倒住房，注销户籍，强制搬迁；有 32.6% 的人认为政府会提高补偿，给予更多优惠政策（见表 11-33）。而在被问及"如果其他村民都搬迁走，您能拖延或抗拒的时间预期是多久"时，51.9% 的人选择三年以上，28.8% 的人选择半年以内，15.4% 的人选择一年以内（见表 11-34）。从年龄看，选择三年以上的半数为 50 岁以上的中老年人。这也再次表明，在移民安置过程中，应针对中老年人制定相应的政策和措施，以缓解其对搬迁的心理压力和抵触情绪，尽可能避免严重的对立局面。

表 11-32　对于政府的搬迁规划，您打算采取什么措施应对

	待迁人群	
	频数	百分比
拖　延	37	29.4
抗　拒	54	42.9
抬高补偿,要求更多优惠政策	23	18.3
没　有	12	9.5
合　计	126	100.0

资料来源：课题组 2012 年抽样调查。

表 11-33　如果您拖延或抗拒搬迁，您认为政府会怎样应对

	待迁人群	
	频数	百分比
断水、断电、断路,任其自生自灭	28	32.6
推倒住房,注销户籍,强制搬迁	10	11.6
提高补偿,给予更多优惠政策	28	32.6
不清楚	20	23.3
合　计	86	100.0

资料来源：课题组 2012 年抽样调查。

表 11－34 如果其他村民都搬迁走，您能拖延或抗拒的时间预期是多久

	待迁人群	
	频数	百分比
半年以内	30	28.8
一年以内	16	15.4
两年以内	2	1.9
三年以内	2	1.9
三年以上	54	51.9
合 计	104	100.0

资料来源：课题组 2012 年抽样调查。

从待迁人群所希望政府提高补偿、给予更多优惠政策的方面看，住房资助（86.4%）、子女教育（61.5%）、社会保障（44.8%）、技术培训（37.1%）、农业生产（32.1%）、外出务工（31.2%）等需求较高（见表 11－35）。其总体特点表现出待迁人群在移民安置政策上先生活、后生产的要求。因此，在移民政策中，有关住房、教育、社会保障等方面的内容，将是待迁人群首先关注的重点。其中，住房问题又是重中之重。尽管在搬迁后，迁移人群的住房类型和人均居住面积均得到改善，但其家庭所承担的建房装修费用，对一部分生活困难人群来说会造成一定的生活压力。此外，由于待迁人群在移民政策方面较多关注生活上的改善，而相对忽略对搬迁后生产上可能面临的问题，因此，当他们在迁入地定居而遇到生产成本上升、生产方式不适应和生产技术欠缺等问题时，可能会对其搬迁后的生活造成一定影响。从现有的迁移人群的情况看，其适应新的生产经营方式的时间相对较长，在搬迁后的一段时间，其收入增长相对较缓。所以，在搬迁前后尽可能在技术培训等方面加强政策扶持。

表 11－35 您希望政府在哪些方面提高补偿、给予更多优惠政策

	待迁人群	
	频数	百分比
住房资助	191	86.4

	待迁人群	
	频数	百分比
子女教育	136	61.5
社会保障	99	44.8
技术培训	82	37.1
农业生产	71	32.1
外出务工	69	31.2
特色产业	55	24.9

资料来源：课题组 2012 年抽样调查。

二　住房方面的移民安置政策在很大程度上满足了居民的需求

住房需求是移民在搬迁时最为关注的方面，与住房有关的移民政策也直接对移民工程能否顺利实施起着关键作用。究其原因，除了住房安置是移民工程中最基础也是最重要的内容外，围绕移民安置所能进行的一系列精确计算也几乎全部集中在住房安置方面。因此，移民的住房安置政策是整个移民政策中能让老百姓看得见、算得出的政策。从调查结果看，住房方面的移民安置政策在很大程度上满足了居民的需求。

从住房面积看，待迁人群中 35.7% 的人要求搬迁后宅基地面积在原来基础上增加 26%—50%，25.9% 的人要求增加 51%—75%，23.6% 的人要求与原宅基地面积差不多（见表 11-36）。从待迁人群现有住房面积与其对搬迁后的宅基地面积需求的关系看，两者的关系并不密切，因此基本可以判断，待迁人群对于搬迁后的宅基地需求并非完全基于其现有居住面积所作的补偿性考虑，而更多的是对于移民政策所能提供的宅基地面积的最大可能而作的还价性估计。从迁移人群的实际居住改善方面，我们可以看到，其目前所获得的住房面积已在很大程度上超过了其搬迁前。迁移人群在搬迁前家庭平均住房面积为 75 平方米，而搬迁后达到 105 平方米，与搬迁前相比平均增加了 40%。就迁移人群总体来看，搬迁后家庭居住面积与搬迁前相同或有所减少的占 27.4%，增加 25% 及以下的占 13.7%，增加 26%—

50%的占14.7%，增加51%—75%的占9.4%，增加76%及以上的占34.8%。因此从家庭居住面积看，搬迁后住房的改善状况远远高于移民对住房安置政策的需求。

表 11 - 36　您认为搬迁以后宅基地应该有多大面积才能满足您的居住需求

	待迁人群	
	频数	百分比
至少达到原宅基地面积的一半	3	0.8
和原宅基地面积差不多	94	23.6
在原宅基地面积上增加 26%—50%	142	35.7
在原宅基地面积上增加 51%—75%	103	25.9
在原宅基地面积上增加 76%—100%	29	7.3
在原宅基地面积上增加 100% 以上	20	5.0
其　他	7	1.8
合　计	398	100.0

资料来源：课题组 2012 年抽样调查。

从决定移民安置住房面积的标准方面，79.6%的待迁人群和73.1%的迁移人群认为应按家庭人口数决定（见表 11 - 37）。而在移民安置住房的人均面积方面，55.2%的待迁人群和45.2%的迁移人群认为应在 25 平方米及以上，有 21.5%的待迁人群和26%的迁移人群则认为应在 20 平方米（见表 11 - 38）。

表 11 - 37　您认为移民安置住房面积的给予应以什么为标准

	待迁人群		迁移人群	
	频数	百分比	频数	百分比
按家庭人口数	317	79.6	106	73.1
按家庭户数	78	19.6	37	25.5
其　他	3	0.8	2	1.4
合　计	398	100.0	145	100.0

资料来源：课题组 2012 年抽样调查。

表 11 - 38　您认为移民安置住房人均面积应该达到多少平方米

	待迁人群		迁移人群	
	频数	百分比	频数	百分比
5 平方米	5	1.9	4	3.8
10 平方米	12	4.4	11	10.6
15 平方米	42	15.6	12	11.5
20 平方米	58	21.5	27	26.0
25 平方米及以上	149	55.2	47	45.2
其　他	4	1.5	3	2.9
合　计	270	100.0	104	100.0

资料来源：课题组 2012 年抽样调查。

　　从实际的情况看，待迁人群和迁移人群搬迁前的家庭人均居住面积大部分在 15 平方米及以下，其中待迁人群中 63% 的家庭人均居住面积在 15 平方米及以下，迁移人群在搬迁前 68.9% 的家庭人均居住面积在 15 平方米及以下；达到人均 25.01 平方米及以上的家庭，在待迁人群和迁移人群中只占 13.4% 和 8.1% 的比例。而迁移人群在搬迁后，家庭人均居住面积达到 25.01 平方米及以上的比例达到 31.1%，达到人均 20.01—25 平方米的家庭也占 14.4%，而人均居住面积在 15 平方米及以下的比例为 26.8%（见表 11 - 39）。

　　从迁移人群对住房安置政策中所预期的家庭人均面积与其搬迁后目前实际得到的家庭人均居住面积看，42.5% 的迁移人群获得或超过了其对住房安置政策中家庭人均居住面积的预期，而 57.5% 的人则没有达到其对住房安置政策中家庭人均面积的预期。其原因在于约有 40% 的人对住房安置政策中的人均居住面积预期是其搬迁前实际人均居住面积的一倍甚至数倍以上。因此，尽管移民安置住房政策在很大程度上满足了迁移人群的需要，但也有部分迁移人员因对住房安置政策期待过高而未能如愿。

表 11 – 39　待迁人群及迁移人群搬迁前后的家庭人均居住面积

单位:%

	待迁人群	迁移人群	
		搬迁前	搬迁后
5 平方米及以下	6.3	13.7	1.5
5.01—10.00 平方米	30.1	29.9	8.0
10.01—15.00 平方米	26.6	25.3	17.3
15.01—20.00 平方米	15.9	18.0	27.7
20.01—25.00 平方米	7.6	5.1	14.4
25.01 平方米及以上	13.4	8.1	31.1
合　计	100.0	100.0	100.0

资料来源: 课题组 2012 年抽样调查。

　　从住房安置的重点看, 56.4% 的人认为政府应重点关注住房资助金额, 18.4% 的人认为政府应重点关注住房面积, 17.5% 的人认为政府应重点关注住房配套设施 (见表 11 – 40)。迁移人群的这一看法是基于其搬迁后的实际经验而提出的, 由于住房面积在搬迁后得到较大的改善, 而存在问题较多的是新建住房的资金短缺, 因此他们将资助金额作为重点加以考虑。

表 11 – 40　您认为当前在移民安置住房方面政府应该重点关注什么

	迁移人群	
	频数	百分比
住房面积	146	18.4
住房资助金额	447	56.4
住房配套设施	139	17.5
其　他	61	7.7
合　计	793	100.0

资料来源: 课题组 2012 年抽样调查。

　　从政府对移民住房的资助方式看, 61.6% 的待迁人群和 49.1% 的迁移人群表示应全部资助, 34.2% 的待迁人群和 49.9% 的迁移人群认为应部分资助（见表 11 – 41）。从部分资助的比例看，待迁人群和迁移人群中均有 57% 和 55.3% 的人希望在 50% 左右，另有 31.8% 的待迁人群和 21.3% 的迁移人群则希望在 75% 左右（见表 11 – 42）。以目前的资助情况看，政府在移民住房上的资助比例约为 2/3，基本考虑了移民在住房方面的资助需求，但相对于半数以上的被访者的全额资助需求仍有差距。

表 11 – 41　您认为政府应该以何种方式资助移民住房

	待迁人群		迁移人群	
	频数	百分比	频数	百分比
全资资助	245	61.6	252	49.1
部分资助	136	34.2	256	49.9
移民自筹	14	3.5	5	1.0
其　他	3	0.8	0	0.0
合　计	398	100.0	513	100.0

资料来源：课题组 2012 年抽样调查。

表 11 – 42　您认为政府资助的比例应该是多少

	待迁人群		迁移人群	
	频数	百分比	频数	百分比
25%	11	10.3	54	21.3
50%	61	57.0	140	55.3
75%	34	31.8	54	21.3
其　他	1	0.9	5	2.0
合　计	107	100.0	253	100.0

资料来源：课题组 2012 年抽样调查。

从移民安置住房的配套设施看，待迁人群中自来水（89.2%）、太阳能（81.7%）、暖气（79.9%）的比例较高，而在迁移人群中则以暖气（81.8%）、自来水（76.9%）为主（见表 11 – 43）。

表 11－43　您认为移民安置住房的配套设施应该有哪些

	待迁人群		已移人群	
	频数	百分比	频数	百分比
暖　气	319	79.9	117	81.8
自来水	356	89.2	110	76.9
太阳能	326	81.7	87	60.8
数字电视	258	64.7	65	45.5
太阳灶	253	63.4	57	39.9

资料来源：课题组 2012 年抽样调查。

三　在社会保障政策方面，医疗保险基本全覆盖，社会保障状况有所好转

从调查数据看，87.4% 的迁移人群认为与搬迁前相比其社会保障环境越来越好，6.8% 的人认为没有变化，仅 0.6% 的人认为越来越差（见表 11－44）。

表 11－44　与移民搬迁之前相比，您认为目前的社会保障环境有何变化

	迁移人群	
	频数	百分比
越来越好	695	87.4
越来越差	5	0.6
没有变化	54	6.8
说不清	41	5.2
合　计	795	100.0

资料来源：课题组 2012 年抽样调查。

从政府应该重点关注的社会保障方面看，待迁人群中，养老、失业等社会保险（73.9%）、医疗卫生（71.2%）、文化教育（68.4%）、住房（65.2%）列前四位；在迁移人群中，养老失业等社会保险（74.6%）、医疗卫生（63.8%）列前两位（见表 11－45）。表明迁移人群在搬迁后，其住房、教育等方面的状况与搬迁前相比有明显改善，因此其对这些方面的需

求较待迁人群低，但养老等社会保险的覆盖面仍有待提高，对医疗卫生方面的要求仍有待满足。

表 11-45　您认为当前在社会保障方面政府应该重点关注什么

	待迁人群		迁移人群	
	频数	百分比	频数	百分比
养老、失业等社会保险	295	73.9	583	74.6
医疗卫生	284	71.2	499	63.8
文化教育	273	68.4	380	48.6
住　房	260	65.2	247	31.6
社会救助	116	29.1	193	24.7
社会福利	59	14.8	107	13.7
慈善事业	29	7.3	38	4.9

资料来源：课题组 2012 年抽样调查。

从目前的社会保障参与情况看，医疗保险的覆盖面较广，基本实现了全覆盖。待迁人群中 95.6% 的人参加了医疗保险，迁移人群中也达到了 98.9%。相比之下，养老保险的覆盖面有待提高，待迁人群中 64.9% 的人参与了养老保险，而迁移人群中则为 48.7%。其他社会保险和社会救助的比例均极低（见表 11-46）。

表 11-46　您现阶段参与了哪些社会保障

	待迁人群		迁移人群	
	频数	百分比	频数	百分比
养老保险	251	64.9	365	48.7
医疗保险	370	95.6	741	98.9
失业保险	4	1.0	4	0.5
工伤保险	2	0.5	5	0.7
生育保险	1	0.3	5	0.7
社会救助	6	1.6	7	0.9

资料来源：课题组 2012 年抽样调查。

四 在与移民生产有关的政策方面，资金和技术成为人们关注的重点需求

在产业政策方面，70.9%的待迁人群和58.2%的迁移人群希望政府大力发展特色产业（见表11－47）。从目前移民后的情况看，要想使移民工程获得可持续的发展，仅靠传统的农业生产经营理念是不行的。集约化的灌溉农业必须以发展规模化、专业化的特色农业为基础，才能获得良好的经营效益。在已建成的移民区，当地政府正在探索一套节水、高效、无污染的特色农业发展道路，这与人们对移民产业政策的需求是一致的。62.6%的待迁人群和64.7%的迁移人群希望政府加大扶持力度，以保障特色农业的顺利发展。

表 11 – 47   您希望政府在产业发展方面做到

	待迁人群		迁移人群	
	频数	百分比	频数	百分比
大力发展特色产业	271	70.9	453	58.2
加大政府扶持力度	239	62.6	503	64.7
发挥龙头产业示范带动作用	129	33.8	160	20.6
加大技术服务支撑力度	131	34.3	146	18.8

资料来源：课题组 2012 年抽样调查。

在农业生产方面，目前对于待迁人群而言，水源（82.5%）、资金（61%）、技术（57.8%）等是他们希望政府重点解决的问题；而对于迁移人群而言，水源的问题在一定程度上得到了解决，余下的问题主要是资金（65.3%）和技术（48.8%）（见表11－48）。

表 11 - 48   您希望政府在农业生产方面重点解决哪些问题

	待迁人群		迁移人群	
	频数	百分比	频数	百分比
技　术	231	57.8	385	48.8
资　金	244	61.0	515	65.3
水　源	330	82.5	283	35.9
土　地	158	39.5	226	28.6
市　场	38	9.5	90	11.4
政　策	35	8.8	59	7.5
农　资	19	4.8	65	8.2

资料来源：课题组 2012 年抽样调查。

从资金方面看，人们希望政府加大农民贷款方面的扶持力度，包括降低贷款门槛、减少贷款手续、加大政府资金扶持等（见表 11 - 49）。在政府主导的移民工程中，资金供需矛盾十分突出，移民搬迁、迁入地基础设施建设、土地资源开发、生产经营的开展和生产技术的提高等都需要资金的支持。而在此过程中，资金投入主要以政府为主，移民自身可投入的资金极少，因此其对于贷款方面的需求较大。所以如何提高人们获得贷款的便利性成为关注的重点。

表 11 - 49   您希望政府在农民贷款方面做到

	待迁人群		迁移人群	
	频数	百分比	频数	百分比
降低贷款门槛	342	89.5	561	76.4
加大政府资金扶持	167	43.7	320	43.6
减少贷款手续	270	70.7	470	64.0
鼓励银行主动提供贷款	80	20.9	111	15.1
扩大村级互助资金	35	9.2	93	12.7
提供更多贷款渠道	43	11.3	146	19.9

资料来源：课题组 2012 年抽样调查。

从技术方面看，待迁人群中 75.9% 的人希望政府能够提供专业技术培训，迁移人群中的这一比例为 66.1%；同时待迁人群中 71.1% 的人希望政府派遣专业人士进行实地指导，迁移人群中的这一比例为 67.7%（见表 11-50）。表明人们对于农业生产方面的技术培训及指导的需求较高。

表 11-50　您希望政府在技术培训方面做到

	待迁人群		迁移人群	
	频数	百分比	频数	百分比
提供专业技术培训	300	75.9	513	66.1
派遣专业人士进行实地指导	281	71.1	525	67.7
实行后续跟踪培训和指导	165	41.8	255	32.9

资料来源：课题组 2012 年抽样调查。

在土地政策方面，相对于资金和技术而言，人们的政策需求不十分强烈，待迁人群主要希望政府重点考量土地质量问题，而迁移人群则仍以资金投入作为重点（见表 11-51）。

表 11-51　您认为政府在土地政策方面应着重考量什么问题

	待迁人群		迁移人群	
	频数	百分比	频数	百分比
土地面积	94	23.5	163	20.5
土地质量	199	49.8	170	21.3
资金投入	55	13.8	368	46.2
技术支撑	51	12.8	85	10.7
其　他	1	0.3	11	1.4
合　计	400	100.0	797	100.0

资料来源：课题组 2012 年抽样调查。

除了发展农业生产外，人们对于移民劳务产业发展也较为关注。从调查结果来看，目前家庭人均工资收入在家庭人均总收入中所占比例较高，在待迁人群中这一比例约为 31.3%，而在迁移人群中这一比例约为 46.2%。

劳务收入变化对于人们的家庭生活影响较大。因此，40%的待迁人群和 57.8%的迁移人群希望政府能帮助增加劳务收入；29.8%的待迁人群和 18.4%的迁移人群希望政府拓宽移民务工渠道；16.3%的待迁人群和 14.2%的迁移人群希望政府搞好就业服务（见表 11 - 52）。但目前最主要的问题是移民外出务工的意愿相对较低，调查中仅有 7.6%的迁移人群表示目前正在外出务工，而 54.7%的人表示从未外出务过工；目前在家的迁移人群中，25.7%的人表示年内会出去务工，而 61.8%的人表示今后不会出去务工。因此政府应加强移民劳务产业发展政策，积极鼓励移民外出务工。

表 11 - 52 您认为政府在移民劳务产业发展方面最应该关注什么问题

	待迁人群		迁移人群	
	频数	百分比	频数	百分比
增加劳务收入	160	40.0	461	57.8
搞好就业服务	65	16.3	113	14.2
拓宽移民务工渠道	119	29.8	147	18.4
加强务工人员生产技能的培训	54	13.5	60	7.5
其 他	2	0.5	17	2.1
合 计	400	100.0	798	100.0

资料来源：课题组 2012 年抽样调查。

五 在户籍管理政策方面，人们普遍希望实行迁入地管理

在户籍管理政策方面，人们对政府的政策较为一致。78.7%的待迁人群和 91%的迁移人群认为在户籍管理方面应实行迁入地管理，仅 12.8%的待迁人群和 2.6%的迁移人群表示应实行迁出地管理（见表 11 - 53）。

表 11 - 53 您希望户籍管理采取哪种方式

	待迁人群		迁移人群	
	频数	百分比	频数	百分比
迁出地管理	51	12.8	21	2.6

续表

	待迁人群		迁移人群	
	频数	百分比	频数	百分比
迁入地管理	314	78.7	725	91.0
无所谓	32	8.0	48	6.0
其 他	2	0.5	3	0.4
合 计	399	100.0	797	100.0

资料来源：课题组 2012 年抽样调查。

同时，81.6% 的待迁人群和 78.4% 的迁移人群希望在户籍管理中简化户籍办理手续；66.3% 的待迁人群和 56.1% 的迁移人群希望减免户籍转换和户口迁移中的收费；39.4% 的待迁人群和 45.7% 的迁移人群希望放宽移民进城落户的条件（见表 11 - 54）。上述需求均已在移民户籍管理政策中得到较好的落实。值得注意的是，26.7% 的待迁人群和 27.1% 的迁移人群希望切实解决自发移民的户籍问题。从实际情况看，在政府主导的移民工程实施中，自发移民在户籍管理、土地及住宅保障、社区事务参与、移民政策落实、社会保障享受等方面均遇到很大困难，同时也给迁入地的社会管理增加了难度。因此在户籍管理政策方面，政府应针对目前移民工程中自发移民较多的问题制定专门的有效政策，以保障移民工程的顺利进行。

表 11 - 54 您希望政府在户籍管理方面做到

	待迁人群		迁移人群	
	频数	百分比	频数	百分比
减免户籍转换和户口迁移中的收费	256	66.3	407	56.1
简化户籍办理中的手续	315	81.6	569	78.4
放宽移民进城落户的条件	152	39.4	332	45.7
切实解决自发移民的户籍问题	103	26.7	197	27.1

资料来源：课题组 2012 年抽样调查。

六　在文化教育方面，提高师资水平成为人们关注的重点

调查显示，87.1%的待迁人群和59.6%的迁移人群希望政府提高师资水平，59.3%的待迁人群和54.4%的迁移人群希望政府加大教育资金投入，54.3%的待迁人群和45.9%的迁移人群希望政府加强基础设施建设，61.9%的待迁人群和39%的迁移人群希望政府提高管理水平（见表11-55）。总体来看，人们对于文化教育的政策需求较高，不仅选择比例较高，而且涉及方面较广。教育是一个地区可持续发展的根本，人们对于教育的高要求、高期待表现出他们对于通过提高教育水平获得家庭生活水平提高的良好期待。

表 11-55　您希望政府在文化教育方面做到

	待迁人群		迁移人群	
	频数	百分比	频数	百分比
加强基础设施建设	215	54.3	353	45.9
提高师资水平	345	87.1	458	59.6
提高管理水平	245	61.9	300	39.0
加大教育资金投入	235	59.3	418	54.4
加大文化教育的宣传力度	145	36.6	135	17.6
营造社会性的文化教育氛围	90	22.7	103	13.4

资料来源：课题组 2012 年抽样调查。

七　在生态建设方面，人们希望政府将生态保护与特色经济有效结合

生态移民工程的可持续发展观念渐入人心，人们在考虑生态环境改善和恢复的同时，将其与特色经济的发展相结合，以使生态环境的发展与人们的生活水平提高相互促进。调查结果显示，60.9%的待迁人群和39.5%的迁移人群希望政府在生态建设方面发展经果林，40.9%的待迁人群和37%的迁移人群希望政府发展生态循环农业，33.9%的待迁人群和39.2%的迁移人群希望政府发展庭院经济，50.4%的待迁人群和28.5%的迁移人

群希望政府发展新村绿化工程（见表 11 - 56）。总体来看，待迁人群对政府在生态建设方面的期待较迁移人群更为强烈，生态移民工程的实施，为迁出地生态环境的改善和恢复创造了良好的条件，也激发了待迁人群对于保护生态环境的强烈愿望。

表 11 - 56　您希望政府在生态建设方面做到

	待迁人群		迁移人群	
	频数	百分比	频数	百分比
发展经果林	232	60.9	301	39.5
实施新村绿化工程	192	50.4	217	28.5
发展生态循环农业	156	40.9	282	37.0
发展庭院经济	129	33.9	299	39.2
加强农田防护林带建设	95	24.9	138	18.1
进行小流域治理	70	18.4	106	13.9

资料来源：课题组 2012 年抽样调查。

八　在扶贫政策方面，医疗救助、危房改造等成为人们关注的重点

生态移民工程在以保护生态环境为主要内容的同时，也延续了以往移民工程中扶贫脱困的主题。调查结果显示，60.3% 的待迁人群和 45.2% 的迁移人群希望政府在医疗救助方面加大对贫困户的扶持力度，59.2% 的待迁人群和 27% 的迁移人群希望政府对贫困户实施危房改造，39.5% 的待迁人群和 27.6% 的迁移人群希望对贫困户进行教育扶持，37.5% 的待迁人群和 49.3% 的迁移人群希望政府帮助贫困户外出打工（见表 11 - 57）。总体来看，待迁人群主要从救助、扶持角度来考虑对贫困户的帮助，医疗、住房、教育等成为他们首先关注的方面；而迁移人群则更多地从经济发展的角度来考虑对贫困户的帮助，外出务工、特色产业、互助资金等成为他们重点关注的方面。这从某种意义上说，移民工程在保护生态环境的同时，也为贫困户脱贫致富打造了良好的发展平台。

表 11 - 57　您希望政府在针对贫困户的哪些项目上加大扶持力度

	待迁人群		迁移人群	
	频数	百分比	频数	百分比
医疗救助	238	60.3	355	45.2
危房改造	234	59.2	212	27.0
教育扶持	156	39.5	217	27.6
外出打工	148	37.5	387	49.3
特色产业	146	37.0	265	33.8
互助资金	145	36.7	244	31.1
技术培训	127	32.2	141	18.0

资料来源：课题组 2012 年抽样调查。

九　加大生活保障和解决资金瓶颈成为人们对政府政策需求的主要期待

政府主导的移民工程经过 30 多年的精心规划、谨慎实施、稳步推进，到目前已经取得了明显的成效，人们对移民政策的各个方面均给予了肯定的评价。很多移民政策在制定和实施过程中，也充分考虑了各方面的需求，从而保证了移民工程的顺利实施。调查结果显示，67.8% 的待迁人群和79.5% 的迁移人群表示，当前政府相关移民政策能够保证移民工程的顺利实施（见表 11 - 58）。

表 11 - 58　您认为当前政府相关移民政策能否保证移民工程顺利实施（一）

	待迁人群		迁移人群	
	频数	百分比	频数	百分比
能	271	67.8	636	79.5
不能	59	14.8	14	1.8
说不清	70	17.5	150	18.8
合　计	400	100.0	800	100.0

资料来源：课题组 2012 年抽样调查。

但同时，我们也应该看到，14.8%的待迁人群对移民政策尚有疑问，17.5%的待迁人群和18.8%的迁移人群则对移民政策的效果表示难以评价（见表11-58）。从前面的描述中可以看到，对待迁人群来说，他们对移民政策的主要顾虑在于其搬迁后的生活安置，如住房安置政策能否满足生活需要、搬迁后的社区居民关系能否满足人们的精神需要等；而对迁移人群来说，他们对移民政策的主要顾虑在于其搬迁安置后的生产经营活动能否顺利开展，如因住房安置、农业经营方式改变、农业生产成本提高等造成的资金短缺，搬迁后务工便利性提高但务工机会和条件能否满足其需要等方面。

另外，对自发移民来说，他们在政府主导的移民工程中所处的两难境地，凸显了这一群体的特殊性。从调查数据看，在评价移民政策方面，自发移民、自主安置的群体中，27.8%的人对移民政策在保证移民工程顺利实施方面的作用表示说不清，高于由政府主导安置的人群（见表11-59）。这表明，由于自发移民难以直接享受到移民政策所提供的优惠及便利，而且在移民过程中会遇到有关住房安置、土地分配、户籍管理等方面的困难，因此，他们对移民政策的评价相对于政府主导的移民要低。所以，如果说政府移民政策在考虑待迁人群时应注重其生活安置、在考虑政府主导的迁移人群时应注重其生产经营的话，那么在自发移民方面，政府仍有必要制定相关的安置政策，其重点在于管理，使自发移民在安置过程中得到生活、生产保障，以缓解社会压力、化解社会矛盾。

表11-59　您认为当前政府相关移民政策能否保证移民工程顺利实施（二）

移民意愿及安置类型	能	不能	说不清	合计
自发移民、自主安置	69.2	2.9	27.8	100.0
政府主导、自愿移民、整村安置	86.5	0.6	12.9	100.0
政府主导、自愿移民、自主安置	87.0	0.8	12.2	100.0
政府主导、强制移民、整村安置	86.4	2.3	11.4	100.0
其他	58.8	5.9	35.3	100.0

资料来源：课题组2012年抽样调查。

　　从人们对移民政策的需求看，生活保障和生产扶持是关键问题。数据显示，50.5%的待迁人群希望得到政府在住房、医疗、教育等社会及生活保障方面的扶持，而迁移人群的这一比例为36%；42.2%的迁移人群希望得到政府在资金借贷、互助资金等资金方面的扶持，而待迁人群的这一比例为25.8%。此外，13.4%的待迁人群和9.5%的迁移人群表示政府应加大提供就业机会、打通就业渠道等劳动就业方面的政策扶持力度（见表11-60）。

表11-60　目前您最需要政府在哪一方面给予政策扶持

	待迁人群		迁移人群	
	频数	百分比	频数	百分比
住房、医疗、教育等社会及生活保障方面	200	50.5	287	36.0
资金借贷、互助资金等资金扶持方面	102	25.8	336	42.2
提供就业机会、打通就业渠道等劳动就业方面	53	13.4	76	9.5
技术指导、信息供给等生产方面	18	4.5	20	2.5
农田水利及基础设施建设方面	18	4.5	41	5.1
生态保护和建设方面	0	0.0	1	0.1
其他	4	1.0	16	2.0
不需要	1	0.3	20	2.5
合计	396	100.0	797	100.0

　　资料来源：课题组2012年抽样调查。

　　综上所述，目前宁夏的生态移民工程在以往的移民工程所取得经验的基础上获得了明显的成效。人们对于移民政策的评价较高，同时对目前生活生产状况的满意度也较高。尽管在移民安置方面还一定程度地存在配套设施滞后、生产成本上升、生产资金缺乏、新的农业生产技术掌握不完全、非农就业渠道不畅、养老保障及社会服务不完备、自发移民生活稳定性较低等方面的问题，但从以往的移民情况看，这些问题都需要在一个较长的适应期内逐渐调适解决。从移民时间看，前期的移民目前已逐渐适应在迁入地的生活生产，家庭收入也得到稳步的提高；从政府移民和自发移民的对比看，政府主导的移民由于得到移民政策的较好扶持，其在迁入地的生活生产得到较为迅速的适应和恢复。由此，我们可以认为，对于大规模的移民工程的全面评价，需要一个较长的时间周期，其长短在很大程度上取决于政府移民政策的扶持力度，而目前的移民政策在缩短这一时间周期方面的确发挥着重要作用。但我们也必须注意，在政府主导的移民工程中，政府的移民政策在帮助迁移人群得到较好安置的同时，也在一定程度上形成了人们对于政府移民政策的依赖。就客观而言，集约化灌溉农业对资金、技术等方面的要求提高，人们仅以自身能力无法获得；而就主观而言，单纯寄希望于政府政策扶持以提高收入、改善生活，也使人们对政策的依赖程度上升，这从迁移人群希望政府在非农就业方面加强扶持，但自身又缺乏外出务工的动力上可以体现。因搬迁所提供的外出务工的便利性，在迁移人群中未能得到更为有效的发挥。调查数据显示：目前迁移人群中外出务工的比例为9%，仅比待迁人群高4.2%；迁移人群中年内打算外出务工的比例为27.1%，仅比待迁人群高4.3%。因此，要真正使移民工程获得可持续的发展，就要求人们在政府的移民政策扶持下尽快适应迁入地的生活生产，逐渐摆脱对政府移民政策的依赖，步入自我发展的良性轨道。

第十二章

宁夏生态移民
与城乡一体化发展

生态移民已经摆脱了吊庄移民主要从事农业建设的阶段。吊庄移民从山区迁出地到川区迁入地，主要追求的是适合农业生产的灌溉等条件；而生态移民除了有利于迁出地生态恢复之外，农业条件的重要性在逐步降低，更多的是通过移民新村建设，使贫困地区农民尽快享受到基本公共服务，从而提高新农村建设效率。移民社会的城乡一体化发展，是一个需要统筹考虑的问题。

第一节 生态移民对城乡一体化的影响

一 生态移民的空间布局

从自然地理区划看，宁夏可划分为平原（川区）和南部山区两个自然区。北部川区地理位置优越，有充足的水源、可耕作的土地、适宜的气候，生态承载也有冗余，被誉为"塞上江南"。这里有发展农业的潜力、产业相对发达、就业容量大；有一些适宜开发的荒地，水、电路施工难度不大，投资额相对较少；加之交通较方便，距离城镇较近，有利于移民远景开发，具备了一系列迁入地的条件。而中南部地区处于我国半干旱黄土高原向干旱风沙区过渡的农牧交错地带,生态脆弱,干旱少雨,土地瘠薄,资源贫乏,自然灾害频繁,水土流失严重,贫困程度深,一方水土养育不了一方人。

20世纪80年代以来,宁夏吊庄移民已经形成30多万移民。宁夏生态移民分布区域主要有两部分:一部分从中南部山区迁移到北部川区,一部分迁移到南部区域内地势平坦的地方或中部扬黄灌区附近生产条件较好的地方。按照“十二五”移民规划,宁夏对中南部地区7.88万户34.6万人实施移民搬迁,涉及原州、西吉、隆德、泾源、彭阳、同心、盐池、海原、沙坡头(嵩川)9个县(区)91个乡镇684个行政村1655个自然村。宁夏生态移民迁入区包括兴庆区、金凤区、西夏区、永宁县、贺兰县、灵武市、大武口区、惠农区、平罗县、利通区、红寺堡区、青铜峡市、沙坡头区、中宁县、农垦局等15个县(市、区、单位)。迁出区包括盐池县、同心县、原州区、西吉县、隆德县、泾源县、彭阳县、沙坡头区(嵩川)、海原县9个县(区)。安置方式主要是县内和县外移民两种形式,其中:县内安置2.84万户,12.11万人,占移民总规模的35%;县外安置5.04万户,22.49万人,占移民总规模的65%。规划建设安置区274个,其中:生态移民安置区234个,安置移民5.87万户,25.95万人,占移民总规模的75%;劳务移民安置区40个,安置移民2.01万户,8.65万人,占移民总规模的25%,主要安置在沿黄城市、重点城镇、工业园区和重点产业基地等区域。

从2011年宁夏开始实施“十二五”生态移民工程至2012年底,两年累计搬迁10.5万人,建成移民住房4.1万套,开发土地18.1万亩,建设设施温棚和养殖圈棚2万亩(座),发展枸杞、葡萄、红枣等经果林4.47万亩,马铃薯、小杂粮、牧草等4.5万亩,奶牛、肉牛和育肥羊饲养量分别达到4100头、9405头和1.45万只。开展教育培训3.76万人,实现移民务工就业1.97万人,架设供电线路932公里,建成通村公路907公里。建成村级组织活动场所及医疗卫生等公共服务设施17.17万平方米,新建村庄绿化和农田防护林带2.8万亩,移民迁出区已有25万亩土地用于恢复生态。

二　生态移民对城乡二元结构的影响

2012年宁夏全区城市化率达到了51%,其中银川市达到73.2%,固原市只有32%。川区城市化率较高，而山区则基本以农业社会为主，生态移民的迁移，将提高山区迁出地的城市化率，而降低迁入地的城市化率。

宁夏二元结构水平各地区存在显著差异性，似乎存在一个规律，即二元结构转化在横截面资料上表现出"倒 U 型曲线"的发展轨迹（段庆林，2012）。宁夏二元结构水平较低的市县，一类是低水平分工下的二元结构，如泾源县和海原县，另一类是高水平分工下的二元结构，如石嘴山市和银川市。随着发展水平的提高，绝大多数山区市县的二元结构反差指数可能会继续扩大，而绝大多数川区市县的二元结构反差指数可能会逐步消减。生态移民后，移民之间收入差距可能会扩大，但总体上生活都会逐步改善。

宁夏产业结构及其地区分布对生态移民的影响尤为重要。生态移民的迁入区集中在沿黄经济区，其以非农为主的产业结构有利于吸收农村人口。生态移民开阔了视野，农业经营不再靠天吃饭，迁入地接近城市，也便于外出务工。生态移民选择方向主要有两个：劳务移民直接到城镇，生态移民居住于农业社区。由于生态移民有土地保障，而劳务移民是无地安置，所以只有少部分有文化的年轻农民工愿意参加劳务移民。对于大多数移民来说，农业区的迁移仍然是主要的方向，但生态移民的主要收入来源还是外出务工。

第二节　生态移民模式与城镇化道路选择

一　各种移民方式的城乡倾向

随着经济社会发展，生态移民与吊庄移民、工程移民和易地扶贫搬迁等移民方式有所不同，其城镇化倾向更多。

1983—1999 年，宁夏实施吊庄移民工程。吊庄移民借用了宁夏地区传统"吊庄"异地垦荒的流动性农业生产形式，采取搬迁初期贫困农户两头有住房和土地，待移民点得到开发，生产生活基本稳定后再完全搬迁并交属地管理的移民方式。通过县外吊庄、县内吊庄、插花吊庄、就地"旱改水"等形式，建设移民基地 23 处，开发土地 40.5 万亩，安置贫困人口19.8 万人。吊庄移民以农业建设为主，主要围绕土地开发及灌溉设施建设。

其中隆湖扶贫经济开发区"以工兴区"的探索尤其值得重视，并且以吊庄村为基础形成了闽宁镇、兴泾镇、华西村等乡镇。

1994年全国政协副主席钱正英带领水利专家组视察宁夏时，提出"利用黄河两岸平坦的干旱草原，扬黄河之水，开发建设200万亩新灌区，将南部山区100万贫困人口迁移到灌区，从根本上解决贫困问题"的构想。这项宁夏扶贫扬黄灌溉工程初步测算需要投入资金30亿元，工程建设6年时间，因此被称为"1236工程"。工程于1998年开工，截至目前共投入36.6亿元，开发土地80万亩，搬迁安置移民30.1万人。2009年10月国务院正式批复同意在扶贫开发区管委会基础上设立吴忠市红寺堡区。红寺堡区是全国最大的扶贫移民开发区，还是扬黄灌溉开发思路的实施典范。

2001—2007年，全国实行易地扶贫搬迁试点工程，主要是与退耕还林、生态环境建设与保护相结合，把生态保护区和水源涵养林区的村民整村搬迁到引（扬）黄灌区、国营农场等地，共建设31个项目区，开发土地10.76万亩，安置移民12.6万人。易地搬迁重点是针对生态脆弱地区的农民，安置区依然以农业区为主。

借鉴易地搬迁模式，宁夏2008—2011年实施了中南部地区县内生态移民工程，实际开发土地27.7万亩，建设移民住房190万平方米，安置移民16.08万人。

2011年宁夏开始实施"十二五"生态移民工程，计划用五年时间，将南部山区100万贫困人口中分布于自然条件极差地区的35万特困人口迁移出来，强调安置区选择靠镇、近水、沿路的区域建设大村庄。截至2012年底，全区生态移民达10.5万人。新一轮生态移民与吊庄移民、工程移民、易地扶贫搬迁的不同之处，就是其更多的城镇化倾向，强调生态移民工程与工业化、城镇化相结合，与新农村建设相结合，与生态文明建设相结合。

二　生态移民模式

1. 移民安置模式

宁夏"十二五"扶贫移民工程采取县外移民和县内移民两大途径，生态移民、劳务移民、教育移民三种方式，开发土地集中安置、适度集中就近安置、因地制宜插花安置、劳务移民务工安置和特殊人群敬老院安置等五种安置方法，将居住在自然条件极端不适合人类生存地区的 35 万特困人口迁移到生产生活条件较好的地区，使其尽快脱贫致富，也有利于迁出地的生态恢复。

　　各市县也根据当地情况创新了生态移民的具体安置模式。青铜峡市推行生态移民一户一套房、一个就业岗位、一头奶牛、一次职业教育培训机会、人均一亩土地等"五个一"安置模式。惠农区实行户均一套房、一亩地、一个就业岗位，稳定居住两年后配送一头托管奶牛的"三加一"安置模式。红寺堡区制定了户均一座养殖暖棚、两亩设施农业、企业流转经营三亩土地、一个就业岗位的"1231"安置模式。金凤区确立了户均一套房、一座设施温棚、一个就业岗位的安置模式。原州区实行移民户户均一套房、一座设施拱棚、一栋养殖圈棚、一个卫生厕所、一台热水器、一台太阳灶、一台卫星接收器的"七个一"安置模式。农垦局提出了户均一座种养设施、一个就业岗位、六分庭院经济耕地、人均五分特色产业耕地的"1165"安置模式。

　2. 生态移民的社区规模

　　建设大村庄是生态移民工程的突出特征。从表 12－1 可见，2011—2012年，宁夏全区生态移民 130 个安置区中，2000 户以上的村庄 3 个；1000—2000 户的村庄 16 个；1000 户以上的大村庄占移民总人口的 52.94%；300—1000 户的中等村庄 30 个，其人口占移民总人口的 26.27%；100—300 户的村庄最多，达到 57 个，但其人口只占移民总人口的 18.32%；100 户以下的小村庄 24 个，人口仅占移民总人口的 2.47%。通过适度集中居住，有利于布局基础设施和公共事业。

表 12－1　宁夏生态移民第 1—2 批安置区规模分析

安置区规模	合　计			移民规模						占移民总人数比重（%）
	安置区数量（个）	平均户数（户）	平均人数（人）	生态移民			劳务移民			
				安置区数(个)	户数（户）	人数（人）	安置区数(个)	户数（户）	人数（人）	
合　计	130	305	1433	97	39584	173731	33	12549	54791	100.00
2000 户以上	3	2194	9415	3	6582	28244	0	0	0	12.36
1000—2000 户	16	1274	5797	13	16912	77458	3	3478	15287	40.58

续表

安置区规模	合　计			移民规模						占移民总人数比重（％）
	安置区数量（个）	平均户数（户）	平均人数（人）	生态移民			劳务移民			
				安置区数（个）	户数（户）	人数（人）	安置区数（个）	户数（户）	人数（人）	
500—1000 户	13	614	2579	7	4158	17282	6	3820	16251	14.67
300—500 户	17	366	1559	9	3210	12983	8	3015	13521	11.60
200—300 户	20	222	993	16	3631	16344	4	800	3510	8.69
100—200 户	37	139	595	27	3777	16097	10	1363	5913	9.63
50—100 户	15	71	286	15	1061	4285	0	0	0	1.88
50 户以下	9	36	150	7	253	1038	2	73	309	0.59

资料来源：根据自治区移民局统计表整理。

在地域分布上，安置在川区的移民占 64.55%，12.72% 的移民被安置在中部干旱带，22.73% 的移民在南部山区就近安置（见表 12-2）。川区土地紧缺，一般倾向于生态移民集中建设大村庄；中部干旱带水资源紧张，安置人口有限；南部山区川道地已经没有大面积宜农荒地，生态移民安置区一般较小，生态移民大村庄一般选择原陶乐县、红寺堡区等宜农荒地较多的川区边缘地带。

表 12-2　宁夏三地带生态移民第 1—2 批安置区特征分析

	合　计				批复规模							
	安置区（个）	户数（户）	人数（人）	人数比重（％）	生态移民				劳务移民			
					安置区（个）	户数（户）	人数（人）	户数规模（户）	安置区（个）	户数（户）	人数（人）	户数规模（户）
合　计	130	52133	228522	100.00	97	39584	173731	408	33	12549	54791	380
北部川区	50	32994	147506	64.55	29	25593	114974	883	21	7401	32532	352
中部干旱带	17	7023	29077	12.72	13	6213	25546	478	4	810	3531	203
南部山区	63	12116	51939	22.73	55	7778	33211	141	8	4338	18728	542

资料来源：根据自治区移民局统计表整理。中部干旱带包括盐池县、同心县、海原县、红寺堡区。

3. 生态移民战略的本质特征

生态移民战略已经超越了其前身——易地搬迁模式，改善迁出地生态环境仅仅是其背面，其更为重要的正面，则是在全国强调公共服务均等化、开始新农村建设、实行整村推进扶贫的背景下，宁夏山区一部分贫困村由于山大沟深、居住分散，改善道路、医疗、教育、用电等基础设施需要投入大量资本，短期内根本不会实现，把这些村庄迁移出来，在近城、近水、靠路地区集中建设大村庄，重点解决其就医难、上学难、吃水难、打工远的问题，使贫困人口尽快享受到基本公共服务，提高新农村建设和扶贫开发的资金使用效率。

生态移民村是一种介于城镇和乡村之间的新社区，是为城镇提供劳动力的"蓄水池"。生态移民村要求实现"七通七有两转变"，即通电、通自来水、通柏油路、通公交车、通广播电视、通邮、通电话；有学校、有村级活动场所、有医疗服务站、有劳动服务中心、有超市、有文化广场、有环保设施；群众的生产方式、生活观念发生根本转变。部分县市还提出通排水设施、通燃气、通网络，有高杆路灯、太阳能、幼儿园等，大武口、惠农移民区基本实现"九通九有"。移民新村实际上已经社区化，其基础设施水平已经超过川区绝大多数原住民村庄。

从搬迁政策来说，国家吊庄移民政策主要支持农业生产设施建设，社会事业建设滞后，人均开发耕地2.23亩，每户补贴400元自建住房，目标是解决温饱，宁夏县外吊庄12处，共350个自然村，平均每村326人。

宁夏易地搬迁移民建房补助标准为人均1000元，水、电、路、文、教、卫等基础设施建设标准为人均2500—3000元，每个项目区人口4065人。

按照生态移民政策，户均住房每套建筑面积54平方米，按照700元/平方米造价，加上院墙共计约4万元，政府每户补贴2.5万元，其余由农户自筹，产权归农民所有，十年内不准出租转让。由于补贴标准较低，部分实际造价达到1160元/平方米，按照自治区与市县6:4的承担比例，地方政府财政压力较大。政府原则上给生态移民人均1亩水浇地，支持每户发展1亩设施农业，收回原承包地使用权。大中型拱棚补助每亩5000元，日光温棚每亩补助8000元，30平方米暖棚牛舍每座补助5000元。由于目前可供移民的宜农荒地越来越少，生态移民给农民配置的耕地面积比吊庄移民时期大幅度减少，而且迁入地农民保护耕地承包权的意识增强，新移民与老住户之间耕地矛盾增加，个别移民区耕地至今未能分配到移民户。

"十二五"期间，宁夏中南部地区生态移民总预算为 105.8 亿元。其中：移民住房 41.02 亿元，占 38.8%；农田水利 26.39 亿元，占 29.4%；劳务产业 3.31 亿元，占 3.1%；特色产业 4.6 亿元，占 4.3%；公共服务 21.51 亿元，占 20.3%；生态建设 5.09 亿元，占 4.8%；工程前期费 3.87 亿元，占 3.7%。可以看出，与过去注重农田水利开发不同，生态移民投资最多的是移民住房、农田水利和公共服务支出，生态移民住房标准和公共设施水平已经高于川区绝大多数原住民。

4. "三大机制"与劳务经济

生态移民政策鼓励土地流转，强调建立健全移民区土地承包经营权流转机制，允许移民以转包、出租、互换、转让、股份合作等多种形式流转土地承包经营权。川区绝大多数市县的移民区建立了"三大机制"，即土地集中流转机制、奶牛托管经营机制、移民务工管理服务机制。由于山区移民不熟悉川区种养业技术，加上山区移民文化程度较低，为了避免技术培训的麻烦，许多安置区在明确土地权属、承包性质不变的前提下，直接将土地集中流转或将奶牛集中托管给企业来经营。如青铜峡市依法给移民办理了土地承包、土地流转、奶牛托管三个合同和宅基地证、房产证两个证件，以流转前三年每亩每年租金 300 元的价格集中将移民区 5000 亩土地流转给玺天龙公司种植酿酒用的葡萄；建设规模奶牛养殖园区，从澳大利亚购进 1000 头奶牛，委托宁夏上陵集团托管经营，保证每户移民每年获得不低于 2800 元的红利；对移民分类实施职业培训，采取双向选择自主就业，鼓励移民由农民转变为产业工人，生活方式向城市居民转变。实际上生态移民的主要收入来源依然是劳务收入。

三　劳务移民模式

劳务移民是针对宁夏中南部地区 35 万移民中年轻并具有一定文化和技能的移民所开展的一种移民方式。其具体做法是：不分配土地，举家向城镇、工业园区、产业基地有序转移、稳定就业，并在安置地享有住房、医疗、社保等各项优惠政策。

2008 年宁夏回族自治区政府第 21 次常委会决定，尝试以劳务移民方式安置一部分移民。2009 年在灵武市羊绒工业园区、广夏葡萄种植基地和盐池惠安堡开展劳务移民试点。2010 年在银川市金凤工业园区、吴忠金积工业园区、太阳山开发区、石嘴山隆湖经济开发区、固原市新区、中卫市亿能开发有限公司等地开展第二批劳务移民试点。2011 年 12 月，自治区扶贫办对劳务移民进行了摸底认定工作，对 35 万生态移民中已经在外稳定务工且已在务工地居住的家庭和尚未外出务工中有文化、年轻且愿意进城务工发展的家庭进行摸底，认定全区有劳务移民意愿的有 19922 户 78462 人。在自治区"十二五"中南部地区移民规划中，将用 5 年时间完成劳务移民 2.01 万户 8.65 万人。按照规划，35 万移民中，75% 生态移民，25% 为劳务移民。

1. 劳务移民是无土安置

2011 年 2 月出台的《宁夏"十二五"中南部地区生态移民规划》规定，给劳务移民每户建设 40 平方米周转房，周转房只能由移民租住，但不得转租。在城市和工业园区安置的劳务移民，不得安排耕地。在过渡时期，劳务移民在迁出地的土地经营权依然不变。

2012 年 1 月初，劳务移民政策将周转房面积从 40 平方米增加到 50 平方米，劳务移民的年龄界定由之前的 40 周岁降低到 35 周岁以下，以保证就业能力，改善住房条件，增强劳务移民政策的吸引力。

大武口区采取"2345"劳务移民安置模式，即实现户均一套住户、一人稳定就业两项保障，加强与迁出县、移民对象和用工企业三方对接，确保教育医疗机构、公共服务设施、物业管理服务、基层组织建设四个配套，做到生活用品配置（每户两张床、一套橱柜和饭桌、三套窗帘、一套衣柜、一部电话）五个统一。

2. 劳务移民没有必要吗？

无土安置对劳务移民是一种挑战，丧失土地保障，又没有安置房产权，劳务移民就缺乏安全感。从投资来看，安置一户生态移民的住房、农田水利设施、公共设施等需要投资 15 万元以上，而安置一户劳务移民的住房建设补贴、技能培训补助等费用仅 3 万元左右。劳务移民虽然可以节省投资，并且可以一步到位实现城镇化，使移民享受到城市教育、社保等公共服务，但目前劳务移民文化程度较低，以初中及小学程度为主，缺乏劳动技能，一般只能在私营小企业打工，从事体力劳动，就业不够稳定，收入水平不高，由于担心拖欠工资，一般倾向于相对自由、现场结算的临时工，不习惯受到严格的管理。正因为绝大多数劳务移民生存能力有限，所以对放弃土地保障特别不放心。

由于劳务移民政策不够优惠，需要较高的农民素质和劳动技能，许多农民不愿意参加劳务移民。银川市、青铜峡市等地无奈把劳务移民更改为生态移民任务，大武口区承诺给劳务移民人均2亩耕地，惠农区也承诺给劳务移民每户1亩地，两年后给每户购买一头托管奶牛。政府认为劳务移民是一种创新，一面严令不能给劳务移民分配耕地，一面要求完善政策，并出台《宁夏关于扶持劳务移民安置企业发展的意见》，对劳务移民安置企业实行优惠政策。基层有些同志认为生态移民实际上是一种劳务移民，没有必要再搞什么劳务移民，建议不再搞劳务移民，全部作为生态移民来安置，以后政府的压力会小一些。

劳务移民有其特殊对象，主要是已经在城里稳定就业的农民工和文化程度较高、城镇就业倾向比较强的年轻人。如何打破身份界限，使他们尽快融入城镇，是劳务移民需要解决的问题。生态移民主要是中老年移民，各地政府一定要在产业发展上使其收入得到保障，不能把希望都寄托在劳务经济上，因其年龄、文化、技能等已经难以适应劳动力市场需求。但生态移民中仍然会有相当一部分人会二次自发移民，或者本身早已自发移民，只不过回来重新把宅基地和耕地确权而已。现在山区一些村庄早已经是无人村，不要使移民新村又成为新的无人村。生态移民中一部分移民迟早都会城镇化，尤其是那些具有劳务移民能力的家庭。应该在对劳务移民进行认定和评估的基础上，提高劳务移民政策的优惠程度，使其在社会保障等方面完全与城镇居民享受同等待遇，准许其承租廉租房，并可以优惠价格购买安置房。

四 自发移民模式

自发移民是指没有纳入政策性移民范围的农民，通过投亲靠友、购买土地等多种方式举家自主迁移，在迁入地定居但还没有取得当地户籍的移民。自发移民与劳务输出不同。劳务输出是家庭中劳动力季节性外出打工或常年打工，将工资性收入寄回或带回，成为家庭重要经济来源，但家庭仍然在原籍生活的经济形式。

1. 自发移民问题是户籍管理滞后于市场经济发展的一种现象

自发移民迁出地一般集中于山大沟深、交通不便、生态脆弱的贫困山区，至今上学难、就医难、吃水难、行路难、成家难。恶劣的生产生活条件逼迫农民另谋出路，随着劳务输出深入，一些农民的思想观念得到改变，山区农民素来就有"每遇灾荒上新疆"的传统，在自发移民和吊庄移民的示范和带动下，一些特困农民消除了故土难离、惧怕风险的心理，自主出去闯荡，自发移民越来越多。

目前宁夏具体有多少自发移民难以说清。固原市是宁夏自发移民的主要迁出地之一。2010 年，固原市市委、市政府组织成立了自发移民专题调查组。调查结果显示，2000—2009 年，固原全市累计各类移民总量达到 11.7 万户 46.9 万人（固原市自发移民专题调研组，2010）。其中，吊庄移民约占移民总量的 12%，劳务移民占 38%，教育移民占 10%，自发移民占 40%，约有 4.7 万户 18.7 万人。固原市内自发移民占 17%，主要集中在市区、县城、乡镇及河谷川道区；宁夏区内自发移民占 58.4%，主要散居于吊庄移民聚居区之中，或在移民区外围延伸地带聚居；宁夏区外自发移民占 24.6%，主要集中在新疆、内蒙古以及东部沿海等省市。

2010 年 10 月，银川市公安局对移民吊庄地区和农场的移民户口进行了专项清理整治工作，调查全市有自发移民 54421 人，其中，外市县户籍 26703 人，农场移民 2441 人，无户籍 19742 人，超生 2065 人，丢失证件 95 人，其他人口 1526 人，三无人员①1856 人。2010 年宁夏全区流动人口超过 50 万人，其中近 30 万人在银川市，调查发现甘肃等省区农民有许多在宁夏从事农业生产，但外省区在宁夏的自发移民具体有多少人则说不清楚。自发移民是被逐渐边缘化的弱势群体。

2. 防止自发移民聚居区成为贫民窟的雏形

（1）户籍权益问题。由于户籍承载诸多利益，自发移民在迁出地已经

---

① 指无身份证、无暂居证、无用工证明的人员。

享有耕地承包权、宅基地使用权等，在迁入地则相应缺乏子女上学、医疗保险、养老保险等权益，也不能享受到所租耕地的各项惠农政策，更没有迁入地的选举权等政治权利。自发移民对迁出地政府来说是减轻了负担，对迁入地政府来说则是增加了社保压力。更何况有许多自发移民是跨省区移民，如宁夏移民到新疆或甘肃移民到宁夏等。自发移民问题不是一个省区能够解决的问题，需要全国户籍制度和土地制度改革的深化。但对生态移民迁出地范围的自发移民，不管是否已经自发移民，都应该给予与生态移民同等的权益，一般应该在移民新村配置住房与耕地等；对能够迁出户籍到外省的自发移民，可以允许住房与耕地流转，或给予相应补贴。

（2）过度自治问题。我国土地属于国有或集体所有，过去一段时间政府忽视对荒地的管理，在一些地区已经形成了自发移民村庄。如西吉县马兴国 1994 年开始在自治区农垦局贺兰山农场租赁 600 亩耕地作为其饴糖厂的玉米生产基地，并逐步带动亲朋好友来此开发土地，已经形成 1177户 5120 人、开发土地 8000 多亩的以西吉籍为主的自发移民社区。如固原县马玉彪 20 世纪 90 年代在新疆伊犁哈萨克自治州巩留县承包开发土地，先后带领固原籍自发移民 281 户 2221 人在巩留定居，以承包当地牧民的草原、牧场或打工维持生活，已经形成一个村落，但由于没有户口，在孩子上学、参加新农合等方面都不能享受到相关惠农政策（固原市自发移民专题调研组，2010）。由于自发移民普遍存在违反计划生育政策、私搭乱建、没有户籍等问题，往往百般阻挠当地政府进行管理，致使自发移民社区过度自治。自发移民聚居区可能是贫民窟的雏形，政府应该切实加强自发移民管理，防止乱垦滥伐、私搭乱建，加强自发移民社区的基础设施建设，加强社会管理。

（3）社会矛盾问题。自发移民一般租地从事农业生产，其中一半在建筑、餐饮、商贸等行业打工，收入较低，就业不稳定。自发移民往往选择荒地较多而管理不严的地方，通过开垦荒地来增加收入，造成生态环境破坏。有些移民还选择一些靠路的地方私建住宅或营业房，并因拒绝拆迁而形成群体上访事件。规避超生处罚也是自发移民的重要原因。本来山区农民就比川区农民生育指标高，自发移民人户分离更使超生难以管理。

五　教育移民模式

教育移民在中国有两种现象：一是从不发达的地区直接招收职校学生，在相对发达的地区接受培训后在当地就业落户而产生的教育移民；二是将不发达地区教育资源匮乏的学生移民到相对发达的地方进行教育。"十二五"期间，宁夏中南部地区 35 万名移民的子女中有初中毕业生 3.46 万人、高中毕业生 2.08 万人，共计约 5.54 万人。预计不能升入普通高中的约 1.53 万人，不能升入普通高校的约 1.5 万人，共计约 3.03 万人。2011 年宁夏出台《宁夏"十二五"中南部地区教育移民实施方案》，旨在通过普通教育与职业教育协调发展，确保 35 万生态移民的子女在初中教育阶段后和普通高中教育阶段后能继续接受职业教育和技能培训，并实现其向县外、区外发达地区的有序转移。

1. 自发教育移民是教育资源分布不均衡的产物

宁夏山区优质教育资源相对较少，尤其是教育资源布局调整以后，集中建设县城以上学校。为了给子女创造较好的教育机会，越来越多的农民开始进县城及大中城市租房或买房，以便子女进城接受义务教育，许多农民工子女也随父母进入城市就学，这是最初的教育移民形式。目前在宁夏全区各公办中小学校就读的农民工子女有 11.4 万人，占全区义务教育阶段在校生总人数的 10.76%，其中宁南山区孩子至少占到 20% 以上。

近年来教育移民之所以成为一种现象，主要是因为 2001 年起学校布局调整后，教育资源向县城以上地区集中，许多农村低龄小学生成为县城的寄宿生，家长不放心只能在县城租房照顾孩子。一些经济条件较好的家庭也自发教育移民，以追求更好的教育环境。2001—2011 年，宁夏全区小学校从 3011 所减少到 1942 所，小学校均在校生从 216 人增加到 331 人。学校布局调整虽然适应了计划生育后生源减少的现实，集中建校可以提高投资效率和教育质量，但重视了效率而忽视了公平，使农村家庭增加了教育的成本。

2. 移民教育：提高贫困人口的人力资本

随着市场经济发展，宁南山区优秀教师和生源越来越多地向银川市、固原市等大中城市集聚，按照"扶贫教育、民族教育、优质教育"的办学特色，2003 年建立宁夏六盘山高级中学，2007 年建立宁夏育才学校，实施贫困地区异地办学。学校面向宁南山区九县（区）和各移民吊庄点招收初中毕业生；少数民族学生享受降低 20 分录取的政策照顾；所有录取学生均实行免费入学，政府给农村户口学生每年提供 1500 元的生活补助费。目前两所学校在校生规模达到 1.6 万人，两校每年绝大部分毕业生都能考上大学或高职，至今已经有 2 万名毕业生，"十二五"期间将有近 2 万人毕业。

近年来，宁夏以大力发展职业教育为突破口，实施"技能致富"计划，要求全区初、高中毕业不能升入高一级学校的学生都必须接受职业教育和职业技能培训，使职业院校在校生规模迅速达到 14.5 万人。目前宁夏共有职业院校 50 所，其中高等职业院校 8 所，中等职业学校 42 所；各类职业培训机构 140 所。这些职业院校和职业培训机构开设有电子、数控机床、烹饪、建筑、机械、物流、商贸等 100 多个专业，毕业生就业率达到 93.8%。从 2005 年开始已向我国东部地区输送 6.5 万人，其中 3.5 万人已在当地实现稳定就业（郭虎，2012）。预计"十二五"期间通过东西部职业教育联合招生办学，可使宁夏贫困地区 7.5 万人转移出去。

宁夏全区高等教育的毛入学率已达到 27.08%，对南部山区学生尤其是少数民族学生实施高考录取优惠政策，每年可使近万名学生进入区内外各类高校学习，"十二五"期间通过接受高等教育可转移贫困山区人口至少 7 万人。

3. 移民培训中存在的问题

2011 年出台的《宁夏"十二五"中南部地区生态移民教育培训实施方案》强调移民搬迁与技能培训并重，计划"十二五"期间培训生态移民 11.83 万人。其中：移民实用技能培训 7.5 万人，移民子女职业教育培训 3.03 万人，农业科技实用技术培训 1.3 万人。

目前，宁夏生态移民教育培训存在以下四个方面的问题：一是生态移民普遍文化程度较低，部分人年龄较大，接受能力差，参加培训的积极性不高，一些移民培训走过场，培训效果不理想。二是山区农民不熟悉川区农牧业生产方式，为了避免培训麻烦，川区普遍采取土地流转、奶牛托管等方式，规避了生产技能培训问题。三是山区农民在语言等方面与川区不太相同，川区基层干部认为应该先在山区培训，然后再移民比较好，毕竟山区乡村干部与生态移民更为熟悉。四是生态移民后，迁入地教师、医生、警察等严重短缺，而原来山区和川区的事业编制、经费等并没有相应调整。

六　城市化道路选择

1. 移民的力量

山区农民祖祖辈辈生活在贫瘠地区，他们顶多怨自己的祖辈、怨自然条件恶劣；自发移民对自己的境遇，也更多地埋怨自己的命运。而一经政策移民，政府就承担起了无限的责任。

改革开放以来，通过市场化的劳务输出使农村剩余劳动力得到优化配置，并提高了城镇化水平。通过政府的力量，开展吊庄移民、工程移民、生态移民，为减缓贫困做出了突出贡献。随着经济社会发展，原来那种以农业开发为主的移民模式越来越难以适应城乡统筹发展的趋势。应该妥善处理政府与市场在工业化、城镇化、现代化中的关系，以市场配置劳动力资源为基础。政府移民的范围应该限定在为了公共利益的生态移民、工程移民和扶贫移民。生态移民是个长期的、艰巨的任务，要严格控制移民规模，从严把握移民标准，把重点放在提供基础设施上，防止移民形成"等、靠、要"的依赖思想。应该妥善解决自发移民落户问题，破除限制自发移民自由流动的羁绊。

2. 移民的权益

各类移民模式及其补偿标准主要涉及户籍及其权益问题，与城镇户口相联系的是医疗保险、住房、教育、就业福利、养老基金这五种权利，与农民户口相关的是土地承包权、宅基地拥有权和林权这三项权利。2007年国务院批准成都和重庆作为全国城乡统筹综合配套改革试验区。重庆的经验是用三项权利换五种权利，宅基地等可以通过地票交易制度增值。天津的宅基地换房与重庆类似，农民自愿按照规定的置换标准，以其宅基地无偿换取小城镇内的住宅，迁入小城镇居住。成都的"还权赋能"经验则是，不仅把农村集体土地的使用权、经营权还给农民，而且把由此派生出来的转让权也还给农民，确权是基础，流转是核心，配套是保障。借鉴成都经验，目前全国正在进行农村土地确权工作。

生态移民是农民以其拥有的山区的权利置换川区的权利。尽管山区农民拥有的耕地面积较大，但以山坡地为主，土地生产力很低，移民村耕地灌溉便利，还有教育、医疗、交通、就业等公共服务，绝大多数生产生活条件好于迁出地。公共服务大幅度增加是移民初期搬得出的突出诱因，而发展产业增加收入应该是生态移民稳得住的关键。

劳务移民实际上是农转非身份转换，目前尚存在以下几个问题：一是移民政策不允许给劳务移民配置耕地，与目前推广的成都统筹城乡经验不同。二是文件规定劳务移民五年内在原村庄保留户籍和耕地，造成移民两头跑、两头都有家，不利于迁出地整体生态治理。三是劳务移民对周转房只有廉租权，没有天津等地宅基地换住房的政策优惠。应该适当调整劳务移民政策，考虑到劳务移民就业不稳定，打工收入较低，劳务移民应该随生态移民一起在迁入地分配耕地，保证劳务移民能够拥有土地保障，可以在失业后退回农村从事农业生产。

3. 移民的流动

我国农民工市民化难题已经成为中国当前突出的社会问题。农民工以初中和小学文化程度为主，依靠从事建筑、餐饮、商贸等体力劳动，难以达到在政治上平等的权利，实现身份平等和机会平等，在经济上难以居者有其屋，在劳动力市场上也难以实现与城市居民同工同酬，同享城市福利。高等教育和职业教育是我国农民实现社会地位流动的主要形式，应该给农民子弟创造平等接受教育的机会。

农民工市民化成本正在大幅度提高。按城市规模从小到大，每新增一个城市人口需要增加的市政公用设施配套成本，一般为2万—10万元，子女教育、保障性住房、医疗保险、养老保险、低保、就业等社会保障成本约为每人8万元。农民工市民化的成本需要由中央政府、地方政府和市场来共同分担。宁夏劳务移民补贴还比较低，应该统筹制定农民工市民化政策。

第三节　城乡一体化的生态移民政策

一　完善"十二五"移民规划内容，稳步推进生态移民工程

加快城乡一体化发展的宁夏生态移民政策，首要前提是完善"十二五"

移民规划中出现的诸多问题。我们在具体调研过程中发现，有关"十二五"移民规划中出现的问题有以下两点。

一是移民对象确定问题。自治区关于移民户数、人数确定的政策是"必须严格按照 2009 年 12 月 31 日以前的户数、人数定"，而实际上，从 2009 年 12 月 31 日到"十二五"移民规划完成时的 2015 年底，时间跨度有六年之久，人口变化和流动非常大；且在这个时间界定之前宁夏没有做过户口和人口清理整顿工作，存在不合理分户和应该分户却没有分户的现象。我们在调研过程中发现普遍存在上述情况。比如，移民家庭存在一户多人（6 人以上）和一户多代（3 代）的情况。

二是整村搬迁问题。"十一五"中部干旱带县内生态移民严格执行整村搬迁，有效遏制了"两头跑"的现象，但在"十二五"移民规划中取消了"整村搬迁"这一原则，给移民工作留下了后患，不仅造成大量资源的浪费，也给移民创造了"两头跑"的条件。

二　深化户籍制度改革，加快移民城市化步伐

目前的户籍制度严重阻碍着生态移民工作的推进。近年来，宁夏中南部农民工在北部打工满 3 年及 5 年的比例越来越高，他们中的许多人已经基本适应在川区的工作与生活，但由于城乡二元户籍制度以及农民工自身素质等因素，许多农民工虽然进入城市，但大多数都是"行无定踪、住无定所"。"十二五"时期，劳务移民主要规划安置在沿黄城市、重点城镇、工业园区和重点产业基地等区域。按照政策，移民可以得到 50 平方米无产权的周转房，但只能租住，且不分地，一跃成为准市民。虽然他们有周转房、有相对固定的工作岗位，尤其是技能型劳务移民，能很快适应城市生活，但却不能享受与当地居民同质的待遇，导致他们缺乏归属感。因此，可借鉴国内其他城市的户籍准入条例，研究设置适宜条件，出台宁夏户籍改革措施。户籍改革的重点是要剥离附加在户口上的权利和福利，彻底打破城乡二元结构，以住所、社会保险参保年限等作为人口管理以及权利分配的替代手段，促进人口的有序流动和居民家庭有效需求的释放，循序渐进推行户籍制度改革，由城乡二元户籍逐步实行一元化居民户籍，具体来说可以从以下几方面考虑。

一是生态移民的户口，由迁出地公安部门当年统一办理迁移和注销手续，及时移交迁入地实行属地管理。

二是对残疾人、五保户、民政救济对象等一些特殊的移民户，可采取灵活的户口处理方式。

三是对居住一定年限、具有稳定收入、收入水平达到一定标准、具有转移意愿的本地区农村劳动力及其抚养人口，可将其户籍向居生地城市转移。

四是凡在区内外高校和职业技术院校就读的宁夏农村籍大中专学生、退役的农村籍义务兵等，可根据本人意愿在居住的城市或城镇落户。

五是在制定生态移民规划时把发展小城镇与生态移民统筹考虑，促使人口合理流动。向城市郊区聚居，推进城市边缘地带的城市化进程。

三　统筹城乡社会保障，关注移民民生问题

移民是一个非常脆弱的群体，尤其是从贫困地区搬迁来的移民。搬迁后，他们的生活、生产将面临巨大的风险和困难，逐步建立移民社会保障制度，为移民顺利度过过渡期提供制度层面上的根本保障，让移民搬迁后没有后顾之忧，是稳定移民的有效手段。

目前移民社会保障制度的建立仍处于探索阶段，少数民族地区移民社会保障制度的建立还没有开始。在考虑自然条件、地方城镇经济和社会发展水平及个人能力的条件下，首先应在移民中实施最低生活保障制度，使该制度对移民生活安置起到"兜底"的作用。如固原市，对搬迁到生态移民区定居、且家庭年收入低于 1350 元的 6500 户全部纳入最低生活保障范畴，实行分类、分档施保，并对二级以上重度残疾人、重特大疾病和长期慢性病患者、与残疾人共同生活的 60 岁以上的老人、重点优抚对象按照搬迁地农村低保标准给予全额救助。其次，建立"二元结构"的社会保障制度，在过渡时期以社会救济和社会互助为主。以平罗县为例，平罗县提出开展社会救助、福利、互助及教育救助等服务措施，将中央和区、市、县对特殊人群、弱势群体的扶持政策向生态移民区倾斜，做好救助、安置、帮扶工作；适当放宽政策，将符合供养条件的五保老人安置到陶乐幸福园或乡镇敬老院生活；对贫困妇女、儿童进行倾向性救助，并积极筹措资金，争取石嘴山市福利院的支持，保障移民孤儿全部进行代养；等等。随着移

民群众生产、生活趋于稳定，在地方经济条件允许的情况下，逐步过渡到以社会保险为主的社会保障制度上。最后，加快住房及社会保障制度改革。安居才能乐业，应尽快出台专门针对中南部地区自发移民及劳务移民的住房政策。为促进生态移民的城市融入，还要低成本解决住房要求，防止产生严重的棚户区现象，建立并完善面向农民工的租房市场，积极推进城中村的建设与改造，改变其生活空间的边缘化状态；加强政府关于农民工住房政策的执行与监督，开发建设统一管理、供企业租用的农民工集体宿舍，建立健全农民工廉租房制度、住房公积金制度。

相关部门应该切实推进社会保障体制改革，解除生态移民的后顾之忧。一是实现社会保障的宁夏境内统筹，确保社保关系在区内的自由转移，为充分利用区域内的剩余劳动力提供制度上的便利。二是实现城乡社会保障制度的充分衔接。以银川市为例，银川市率先建立了生态移民养老保险关系转移接续制度和统筹城乡居民基本医疗保险一体化制度，制定了生态移民养老保险关系转移接续办理程序和城乡居民基本医疗保险缴费与待遇标准，但两者还是存在衔接政策不完善、转移接续不顺畅的问题。此外，还应将针对城镇就业困难群体的社会保险补贴制度扩展到全体从业人员，纠正社会保险过度依赖劳资双方缴费的做法，以鼓励劳动密集型企业的发展，强化经济拉动就业的作用，最终过渡到区内统一社会保障体系，从而推动人口举家迁移进程。

四 推进土地产权改革，保护移民合法权益

移民在迁入区存在的土地问题主要表现在以下两个方面：一是土地管理不规范，非法圈占、抢占和私自开发土地，造成有户无田、有田无户、多占土地等现象。二是农民转租或随意倒卖自己的土地、房屋，或者新开荒地变卖，造成移民迁入区"人、地、房、户"四不清现象。研究生态移民对土地使用权以及房屋产权的合理处置问题，防止私下买卖和交易，保护移民合法权益是移民的当务之急。

迁入地必须能够保证移民得到土地，在此基础上发展多种经营，亦工亦农，可进可退。从移民区居民所处的地理环境和社会经济背景看，有土安置应该是生态移民方式的最佳选择。一是生态移民区的居民以农为主的

粗放式生产方式很难改变。二是有土安置适宜于素质普遍较低的农村移民，也符合移民存在的恋土情结。三是只有迁入区的生产条件优于迁出区，才容易留住移民。我们从一些生态移民点了解到，土地质量问题成为影响移民积极性的主要因素。迁入地除有质量足够好的耕地外，还应该制定和落实好土地政策，能够保证移民拥有稳定的生产资料，完善土地承包合同，确立长远发展目标，使生态移民能够安心进行正常生产和生活。在移民统一办理户口注册手续后，要签订土地承包合同，及时把土地经营权证发放到农户手中，承包期不低于30年。迁入地要根据整体建设规划，留足各项基础设施及公益事业建设所需土地。对移民户在校的大中专学生，仍应按标准分给土地；对现役军人，除已通过提干、考入军校等渠道变为城市户口以外，都应按标准分给土地。在新的移民地开发中，一方面要提高土地的开发和治理力度，加强水利配套设施建设，提高土地的生产效益；另一方面要在移民迁入后，组织和引导移民群众继续搞好土地的整治和综合投入，注重生态环境的改善，防止土地撂荒、沙化（桑敏兰，2004）。

五　推动公共服务均等化，加强移民社区建设

基本公共服务是为维护个人最基本的生存权和发展权而向全体居民提供的一种服务。我国以户籍制度为核心的城乡二元体制的存在致使各地方城乡之间在资源配置方面存在相当大的差异，公共资源在城市的分配要远远高于农村，在就业、医疗、教育、社会保障等方面城乡之间存在较大差距。对于移民来说，这种差距体会得更为深刻一些。以教育为例，迁出区大多数移民受教育程度不足，水平远远低于城市居民，进入城市的移民因其自身技能与素质不高，往往从事的是城市居民所不愿从事的职业，且没有社会保障。再者，由于我国的户籍制度严重影响了城乡之间劳动力的合理流动，更是使得城乡居民在享受基本公共服务上产生机会的不均等。以医疗卫生服务为例，目前存在的问题有：①县级医院及卫生院普遍缺少专业人员，超编和空编现象并存。②社区卫生机构医疗卫生人员编制不到位，工作人员调配随意性大。③村医年龄偏大、收入偏低，影响基层医疗卫生服务人员的稳定性和工作积极性。④部分县医院和乡镇卫生院功能缺失。⑤由于各级政府人口统计基数不一致、村级经费兑付不及时等原因，造成

人均公共卫生服务经费标准降低，致使基本公共卫生服务均等化经费不能落实到位。

城乡二元体制是基本公共服务均等化推行的重要障碍之一，因此必须改变城乡二元的社会管理体制，改革包括户籍制度在内的一系列配套制度，使得城乡之间的资源能够自由合理地流动，实现公共资源配置的重点从城市到农村、由基础设施建设到基本公共服务转变，统筹城乡发展，增强基本公共服务有效供给的能力。在这个过程中，地方政府应该承担主要职责。农民工在大城市创造了社会财富、缴纳了税费，大城市有义务为农民工解决社会保障等公共服务。流动人口对流入地经济发展有很大贡献，流入地政府有解决流动人口基本公共服务的责任，也有相应的财政能力。

六　创新移民社会管理，努力建设和谐社会

创新移民社会管理与服务工作是加快实现生态移民脱贫致富的重要措施之一，也是切实加强移民安置区治安管理和社会稳定工作的前提。

首先，要完善移民群众服务管理机制，主动服务，加强管理。移民群众搬入新的生活环境后会遇到许多新情况、新问题，村干部应该积极主动地预防、化解矛盾纠纷，认真解决移民群众的合理诉求，将主动服务和加强管理结合起来，完善移民群众服务管理机制，努力把移民村建成民族团结村、社会和谐村。主要体现在两个方面：一方面要加强移民新村村级组织建设，选好"两委"班子带头人，配好班子成员，还要注意做好原有村干部的工作，发挥他们的积极作用。要做好搬迁过程中财产安全、交通安全、人身安全等工作，有组织、有计划地进行搬迁，坚决防止发生安全责任事故。另一方面是要尽快设置移民村的基层组织，配强、配好村干部，加强完善移民区的社区管理。此外，还要实行村务公开，每个村都要有公示栏，切实做到公平、公正、公开，让老百姓明白。

其次，要做好宗教事务的管理工作。尤其是清真寺的规划建设工作，提倡不同教派合坊，一般一村建一处清真寺，最多不超过两处，以信教群众人数确定宗教活动场所与规模。新建、扩建宗教活动场所，由所在县（区）政府制定规划，报自治区宗教部门依法审定，逐步实施。积极稳妥地解决好宗教活动场所建设以及穆斯林群众上寺做礼拜的问题。

　　最后，要强化服务管理和保障管理。按照属地管理原则，由各迁入地政府承担对已定居移民的各项社会服务管理职能，把责任落实到乡（镇）、行政村。加强与水利、农牧、科技等部门的联系，帮助各地加快发展各类协会或专业合作社，规范移民生产经营活动，不断提升服务管理水平。加强与公安、民政、教育、卫生、社保等部门的联系，帮助各地及时办理户籍迁移手续，抓好计划生育服务管理，落实好义务教育、医疗保险、养老保险、社会救助等社会保障政策，解决移民的后顾之忧。

第十三章
宁夏生态移民与
全面建成小康社会

　　党的十八大明确提出确保到 2020 年实现全面建成小康社会的宏伟目标，这既是党中央的要求，也是全国各族人民的共同愿望。为从根本上解决宁夏中南部地区居住在交通偏远、信息闭塞、外出务工不便、生态失衡、干旱缺水、自然条件严酷、一方水土养活不了一方人的干旱山区、土石山区35 万人的贫困问题，宁夏回族自治区党委、政府作出了实施中南部地区生态移民的重大决策。这一决策符合党的十八大提出的大力推进生态文明建设、努力建设美丽中国的目标要求。打好生态移民攻坚战，帮助贫困群众脱贫致富，切实解决人民群众最关心的利益问题，确保中南部地区与全区、全国同步实现全面建成小康社会目标的战略举措，是促进宁夏集中连片贫困地区扶贫开发与区域发展的重大民生工程，是建设生态文明、美丽宁夏的重大创新。

第一节　全面建设小康社会的总体进展及现实基础

一　全面建设小康社会的总体进展

全面建成小康社会是我国 2020 年必须实现的奋斗目标，为此，宁夏从第十次党代会以来，加快了经济社会发展速度，全面小康社会建设成效显著。根据国家统计局制定的经济发展、社会和谐、生活质量、民主法制、文化教育、资源环境六大方面统计监测指标体系，宁夏回族自治区统计局进行的统计监测结果显示，2011 年宁夏全面建设小康社会总体实现程度达到 70.4%，比 2006 年 55.9% 的实现程度提高了 14.5 个百分点。

通过与全国各省 2010 年全面建设小康社会统计监测数据比较，宁夏全面建设小康社会进程在全国 31 个省（市、区）中排第 26 位，在西部 12 省区中排第 7 位，在西北 5 省区中排第 2 位。这一方面说明宁夏在全国各省（市、区）中排名比较落后，还要加速发展；但另一方面也说明宁夏全面建设小康社会的进程逐年加快，已经跨越了 2/3 的里程。特别是全区五个市全面建设小康社会的总体进程明显加快，2011 年银川、石嘴山、吴忠、固原、中卫五市全面实现小康社会的进程分别达到了 81.7%、78.0%、67.4%、62.1% 和 66.1%，分别比 2006 年提高了 8.5、12.4、12.1、10.2 和 7.0 个百分点，银川、石嘴山两市全面建设小康社会的进程远高于其他三市。

从地域分布看，中南部地区全面建设小康社会的进程大大低于沿黄经济区。宁夏统计局监测结果显示，2011 年全区 22 个县（区、市）中小康社会实现程度超过 80% 的有兴庆、金凤和西夏 3 个区，达到 70%—80% 的有永宁、贺兰、灵武、大武口、惠农、利通、青铜峡和沙坡头 8 个县（区、市），达到 60%—70% 的有平罗、盐池、原州和中宁 4 个县（区），低于 60% 的有红寺堡、同心、西吉、隆德、泾源、彭阳和海原 7 个县（区）。由此看出，银川市 3 区可率先全面实现小康社会，全面小康进程达到 70%—80% 的 8 个县（区、市）加上引黄灌区条件较好但全面小康进程目前低于 70% 的平罗、中宁 2 县，共计 10 个县（区、市）可同步实现全面小康目标。剩余全面小康进程目前低于 70% 的中南部 9 县（区）地域面积占宁夏一半以上，2011 年常住人口为 228.38 万人，占全区总人口的 35.72%，但经济总量只占全区总量的 11.1%，农民人均纯收入是川区的 60.5%，城镇居民人均可支配收入是川区的 76.6%，经济社会发展滞后，是宁夏全区整体实现全面小康目标的难点和重点地区。

从城乡居民收入差距看，全区农村居民全面建设小康社会的进程大大低于城镇居民。2011 年宁夏城镇化率为 49.8%，农村人口占全区总人口的

50.2%，但创造的地区生产总值仅占 8.9%，农民人均纯收入为 5410 元，城镇居民人均可支配收入为 17579 元，城乡居民收入比为 3.25：1，而这一比值 2001 年为 3.04：1、2006 年为 3.33：1，差距呈扩大趋势，特别是绝对值差距越来越大，2000 年城乡居民人均收入差距为 3721 元，2006 年为 6417 元，2011 年上升为 12160 元。农村居民人均纯收入增长缓慢，是宁夏全区整体实现全面小康目标的难点群体，也是今后需要加大政策扶持的重点对象。

二　全面建设小康社会的现实基础

2011 年，宁夏地区生产总值达到 2060.8 亿元，人均生产总值 33043 元，完成财政一般预算总收入 371.4 亿元（其中地方财政一般预算收入 220 亿元），完成全社会固定资产投资 1648.5 亿元，分别比 2006 年增长了 1.8 倍、1.8 倍、2.4 倍（2.6 倍）、2.7 倍。城镇居民人均可支配收入达到 17579 元，农民人均纯收入达到 5410 元，年均分别增长 13.9% 和 14.4%。但与全国相比，人均地区生产总值、城镇居民人均可支配收入和农民人均纯收入仅占全国平均水平的 93.9%、80.6% 和 77.5%。特别是 2011 年中央决定将农民人均纯收入 2300 元（2010 年不变价）作为新的国家扶贫标准，按照这一标准核算，宁夏中南部地区尚有 100 万贫困人口，占当地总人口的 39%。其中原州、西吉、隆德、泾源、彭阳、同心、海原七县（区）被列入《中国农村扶贫开发纲要（2011—2020 年）》划定的国家级六盘山集中连片特殊贫困地区，盐池县、红寺堡区、中宁县山区、沙坡头区山区和灵武市山区被列为自治区级集中连片特殊贫困地区。建设和谐富裕新宁夏，实现全面建成小康社会目标，任务艰巨，时间紧迫，难点在中南部地区，重点是百万贫困人口群体，突破点是 35 万生态移民。没有中南部地区的全面小康，就没有宁夏的全面小康。通过实施生态移民，既可解决 35 万特困人口的贫困问题，又可使中南部地区在国家和自治区的大力支持下，有效减少承载人口，合理调整人口分布，协调产业发展，解决留在原地的 65 万贫困人口的贫困问题，由此从根本上解决百万贫困人口的脱贫致富问题，如期实现宁夏与全国人民同步建成全面小康社会的奋斗目标。

第二节　生态移民工程的基础保障及实施进展

一　生态移民工程的基础保障

1. "十一五"生态移民取得的成就为35万生态移民提供了宝贵经验

为从根本上解决宁夏中南部生存条件恶劣地区群众的生存和发展问题，"十一五"期间，在总结"三西"农业开发建设、"双百"扶贫攻坚计划、新世纪扶贫攻坚阶段扶贫移民经验的基础上，宁夏组织实施了中部干旱带县内生态移民工程，开发移民安置农田27.7万亩，搬迁县内生态移民16.8万人，极大地改善了贫困人口的生产生活条件，拓宽了移民群众脱贫致富的发展空间，促进了山川互济，遏制了生态环境恶化，增进了民族团结。实践证明，生态移民是从根本上解决中南部贫困人口脱贫致富的治本之策，是具有宁夏特色的以工促农、以城带乡、以川济山、山川共建的扶贫开发之路。

2. 科学的顶层设计为35万生态移民提供了制度上的保障

自治区第十一次党代会在深刻认识宁夏区情的基础上，按照"到2020年宁夏六盘山片区要与沿黄经济区同步进入全面小康社会"的目标要求而确立的"百万贫困人口扶贫攻坚战略"，旨在加快中南部地区扶贫开发，切实减轻其人口压力和增强其自我发展能力，努力实现追赶型、跨越式发展。这是首次将中南部地区扶贫与发展问题提升至自治区重点战略层面而与传统的北部重点发展战略并重，有利于自治区从宏观角度统筹兼顾，增强全区整体发展顶层设计的科学性、全面性和协调性，有利于推动贫困地区的扶贫开发工作在宏观层面得到体制机制和政策上的保障。

3. 民生计划的持续推进为35万生态移民的搬迁安置奠定了坚实基础

2007年宁夏在全国首创并实施民生计划，就是每年把事关老百姓长远利益、全局利益的重点、难点、焦点问题归纳为10项计划、30件实事，有计划、有重点地分类推进、逐步实施。五年来，民生计划坚持教育优先发展，教育支出成倍增加，各级各类教育均衡发展。组织实施了一大批教育基础设施工程，城乡学校面貌和办学条件明显改善。实施了农村义务教育学生营养改善计划，提前一年实现"两基"攻坚目标，高中阶段教育质量提高，职业教育加快发展，高等教育实现大众化。推进公共卫生医疗服务均等化，加强基层医疗卫生服务体系建设，基本实现每个县有 1 所二甲水平综合医院、1—5 所达标的中心乡镇卫生院，每个行政村都有卫生室，每个街道都有社区卫生服务机构的目标，群众就医环境得到显著改善。实施"西新工程"、农村广播电视"村村通工程"、农村电影放映工程等重点项目，综合传输覆盖能力显著增强。文化体制改革迈上新台阶，文化产业得到快速发展。基层体育设施建设得到加强，全民健身活动蓬勃发展，基本满足基层人民群众的健身需求。加强计划生育服务体系建设，"少生快富"工程稳步推进，人口过快增长的趋势得到有效抑制，人口自然增长率首次降到 9‰ 以下。不断健全社会保障体系，在全国率先实现新农保和城镇居民社会养老保险国家试点全覆盖，率先建立了城乡居民社会养老保险制度，率先实现了城乡居民基本医疗保险制度全覆盖，率先在整省（区）推行社会保障卡。在全区范围内建立了高龄老人、孤儿最低养育、残疾人津贴制度和社会救助体系。这些以扶贫开发、扶弱助困、创业就业、城乡安居、社会保障、教育惠民、卫生健康、文体促进、支农惠农、安全保障为主要内容的民生计划，解决了一大批群众迫切需要解决的民生问题，民生计划成为老百姓心目中真正的民心工程。

小省区、小财政如何办好大民生？宁夏的基本经验就是建立民生财政体制机制，积极探索实施民生计划的领导推动机制、民意征集机制、目标考核机制、资金投入机制、多元监管机制，在保障民生上下功夫。五年来，在地方财力不断增强的基础上，自治区财政对各市县的转移支付力度不断加大，从 2008 年的 155.8 亿元增加到 2011 年的 337.6 亿元，年均增长 29.4%。转移支付机制和办法的逐步完善，为实现城乡一体化发展、推进基本公共服务均等化提供了可靠保证。在此基础上，宁夏积极调整支出结构，加大民生领域投入力度，仅 2012 年，宁夏财政民生项目就有 9 大类 97 个项目，预算安排资金 150 亿元，比 2011 年增加投入 33.2 亿元，增长 28.4%。特别是自 2007 年以来，宁夏在民生领域的投入达 1600 多亿元，占宁夏财政支出的 73%，实现了从"吃饭财政"向"民生财政"、从"被动签单"向"主动买单"、从"民生计划"向"民生预算"、从"单向实施"向"综合保障"、从"单一管理"向"机制完善"的转型，宁夏民生事业实现了历史性跨越。

鉴于严酷的自然条件，中南部地区的贫困问题要想完全在当地解决，几乎是不可能的，为此，自治区党委、政府启动实施"十二五"生态移民工程，计划用五年时间，投入105亿元，搬迁34.6万贫困群众，提出"山内的问题山外解决，山上的问题山下解决，面上的问题点线解决""以脱贫致富为目标，以改善民生为核心"的总体思路。宁夏小财政托起的大民生为加强生态移民的民生建设，加快贫困群众脱贫致富步伐，推进基本公共服务均等化，实现全面建设小康社会奠定了坚实的基础。

二　生态移民工程的实施进展

宁夏"十二五"中南部地区生态移民工程自2011年启动以来，受到了党中央、国务院的高度重视，得到了国家发改委、财政部、国土资源部、国务院扶贫办等部委的大力支持。各市、县（区、市）积极贯彻落实自治区党委、政府的战略部署，紧紧围绕宣传动员、规划设计、方案审定、资源配置、工程建设、搬迁定居、产业发展、移民培训、务工就业、社会管理等重点工作，精心组织、统筹谋划、扎实推进。通过近两年的艰苦努力，截至2012年11月底，宁夏全区已建成各类移民安置区122个，累计搬迁定居移民12.1万人，完成生态移民总计划的35.0%。其中，建成县内生态移民安置区70个，建立移民新村70个，安置移民1.38万户5.9万人，完成规划任务的51.49%；建设县内劳务移民安置区12个，建立街道社区6个，安置移民243户943人，完成规划任务的14.46%。已建成县外生态移民安置区30个，建立移民新村30个，安置移民1.39万户6.12万人，完成规划任务的42.23%；建设县外劳务移民安置区10个，建立街道社区7个，安置移民1613户6557人，完成规划任务的8.2%。新建移民村委会57个，合并管理的村委会65个。

生态移民是一项复杂的社会系统工程，涉及居住、生活、生产、公共服务、生态建设等各个方面。各市、县（区、市）在组织实施生态移民工程中，综合考虑自然资源、社会资源、经济条件、生态建设等各方面因素的影响，坚持移民住房与公共服务设施、生态绿化同步配套建设的原则，按照"七通八有"（即通水、通电、通路、通邮、通公交、通广播电视、通电话，有学校、有医疗服务站、有文化广场、有农家超市、有村级活动场所、有劳动就业服务中心、有环保设施、有新能源）的建设要求，将道路、供水、供电、通信、学校、幼儿园、卫生室、社区（村民）服务中心、村部、健身广场、商业区、农贸市场、汽车招呼站等公用设施建设统一纳入移民安置区建设总体规划，同步建设，保障了移民群众入住后生活有保障、上学有学校、看病有医院、购物有商店、交易有市场、出行有公交、办事有人管的基本社会需求，为生态移民的民生建设和实现基本公共服务均等化奠定了基础。

第三节　当前生态移民民生建设的主要举措和初步成效

一　统一规划建设移民住宅，创新移民区建设与发展模式

在生态移民安置区住宅建设中，宁夏按照科学合理、功能完善、特色鲜明的要求和相关抗震设防标准，统一规划、统一设计、统一建设生态移民住房和劳务移民周转房。生态移民每套住房建筑面积统一为 54 平方米，大多数生态移民安置区每户住宅建设和庭院经济用地面积保证在 210—670 平方米范围内。

各地还突出新村规划的前瞻性、科学性和可操作性，委托专业机构对移民新村进行规划设计，确保移民新村规划建设达到"起点高、定位准、风格特、功能全"的要求。红寺堡着力打造绿色、环保、节能的生态移民新村，为创新全区生态移民工作树立了典范。红寺堡与山东环保节能科技企业合作，建成节能移民住房 2174 套，移民住房冬季室内温度在 16 摄氏度以上，比普通砖瓦房高 5 摄氏度；建设了鲁家窑移民新村太阳能热水和采暖系统及光伏发电基地，并每月免费给每户移民提供 10—15 度生活用电。据测算，应用新能源、新节能建材，每年可为移民户均节省 3000 元左右的水、暖、电等开支。

各市县移民安置区通过统一规划移民新村、统一建设移民安置住房的模式，两年累计建成移民住房 4.26 万套，完成计划的 104%，确保了 2.95 万户生态移民顺利搬迁定居。

二　着眼于增收致富，拓宽就业渠道

稳定就业是保证移民"稳得住"的关键。一是移民新村以增收为核心，以现代农业示范区建设为抓手，按照"高产、高效、生态、安全"的现代农业发展要求，大力发展特色农业，走规模化、产业化经营之路。部分移民新村实现了当年搬迁、当年建设、当年见效益的可喜局面。二是拓宽务工渠道，发展劳务经济。积极对接企业，挖掘就业岗位。拓宽工业园区、传统服务业、家庭作坊等就业形式。三是强化培训，增强自我发展能力。在移民新村举办供需就业洽谈会，根据市场需求和移民意愿，采取职业院校教育、职业技能培训、岗位实训、技术人员现场传授等方式，制订培训计划，加强技术指导，提高移民的就业创业能力。

针对劳务移民的就业，一是做好引导服务工作，为劳务移民印发培训手册、宣传单，提供就业信息，通过手机短信平台，提供就业信息、工种、补贴标准等信息服务。二是建立人力资源和就业岗位"两库"。石嘴山大武口区在全区率先提出"先稳定就业，后搬迁安置"的思路，提前先掌握辖区企业、商场、宾馆等用工需求，建立企业用工岗位资源库。组织人员进村入户，了解劳务移民就业技能和就业意愿，建立了劳务移民人力资源库。三是通过县区、乡镇街道民生服务中心和劳务中介机构，组织移民到工业园区、企业学习观摩，帮助移民了解、熟悉企业环境，为移民务工就业创造良好条件。四是打造"黄河善谷"，促进劳务移民稳定就业。"黄河善谷"是自治区党委、政府着眼改善和保障民生，加强和创新社会管理，将救助型的、传统的慈善事业发展为产业型的、新兴的慈善事业，助推生态移民扶贫攻坚战略顺利实施而做出的一项重大决策。2011年以来，先后规划建设了吴忠市红寺堡弘德、利通区立德、同心县同德、固原市原州区圆德、西吉县吉德、中卫市海原县厚德等6个慈善产业园，总规划建设面积达182平方公里，将生态移民安置与"黄河善谷"建设紧密结合起来，加大招善招商引资力度，大力吸引慈善企业和公益慈善项目落户慈善产业基地，为生态移民、残疾人和特殊贫困群众脱贫致富开辟就业途径、创造就业机会、改善生活境遇搭建了新的平台。这些措施和办法，确保劳务移民户均一个就业岗位，务工移民人均月工资达2000元以上，对促进移民增收致富发挥了积极作用。据统计，石嘴山市移民安置区移民月收入达 2000 元左右，2011 年，移民地区农民人均纯收入达 5425 元，仅务工性工资收入就占人均纯收入的 60%。从西吉搬迁至平罗县的生态移民全年人均纯收入达 2520 元，人均比搬迁前增加 420 元，增长了 20%。贺兰县 2012 年人均纯收入可达到 2630 元，比搬迁前增加 330 元，增长了 14.3%。

三　高度重视移民子女义务教育，促进教育公平

一是加强基础教育设施建设，整合资源，促进教育均衡发展。主要采取新建、改扩建和依托现有教育资源满足移民子女的教育需求，分别满足移民中小学生就近入学需要，初高中主要依托现有教学资源予以解决。二是做好生态移民子女入学工作的各项准备。为了确保生态移民子女入学工作能够有序推进，各县区通过与移出地区对接联系，较好地摸清了情况，筹划在先，相继制定了详细的移民教育规划。采取措施，提前做好校舍、师资、课程、教学设施等各项准备工作，确保生态移民工作顺利有序完成；优先保证移民群众子女就近入学，认真做好"控辍保学"工作，防止因移民而失学的现象发生，切实巩固"两基"成果，推动义务教育均衡发展。三是做好生态移民子女入学的服务工作。建立绿色通道。对于生态移民子女入学，实行"先入学，后办手续"和"来了就入"的做法，让学生不因为学籍手续不全而影响上学、上课，家长可在后面补办相应的入学手续。对移民子女提供照顾政策，享受国家有关资助政策。做好服务工作。生态移民子女入学后，需要解决住宿的，优先解决住宿。四是全力解决师资配备问题。鉴于目前各移民安置区师资严重不足的问题，各地积极采取措施，全力保障移民区学校正常的教学。兴庆区为解决移民子女入学问题，面向社会招聘 48 名教师，各市县主要通过采取临时调剂的办法解决师资不足的问题。

四　加强医疗卫生机构的软硬件建设，满足移民就医需求

一是加强移民新村医疗卫生的硬件建设。通过新建、翻建等方式，建设移民新村卫生院或卫生室。有的整体搬迁的新村由于暂无村卫生室，暂时安排在村委会中，基本医疗和公共卫生服务由村卫生室代管。二是加强

移民新村医疗卫生的软件建设，在生态移民新村配备常用医疗设备，有的在移民新村新建村卫生室，暂时抽调乡镇卫生院医生开展基本医疗和公共卫生服务工作，有的通过聘用的方式解决医护人员不足的问题。目前，移民新村卫生室已经开展了儿童免疫接种、妇科疾病普查、健康档案基础信息录入等工作。三是通过代管方式解决移民的就医需求。针对部分移民新村临近城镇的现状，采取由临近乡镇村卫生室代管的方式解决移民的就医问题。

五　抓好计划生育，提高人口素质

一是宣传先行，引导移民树立新型婚育观念。各市县人口计生部门做到关口前移，宣传先导，加强对移民群众进行计划生育政策法规、避孕节育、优生优育、生殖健康、科学文明生活方式等知识的宣传培训，引导移民群众树立科学、文明、进步的新型婚育观念。二是优质服务到位。组成计划生育技术服务宣传组深入移民新村集中开展面对面的个性化宣传、培训和技术服务。及时为已婚育龄妇女进行健康检查、发放避孕药具，建立育龄妇女生育、节育及生殖健康服务信息档案。三是政策落实到位。在移民迁入之前，各县区先后与移民户籍地人口计生部门完成人口基础数据、社会抚养费征收档案、少生快富三项制度等资料的调查和政策对接工作，确保移民在迁入之后的基本情况及资料齐全完整。各级人口计生部门对所有迁入移民进行建档入册，人口信息登记率达100％，做好信息平台的应用统计工作。落实计生奖励优惠政策，将符合条件的奖励扶助、少生快富工程和特别辅助的移民及时纳入计划生育"三项制度"范围，给予劳务培训、小额贷款等扶持。

六　全力做好社会保障，解决移民后顾之忧

一是鼓励移民参加社会保险，移民在原迁出地已参加各种养老、医疗保险的，由迁出地和迁入地社保经办机构办理转移接续手续。银川市在全区率先建立了生态移民养老保险关系转移接续制度，制定了生态移民养老保险关系转移接续办理程序，为做好生态移民社会保障工作奠定了坚实的基础。该制度得到了自治区的推广并在全区印发执行。2011年12月2日在

金凤区良田镇和顺新村生态移民安置点举行了首批 29 名生态移民养老金发放仪式。在办理生态移民养老保险关系转移接续时，统筹推进社会保障"一卡通"工程建设，加强生态移民参保信息和公安户籍信息比对，提高生态移民参保信息质量。加大协调力度，确保参保生态移民享受医保待遇。二是做好社会救助。各市县对新迁入移民在原户籍地享受农村低保、农村五保户、孤儿等民政救助对象，整体接收，纳入迁入地制度救助范围，执行迁入地救助标准。积极发挥专项救助政策的保障作用。重点是针对困难群众在医疗、助学、冬季取暖救助、80 岁以上老年人救助、重度残疾人救助等方面给予重点救助。在"十二五"期间，发挥临时救助和慈善的扶持作用，临时救助资金安排重点向生态移民安置区倾斜，辅之以慈善救助，重点用于生态移民生活、医疗、助学以及因临时性、突发性灾难导致家庭基本生活难以维持的。创建了宁夏陶乐幸福园，主要供养南部山区和中部干旱带生态移民中的五保老人，目前，已安置 307 名生态移民五保老人。陶乐镇充分利用闲置资源妥善安置移民五保老人的做法，对推进全区的生态移民搬迁工作起到了积极作用。三是建立健全社会保障机制。建立民生服务工作站，提供政策咨询，为生态移民办理社保关系转移接续，鼓励引导移民参加城乡居民养老保险、基本医疗保险，严格按照参保政策规定，落实对特殊群体、困难群体的财政补贴。

七 严格户籍管理，确保稳定搬迁落户

一是同迁出地做好移民对接工作，确定迁移的户数、人数、迁移范围，要求迁出地公安机关在上报移民名单时做到"四个一致"，即户口簿、移民花名册、常住人口登记表、常住人口信息系统数据一致，做到人户统一，确保人口底数清、情况明、移交档案手续完备。二是认真核查移民搬迁前的原籍户籍信息。各市县分局民警利用自治区公安厅常住人口信息管理子系统逐一核对迁出地提供的移民人员信息，防止出现重户、空挂户等问题。三是做好移民户口迁移和落户服务工作。严格按照公安部、自治区公安厅以及《宁夏"十二五"中南部 35 万生态移民户籍管理办法》等规定，办理迁移落户工作。

八　加强移民新村公共基础设施建设，筑牢民生建设的基础

按照自治区生态移民规划，在移民安置区统一配套建设水、电、路、气、通信和商贸流通等基础设施，规划建设学校、卫生院、文化站、村级活动室、体育活动场所、民生服务中心等公共服务设施，有效增强了移民区的社会服务功能，确保移民正常生产生活。积极推进广播、电视、互联网进社区、进住宅，方便移民生活。为确保移民新村卫生干净、整洁，完善了生态环保基础设施，安装垃圾箱，配备卫生保洁员和垃圾转运车，建设垃圾填埋场，集中处理移民新村生活垃圾。2012年新开工建设的移民新村全部统一规划建设卫生、排水集污、垃圾填埋、防洪排水等设施，农村人居环境得到极大改善。

九　加强文化建设，增进文化认同和社会融合

为帮助生态移民尽快融入迁入地的生产生活，各市县以文化建设为抓手，加强移民文化阵地建设，开展丰富多彩的移民文化活动，教育新移民知恩感恩，艰苦创业。整理挖掘移民文化，发挥移民特长，组建文艺团队，培养健康生活情趣。如同心县在移民村建设移民文化广场、移民剧院，配置体育活动、健身器材，设立图书馆。灵武市以"议今昔、话未来、感党恩"为主题，开展"共产党好、社会主义好、移民政策好"的"三好教育"活动，教育引导群众勤劳致富，凝聚共识，形成发展合力。移民入住新居后开展的第一次集体活动是升国旗，并组织交通、教育、卫生、社保、就业等部门针对移民关心的问题面对面交流，解疑释惑。组建青年篮球队、自乐班等，建立文化活动室、广播室，开展送文艺下乡活动，增强移民的认同感、归属感。石嘴山大武口区针对劳务移民建立了移民信息档案，实行网格化管理，为移民发放《劳务移民证》，方便移民办理社会保险、社会救助、计划生育、子女就学等相关手续，加强新市民在思想观念、生活习惯、行为方式等方面的教育。固原市建立"五定四包"责任制，组织万名干部下乡宣传政策，最早实现了当年建设、当年搬迁、当年发展产业、当年恢复生态的目标。这些举措丰富了移民的文化生活，凝聚了人心，加快了新移民在迁入地的社会融合。

十　强化惠农补贴，构筑完善的政策保障体系

注重政策配套落实，是做好生态移民工作的根本保证。一是在生态移民"十二五"规划中，明确了移民享受的惠农待遇。移民享受自治区出台的各类优势特色产业扶持优惠政策，享受迁入地的各项支农惠农补贴政策。在原居住地享有的退耕还林、退牧还草等政策继续执行。二是针对与移民切身利益相关的户籍、土地、住房、社保、公共事业、就业、教育、计划生育、医疗卫生等问题进行了明确的规定，出台了关于进一步促进生态移民发展的 23 条政策意见，自治区 32 个职能部门制定了一系列配套政策，各市、县（区）结合实际出台了扶持移民发展的具体措施，形成了生态移民在民生建设方面完善的政策保障体系。三是落实粮食直接补贴、农作物良种补贴、基础母牛补贴、草原生态保护补助、农资综合补贴、设施农业补贴、义务教育"三免一补"、农村计划生育奖励、高龄老人和孤儿养育津贴等 30 项涉农政策。生态移民工程通过自上而下的制度、政策设计和方法、理念创新的有机结合，真正体现"以人为本、服务为先"的管理理念，使生态移民切实享受到宁夏经济社会发展的成果。

第四节　生态移民民生建设中存在的突出问题

宁夏"十二五"生态移民工程实施两年来，总体进展顺利，但由于生态移民工程时间紧、任务重、移民自身经济条件差、产业发展基础薄弱，脱贫致富的压力较大，移民眼前面临的生计风险使民生建设显得尤为迫切，也影响着移民新村的社会稳定。

一　制度政策层面的缺失和不足

为了保证生态移民工程的顺利实施和有序推进，自治区党委、政府对生态移民工程进行了严密的部署，对规划中涉及移民群众切身利益的诸多问题进行了明确的规定。但随着大规模移民的搬迁定居，一些与移民生活息息相关的民生问题逐步显现，暴露出移民制度、政策方面的缺失和不足。这些问题主要表现在以下七个方面。

一是生态移民规划还不完善。目前，移民反映较突出的有两个问题。其一，安置区部分基础设施和公共服务设施没有列入总体规划，如公墓、清真寺、院落隔墙、劳务移民安置区连接市政基础设施的部分等没有列入规划，各移民安置区在建设的过程中，忽略了公用墓地的规划建设，直接影响到移民群众亡故后的安葬，已成为一个急需解决的现实问题。宁夏是回族聚居区，满足信教群众的宗教需求对维护社会稳定有十分重要的意义，清真寺的建设用地、数量、资金来源等问题，因规划中没有涉及而成为基层管理者当下工作的难点。其二，在移民安置区的选址上，因部分迁入地的环境承载能力面临饱和或超载，有可能出现新的生态危机导致二次搬迁问题。特别是中部干旱带以同心县下马关镇为代表的县内移民面临的水资源、土地紧缺的问题更为突出，人畜饮水面临一定困难，移民返贫现象非常严重。

二是政策制度储备不足。生态移民工程是一个系统工程，从宁夏来看，目前涉及的部门达 30 个之多，为了做好这项工作，自治区专门成立了自治区移民局，加强统筹协调的力度。各相关部门在时间紧、任务重的情况下及时制定了一系列政策保障措施，但政策的衔接配套远远不能满足移民的现实需求，其中以劳务移民问题最为突出。劳务移民不能及时核转户籍，导致不能及时在迁入区办理社会保险，子女在迁入地接受教育是否享受优惠政策等不明确。而在迁出区不收地，不拆房，导致退耕还林补植补种任务难以跟进落实，两头有家、两头跑的现状，既影响迁入区社会管理，又影响迁出区生态恢复。目前，很多移民希望核转户籍，购置房产，却没有相关政策，因而对生活预期比较茫然。

三是执行政策不统一。移民搬迁定居后，在新的移民村是否享受国家和自治区有关优惠政策不够明晰，如移民搬迁后中小学生的营养午餐是否享受、村级互助资金是否继续发展、对口帮扶单位是否继续帮扶等问题，政策规定不明确，出现了各地执行政策不统一，移民互相攀比的现象。

四是运用政策不灵活。自治区政府对生态移民的住房面积、补贴标准进行了严格明确的规定，各市县均严格遵照执行，导致一些多代、多人口的移民家庭因住房面积小而生活不便。中卫市龙湖安置区根据当地特殊的地理位置，在不增加政府负担的情况下，根据移民自身住房和产业发展的需求，又增加了 77 平方米和 90 多平方米两种户型的住房，受到移民的青睐。

五是落实政策不规范。个别市县出现违规操作工程建设、土地流转不规范、擅自搬迁规划外农户的现象。

六是宣传政策不到位。目前，移民反映较多的是户户通的安装开通问题。由于相当一部分移民在搬迁中没有携带或损坏了相关设备，在迁入地需要重新购买新设备，既增加了移民的经济负担，也给管理部门造成一定麻烦。生态移民子女入学过程中，一些家长不知道如何办理转学手续，空着手来入学。有的移民搬迁到川区后要求继续享受原迁出地的资助政策和补助标准。这些问题的出现，一定程度上反映了基层政府在移民政策的解读、宣传上还远远不够。

七是新老移民政策差异大。"十一五"移民生产生活设施补贴项目少、标准低，"十二五"移民安置房、附属设施、产业设施补贴标准相对较高，吸引力大。特别是在中部干旱带的同心县还有一部分"十一五"的移民任务尚未完成，需要与"十二五"移民同时搬迁，而移民政策待遇的巨大落差，对老移民的心理造成一定的冲击，群众普遍存在不满情绪，给基层管理带来诸多问题。

二　生态移民新村民生建设滞后

随着生态移民工作的深入推进，移民安置区人数激增，就学、就医、社会管理的需求急剧上升，制约移民新村民生发展的瓶颈问题日益突出，主要表现在以下两个方面。

一是社区管理和公共事业人员不足。从全区来看，目前的移民安置区规模普遍较大，小的安置区移民达二三百户，大的安置区移民多达一千多户，但生态移民规划中对社区管理和公共事业的从业人员的来源等未做具体规定，原迁出地的中小学教师、医务人员和社会管理人员均未纳入随迁计划，人员编制也未做相应调整，造成迁入地社会管理、公共服务人员紧缺。以红寺堡为例，红寺堡区"十二五"期间规划搬迁移民 3.15 万人。如果初中生按 5% 计算，共计 1575 名，按 1∶15 师生比计算，需教师 105 名；小学生按 10% 计算，共计 3150 名，按 1∶21 师生比计算，需教师 150 名；

幼儿按 3.5% 计算，共计 1102 名，按 1：10 师生比计算，需教师 110 名。据此测算，红寺堡共缺编教师 365 名。石嘴山在大武口区、惠农区劳务移民安置区和平罗县红崖子乡五堆子村生态移民安置区共建成 3 所卫生院，2012年底已竣工并交付使用。根据移民安置数，与县（区）卫生局共同测算所需卫生技术人员 73 名，目前专业技术人员的来源自治区尚没有明确解决方案。有学校缺教师、有医院缺大夫、有机构缺人员的问题已成为制约移民新村社会管理和社会事业发展的关键问题。

二是公共服务的配套设备不足。主要表现在移民新村学校实验室实验设备、活动场地和运动器材的配备数量远远不够，新建卫生院、卫生所的基础医疗设备的来源没有保障。

三　计划生育管理难度加大

自然条件禀赋差和人口超载导致的一方水土养活不了一方人是实施生态移民的重要原因。生态移民搬迁后，川区移民安置区的计划生育服务与管理工作任务更为艰巨。伴随川区移民人数的增长，有可能出现人口出生率升高，出生政策符合率降低的问题。山区和川区人口计生政策上存在差异，移民搬迁后，随着户籍发生变化，能够享受的计生政策相应变化，原来在山区可以享受的政策随着户籍变化被取消。部分少数民族妇女受传统生育观念影响，拒绝接受"三查"服务，使生殖保健、优生优育、避孕节育等服务难以落实，不可避免地会出现大量超生问题，使迁入区控制人口数量、稳定低生育水平的难度加大。以石嘴山为例，"十一五"期间，石嘴山市人口出生率总体稳定在 11‰ 左右，人口自然增长率为 5.5‰ 左右，出生政策符合率达到 96% 以上，处于稳定低生育水平阶段。而山区人口出生率在 21‰ 左右，人口自然增长率在 12‰ 左右，出生政策符合率在 80% 左右，处于控制人口数量阶段。据石嘴山计生局测算，移民迁入后将直接影响本市人口出生率和自然增长率，分别上升 0.4 和 1 个千分点左右，使出生政策符合率下降 1 个百分点左右。

四　自发移民管理难度大

目前，随着城乡统筹发展、城市化进程加快和农村劳动力转移就业，越来越多的中南部贫困地区大中专毕业生和农村劳动力纷纷走出大山，进入城市或工业园区、农业特色产业区工作和生活，导致大批农村人口成为自发移民。自发移民给迁入地的社会管理带来诸多问题。

一是土地管理难度大。自发移民不仅在迁入地转租、承包、买卖耕地，还想方设法扩大耕地，或在承包地头开发，或私自开发国有荒山、荒地，甚至出现部分土地投机分子大肆开荒并转手倒卖，造成土地无序开发、无序流转的恶性局面。

二是社会治安隐患多。自发移民多来自不同地区，没有当地户籍，人员流动性大，移民之间时常发生矛盾和纠纷，严重影响了原住地群众的生产生活。

三是计生政策执行难。自发移民以生活困难、无户籍为借口，拒绝接受当地计生部门的管理和服务，政策外生育现象较多，且违反计划生育政策法规时，当地政府和户籍所在地政府都苦于管理和服务没有抓手，造成计划生育政策执行难。

四是灌溉矛盾日益突出。自发移民居住区为扬灌区，由于群众对土地的无序开发，灌溉面积逐年增加，致使原有的用水指标严重不足，供水矛盾日益突出，群众撬口抢水、霸水、偷水现象经常发生，由此引发的纠纷不断，甚至出现群殴现象。

大多数自发移民虽然长期在外就业、创业并有固定住所，但户籍仍在原迁出地，原有住房、承包土地还在。按照"十二五"生态移民规划，有相当一部分自发移民属"十二五"生态移民（或劳务移民）搬迁对象，这部分群众的移民搬迁面临两难境地，要按计划搬迁安置，必将面临重新置业、就业和创业，增加生态移民安置成本，还有可能造成户在人不在的现象；如不按计划搬迁，因没有宅基地、承包土地和地上建筑及附着物的回购政策，原有宅基地、承包土地不能收回，原有住宅不能拆除，影响生态恢复工作的开展。

五 移民户籍管理问题

一是迁出县提供户籍资料不全。超生人员未入户、一户多人无法安置、户籍信息与迁移人员本人实际信息不符等问题，导致部分移民户籍迁转暂未办理，影响土地分配、社保关系转移接续。

二是户籍信息迁转慢。有些移民村移民户籍信息迁转周期较长，导致移民群众的农村合作医疗、扶贫帮困救助、就学援助等问题一时无法解决。

三是劳务移民户籍核转周期过长。政策规定劳务移民搬迁安置 5 年后迁转户籍，导致搬迁后不仅不能及时享受当地的社保、医保等优惠政策，也给移民在办理就学、贷款、证照等方面带来困难。

四是重户现象较多。过去搬迁至各移民区的农户，已在迁入区办理了入户手续，但由于各种原因导致原户籍地户籍未核销，又列为新的生态移民搬迁户，重复享受生态移民搬迁政策，造成户在人不在的现象。

六　移民就业培训效果不理想

由于生态移民来自南部山区，普遍存在文化程度低、劳动技能单一的问题，在就业发展上面临诸多困境。

一是农业技能培训任务繁重。中南部地区农业条件和农作物种植方式与川区差异较大，移民搬迁后在生产方式发生了根本的变化，必须学习水浇地的种植、拱棚作物种植、牲畜舍饲圈养等技能，生产方式的改变对移民的社会适应能力、学习现代农业技术的能力都提出了更高的要求。

二是移民技能水平不高，培训形式较单一，就业效果不理想。移民文化素质和技能水平不高，多数只能从事体力型工作，石嘴山大武口区迁入的劳务移民中有 66.2% 的人只有小学以下文化程度，许多移民无法进入企业务工。加之移民培训形式单一，针对性不强，导致企业用工标准和移民的实际技能差距较大，不能满足企业用工的需求。

三是自我发展的主体意识不强。移民"等、靠、要"思想严重，普遍缺乏艰苦奋斗、自力更生的创业意识。劳务移民缺乏扎根的信心，在企业工作趋向短期、现场结算的模式，工作中经常出现随意请假、旷工、迟到等现象，多数移民不愿与企业签订长期劳动合同。如何转变移民的思想观念，增强移民自强、自立的发展意识，妥善处理自我发展与政府帮扶之间的关系，是摆在基层管理者面前的一个严峻问题。

七　特色产业发展进展缓慢

由于生态移民安置区农田大多为新开垦的沙荒地或旱改水土地，立地条件差，地力贫瘠，土壤培肥改良周期长、成本高、水资源消耗大，短期内难以产生较高的投入产出率。加之移民群众迁入移民新村后，农业生产方式发生了根本的改变，原有的农业生产技能难以适应新的农业生产技术要求。由于受农业生产条件限制、投入生产资金不足、新的生产技能欠缺等因素的影响，移民群众在短期内增收困难，脱贫致富进程缓慢。特别是宁夏"十一五"期间组织实施的中部干旱带县内生态移民工程，虽然取得了巨大的成就，但由于受资金投入、灌溉条件、移民群众自身素质等多种因素制约，移民群众的生产生活条件较差，产业发展乏力。一是基础设施配套建设严重不足，已经开发建设的高效节水农业用地，由于农田水利工程建设严重滞后，导致部分土地不能进行有效灌溉，只能当作旱地耕种，生产效益不高。二是设施养殖能力弱，由于移民群众经济基础差，饲草料短缺，虽建成了养殖设施，但缺乏基础母畜、育肥幼畜和饲草料的购置资金，饲养数量有限，产业发展艰难。三是劳务收入有限，由于移民群众大多文化水平低，务工技能不高，只能从事季节性的体能型劳务输出活动，务工收入不高。这部分生态移民与全区人民同步全面建成小康社会的难度更大。

第五节　生态移民社会事业和民生建设的政策建议

一　完善生态移民民生建设的相关政策措施

一是进一步完善生态移民规划。生态移民规划实施要与主体功能区规划相结合，宁夏沿黄经济区属于国家确立的重点开发区，中南部地区属于限制或禁止开发区。自治区相关部门要在充分考察、调研的基础上，正确、客观地认识到安置区环境承载能力和水资源的配置水平，要根据实际情况及时调整、完善移民规划。中部干旱带和南部山区的县内移民新村建设要依托当地资源优势，因地制宜，在生态环境较好、有较强的自我发展空间的区域建立，对自然禀赋较差的地区，要严格限制或禁止移民区规划，避免由于移民区自然条件差而导致"二次移民"现象。此外，对涉及移民切实利益的一些问题，如公墓、清真寺等基础设施建设也必须尽早规划考虑，以免给移民的生活和基层管理带来不必要的麻烦。

二是进一步完善生态移民的各项民生政策。

第一，从移民反映最强烈的住房来看，"十二五"生态移民工程长达5年，这期间人口有很大的增减变化。以2009年12月31日为界限，虽然有利于自上而下的管理，但是否制定得过死、是否有悖于人口增减的客观规律还需要我们认真总结。严格的户籍分户的时间节点导致生态移民中出现一大批单户多人、多代居住问题，个别家庭因住房紧张无法搬迁而留守原地，给迁出区的生态恢复和社会管理带来一定困难。根据移民住房存在的困难，一方面鼓励生态移民在统建住房预留的建房空地上按规划要求自建住房，以解决单户多人、多代居住问题，改善居住条件；另一方面，在今后的移民安置房建设上，可借鉴中卫龙湖的经验，既没有增加国家负担，又解决了多代、多人的居住和产业发展问题。

第二，加强移民输出地与输入地在户籍、社保、惠农等政策方面的对接，保证生态移民工作健康有序发展。特别是低保、临时性的社会救助要向移民倾斜，保障困难移民的基本生活。移民在宁南山区可享受整村推进、扶贫贷款贴息、以工代赈、中部干旱带产业发展、少数民族发展和财政扶贫项目资金及文化卫生等方面的优惠政策，最好能在迁入地延续一段时期，缓解移民搬迁导致的临时过渡性贫困。对鳏寡孤独等特殊人群要建好敬老院、养老城，妥善安置。

第三，针对目前劳务移民搬不来、留不住的实际，建议自治区加快制定完善劳务移民的相关政策，重点是突破户籍问题，解决住房、社会保障、医疗、子女教育、贷款等一系列切实利益问题。建议出台企业安置移民享有税收、规费减免等优惠政策，增强企业接纳移民的积极性。部分劳务移民超时工作问题，要加强维权工作。

第四，充分挖掘各类资源，创新安置方式。探索建立补偿机制，采取置换、购买、租赁等方式，鼓励已进城的农民自愿退出承包地和宅基地，解决好土地、房屋的权属转换，盘活"空心村"闲置资源，推进插花安置移民，实现移民和老住户共同发展致富的"双赢"目标。探索劳务移民适用插花安置的优惠政策，即自愿购买商品房的移民给予一定购房补贴，通过集中安置与自主搬迁相结合的方式推动移民灵活安置。鼓励具有务工能力的生态移民转移就业，缴回原籍的宅基地、承包土地，迁转户籍，在城市定居，加快移民的社会适应和融合。

第五，加大金融对移民区的支持力度，协调农业银行、农村信用联社等金融机构尽快在移民村设立代办点，开展贷款服务，解决发展资金短缺问题，提高农户自我发展的能力。

第六，针对"十一五"尚未完成的移民搬迁任务，鉴于当地特殊的自然条件和财力，以及移民特困的经济条件，在争取同步实现全面小康的背景下，考虑纳入"十二五"规划一揽子解决。

二　加大生态移民安置资金筹措力度

生态移民作为一项系统工程，实现搬迁安置只是阶段性目标，促进移民安置区经济社会协调发展，增加移民收入，实现共同富裕才是根本目的。当前，要积极争取国家提高生态移民安置补助资金标准，整合农业土地综合整治等项目资金；在坚持生态移民安置区建设标准不提高的前提下，加大自治区财政投入；移民迁入区要整合各类项目资金，加强生态移民安置区基础设施建设。移民新村的建设要立足现在，着眼长远，在城市化的大背景下，有条件的地方可以按照城镇化的要求建设移民新村，在新村规划、基础设施、公共资源配置方面可以适度超前。即使条件较差的区域，也要进一步完善移民新村水利设施、公共卫生间、垃圾处理站、闭路电视、电力供应、公墓等公共基础设施，推动移民新村社会事业的发展，为移民的生产、生活创造一个良好的发展环境，也为以后向城镇化发展奠定一定的基础。

三　协调解决移民安置区社区管理和公共事业人员短缺问题

针对生态移民安置区中小学校、医院、社会管理机构人员短缺的现状，由自治区出台相关政策，通过调整迁出、迁入县（区、市）公共事业单位人员编制，采取迁出地公共事业人员随迁、迁入地公共事业人员调剂、聘用特岗人员等办法加以解决。同时，随同生态移民一起搬迁的教师、医务人员、社会管理人员是双职工家庭或家属是城镇户籍的，给予廉租房或单位周转房安置，家属是农村户籍的按生态移民安置条件给予安置，切实解决公共事业单位人员短缺问题。建议按照各县移民迁出数量分年度核减教师、医护人员的编制和工资，转拨到移民迁入地。

四　建立计划生育利益导向机制

继续实施人口递减战略，控制人口数量，提高人口素质，是当下基于国情、区情作出的选择。为此，必须全力做好生态移民人口计生工作。

一是加强计生服务机构建设，开展免费服务，制止违法超生和两头跑、钻空子的生育现象。

二是探索"帮扶、服务、宣传、管理"四位一体的移民人口计生工作。加大人口计生政策的宣传力度，积极做好移民迁出地和迁入地计生政策衔接、计生遗留问题处理和计生档案移交等工作，及时做好"少生快富"项目、奖扶特扶政策、独生子女父母奖励、计生家庭参加城乡合作医疗等优先优惠政策的兑现落实，确保生态移民家庭真正得到实惠。

三是建立计生与惠农政策相衔接的利益导向机制。把惠农政策、产业项目、科技服务重点向少生快富移民家庭倾斜，加大惠农政策的捆绑力度，形成正确的利益导向，提升人口计生服务的管理水平和效益。

五　建立鼓励自发移民的长效机制

随着农业现代化、城市化发展水平的进一步提高，二、三产业的快速发展，农村出身的大中专毕业生和农村劳动力转移就业群体逐步加大，农村自发移民人口会越来越多，这对加快生态移民融入城市具有积极的作用。自治区人民政府应在深入调查研究的基础上，针对宁夏三大地域的功能定位和农村的现实条件，制定出台农村居民宅基地、住房、承包土地回购补偿政策和户籍迁转政策，建立鼓励农村居民转移就业和自发移民的长效机制，促进自发移民逐步融入城市，由农民变为市民。

六   认真解决户籍管理中的各种问题

户籍迁转和管理中存在的各种问题，源头主要在迁出地。因此，应责成生态移民迁出地各级户籍管理机构认真核查搬迁农户的户籍信息，超生子女未入户的应给予相关处理并入户，户籍信息不完整或错误的应及时完善或给予纠正，重户的应核实注销，并坚持先办理迁户手续、后搬迁的原则，做到户籍信息准确无误、人随户走，缩短户籍迁转和社保关系的接转周期。

七   增强移民的就业能力和创业精神

一是教育引导移民充分发扬艰苦奋斗、自强自立的拼搏精神，激发移民的创业精神，培养积极健康向上的社会风气。二是对移民群众进行现代高效农牧业知识和技能培训，采取特派科技员、抽调技术骨干和聘用高技能人才开展技术服务，切实提高移民发展现代高效农牧业的能力。三是进一步加强"黄河善谷"建设和大县城及特色小城镇建设，为生态移民转移就业创造更多的机会。四是实施更加积极的创业就业优惠政策，鼓励、支持生态移民在新村商业区创业和进城创业。加大劳动执法监察力度，督促用人单位与劳务移民签订劳动合同，为移民办理社会保险，足额缴纳保险费。五是鼓励引导移民子女到各类职业院校接受职业教育，针对移民子女接受职业教育给予政策支持。

八   实行差异化的产业发展战略

一是分步扶持移民群众，加快产业发展步伐。第一，扶持 2012 年底前完成搬迁的移民群众；先走一步，在村"两委"班子的组织和带领下，认真落实自治区生态移民领导小组《关于扎实做好移民增收致富工作的通知》精神，科学制定产业发展规划，制订移民增收计划，加大产业培育力度，因地制宜发展农业特色产业和劳务产业，确保到 2015 年，特色产业发展成效，劳务收入有增长；到 2020 年，产业发展有规模，收入水平有提高，率先实现全面建成小康社会目标。第二，扶持 2013 年至 2015 年完成搬迁的移民群众；借鉴前期移民群众发展产业的经验，在 2017 年前，明确产业发展方向，采取有效措施，力促产业发展，打好产业发展基础，确保产业有收益；到2020年，产业有提高，收入有增长，与全区人民同步实现全面小康社会建设目标。

二是大力扶持"十一五"中部干旱带县内生态移民稳定脱贫奔小康。进一步加大土地调配力度，确保土地分配到户；加大农业基础设施建设投入，大力发展设施农业和节水补灌农业，努力提高土地产出率；加大基础母畜投入和种草补贴，大力发展草畜产业，发挥资源和效益优势；加强农村劳动力转移就业服务，大力发展劳务产业，扩大转移就业规模，努力增加劳务收入，争取与全区人民同步实现全面小康社会建设目标。

三是加大科技示范、推广与培训力度。进一步加大投入，针对产业发展项目，加强现代农业科技示范基地建设，创新现代农业科技推广和实用技术培训方式，提高移民群众的生产技能和科技素质，提高农业科技含量和产出效益。有针对性地强化职业技能培训，努力提高移民群众的职业技能，大力促进移民群众转移就业和自主创业，多渠道增加收入。

第十四章
宁夏生态移民的
发展战略和政策选择

第一节　生态移民对宁夏全面建成
小康社会的重大意义

一　生态移民是促进农民脱贫致富的有效渠道

宁夏地处我国内陆，自南而北，由半湿润区渐变为半干旱区、干旱区。地表径流由南向北逐渐减少，北部平原虽地表径流少但有引用黄河过境水之利发展灌溉农业，粮食生产稳产、高产，南部山区则因严重缺水和自然灾害频繁导致农业生产水平低而不稳。全区国土面积 6.64 万平方公里，平原面积仅 1.39 万平方公里，且集中分布在黄河沿岸。宁夏 90% 以上的能源资源和非金属矿产资源都分布在北部和中部的引黄灌区及扬黄灌区。而较为丰富的土地资源，恰好也集中分布于该区，引黄灌区是宁夏农业精华之地。相反，在水资源和矿产资源都十分匮乏的宁南山区，广大农民面临贫瘠的土地和与其相伴而生的各种自然灾害，以及各种限制土地资源开发的不利因素，如沟壑纵横导致水土流失等。资源的刚性贫乏本已形成大面积贫困，然而在相对封闭的环境里，人们思想观念的落后，导致了低素质人口大量出现和人口的超计划增殖。资源贫困和低素质的智力贫困构成南部山区经济社会发展的双重困境。实行生态移民，克服资源约束，是从根本上解决南部山区双重困境的有效手段之一。生态移民以保护生态环境为出发点，把扶贫开发与生态建设结合起来，在帮助移民脱贫致富的同时，缓解人与环境的紧张关系，为生态恢复和重建打下基础，进一步在人与自然的和谐中寻求发展。2011—2015 年是我国也是宁夏"十二五"规划的五年时期，全区已把生态移民作为这一时期的重中之重。因此，积极推进生态移民工程，对于加快该区跨越式发展步伐、缩小与发达地区差距、促进农民脱贫致富，具有重大的现实意义和深远的历史意义。

二　生态移民有利于民族融合和社会稳定

宁夏是少数民族聚居区，尤以宁南山区表现最为突出。以宁夏人口自然增长率 9.76‰为基准，宁夏各县（区）人口自然增长率由高到低依次是西吉、海原、红寺堡、同心、泾源、原州区、彭阳 7 个县（区），这些县（区）都地处宁南山区，尤其是西吉、红寺堡、海原、泾源、同心等少数民族聚居区，少数民族人口分别占总人口的 55.71%、62.49%、73.17%、76.70%、85.97%，均在总人口的一半以上。由此可见，少数民族地区是人口增长速度最快的地区。在居住方面，宁南山区独门独户者甚多，由于高山和河溪的阻隔，人们之间的交流十分困难，封闭的环境致使人们形成封闭的心理和落后的观念，导致自然与文化上的双重封闭。纵观中外发展历史，任何国家和地区的民族都无法在封闭的状态下发展强盛起来，我国改革开放 30 多年来的实践充分印证了这一点。宁南山区的封闭使人们的思想观念和行为模式囿于小农经济的圈子，不仅使自身无法摆脱贫困，还严重制约了地方经济的发展。实践证明，人口迁移是促进经济社会发展的积极因素，经济社会的发展会打破人们故步自封的传统观念，有利于进一步解放思想。宁南山区是生态移民的重点迁出区域，大多县（区）少数民族人口占到了 55% 以上，移民搬迁后必将与当地居民在经济社会以及生产生活方面产生各种交流，在共同致富中，不断融合，不断增进民族情感，这对消除民族间事实上的不平等、促进少数民族经济社会发展和文化交流、实现各民族共同繁荣和维护社会稳定具有一定的促进作用。

三　生态移民具有显著的生态效益、经济效益和社会效益

人可以改造环境，环境也能改造人。1983 年以来，宁夏组织实施的吊庄移民，成功地将山区特困户逐步搬迁到宁北有开发潜力的地区。吊庄移民的实践证明，开展生态移民对于缓解贫困、改善生态环境发挥了十分重要的作用。之所以把生态移民放到战略高度，一是因为其生态效益。对于迁入地来说，移民迁入后，既可调整社会内部结构关系，也可把灌区大片的沙地变成万顷良田；对于迁出地来讲，人口迁出减轻了山区人口超载的压力，缓解了人与自然失衡的矛盾，有利于生态环境的恢复和良性发展。二是因为其经济效益。通过生态移民，把世代生活在不适宜人类居住的生态恶劣地区的贫困人口和低收入人群从社会负担转变为国土资源开发的积极力量，使移入区的农民由被动受穷转向自觉创造财富。这样既减轻了国家负担，也体现了党和政府以人为本的执政理念。三是因为其社会效益。通过移民搬迁，可促进山川交流、城乡交流和人际交流，成为地区之间开展横向联系和经济协作的纽带，使山区封闭的社会系统转化为开放的社会系统，使潜在的劳动力对象转化为现实的生产力。

四　生态移民为宁夏与全国同步全面建成小康社会奠定了基础

根据 2011 年宁夏全面建设小康社会统计监测指标体系来看，2011 年宁夏全面建设小康社会的实现程度为 70.4%，比 2000 年提高了 19.9 个百分点。这说明，宁夏全面小康社会建设进程已经完成 2/3 还多，离 2020 年的目标越来越近。纵观近十年来宁夏全面小康社会建设进程，总体呈现稳中加快的发展态势。2000—2002 年为平稳发展期，2003—2011 年为明显加快期，平均每年提高 1.81 个百分点。但由于宁夏是欠发达地区，要实现全面小康，难点和重点是中南部地区 35 万贫困群众的脱贫致富问题，这也是关系到建设和谐富裕新宁夏和能否如愿实现全面建成小康社会目标的根本性问题。生态移民工程就是从根本上解决这一问题的重要举措，只有坚定不移地组织实施生态移民工程，才能加快中南部地区 35 万贫困人口的脱贫致富步伐，从根本上解决山川发展不平衡、不协调的问题，为建设和谐富裕新宁夏提供更大空间，为宁夏与全国同步进入小康社会的目标奠定坚实基础。

五　生态移民是恢复和保护迁出地生态环境的重要途径

实施生态移民工程，一是有利于构建黄土高原地区生态安全屏障。宁夏中南部地区地处黄土高原西部边缘，生态位置十分重要，但黄土面积广、水土流失严重，实施生态移民工程有利于减轻迁出地生态环境压力，促进生态恢复、建设和保护，能有效遏制生态环境恶化趋势，维护地区生态安全。二是恢复和保护了迁出地的生态环境。移民迁出前，长期的人口压力、经济贫困和落后的生产方式造成对资源的掠夺式开发，过垦、过牧、过樵导致生态进一步恶化，自然灾害频繁，农业生产效益低下，以致"一方水土养活不了一方人"。移民搬迁后，极大地缓解了迁出地人口与资源紧张的矛盾，有效地减轻了人口对生态的压力，恢复和保护了迁出地的生态环境，促进了人口、资源、环境和经济社会的协调发展。三是极大地改善了原居住地农民的生产生活条件，拓宽了致富的空间。居住在地质灾害区、煤矿塌陷区、生态脆弱区、水库淹没区和六盘山外缘区等区域的群众，移民搬迁前居住分散，用水、用电、交通道路方面均有不便，就医、上学路途较远。移民搬迁后，原居住地居民相对集中，便于管理。在实现水、电、路三通的同时，基本生产生活条件得到根本改变，而且有利于土地利用结构和农业产业结构的调整，农民在设施农业、草畜产业、林果产业、劳务输出等方面增加收入的机会也更多了。

六　生态移民是建设生态文明、改善生存环境的民生工程

胡锦涛同志在党的十八大报告中提出，要大力推进生态文明建设。建设生态文明是关系人民福祉、关乎民族未来的长远大计。生态文明是当代人类文明发展的新形态，是中国特色社会主义与和谐社会建设的重要组成部分。宁夏少数民族地区的人口增速快，尤其是宁南山区，人口增速更快。宁夏中南部地区属于生态脆弱地区，所面临的问题非常严峻。党的十八大提出大力推进生态文明建设，并作为一个部分专门论述，说明面对日趋严峻的资源环境约束，推进生态文明建设已成为当务之急。对宁夏来说，当前要着力解决好生态环境这个最突出的问题。

宁夏中南部地区生态环境脆弱，土地沙化严重，沙尘暴频发，生态环

境呈现不断退化的趋势。究其原因，一是历史时期的生态欠账。二是在资源贫瘠的土地上造成了人口的超载和对环境的过度索取。三是该地区是贫困人口集中的地区，毁林开荒、过度放牧等人为因素对生态环境的破坏，导致土地沙漠化严重。四是环境污染问题较为严重，环境监管能力弱化。生态环境的不断恶化，不仅影响宁夏建设和谐富裕新宁夏的进程，而且严重影响全面建设小康社会的目标实现。宁夏用 5 年时间，让 35 万居住在水土流失区、六盘山外围阴湿区、生态环境脆弱地区、集中连片特困地区和回族聚居区的农村贫困群众，摆脱"一方水土养活不了一方人"的恶劣生产生活环境，是打好集中连片特困地区扶贫攻坚战的重大战略部署，是与全国同步进入小康社会的重大举措，是将祖祖辈辈希望改变生存环境、脱贫致富奔小康的贫困群众的梦想变成现实的重大民生工程。生态移民工程的实施，是宁夏实现人口空间分布、产业合理布局、资源重新配置的过程，将有效促进农民向沿黄城市带、产业园区集中，土地向规模经营集中，最终实现工业化、城镇化、农业现代化"三化"同步。宁夏中南部地区贫困人口多，通过有步骤、有计划地实施生态移民工程，无疑是解决生态退化和农民生活困难的最佳选择。

第二节　全面建成小康社会面临的瓶颈问题

经济发展是实现全面小康的基础，是提高城乡居民收入、地方财政收入的前提，也是改善生活环境的保障。能否实现全面小康，在很大程度上有赖于经济的发展。与全国一样，过去十年是宁夏综合实力提升最快、城乡面貌变化最大、人民群众受益最多的历史时期之一。尤其是近五年来，宁夏走出了一条符合区情的发展道路，内陆开放型经济、中阿经贸论坛、沿黄经济区、生态移民工程、特色优势产业等一系列战略措施，使宁夏经济社会发展步入了快车道。2012 年 6 月，宁夏回族自治区第十一次党代会上明确提出了建设和谐富裕新宁夏、与全国同步进入全面小康社会的奋斗目标。

目前，宁夏的发展仍然处于欠发达水平，全区的民生水平仍远低于全国平均水平，2011 年全区人均 GDP、城镇居民人均可支配收入、农民人均纯收入分别比全国平均水平低 2691 元、4231 元和 1567 元，加之城乡、山川发展不平衡，收入差距较大，中南部 8 县（区）人均 GDP 仅为川区平均水平的 22%，农民人均纯收入仅为川区平均水平的 55%。

作为全国贫困程度最深、贫困人口集中度最高的省区之一，生态移民是贫困地区人民脱贫致富实现小康的重要途径。宁夏中南部地区是我国最贫困的地区之一，为帮助贫困群众摆脱生存困境，自 20 世纪 80 年代以来，宁夏通过"三西"开发建设、实施"八七扶贫攻坚计划"、吊庄移民等一系列措施，共搬迁贫困人口 100 余万人，基本解决了温饱问题。2012 年 2 月，宁夏农村扶贫标准由现行的农民人均纯收入 1350 元调整为 2300 元，与国家扶贫标准一致。按照这一标准，宁夏贫困人口规模为 101.5 万人，占全区农村户籍人口的 25.6%，占全区总人口的近 17%。解决好这 100 多万贫困人口的脱贫致富问题，是宁夏与全国同步进入全面小康社会的难点所在。"十二五"期间，自治区党委、政府已启动并实施了中南部地区 35 万人的生态移民工程。生态移民工程实施两年来，第一批开工的 75 个安置区已搬迁定居移民 5.05 万人，第二批 59 个安置区已陆续开工建设。目前，宁夏生态移民工作有条不紊，已取得了一定成效。但移民并不仅仅是简单地改变居民的居住地点，它涉及生产生活条件的变更、生活习惯的调整、生活前景的预期判断等诸多文化适应、社会适应问题。迁出地的生态恢复，迁入地的区位选择，对移民根本利益的保证等问题，都是政府制定移民规划和实施移民搬迁过程中需要关注的问题。目前急需解决的问题有以下五个方面。

一　产业发展问题

一是移民缺乏适应环境的能力。原居地和安置地之间的气候、土壤、水分等存在明显的差异，移民自身受教育程度、生产技能等方面存在不足，不能适应新环境下的农业生产，导致产业发展受阻。二是劳动者自身素质较低，移民初期较难适应产业化发展。三是受经济条件的限制，缺乏发展产业的主动性。搬迁的农民都是山区的贫困户，有些家庭极其贫困，他们在交纳了建房自筹款、搬迁需要支付的搬迁费用以及在安置地重新安排生产和生活的费用后，所剩无几。由于周边的群众都是困难群体，融资的能力非常有限，受经济困难和传统观念的影响，在缺乏资金的情况下也缺乏发展产业的主动性和积极性。四是生产方式转变还需要一个过程。贫困农民搬迁后，农业生产方式发生了根本改变，由原来的牛耕驴驮变为机械化操作，由山地变为川地，由雨养农业变为灌溉农业，由粗放农业变为精耕细作，由广种薄收变为集约化经营，等等，这些问题的存在严重制约着移民后续产业的发展。

二 劳动就业和劳务移民问题

移民入住后面临的重要问题就是外出务工，外出务工将是移民家庭经济收入的重要来源。移民外出打工属亦工亦农性转移，具有明显的兼业性和"候鸟型"特点。但移民劳动者的整体素质状况与新环境的需求存在较大的差距，从而延缓了移民脱贫致富的进度。移民文化素质不高、缺乏技能是其就业的最大障碍。

"十二五"期间，对中南部地区实施的移民搬迁，包括生态移民和劳务移民两种。两种移民政策不同，再加上移民自身素质较低，总的来看，目前劳务移民方面存在的问题较多，主要体现在以下六个方面。

一是劳务移民的参与意愿很低。生态移民的政策是，移民人均安排一亩地（有土安置），每户一套 54 平方米的住房，政府每户补助 2.5 万元，产权归农户所有；劳务移民只有无产权的 40 平方米周转房，移民只能租住，且属于无土安置。由于两者的政策条件差距较大，移民绝大多数不愿意成为劳务移民。

二是劳务移民保留承包地与整村搬迁发生矛盾。《自治区党委、人民政府关于鼓励引导农民变市民进一步加快城镇化的若干意见》（宁党发〔2011〕29 号）中明确规定，农民进城落户 6 年内不收回原承包地和宅基地。但在生态移民迁出地，为了恢复生态，要求实施整村搬迁，劳务移民被要求收回承包地，从而造成了劳务移民保留承包地与整村搬迁政策的矛盾。

三是地域的限制严重影响了劳务移民的发展。生态移民实行县与县定点搬迁，这有利于按计划稳定有序地移民。而劳务移民是市场双向选择行为，就业岗位的适应性决定着他们的稳定程度。限定劳务移民就业区域，不利于劳务移民根据自身技能和实际情况选择就业地，也不利于企业招收适合工作岗位的职工，往往造成企业用工短缺而移民又找不到适合自己的工作，从而造成双向选择的困局。

四是县外劳务移民面临很多困难。由于县外移民在迁出后，不转户、不收地、不拆房，医疗保险、养老保险、计划生育、低保等政策衔接、延续、落实，以及落实退耕还林补植补造任务、兑现农资直补等面临很大困难，既影响迁入地社会管理，又影响迁出地生态恢复。

五是劳务移民"县内热、县外冷"。劳务移民在县内工业园区或建筑工地上务工，日工资大多在100元左右，既可以在县城住周转房，又给孩子上学提供了方便；县外劳务移民多数岗位技术要求高，工资标准较县内偏低，周转房无产权，加之距离老家远，给孩子上学带来困难的同时，庄稼疏于管理导致经济受损，严重影响了农民参与县外移民的积极性。

六是劳务移民的自身素质低。由于劳务移民的文化素质普遍较低，造成许多务工人员难以适应工作岗位，稳定率不高。尤其是县外劳务移民，达不到企业规定的技术要求，通过短期培训难以适应工作岗位，单靠务工难以养家，移民心存顾虑，巩固率低。

三　自发移民问题

自发移民是没有纳入政府有组织移民计划之中的自愿移民。自发移民没有纳入政府的统筹管理因而问题很多，突出地表现在以下三个方面：一是政治民主"边缘化"。由于该特殊群体属于"黑户"（无当地户口）、"非法移民"等，不能参加地方基层民主选举，政治民主生活处于边缘化地位。二是引发了许多新的社会矛盾和问题。如农业生产方面属于粗放、松散型，导致人户分离、有房无地、房屋私自买卖和乱搭乱建等情况十分严重，给计划生育、社会治安等方面带来了诸多负面影响，并经常群体上访。三是自发移民目前处于"三不管"的状态。四是因自发移民区的合法性有争议而导致管理权限不明确，户籍关系无法理顺，从而造成自发移民的被"边缘化"。

四　移民新村的社会管理问题

移民新村大多是上千户人口，一个新村容纳了迁出区几个甚至十几个自然村，人口规模大多在四五千人，原有的家庭、家族、宗族、民族结构在地域分布上也发生了较大变化，使得移民新村的社会管理难度较大，短期内需要介入较多的工作人员，前期人力投入较大。

五　迁出地的生态恢复和重建问题

生态移民在解决贫困人口问题的同时还要恢复中南部地区脆弱的生态环境，最终实现经济社会的可持续发展。因此，对迁出地生态的恢复与重建是生态移民工程的重要内容，否则将有悖生态移民的初衷。生态移民是宁夏"十二五"时期的重大民生工程，也是全面建设小康社会的重点和难点。作为全国贫困程度最深、贫困人口集中度最高的省区之一，如何使移民群众有稳定的致富产业是目前各级党委、政府亟待解决的重大问题。

宁夏与全国同步进入全面小康社会，要解决的问题很多，最突出的是要解决好和谐、富裕的问题。没有贫困群众的脱贫致富，与全国同步进入全面小康社会的目标就难以实现。对于欠发达地区来说，有效克服影响和制约发展的瓶颈问题，是加快经济发展步伐、缩小与发达地区差距的关键。

第三节　生态移民的未来发展战略和政策选择

生态移民对宁夏实现扶贫攻坚战略、保证经济社会的可持续发展，与全国同步进入小康社会有着重大意义。将贫困人口移出来只是第一步，移民迁出区的生态修复、迁入区的生态保护、移民在新的地域能稳住并逐步依靠自身能力获得发展，是生态移民最终要达到的目的。站在可持续发展的高度，用可持续发展的理论去衡量宁夏的实际情况，使宁夏的生态移民统一于可持续发展的宏观框架内。在宁夏生态移民的过程中，科技创新是关键手段，生态系统的可持续性是基础，经济系统的健康发展是条件，社会系统的持续进步是保障。

一　生态移民发展战略

1. 实施生态优先战略

经过人类若干年"逐水草而居"的迁移和人口飞速增长，自然环境条件较好的地区早已成为人口分布稠密的地区，而宁夏的移民区大都属于气候干旱、水资源奇缺、土壤贫瘠、生态环境恶劣的地区。近年来，在党和国家的大力支持下，宁夏昔日荒漠变成绿洲成为可能。但如果在开发中忽略对生态建设的投入和科学的管理，生态系统遭到破坏，移民很容易再度沦为"生态难民"。因此，宁夏必须吸取生态破坏对人类带来灾难性后果的教训，把生态建设放在优先发展的地位。

2. 实施科教振兴战略

科学技术是第一生产力，也是可持续发展的内在动力。宁夏实施的生态移民在某种意义上就是一项利用现代科学技术把原来不适宜人类生存的地区改造成适宜人类生存地区的工程，显然科学技术在生态移民中起着决定性的支撑作用。在生态移民区应大力推广科技成果，多形式、多层次、多渠道地搞好科技培训，提高移民群众的发展能力和竞争能力，改变生产方式，改善移民区生态环境，提高单位面积土地的产量，最终实现集约化生产。宁夏移民文化素质整体较低，地区经济社会的振兴从根本上离不开科技教育，为实现移民区的可持续发展，应把科技教育放到一个举足轻重的战略地位上来，重视开发人力资源，采用高新技术，提升产业素质。

3. 实施城镇化战略

城镇不仅对整个区域经济具有重要意义，而且是多种文化的交流中心，对移民区与周边区域文化整合起着重要作用。农业属于典型的自然资源性产业，对土地的依赖性强，有限的土地只能获得有限的农业产出，因而只能承载有限的农业人口。农业人口的数量超出区域土地承载能力的直接后果，就是农民收入水平的下降和生态环境的退化。而城镇是移民区剩余劳动力吸收的主要场所，是资金、技术、信息交流的平台，推动城镇体系建设，大力发展城镇经济，从而为农业产业化和农业经济组织制度创新提供保障，这是实现移民增收最直接、最现实的途径，也是宁夏全面建设小康社会的重要战略之一。因此，在宁夏的移民建设中，应该充分认识到城镇化的重要意义，搞好城镇建设方案。一是要充分依托宁夏沿黄经济区建设，在沿黄各市县加快小城镇建设，将移民村尽可能规划在小城镇附近；对不沿黄的县城，有重点地发展那些基础条件好、发展潜力大的建制镇，移民村在规划上要紧靠交通干线，实在不能沿交通干线的就首先建设好主要干线。二是在大面积开发的地方实行移民在迁入地的规模聚居，教育和引导移民学习先进的生产和生活方式，提高综合素质和文明程度，为城镇建设提供高素质的人力资源。三是要把生态建设规划融入整个城镇规划中，把移民区城镇规划融入整个区域城镇体系中。四是在建设中加大基础设施投入，建成规模适当的移民开发区城镇中心。五是积极发展二、三产业，尽快使移民脱贫致富，为进一步发展奠定基础。

4. 实施多元经济战略

宁夏生态移民区必须发展多元经济，转移农村剩余劳动力，改变移民对土地的过分依赖和对大自然贪婪索取的状况。移民区发展多元经济必须强调以下几点：一是建立多元投入机制。生态移民是一种政府组织的扶贫性行为，在投入上应坚持政府补助和移民群众投入相结合、点的投入与面的投入相结合的办法，鼓励科研机构和企业到移民区大搞科研和生产，带动移民区发展。二是采用"公司＋农户"的模式建立国营农场。建立以国营集约化经营农场为中心、家庭农场为基础、加工业为龙头的经营模式，在劳动力充足的移民区，开发初期最缺少的就是资金、技术、管理，宁夏可以集中有限的财力、物力建立农场，既吸收了剩余劳动力，又避免盲目开发造成的环境问题。三是发展磨盘式农业经济。农村磨盘式经济模式研究的核心是如何处理生存与发展的关系，要在有限的土地、劳动力、资金等资源条件限制下，在抓粮与抓钱之间做出合理的资源分配。把磨盘的底盘比作确保生计的粮食生产子结构，应优先并相对稳定地得到土地、劳动力和资金的保证，上盘子结构是在下盘子结构的基础上建立的，要立足于商品开发和多种经营，具有灵活性，以适应市场经济的多变性，并适时调整，上盘子结构即使有风险也不会动摇农村维持生计的下盘子结构，这样才能保证整个体系的稳定性，为移民的可持续发展提供可能。

二　生态移民未来发展必须坚持的原则

1. 坚持政府引导与群众自愿相结合的原则

实施生态移民，政府引导和群众积极参与是关键。在实施过程中，一方面要加强领导，积极组织协调，充分发挥政府对扶贫移民工作的主导作用。另一方面，要充分尊重移民意愿。移民长期生活在贫困山区，他们仍然强烈依恋着那里的自然环境，浓郁的乡土观念和恋土情结将他们长期束缚在封闭的环境里，"背井离乡"被视为一个痛苦的过程。因此，很多贫困山区的农民群众宁愿在恶劣的环境中苦熬，也不愿迁移出去。这些移民群众是一个特殊的群体，远离生活了几十年的家乡，心理上必然产生变化。因此，在山区生态移民的组织与安置中，必须重视移民的意愿、心理承受能力，以及耕作方式、风俗习惯等方面的问题。有关的政策，应让移民广泛参与，听取移民的意见。

2. 坚持统筹安排、政策保障的原则

移民扶贫搬迁工程涉及经济、社会、户籍、土地、民族等多方面的问题，政策性强，环节很多，操作复杂。因此，在实施过程中，除了做好工程建设方面的工作外，更重要的是在群众安置和土地调整等方面进行全面考虑，做到统筹安排，综合考虑。迁出县和迁入县各级政府都要根据国家和自治区的有关政策精神，针对出现的情况和问题，及时研究和制定相关政策，确保移民工程的顺利实施。

3. 坚持先开发、后搬迁的原则

为保证搬迁群众具备基本的生产生活条件，必须做到先开发、后搬迁，或者在具备初步条件的前提下，搬迁与开发并举。但一定要搞好迁入地的基础设施和各项社会事业，注意提高安置地的人口承载能力，把重点放在与搬迁群众今后的发展密切相关的项目上，建设好基本农田水利工程。要创造条件，使搬迁群众得到较好的自我发展，并使开发建设和产业结构调整结合起来，确保搬迁群众"搬得出，稳得住，能致富"。

4. 坚持因地制宜、讲求实效的原则

宁夏移民的迁入地情况不一，一个模式、一种办法不可能解决所有问题。因此，实施移民搬迁，不能搞统一模式，宜于集中就搞集中安置，宜于分散就搞分散安置，能插花的就插花，安置点的规模可大可小，根据具体情况，采取多种形式进行安置。不管什么模式、什么形式，都要从实际出发，讲求实效。

5. 坚持量力而行、循序渐进的原则

生态移民工作任务十分艰巨，但是解决问题不能急于求成，要充分论证，搞好规划。要根据财力情况，有计划、有组织、分阶段地逐步推进，做到量力而行，循序渐进，提高效益。

6. 坚持属地管理的原则

搬迁移民必须实行一头落户，属地管理。只有真正将移民村和分散的移民群众纳入迁入地的管理范围，迁入地才能把所有移民真正作为当地群众进行管理，确保移民群众生产生活健康、有序、快速发展。

三　宁夏生态移民的政策选择

（一）从思想认识上高度重视生态移民工作

生态移民工程是宁夏"十二五"时期最大的民生工程和生态建设的重点工程，也是一项检验执政能力的德政工程，是一项惠及最困难群众的民心工程，是一项还一方水土以绿水青山的生态工程。该项工程从立项、审批到开工建设，受到党中央、国务院的高度重视和关怀支持，充分体现了党中央、国务院对少数民族地区的关心。该项工程的建设不仅要从根本上解决宁夏特困群众脱贫的问题，而且要为山区生态建设打下良好的基础。搞好移民搬迁安置工作是历史赋予我们的神圣职责，需要各级、各部门和社会各界的大力支持和通力合作，为生态移民区生产力合理布局、基础设施建设、优势资源开发、经济与社会发展和移民安置创造条件，帮助移民稳定地解决温饱问题，增强自我发展能力。同时，35万生态移民规模大、任务重，各有关部门要采取非常之策，务实之举，合力推进，把党中央的关怀化作不竭动力，用大局意识、责任意识、民生情怀将中南部地区生态移民写入中国扶贫史册。

（二）做好移民搬迁规划的可行性研究

生态移民要统筹规划、量力而行。合理制定生态移民规划，要进行科学评估和广泛论证，避免形象工程、政绩工程，处理好需求与可能、近期与长远、扶贫与生态的关系，将生态移民纳入各年度政府工作计划，并与相关行业规划相衔接。

1. 科学定位，避免形象工程、政绩工程

移民村的定位是一个多目标、多因素、多功能的综合体，是对一个地区带有长远性和全局性的谋划定位。在布局过程中考虑的因素应该是多元的，要充分听取移民群众的意见，切忌政府大包大揽，甚至搞形象工程、政绩工程，背离农民意愿。

2. 要综合治理，以人为本

宁夏的移民搬迁主要集中在区内，一定要坚持以人为本、共同发展的原则，既要考虑迁入地原住民的利益，也要考虑新移民的实际，坚持走开发式移民的路子。对迁入地原住民要给予一定的政策、资金支持，引导他们积极培育、发展好本地过去一直坚持发展的主导产业。对新移民要考虑他们的心理和经济负担能力，通过设施农业和特色养殖等技术的支持，确保搬迁移民达到"搬得出，稳得住，能致富"的目标。

3. 稳步发展，全面推进

移民村的规划和建设，集中反映在经济基础设施建设和社会基础设施建设两个方面。在对待基础设施建设上，要坚持经济基础设施与社会基础设施并重。结合新农村建设，坚持生产和生活设施统筹规划，高起点、高标准，一次性规划建设房屋、道路、农田、水利、农村新能源等基础设施，配套建设学校、幼儿园、卫生院、村级活动场所、农贸市场等公共设施，确保移民群众病有所医、学有所教、业有所成。

（三）加快生态移民立法进程

2008 年，自治区第十届人民代表大会常务委员会第三次会议审议通过了《宁夏回族自治区人大常委会关于中部干旱带县内生态移民涉及土地有关问题的决定》（以下简称《决定》），是宁夏立法工作突出地方特色，解决现实问题的突出典范。《决定》推动了生态移民相关配套政策和制度的出台。以《决定》为依据，自治区人民政府先后发布了《关于中部干旱带生态移民规划区土地权属处置的若干政策意见》《宁夏回族自治区生态移民土地权属处置实施办法》等，进一步明确生态移民区土地权属基本原则，细化了迁出区与迁入区土地所有权置换的规定，建立了生态移民土地利用规划调整方案，明确并细化了生态移民安置结束后土地所有权、使用权、承包经营权、户籍等相关权属的变更登记规定以及土地置换的报批程序。《决定》及相关制度的制定、实施，为移民工作提供了有力的制度保障，增强了各级行政主管部门依照《决定》做好移民土地问题的法律意识，也增强了移民运用法律维护自身权益的意识。为了更好更快地推进"十二五"期间生态移民的步伐，建议尽快制定生态移民条例，对移民工作进行全面系统的规范。生态移民条例应对生态移民安置规划编制、组织机构安排、移民身份认定、安置地选择、移民的补偿与安置、后期扶持、监测评估、环境保护、少数民族发展等予以明确。依靠完善的生态移民法律法规，对生态移民的权益加以保护，对政府的责任加以明确，使生态移民有法可依、有法可循。

（四）创新运行机制，推动生态移民进程

生态移民工程的顺利实施需要政府建立"政策引导、项目带动、社会参与、移民开发"的运行机制，采取政策优惠、资金扶持、利益驱动、技术指导等多种形式，调动全社会力量积极参加生态移民，确保生态移民工程的顺利进行。

1. 创新政策机制

制定优惠的政策，对生态移民具有支持、引导和激励作用。在移民过程中，最关键的是土地政策。制定和落实好土地政策，完善土地承包合同，有利于稳定移民以实现长远发展的目标，有利于移民休养生息、摆脱贫困、勤劳致富。

第一，在土地分配政策方面，迁出区和迁入区政府要严格执行《中华人民共和国农村土地承包法》和《宁夏回族自治区人大常委会关于中部干旱带县内生态移民涉及土地有关问题的决定》，以及《自治区人民政府关于进一步促进中南部地区生态移民的若干政策意见》（宁政发〔2012〕29号），切实做好迁出区土地收回工作和迁入区土地的规划和分配。要根据整体建设规划，留足各项基础设施及公益事业建设所需土地，如乡政府、村支部、学校、医院或卫生所、市场等。移民地开发当中，一方面要提高土地的开发和治理力度，加强水利配套设施建设，提高土地的生产效益；另一方面要在移民迁入后，组织和引导移民群众继续搞好土地的整治和综合投入，防止撂荒、沙化。要加大生态移民区土地监督力度。各地要通过土地复查，彻底查清土地开发情况、安置移民土地面积、土地分配以及水利工程配套和耕种等情况，对土地还没有完全到户的移民村，要按照相关政策，限期分配到户，加快土地调整分配进度，确保法律法规的实施，确保移民有地种。

第二，在扶贫政策方面，集中安置贫困地区移民的市县应享受贫困地区的扶持政策。区内移民主要集中在条件较好的川区和引黄灌区，这些地区经济发展较快，均为非贫困地区，但移民安置后仍需要一定的扶持。由于这些地区所在的县已不属于国家扶贫工作重点县，特困地区的一些优惠政策无法享受，建议对移民集中安置区在特殊政策方面有所倾斜。

第三，在移民对象确定和户籍管理政策方面，自治区《"十二五"中南部地区生态移民规划》中关于移民对象确定的政策是"必须严格按照2009年12月31日以前的户数、人数确定移民对象"，这一政策在实际执行中出现问题。从2009年12月31日到"十二五"移民规划完成，时间跨度有6年之久，这期间人口有出生、死亡，有上大中专院校离开的，有嫁出去娶进来的，人口是在不断变化和流动的。另外，大部分县2009年12月31日之前没有搞过户口和人口的清理整顿，移民存在不合理分户和应分户而没有分户的情况，导致移民分配住房时出现一户多代人的只能分到一套房，明显有失公平。建议对这项政策予以修订，原则上按照2009年12月31日以前的户数和人数确定移民对象，同时各县要对移民户和人口进行清理，对合理分户的移民进行分户，不合理分户的坚决合并，让移民感到政策的公道，以便移民搬迁工作顺利推进。在户籍管理上，严格执行《自治区人民政府关于进一步促进中南部地区生态移民的若干政策意见》（宁政发〔2012〕29号）中所明确的：无论是以往移民还是"十二五"中南部地区生态移民，户籍均实行属地管理，由迁入、迁出地公安机关按照户籍政策和管理规定办理迁移和注销手续，免收户口迁移中的一切行政费用。应放宽移民进城落户条件，探索实行城乡统一的户籍管理登记制度。

第四，在补贴、补偿政策方面，移民建房及搬迁费用，除享受自治区补助外，迁出县政府应积极动员移民群众和社会力量，多方面、多渠道筹措资金，把好事办好、办彻底。《自治区人民政府关于进一步促进中南部地区生态移民的若干政策意见》（宁政发〔2012〕29号）规定移民在原住地享受的最低生活保障、医疗救助、新农合补助、养老保险等政策不变。由于移民生活生产成本支出加大，面临更多的压力，建议除继续保留移民原享受的各种生活保障外，尽可能通过增加农村低保人口比重，在更大范围内扶持那些自立能力相对较差的移民度过过渡期。对移民担心的生态补偿问题，文件规定移民继续享有在原籍的退耕还林、退牧还草等补助政策。因此，重要的是迁出、迁入县政府要做好转移接续工作。切实依靠国家政策补助支持移民群众在移民初期顺利度过生产、生活过渡期，给移民群众休养生息的时间。

第五，在经济发展政策方面，迁入县一定要解决好移民村发展模式的选择、产业发展方向的确定和产业结构的调整问题。把移民村纳入迁入县的整体经济发展格局当中进行规划，以此来促进移民村经济社会的快速发展，提高移民收入。要建立和完善支农的管理体制和运行机制，制定相关政策，帮助解决移民村资金短缺问题。尽快制订和实施移民经济发展培训计划。迁入县应制订和实施移民经济发展和技能培训计划，争取在1—2年时间内使大多数移民群众都能掌握1—2项生产技术，提高他们发展生产的能力。迁入县应把移民村作为本县经济发展的一个新的试验区和增长点，制定和完善发展规划，逐步争取开发商和投资商到移民村从事生态建设和发展种植业、养殖业，带动当地经济快速发展。

第六，在其他政策方面，迁入县要把移民迁入地社会服务尽快纳入建设规划，尤其要重视教育和医疗卫生等基础设施的建设，要有整体规划和长远规划，加大投入力度。要高度重视迁入地的生态建设和绿化工作。迁入地的生态建设和绿化工作应当按照当地的建设标准，纳入整体规划，使移民村的生态建设取得明显成效。加强迁出地与迁入地的干部交流。重点抓好县级干部和教师、科技人员的交流，从管理、教育、农业科技知识的普及等方面，努力提高移民村干部的管理水平和广大移民群众的科学文化素质，为移民迁入地的经济发展打下坚实的基础。加强对移民群众的政策指导和信息服务。要深入宣传国家和自治区的有关政策，用政策引导移民群众发展生产，增加收入，改善生产生活条件。目前要组织专职人员为移民群众提供劳务输出、农药、化肥、籽种、栽培、养殖、资金等方面的信息，打通移民村与外界的信息交流渠道。

2. 创新投入机制

生态移民的基础建设、土地资源开发等，都需要大量的前期投入，建立多元化、多渠道的投入机制，是顺利实施生态移民的重要保障。投入问题影响生态移民的效果，如果投入严重不足，导致移民前后生产、生活条件形成较大反差，则可能出现移民的次生贫困，甚至返迁。因此，要整合资金、集中力量，把移民新村作为突破口和试验点，财政、建设、民政等相关部门要通力协作，整合国家资金，多渠道筹集社会资金。安置移民所需资金要列入政府年度财政预算，统筹考虑。在投入上应坚持政府补助和移民群众投入相结合的办法，也要与正在实施的退耕还林（草）、天然林保护、生态环境建设等项目结合起来。

3. 创新安置方式

"十二五"时期，宁夏生态移民主要采取县内安置和县外安置两种形式。从调研情况看，随着宁夏生态移民步伐的加快，县内生态移民因受自然环境、土地资源和水资源等制约，移民困难越来越多，矛盾也越来越突出，已经无法安置更多的移民，建议加大县外生态移民的安置力度。宁夏生态移民有集中安置和插花安置等不同的安置方式。集中安置有利于安置区统一规划、集中管理、优化布局，保证移民既有社会交往不中断，对移民安心扎根以及定居后的生活安排有积极作用，因此，从效率和管理上来说，移民安置以集中安置为好。

移民区应布局在经济发展重点区域、产业集中区域和交通便利区域，如沿黄城市带、中小县城附近。从长远看，生态移民安置应实现城镇化、非农化。目前还是以农业安置为主。川区如银川、石嘴山、中卫等市县，安置移民受耕地限制，移民应更多地向非农产业转移，如到工业园区、物流园区就业。在鼓励山区移民进城务工的同时，在迁入地产业结构上进行调整，根据实际，发展养殖业、节水农业和设施农业，提高移民收入。

在住房建设上，移民安置区应结合各地自然风貌和特色，建设不同风格、各具特色的移民新居。中卫市生态移民区在住房建设上采取创新之举，移民住房面积除按照自治区规定外，根据移民意愿建立不同面积的移民房，超出规定面积部分由移民自己承担，移民非常满意。因此，可尝试对有条件的移民安置区建设 54 平方米、70 平方米、90 平方米等多种面积的房屋，让移民根据自己的条件选择居住，超出规定面积部分按市场运作。

（五）不断改善条件，提高生态移民的效益

1. 不断改善移民的生活和生产条件

生活和生产条件是任何一个民族文化的物质条件，山区贫困地区群众的传统习俗和传统思想根深蒂固。山区农民移民后会实现生产、生活方式的根本变革，必须加快传统思想观念的转变，树立"商品、市场、竞争"

的概念；破除不求进取、小富即安的思想，逐步树立起不断开拓、进取的观念；破除"等、靠、要"的思想，转变并形成"让移民在安置中求发展，在发展中实现可持续安置"的良性循环机制。其次，改善移民的生产、生活条件。移民搬迁之前，基本上是在山大沟深的地方生产、生活，没有公共基础设施，没有产业，没有服务体系。从贫困山区搬迁下来的移民收入很低，没有生产投资能力，没有灌区农业生产的经验，政府要加大对移民区的建设力度，要按照移民规划并根据实际情况持续地进行援助，在重要基础设施建设，尤其是改善水利灌溉条件、提高土地的质量方面，确保投资到位。努力争取各级政府的经济援助，保证较为长期的投资支持，以利于移民的开发和创业。再次，政府应在移民的补偿和救济方面加大工作力度。政府对移民的基本生活，如住房、医疗、教育和就业救助等方面发挥着重要的作用，对移民的稳住不返迁是非常重要的。

2. 加大对移民的技能培训

移民的整体文化素质较低，思想观念还比较落后，运用科技的能力不强，传统的生产方式和生活方式根深蒂固，自我发展的意识和能力薄弱。特别是移民搬迁后，农业生产方式发生了根本改变，由山地变为川地、由雨养农业变为灌溉农业、由粗放农业变为精耕细作、由广种薄收变为集约化经营，这种农事生产系统的改变对农民生产技能提出了更高的要求。因此，开展多形式、多层次、多渠道的科技培训和劳动力技能培训非常重要。要在移民地区积极推广、普及先进和实用的农业生产技术，掌握当地主要产业发展技术，做好技术服务工作，使每户移民至少有一人能掌握一至两门生产开发的实用技术或职业技能，提高他们的发展能力和就业竞争能力。移民子女初中毕业未考入高中、高中毕业未考入大学的，可在职业院校免费接受两年职业技能教育培训。通过扎实有效的技术技能培训，逐步将移民群众造就为现代新型农民，为早日实现脱贫致富目标奠定坚实基础。另外，有计划地组织移民开展劳务培训，引导和鼓励农民外出务工创收。要着力解决师资、场所和资金等关键性的问题，建立有利于推动定居移民培训工作的机制。整合培训资源，发挥好各类项目资金的综合效益。加大培训基地建设，逐步建立起以自治区高等院校、职业院校为龙头，以县（市）培训基地为基础的技能培训网络，提高培训质量，增强移民的就业和致富能力。

3. 建立和完善迁入地的社会服务体系

加快社会化服务体系的完善对移民定居的巩固具有十分重要的意义。迁入地社会化服务体系的完善不仅有利于小城镇化建设的加快，而且是缩小城乡差距、调整城乡关系的客观要求。当前，促进生态移民向小城镇转移已成为贫困人口脱贫致富，带动农村的市场化、城市化、文明化、现代化的重要途径，成为农村逐步融入现代文明的主潮流。但是，由于受自然、区位、交通、人口、资源、环境等因素的制约，有些移民迁入地的小城镇化建设要实现农业现代化还面临很多困难。因此，一是政府要加大投入力度，搞好移民区生产基础设施和公益服务设施的后续建设，强化对移民现代农业生产技术和劳动技能的培训，帮助移民提高自我发展能力。在给移民建房的同时，配套建设自来水、沼气、学校、卫生室、农家店、科技服务站、文化广场等公共服务设施，改善移民生活条件。二是建立和完善移民区社会保障机制。生态移民后，农民的生存环境发生了变化，生活成本和负担有所增加。因此，移民的社会保障不仅包括温饱问题，还包括医保、社保、低保、子女就学等待遇问题。三是尽快建立、健全村级组织，加强村级管理，做到事有人管、事有人办。四是加大教育投资力度，加强移民区教育体系建设，改善教学条件，配齐教职人员，落实好"两免一补"政策，尽快解决移民孩子上学的问题。五是加快乡卫生院、村卫生所的建设步伐，建立农村合作医疗制度，切实解决移民看病难、看病贵的问题。

（六）加快产业结构调整和移民后续产业发展步伐

解决好移民的长远发展问题，必须把培育增收致富产业摆在重要位置，加快移民后续产业发展步伐，确保移民发展有基础、致富有保障。产业结构调整对生态移民的生态效益、经济效益和社会效益的提高，以及走向可持续发展之路至关重要。目前，宁夏移民搬迁主要以农业开发为主，是对土地和水资源等自然资源的开发，还不是侧重人力资源的开发，这样的经济结构不能完全达到生态环境的恢复和农民真正脱贫的目的。把生态移民工程与产业结构调整有机地结合起来，以移民搬迁引导产业结构调整，以产业结构调整推进移民搬迁。按照城镇化建设的总体发展规划，强化水、电、路、田等基础设施建设，加快文教、卫生、金融、供销、科技等服务体系的建设，创造有利的发展环境。在此基础上，要加快对现有结构单一、质量低下的产业进行调整，一、二、三产业合理布局，协调发展。目前根据生态移民村实际，按照一村一个致富产业、一村一品的思路，尽快制定并完善移民村后续产业发展规划。走土地流转集中经营的路子；在中部干旱带抓好圆枣、西甜瓜、马铃薯等特色产业；采取以奖代补和小额信贷等办法，积极扶持移民发展养殖业。要论证、筛选出一批能促进移民致富的后续产业发展项目，真正从根本上解决移民增收致富问题。把劳务输出作为增加移民群众收入的一项支柱产业来抓，高度重视移民地区劳动力转移就业工作，拓宽就业和增收渠道，通过大规模、多层次组织移民地区劳动力有序转移，大幅度增加移民群众劳务收入。

（七）坚持人口集中、产业发展、城镇建设"三位一体"的发展思路

生态移民不仅仅是移民人口向农牧业转移、向城镇周边地区转移，还应该引导有条件的移民人口向城镇转移。目前，宁夏贫困地区城镇不仅规模小，而且在功能上以承担行政职能为主，其作为经济中心的吸纳和辐射能力还非常有限。生态移民要求城镇不仅仅作为一个行政中心而存在，它还必须承担经济增长的职能，为人口就业、产业发展、城乡沟通、市场培育提供支撑。为此，城镇在产业功能上要着力培育劳动密集型产业和商贸流通业，充分发挥其在沟通城乡产业联系、市场联系中的作用。同时，还要培育其在对移民人口的教育培训服务、市场信息服务、技术服务、资金支持等方面的重要功能，为移民人口提供更好的生存和发展条件，实现人口的不断集中、城镇产业的不断壮大以及城镇功能和设施的不断完善。各地要把生态移民攻坚与沿黄经济区建设结合起来，依托沿黄经济区、工业园区、产业基地，形成以特色种养收入为基础、劳务收入为主体的致富长效机制。鼓励移民就近发展加工、运输、餐饮等二、三产业，提高移民生产经营收入，让移民劳动更体面、生活更有尊严。可采取的对策有以下三条：一是引导移民人口向靠近市场、靠近城镇的地区聚集。二是推动产业结构的调整和升级，促进各产业间的互动。三是加大产业化经营。宁夏很多具有优势的农产品都具有产业化的条件，都能为民族消费品工业提供巨大的原料支持；而民族消费品工业的发展也必然会提升对农产品的需求，为农业的发展提供更广阔的市场空间。

（八）加强生态移民的领导和管理

1. 加强生态移民的领导

在移民开发建设实践中，凡是管理人员和科技人员素质高的移民区，往往经济效益明显高于其他地区。因此，不可忽视各级干部和科技人员的素质提高和继续教育。生态移民的建设事业是一项艰巨的工程，将山区贫困人口搬迁安置到川区，使他们走上脱贫致富之路，本来就不是一件容易的事情。目前，移民开发还仅仅是温饱型的目标，要想加快推进宁夏生态移民进程，就需要一批具有科技头脑、有文化、有才能、能吃苦耐劳的带头人，引领生态移民区农民发展经济，走上富裕之路。在移民村干部配备上，要将有经济头脑、有创造精神的干部派到移民区，为他们提供能够发挥自己才能的场所。并将当地的干部交流到发达的区域，让他们开阔眼界，提高管理能力。只有建立起一支高素质的干部队伍，才能在组织方面保证宁夏生态移民工程的顺利实施。

2. 加强生态移民的管理

一是要加强对自发移民的管理。自发移民是一个遗留问题。在隶属关系上，自发移民既不属于迁出区行政管理范围，也不属于迁入区行政管辖范围，属于无人管、无法管的"无政府管理"状态。银川市西夏区的"西马银移民区"就是典型案例。由于没有组织机构，自发移民无法参加地方基层民主选举，政治民主生活处于边缘化；他们承包土地、建设宅基地等权属也没有得到当地认同，耕地和宅基地都没有保障。已形成的自发移民区基础设施建设严重滞后。因没有整体规划，宅基地建设随意性大，房屋建筑质量存在很大的安全隐患。供排水设施不健全，生产垃圾造成较大的面源污染。当地和户籍地各项惠农政策，自发移民也难以享受。很多自发移民在区内或内蒙古、新疆等地以承包当地牧民的草原、牧场以及务工等方式维持生活，有的自发移民在区外聚居，已形成一定规模的自然村落。受户籍限制，移民享受不到义务教育、新农合、低保等当地农民所能享受的一切优惠政策，上学难、就医难、机动车辆入户难。这些自发移民在户籍地宁夏也享受不到各项惠农政策。已有很多自发移民返回原籍宁夏，强烈要求享受生态移民政策。针对这一问题，《自治区人民政府关于进一步促进中南部地区生态移民的若干政策意见》（宁政发〔2012〕29号）中指出：

对自发移民原则上不再纳入移民搬迁计划。已在区内外定居、有稳定职业和收入，核转户籍、拆除迁出区原住房及附属设施、解除原土地承包合同者，自治区按照年度搬迁安置计划，一次性给予每户 3 万元创业补助资金。但具体操作办法还在制定中。建议自治区根据自发移民突出问题，制定出台具有法律效力的自发移民管理条例，明确自发移民开发的整体规划和政策引导，保障自发移民的权益。

二是要坚持整村搬迁的原则。生态移民的目的之一在于把超过区域生态环境容量和承载能力的人口搬出去，减轻人口压力，恢复迁出区的自然生态环境。因此，生态移民要坚持整村搬迁的原则，一个村一个村地彻底搬迁，彻底杜绝移民"两头跑"的念头，真正使迁出地能得到休养生息，恢复生态。

三是要强化移民村社会管理问题。生态移民村除少数是原建制村整体搬迁外，大多是移民新村。移民来自不同村庄甚至不同乡镇，民族不同、生活习惯不同，相互之间有一个融合的过程，这时村干部的作用极其重要。必须选派思想素质高的村干部，切实抓好村务管理，建立、健全各项规章制度和村规民约，使新村民之间、回汉村民之间、新老村民之间能互相融合，和谐共处。鉴于移民新村管理的户籍和人口远多于一般行政村，为保证移民新村必要的村级行政经费，应改变按一般行政村行政经费标准拨付经费的办法，按照管理农户和人口规模拨付行政村行政经费。

四是要充分考虑民族与宗教问题。宁夏山川少数民族历史传统、风俗习惯、生产与生活方式不完全相同，各自有自己独特的文化与传统。特别是宗教这一复杂的文化现象，既渗透到民族传统文化的诸多方面，又具有维系社会稳定、民族内聚、传播与发展民族文化的重要功能，对社区重构、关系整合和发展具有十分重要的意义。因此，在生态移民规划与搬迁、重建时，必须对少数民族的文化、风俗、宗教信仰予以充分考虑。必要的宗教设施建设应予满足，民族传统和习惯应予保留。

五是要加强人口管理。移民中有一定文化程度的中青年移民正处于生育高峰期，生育子女一般较多。另外，由于各种原因，在一些条件较好的移民区，人口呈增长趋势，而移民区耕地和水资源有限，必然导致生态环境恶化、人口对资源的压力增大，最后引起人口再次迁移。因此，必须坚持计划生育，严格控制人口增长，防止移民区人口剧增。切实加强对移民的宣传教育，转变他们的生育观念，实行优生优育，坚决制止早婚早育，把人口始终控制在与当地承载量相适应的范围内，维持生态系统的良性循环。

　　宁夏生态移民不仅对宁夏意义重大，对全国生态文明建设也具有重要意义。生态移民工程是宁夏实施的扶贫攻坚工程，也是宁夏的重大生态修复工程。它包含了移民迁出区的水土流失综合治理和生物多样性保护，包含了移民迁入区的土地高效开发利用和水利建设等生态文明建设的应有内容。生态移民迁出区的土地，主要用于恢复生态、退耕还林、退牧还草、防沙治沙、保护"三河源"水源等重点生态建设，规划实施生态恢复保护工程300万亩。这是我国西部改善生态环境伟大工程中的重要一环。

附　录

宁夏回族自治区
迁入移民调查问卷[*]
（村民问卷）

1. **问卷编号：** [＿＿＿ ｜ ＿＿＿ ｜ ＿＿＿ ｜ ＿＿＿]

2. **样本序号：** [＿＿＿ ｜ ＿＿＿ ｜ ＿＿＿ ｜ ＿＿＿ ｜ ＿＿＿]

3. **采访地点：（记录地点的名称）**

   省/自治区/直辖市名称：＿＿＿＿＿＿＿＿＿＿＿＿＿＿＿＿＿＿＿＿＿＿＿

   市＋县/区名称：＿＿＿＿＿＿＿＿＿＿＿＿＿＿＿＿＿＿＿＿＿＿＿＿＿

   乡/镇/街道名称：＿＿＿＿＿＿＿＿＿＿＿＿＿＿＿＿＿＿＿＿＿＿＿＿

   居委会/村委会名称：＿＿＿＿＿＿＿＿＿＿＿＿＿＿＿＿＿＿＿＿＿＿

4. **访问户类型：** 1. 家庭户　　 2. 集体户

5. **访问员（签名）** ＿＿＿＿＿＿＿＿＿＿＿＿

6. **陪访督导（签名）** ＿＿＿＿＿＿＿＿＿＿＿

7. **复核（签名）** ＿＿＿＿＿＿＿＿＿＿＿＿

8. **访问开始时间：** [＿＿ ｜ ＿＿] 月 [＿＿ ｜ ＿＿] 日 [＿＿ ｜ ＿＿] 时

   [＿＿ ｜ ＿＿] 分；结束时间：[＿＿ ｜ ＿＿] 时 [＿＿ ｜ ＿＿]

---

[*] 因为篇幅原因，本书不再附"宁夏回族自治区待迁移民调查问卷（村民问卷）"，该问卷与本问卷有一定差异，但多数相同。

9. 访问总长度： [＿＿｜＿＿｜＿＿]（分钟）

保密承诺： 根据《中华人民共和国统计法》第三章第十四条，本资料"属于私人、家庭的单项调查资料，非经本人同意，不得泄露"。

保密要求： 问卷设计凝聚了整个项目组的大量心血，请所有访员和督导务必对这些资料严格保密，严格控制在自己的手中。不允许向任何单位或个人发送！若发生知识产权纠纷，发送者将可能被追究法律责任。

下面访问正式开始

> 先生/女士/同志：您好！
>
> 　　我叫＿＿＿＿＿＿，是＿＿＿＿＿＿＿＿＿＿＿＿＿＿＿＿＿＿＿＿＿＿＿＿＿的调查员。我们正在进行一项社会调查，目的是了解宁夏地区的移民工程实施及移民变迁情况。经过严格的科学抽样，我们选中了您作为调查对象。您的合作对我们了解有关信息和制定社会政策，有十分重要的意义。
>
> 　　本调查秉承完全自愿的原则，问卷中问题的回答，没有对错之分，您只要根据平时的想法和做法回答就行。对于您的回答，我们将按照《中华人民共和国统计法》的规定，严格保密，并且只用于学术分析，不会泄露任何个人信息，请您不要有任何顾虑。希望您协助我们完成这次访问，谢谢您的合作。

A 个人及家庭基本情况

A1. 您的性别：

男 ……………………………………………………………………………… 1

女 ……………………………………………………………………………… 2

A2. 您的出生年月？ [＿＿｜＿＿｜＿＿｜＿＿] 年 [＿＿｜＿＿] 月

A3. 您的民族： ＿＿＿＿＿＿＿＿＿＿

A4. 您的身高： [＿＿｜＿＿｜＿＿] 厘米

A5. 您的体重： [＿＿｜＿＿｜＿＿] 市斤

A6. 您目前的户口登记地？【只选一项】

本乡（镇、街道） ……………………………………………………………… 1

　　本县（市、区）其他乡（镇、街道）………………………… 2

　　本区/县/县级市以外 ………………………………………… 3

　　搬迁前原居住地 ……………………………………………… 4

　　户口待定 ……………………………………………………… 5

A7. **您目前的户口登记状况是：【只选一项】**

　　农业户口 ……………………………………………………… 1

　　非农业户口 …………………………………………………… 2

　　蓝印户口 ……………………………………………………… 3

　　居民户口 ……………………………………………………… 4

　　军籍 …………………………………………………………… 5

　　没有户口 ……………………………………………………… 6

　　其他（请注明_____） …………………… 7

A8. **您已完成的最高学历是：【只选一项】**

　　没有受过任何教育 …………………………………………… 1

　　私塾/扫盲班/小学未毕业 …………………………………… 2

　　小学 …………………………………………………………… 3

　　初中 …………………………………………………………… 4

　　职业高中 ……………………………………………………… 5

　　普通高中 ……………………………………………………… 6

　　中专 …………………………………………………………… 7

　　技校 …………………………………………………………… 8

　　大学专科（成人高等教育）………………………………… 9

　　大学专科（普通高等教育）………………………………… 10

　　大学本科（成人高等教育）………………………………… 11

　　大学本科（普通高等教育）………………………………… 12

　　研究生及以上 ………………………………………………… 13

　　其他（请注明_____） …………………… 14

A9. **您目前的政治面貌：【只选一项】**

　　共产党员，入党时间是：[＿＿｜＿＿｜＿＿｜＿＿] 年 ……… 1

　　民主党派 ……………………………………………………… 2

共青团员 ·· 3

群众 ·· 4

A10. 您目前的具体职业是：_____

A11. 您家有几口人？［____｜____］人。

A12. 您家当前的民族构成是：【只选一项】

单一民族 ·· 1

两个民族 ·· 2

两个以上民族 ·· 3

A13. 您目前的就业状况属于下列哪一种？【只选一项】

正在外出务工 ·· 1

外出务工，目前短期回家乡 ·································· 2

曾经外出务工，目前长期在家乡 ······························ 3

从未外出务工，目前长期在家乡 ·········· 4→跳至 **A20** 题

其他（请说明）_____ 5→跳至 **A20** 题

A14. 您在外务工一共有多长时间？［____｜____］年［____｜____］月

A15. 您最近外出务工主要在什么地方？【只选一项】

本县/县级市 ··· 1

本地区/地级市 ··· 2

本省 ·· 3

外省 ·· 4

A16. 您最近外出务工的主要行业是：【只选一项】

建筑装修业 ·· 1

制造行业 ·· 2

商业服务行业 ·· 3

农业 ·· 4

其他行业 ·· 5

A17. 请问最近一次外出务工时，您家的土地/山林/牧场/池塘是如何处置的？【只选一项】

部分使用，部分闲置 ·· 1

部分使用，部分给别人使用 ·································· 2

全部自家使用 …………………………………………………… 3

全部闲置 …………………………………………………………… 4

全部给他人使用 ………………………………………………… 5

没有承包的土地/山林/牧场/池塘 ……………………… 6

其他（请注明：＿＿＿＿＿＿＿＿＿＿） …………… 7

A18. 当您在外地生活时，除了日常生活支出外，您的收入是否还有剩余？**【只选一项】**

有 ……………………………………………………………………… 1

没有 …………………………………………………………………… 2

A19. 去年（2011 年）您打工一共挣了多少钱？

总计＿＿＿＿＿＿＿元 ………………………………………… 1

去年没有外出打工 ……………………………………………… 2

A20. 目前您有没有在城镇定居的想法？**【只选一项】**

有 ……………………………………………………………………… 1

没想好，取决于具体情况 …………………………………… 2

没有 …………………………………………………………………… 3

A21. 您打算将来外出务工吗？**【只选一项】**

年内准备出去 ……………………………………………………… 1

打算 1—2 年内出去 …………………………………………… 2

打算 3—5 年内出去 …………………………………………… 3

5 年以后再打算 …………………………………………………… 4

不打算出去 ………………………………………………………… 5

B 生活状况

移民搬迁前生活状况

B1. 您搬迁前的户口登记地是：**【只选一项】**

本地址（当前调查所在地） ………………………………… 1

本县（市、区）其他乡/镇/街道 ……………………… 2

本省其他县（市、区）（请填写下面地址） ………… 3

外省（直辖市、自治区）（请填写下面地址）……………… 4

其他（请注明＿＿＿＿＿＿＿＿） ……………… 5

不清楚…………………………………………………… 6

记录：＿＿＿＿省（区、市）＿＿＿＿地（市）＿＿＿＿县（市、区）

B2. 您搬迁前的户口性质是：【只选一项】

农业户口……………………………………………… 1

非农户口（城镇户口）……………………………… 2

不适用（出生时没有建立户籍制度）……………… 3

没有登记户口………………………………………… 4

其他（请注明＿＿＿＿＿＿＿＿） ……………… 5

不清楚………………………………………………… 6

B3. 您搬迁前，您家是什么样的房子？【只选一项】

别墅…………………………………………………… 1

单元房/楼房…………………………………………… 2

筒子楼………………………………………………… 3

平房…………………………………………………… 4

土坯房………………………………………………… 5

窑洞…………………………………………………… 6

地下室………………………………………………… 7

工地工棚……………………………………………… 8

学校…………………………………………………… 9

其他（请注明＿＿＿＿＿＿＿＿） ……………… 10

B4. 您搬迁前家里居住的房子面积有多大？（使用面积）＿＿＿＿平方米

B5. 您搬迁前包括您在内，住在这个房子里的人有多少？＿＿＿＿人

B6. 您搬迁前的活动状态是？【只选一项】

农业劳动……………………………………………… 1

全日制非农工作……………………………………… 2

临时性非农工作……………………………………… 3

上学…………………………………………………… 4

辍学/停学……………………………………………… 5

无业/失业/待业 ·· 6

离休/退休 ··· 7

操持家务 ·· 8

被人照看（生病/年幼/年迈）···················· 9

其他（请注明＿＿＿＿＿＿）················· 10

B7. 您在搬迁前原居住地，生活便利程度怎么样？【每行单选】

	步行 10 分钟以内	步行 10—29 分钟	步行 30—59 分钟	步行 1 小时及以上
a. 上班地点	1	2	3	4
b. 最近的超市/百货商店	1	2	3	4
c. 最近的邮局	1	2	3	4
d. 最近的银行	1	2	3	4
e. 最近的医院或诊所	1	2	3	4
f. 最近的公交站/地铁站	1	2	3	4
g. 最近的学校	1	2	3	4

B8. 在搬迁前原居住地，您在工作以外的闲暇时间里，从事以下活动的情况如何？【每行单选】

	每天都有	一个星期几次	一个月几次	半年几次	从来没有
a. 去电影院看电影	1	2	3	4	5
b. 逛街购物	1	2	3	4	5
c. 读报纸杂志	1	2	3	4	5
d. 读文学/社会科学/科技类的书	1	2	3	4	5
e. 跟家人或朋友喝酒聊天	1	2	3	4	5
f. 外出郊游	1	2	3	4	5
g. 参加文艺活动	1	2	3	4	5
h. 打麻将/扑克	1	2	3	4	5
i. 听音乐会	1	2	3	4	5
j. 参观各类博物馆	1	2	3	4	5

续表

	每天都有	一个星期几次	一个月几次	半年几次	从来没有
k. 体育锻炼/健身/健美	1	2	3	4	5
l. 到现场看体育比赛	1	2	3	4	5
m. 做手工艺	1	2	3	4	5
n. 上网聊天	1	2	3	4	5
o. 上网玩游戏	1	2	3	4	5
p. 去 KTV/舞厅/酒吧	1	2	3	4	5
q. 去茶馆	1	2	3	4	5

移民搬迁后生活状况

B9. 搬迁后您的户口登记地是否发生了变化？【只选一项】

没有变化 ·· 1

有变化，迁入当时居住地（请填写下面地址） ·········· 2

有变化，迁入当时居住地以外的其他地区（请填写下面地址） ····· 3

记录：_____省（区、市）_____地（市）_____县（市、区）

B10. 您现在的活动状态是？【只选一项】

农业劳动 ·· 1

全日制非农工作 ······································· 2

临时性非农工作 ······································· 3

上学 ·· 4

辍学/停学 ··· 5

无业/失业/待业 ······································· 6

离休/退休 ··· 7

操持家务 ·· 8

被人照看（生病/年幼/年迈） ························· 9

其他（请注明_____） ························· 10

B11. 您现在居住的是什么样的房子？【只选一项】

别墅 ·· 1

单元房/楼房 ··· 2

筒子楼 …………………………………………………… 3

平房 ……………………………………………………… 4

土坯房 …………………………………………………… 5

窑洞 ……………………………………………………… 6

地下室 …………………………………………………… 7

工地工棚 ………………………………………………… 8

学校 ……………………………………………………… 9

其他（请注明_____） …………………… 10

B12. 您现在居住的房子面积有多大？（使用面积）_____平方米

B13. 包括您在内，住在这个房子里的人有多少？_____人

B14. 搬迁时有其他家人和您一起搬过来吗？【只选一项】

有（共_____人） ………………………………… 1

没有 ……………………………………………………… 2

B15. 您现在居住的地方，生活便利程度怎么样？【每行单选】

	步行 10 分钟以内	步行 10—29 分钟	步行 30—59 分钟	步行 1 小时及以上
a. 上班地点	1	2	3	4
b. 最近的超市/百货商店	1	2	3	4
c. 最近的邮局	1	2	3	4
d. 最近的银行	1	2	3	4
e. 最近的医院或诊所	1	2	3	4
f. 最近的公交站/地铁站	1	2	3	4
g. 最近的学校	1	2	3	4

B16. 您现在居住的地方，您在工作以外的闲暇时间里，从事以下活动的情况如何？【每行单选】

	每天都有	一个星期几次	一个月几次	半年几次	从来没有
a. 去电影院看电影	1	2	3	4	5

续表

	每天都有	一个星期几次	一个月几次	半年几次	从来没有
b. 逛街购物	1	2	3	4	5
c. 读报纸杂志	1	2	3	4	5
d. 读文学、社会科学或科技类的书	1	2	3	4	5
e. 跟家人或朋友喝酒聊天	1	2	3	4	5
f. 外出郊游	1	2	3	4	5
g. 参加文艺活动	1	2	3	4	5
h. 打麻将、玩牌	1	2	3	4	5
i. 听音乐会	1	2	3	4	5
j. 参观各类博物馆	1	2	3	4	5
k. 体育锻炼、健身、健美	1	2	3	4	5
l. 到现场看体育比赛	1	2	3	4	5
m. 做手工艺	1	2	3	4	5
n. 上网聊天	1	2	3	4	5
o. 上网玩游戏	1	2	3	4	5
p. 去 KTV、舞厅、酒吧	1	2	3	4	5
q. 去茶馆	1	2	3	4	5

C 土地管理

C1. 您搬迁后，遗留的土地是否全部用于退耕还林等生态恢复工程？【只选一项】

是 ······ 1

否 ······ 2

C2. 您搬迁后，您村生态恢复用地是由谁来管理？【只选一项】

承包给个人 ······ 1

村上 ······ 2

乡/镇 ······ 3

县/区 ……………………………………………………… 4

市 …………………………………………………………… 5

省 …………………………………………………………… 6

其他（请注明_____） …………………… 7

C3. 您认为，生态恢复用地应该以何种方式管理？【只选一项】

个人承包管理，政府补贴 ……………………………… 1

村上管理，村级以上单位给予指导和经费 …………… 2

由村级以上单位管理 …………………………………… 3

其他（请注明_____） …………………… 4

C4. 您认为村委会应不应该对土地流转进行管理？【只选一项】

应该 ……………………………………………………… 1

不应该 …………………………………………………… 2

无所谓 …………………………………………………… 3

C5. 目前您家从事下面哪些农业生产经营活动？【可以多选】

粮食作物 ………………………………………………… 1

经济作物（指瓜果/烟草/棉油/林木等） …………… 2

渔业/水产养殖 ………………………………………… 3

饲养业或畜牧业 ………………………………………… 4

其他（请注明_____） …………………… 5

C6. 您家当前的土地质量是：【只选一项】

肥沃 ……………………………………………………… 1

中等 ……………………………………………………… 2

贫瘠 ……………………………………………………… 3

C7. 您家移民搬迁前的土地质量是：【只选一项】

肥沃 ……………………………………………………… 1

中等 ……………………………………………………… 2

贫瘠 ……………………………………………………… 3

C8. 您家移民搬迁前土地的总量是：

1. 耕地（旱地、水浇地）_____亩。其中，水浇地_____亩，旱地_____亩

2. 山林_____亩

3. 其他（鱼塘等）_____亩

4. 总计_____亩

C9. 您家移民搬迁后土地的总量是：

1. 耕地（旱地、水浇地）_____亩。其中，水浇地_____亩，旱
地_____亩

2. 山林_____亩

3. 其他（鱼塘等）_____亩

4. 总计_____亩

C10. 移民搬迁后您家的土地来源是：【只选一项】

集体分配 …………………………………………………………………… 1

转入 …………………………………………………………………………… 2

购买指标获得 ……………………………………………………………… 3

自己开荒 …………………………………………………………………… 4

其他（请注明_____） ………………………………………… 5

C11. 移民搬迁过程中您村在土地分配时有没有进行相关登记或证明？【只选一项】

有 …………………………………………………………………………… 1

没有 ………………………………………………………………………… 2

C12. 您村在土地分配时是否出现了问题？【只选一项】

是 …………………………………………………………………………… 1

否 …………………………………………………………… 2→跳至 **C18** 题

C13. 您村在土地分配过程中出现的问题是：【可以多选】

土地总数不清 ……………………………………………………………… 1

人口不清 …………………………………………………………………… 2

土地分配不均匀 …………………………………………………………… 3

土地肥沃程度不同 ………………………………………………………… 4

集体土地数据不透明 ……………………………………………………… 5

其他（请注明_____） ………………………………………… 6

C14. 您认为出现这些问题的原因是：【可以多选】

土地管理机制不健全 ……………………………………………… 1

移民时的管理混乱 ……………………………………………… 2

部分村干部谋取私利 ……………………………………………… 3

其他（请注明＿＿＿＿＿＿＿＿＿） ……………………………… 4

C15. 您村在土地分配过程中是否还出现了以下问题：【可以多选】

瞒报指标 ………………………………………………………… 1

越界规划耕地 …………………………………………………… 2

买卖移民指标 …………………………………………………… 3

土地测量偏差 …………………………………………………… 4

其他（请注明＿＿＿＿＿＿＿＿＿） ……………………………… 5

C16. 您村是否因以上问题产生过矛盾？【只选一项】

有，个别人闹事 ………………………………………………… 1

有，集体闹事 …………………………………………………… 2

没有 ……………………………………………… 3→跳至 **C18** 题

C17. 上述现象是如何解决的？【只选一项】

村委协调 ………………………………………………………… 1

上访 ……………………………………………………………… 2

私下解决 ………………………………………………………… 3

不了了之 ………………………………………………………… 4

其他（请注明＿＿＿＿＿＿＿＿＿） ……………………………… 5

C18. 您村现有留置（机动）的土地吗？【只选一项】

有 ………………………………………………………………… 1

没有 ……………………………………………………………… 2

C19. 您认为留置的土地该如何管理？【只选一项】

转包给个人 ……………………………………………………… 1

包给企业 ………………………………………………………… 2

干部自留 ………………………………………………………… 3

闲置 ……………………………………………………………… 4

其他（请注明＿＿＿＿＿＿＿＿＿） ……………………………… 5

C20. 您或您的家人承包过集体的耕地、山林或鱼塘等土地吗?【只选一项】

目前承包有土地,自己或家人耕种 ················ 1→跳至 **C24** 题

目前承包有土地,但自己家不耕种 ················ 2→跳至 **C23** 题

以前承包过,现在没有了 ···························· 3

从未承包过 ·· 4→跳至 **C26** 题

C21. 从哪年开始,您或您家人不再承包土地了?

[＿＿＿｜＿＿＿｜＿＿＿｜＿＿＿] 年

C22. 您家不再承包土地的原因是:【只选一项】

全家都离开了农村 ·································· 1→跳至 **C26** 题

家里没有劳动力,没法种地了 ·················· 2→跳至 **C26** 题

种地挣不来钱 ····································· 3→跳至 **C26** 题

土地被征用了 ····································· 4→跳至 **C26** 题

家里人都不懂干农活 ····························· 5→跳至 **C26** 题

承包地被集体收了 ································ 6→跳至 **C26** 题

土地荒了,不能种了 ····························· 7→跳至 **C26** 题

其他(请注明＿＿＿＿＿＿＿＿＿) ·········· 8→跳至 **C26** 题

C23. 对您家承包的土地,您以后有什么打算?【可以多选】

转让出去 ·· 1

转包给别人 ·· 2

出租/倒包 ··· 3

土地入股、股份合作 ································· 4

与其他村民的土地互换 ······························· 5

撂荒不管 ·· 6

自己耕种 ·· 7

让别人代耕代种 ·· 8

其他(请注明) ·· 9

C24. 如果给予足够合理的补偿,您愿意放弃现在的土地吗?【只选一项】

愿意 ·· 1

不愿意 ·· 2

无所谓 ·· 3

C25. 您最希望以后土地如何调整？【只选一项】

土地确权，永久不变 ……………………………………………… 1

土地应该按照需要定期进行调整 ……………………………… 2

尽量减少调地次数，尤其是打乱重分的次数 ………………… 3

在 30 年的承包期限内，最好不要调整土地 ………………… 4

最好是把土地分给农民，以后永不调地 ……………………… 5

C26. 移民搬迁前，您家是否存在土地流转？【只选一项】

是 ………………………………………………………………… 1

否 …………………………………………………… 2→跳至 **C29** 题

C27. 移民搬迁前，您家土地流转的亩数是：【只选一项】

1—5 亩 …………………………………………………………… 1

6—10 亩 …………………………………………………………… 2

11—15 亩 ………………………………………………………… 3

16—20 亩 ………………………………………………………… 4

其他（请注明_____） ……………………………… 5

C28. 移民搬迁前，您家土地流转的价格是：【只选一项】

100 元/亩以内 …………………………………………………… 1

100—200 元/亩 …………………………………………………… 2

201—300 元/亩 …………………………………………………… 3

301—500 元/亩 …………………………………………………… 4

501—700 元/亩 …………………………………………………… 5

700 元/亩以上 …………………………………………………… 6

其他（请注明_____） ……………………………… 7

C29. 现阶段您家是否存在土地流转？【只选一项】

是 ………………………………………………………………… 1

否 …………………………………………………… 2→跳至 **C36** 题

C30. 现阶段您家进行土地流转的主要形式是：【只选一项】

转包 ……………………………………………………………… 1

出租 ……………………………………………………………… 2

互换 ……………………………………………………………… 3

　　其他（请注明_____）…………………………………… 4

C31. 现在您家土地流转的亩数是：【只选一项】

　　1—5 亩 …………………………………………………………… 1

　　6—10 亩 ………………………………………………………… 2

　　11—15 亩 ……………………………………………………… 3

　　16—20 亩 ……………………………………………………… 4

　　其他（请注明_____）…………………………………… 5

C32. 现阶段您家土地流转的价格是：【只选一项】

　　100 元/亩以内 …………………………………………………… 1

　　100—200 元/亩 ………………………………………………… 2

　　201—300 元/亩 ………………………………………………… 3

　　301—500 元/亩 ………………………………………………… 4

　　501—700 元/亩 ………………………………………………… 5

　　700 元/亩以上 …………………………………………………… 6

　　其他（请注明_____）…………………………………… 7

C33. 现在您进行的土地流转的期限是：【只选一项】

　　1—2 年 …………………………………………………………… 1

　　3—5 年 …………………………………………………………… 2

　　6—8 年 …………………………………………………………… 3

　　9—10 年 ………………………………………………………… 4

　　10 年以上 ………………………………………………………… 5

C34. 您是在什么情况下进行土地流转的：【只选一项】

　　自愿 ………………………………………………………………… 1

　　强制 ……………………………………………… 2→跳至 **C36** 题

C35. 目前您家进行土地流转的原因是：【只选一项】

　　土地耕种的成本较高 ……………………………………………… 1

　　家庭劳动力较少 …………………………………………………… 2

　　土地太少，耕作不成规模 ………………………………………… 3

　　举家搬迁到城市 …………………………………………………… 4

　　其他（请注明_____）…………………………………… 5

C36. 您村现在进行土地流转的主要形式是：【只选一项】

个人流转 ………………………………………………… 1

集体流转 ………………………………………………… 2

其他（请注明＿＿＿＿＿＿＿＿＿） ………………… 3

C37. 您认为哪种流转方式更为合理？【只选一项】

个人流转 ………………………………………………… 1

集体流转 ………………………………………………… 2

其他（请注明＿＿＿＿＿＿＿＿＿） ………………… 3

C38. 您认为土地是否应该结合人口增减进行调整？【只选一项】

应该 ……………………………………………………… 1

不应该 …………………………………………………… 2

C39. 您认为土地流转现象是否合理？【只选一项】

是 ………………………………………………………… 1

否 …………………………………………… 2→跳至 **C41** 题

说不清 ……………………………………… 3→跳至 **C42** 题

C40. 您认为土地流转现象合理的原因是：【可以多选】

可以提高农民收入 ……………………………………… 1

有利于建设社会主义新农村 …………………………… 2

有利于提高土地的效益 ………………………………… 3

有利于农村地区的经济繁荣 …………………………… 4

其他（请注明＿＿＿＿＿＿＿＿＿） ………………… 5

C41. 您认为土地流转现象不合理的原因是：【可以多选】

造成部分土地资源浪费 ………………………………… 1

不利于提高土地的效益 ………………………………… 2

易产生土地纠纷 ………………………………………… 3

土地流转过程混乱 ……………………………………… 4

其他（请注明＿＿＿＿＿＿＿＿＿） ………………… 5

C42. 您现在所在的乡镇有没有土地流转交易服务中心？【只选一项】

有 ………………………………………………………… 1

没有 ……………………………………………………… 2

不清楚 ··· 3

C43. 您认为应不应该对土地流转进行管理？【只选一项】

应该 ··· 1

不应该 ·· 2→跳至 **D1** 题

无所谓 ·· 3

C44. 您认为应该对土地流转进行管理的原因是：【可以多选】

可以提高农民收入 ··· 1

可以提高土地的使用效率 ··· 2

可以保证农民的合法权益 ··· 3

可以规范土地流转 ··· 4

使集体的利益最大化 ··· 5

可以减少土地纠纷 ··· 6

其他（请注明＿＿＿＿＿＿＿＿） ··································· 7

D 生态环境保护

D1. 您认为您所处的生态环境现状怎样？【只选一项】

好 ··· 1

一般 ·· 2

不好 ·· 3

不清楚 ·· 4

D2. 您觉得您所处的生态环境的变化趋势是怎样的？【只选一项】

日趋好转 ·· 1

相对稳定 ·· 2

继续恶化 ·· 3

不清楚 ·· 4

D3. 您对生态环境的态度是：【只选一项】

重视 ·· 1

一般 ·· 2

不重视 ……………………………………………………………………………… 3

根本不关心 ………………………………………………………………………… 4

D4. 你在用水上是否会"一水多用"?【只选一项】

是 ……………………………………………………………………………………… 1

否 ……………………………………………………………………………………… 2

偶尔 …………………………………………………………………………………… 3

D5. 目前,您正在受到哪些环境问题的威胁?【可以多选】

耕地/草场减少 ……………………………………………………………………… 1

植被破坏 …………………………………………………………………………… 2

水污染 ……………………………………………………………………………… 3

沙尘暴 ……………………………………………………………………………… 4

酸雨危害 …………………………………………………………………………… 5

水土流失 …………………………………………………………………………… 6

大气污染 …………………………………………………………………………… 7

噪声污染 …………………………………………………………………………… 8

固体废弃物污染 …………………………………………………………………… 9

其他(请注明_____) ………………………………… 10

D6. 这些环境问题对您造成的危害有多大?【只选一项】

很大 …………………………………………………………………………………… 1

一般 …………………………………………………………………………………… 2

比较小 ……………………………………………………………………………… 3

几乎没有 …………………………………………………………………………… 4

不清楚 ……………………………………………………………………………… 5

D7. 您觉得移民工程在生态环境保护方面的力度如何?【只选一项】

很大 …………………………………………………………………………………… 1

一般 …………………………………………………………………………………… 2

比较弱 ……………………………………………………………………………… 3

几乎没有作为 ……………………………………………………………………… 4

不清楚 ……………………………………………………………………………… 5

D8. 您在多大程度上赞同以下说法？【每行单选】

内　容	很不赞同	不太赞同	比较赞同	很赞同
生态环境的破坏严重威胁了宁夏中南部地区人民的生存	1	2	3	4
应该根据环境破坏程度制定相应的移民政策	1	2	3	4
移民政策的实施是摆脱贫困和改善环境的根本途径	1	2	3	4
移民政策的制定和生态环境的保护与我们个人无关	1	2	3	4
生态环境的保护与国家的移民政策有关	1	2	3	4

E 家庭经济状况

E1. 移民搬迁前，您家的主要收入来源是：【只选一项】

种植 ·· 1

养殖 ·· 2

打工 ·· 3

做生意 ·· 4

出租收入 ·· 5

行政事业单位工作收入 ·· 6

补贴救济 ·· 7

其他（请注明＿＿＿＿＿＿＿＿＿＿） ·· 8

E2. 现在您家的主要收入来源是：【只选一项】

种植 ·· 1

养殖 ·· 2

打工 ·· 3

做生意 ·· 4

出租收入 ·· 5

行政事业单位工作收入 ·· 6

补贴救济 ·· 7

其他（请注明＿＿＿＿＿＿＿＿＿） ……………………… 8

E3. 您的家庭收入与移民搬迁前相比有何变化?【只选一项】

增加 …………………………………………………………… 1

减少 …………………………………………………… 2→跳至 E5 题

没有变化 ……………………………………… 3→跳至 E5 题

E4. 如果增加,那增加的最主要的一项收入来源是:【只选一项】

种植 …………………………………………………………… 1

养殖 …………………………………………………………… 2

打工 …………………………………………………………… 3

做生意 ………………………………………………………… 4

出租收入 ……………………………………………………… 5

行政事业单位工作收入 ……………………………………… 6

补贴救济 ……………………………………………………… 7

其他（请注明＿＿＿＿＿＿＿＿＿） ……………………… 8

E5. 您的家庭支出与移民搬迁前相比有何变化?【只选一项】

增加 …………………………………………………………… 1

减少 …………………………………………………… 2→跳至 E7 题

没有变化 ……………………………………… 3→跳至 E7 题

E6. 如果增加,那增加的最主要的一项支出是:【只选一项】

看病 …………………………………………………………… 1

上学花费 ……………………………………………………… 2

种植成本 ……………………………………………………… 3

养殖成本 ……………………………………………………… 4

打工的交通费用、通信费用等 ……………………………… 5

建房 …………………………………………………………… 6

婚丧嫁娶的礼钱 ……………………………………………… 7

日常生活费用 ………………………………………………… 8

其他（请注明＿＿＿＿＿＿＿＿＿） ……………………… 9

E7. 您家去年全年家庭总收入是多少？（记录具体数字）

	金额（元）							
	千万	百万	十万	万	千	百	十	个
a. 总收入	[＿]	[＿]	[＿]	[＿]	[＿]	[＿]	[＿]	[＿]
b. 农业经营收入	[＿]	[＿]	[＿]	[＿]	[＿]	[＿]	[＿]	[＿]
c. 工资收入（含工资、奖金、津贴、节假日福利等，如有实物，请折价计算；注意不含退休金）	[＿]	[＿]	[＿]	[＿]	[＿]	[＿]	[＿]	[＿]
d. 经商办厂收入	[＿]	[＿]	[＿]	[＿]	[＿]	[＿]	[＿]	[＿]
e. 出租房屋、土地收入	[＿]	[＿]	[＿]	[＿]	[＿]	[＿]	[＿]	[＿]
f. 家庭金融投资理财收入（债券、存款、放贷等的利息收入，股票投资收入及股息、红利收入等）	[＿]	[＿]	[＿]	[＿]	[＿]	[＿]	[＿]	[＿]
g. 家庭成员退休金、养老保险金、失业保险金、工伤保险金、生育保险金等社保收入	[＿]	[＿]	[＿]	[＿]	[＿]	[＿]	[＿]	[＿]
h. 家庭成员医疗费报销收入	[＿]	[＿]	[＿]	[＿]	[＿]	[＿]	[＿]	[＿]
i. 政府、工作单位和其他社会机构提供的社会救助收入（如最低生活保障、困难补助、疾病救助、灾害救助、学校奖学金/助学金、贫困学生救助等）	[＿]	[＿]	[＿]	[＿]	[＿]	[＿]	[＿]	[＿]
j. 政府提供的生产经营补贴、政策扶持收入（如农业补助、税费减免等）	[＿]	[＿]	[＿]	[＿]	[＿]	[＿]	[＿]	[＿]
k. 居委会、村委会提供的福利收入（如集体生产经营分红、非救助性补贴等）	[＿]	[＿]	[＿]	[＿]	[＿]	[＿]	[＿]	[＿]
l. 其他收入（请注明）_____	[＿]	[＿]	[＿]	[＿]	[＿]	[＿]	[＿]	[＿]

E8. 去年您个人的收入是多少？（记录具体数字）

	金额（元）							
	千万	百万	十万	万	千	百	十	个
a. 总收入	[___]	[___]	[___]	[___]	[___]	[___]	[___]	[___]
b. 个人农业经营收入（含各种农业补贴）	[___]	[___]	[___]	[___]	[___]	[___]	[___]	[___]
c. 工资、奖金（包括提成、补贴等）等劳动报酬收入	[___]	[___]	[___]	[___]	[___]	[___]	[___]	[___]
d. 兼职收入、业余劳务收入（如稿酬、课酬、各种临时帮工酬劳等）	[___]	[___]	[___]	[___]	[___]	[___]	[___]	[___]
e. 退休金（单位给的）	[___]	[___]	[___]	[___]	[___]	[___]	[___]	[___]
f. 养老保险（社会保险机构给的）	[___]	[___]	[___]	[___]	[___]	[___]	[___]	[___]
g. 最低生活保障金、困难补助等社会救助收入	[___]	[___]	[___]	[___]	[___]	[___]	[___]	[___]
h. 村集体提供的福利收入（如分红、补贴等）	[___]	[___]	[___]	[___]	[___]	[___]	[___]	[___]
i. 经商、办厂的经营收入	[___]	[___]	[___]	[___]	[___]	[___]	[___]	[___]
j. 股票/债券/基金投资收入、放贷收入	[___]	[___]	[___]	[___]	[___]	[___]	[___]	[___]
k. 出售、出租房产、地产和其他资产的财产性收入	[___]	[___]	[___]	[___]	[___]	[___]	[___]	[___]
l. 他人赠予及遗产继承收入	[___]	[___]	[___]	[___]	[___]	[___]	[___]	[___]
m. 其他收入（请注明）_____	[___]	[___]	[___]	[___]	[___]	[___]	[___]	[___]

E9. 您家去年全年家庭总支出是多少？（记录具体数字）

	金额（元）							
	千万	百万	十万	万	千	百	十	个
a. 总支出	[___]	[___]	[___]	[___]	[___]	[___]	[___]	[___]

续表

	金额（元）							
	千万	百万	十万	万	千	百	十	个
b. 生活消费总支出	[＿＿]	[＿＿]	[＿＿]	[＿＿]	[＿＿]	[＿＿]	[＿＿]	[＿＿]
c. 在家饮食支出（自产的食品估算其价格，并计算在内）	[＿＿]	[＿＿]	[＿＿]	[＿＿]	[＿＿]	[＿＿]	[＿＿]	[＿＿]
d. 外出饮食支出	[＿＿]	[＿＿]	[＿＿]	[＿＿]	[＿＿]	[＿＿]	[＿＿]	[＿＿]
e. 衣着支出（衣服、鞋帽等）	[＿＿]	[＿＿]	[＿＿]	[＿＿]	[＿＿]	[＿＿]	[＿＿]	[＿＿]
f. 缴纳房租的支出	[＿＿]	[＿＿]	[＿＿]	[＿＿]	[＿＿]	[＿＿]	[＿＿]	[＿＿]
g. 购房首付及分期偿还房贷的支出（非2011年首付不计）	[＿＿]	[＿＿]	[＿＿]	[＿＿]	[＿＿]	[＿＿]	[＿＿]	[＿＿]
h. 电费、水费、燃气（煤炭）费、物业费、取暖费	[＿＿]	[＿＿]	[＿＿]	[＿＿]	[＿＿]	[＿＿]	[＿＿]	[＿＿]
i. 住宅改建、装修的支出	[＿＿]	[＿＿]	[＿＿]	[＿＿]	[＿＿]	[＿＿]	[＿＿]	[＿＿]
j. 家用电器、家具、家用车辆等购置支出	[＿＿]	[＿＿]	[＿＿]	[＿＿]	[＿＿]	[＿＿]	[＿＿]	[＿＿]
k. 医疗保健支出（如看病、住院、买药等费用，不扣除报销部分）	[＿＿]	[＿＿]	[＿＿]	[＿＿]	[＿＿]	[＿＿]	[＿＿]	[＿＿]
l. 通信支出（如固定电话/手机/小灵通的话费、电脑上网费等）	[＿＿]	[＿＿]	[＿＿]	[＿＿]	[＿＿]	[＿＿]	[＿＿]	[＿＿]
m. 交通支出（如上下班交通费及家用车辆汽油费、保养费、养路费、路桥费等）	[＿＿]	[＿＿]	[＿＿]	[＿＿]	[＿＿]	[＿＿]	[＿＿]	[＿＿]
n. 教育支出（如学费、杂费、文具费、课外辅导费、在校住宿费等，但在校的饮食支出不计）	[＿＿]	[＿＿]	[＿＿]	[＿＿]	[＿＿]	[＿＿]	[＿＿]	[＿＿]
o. 文化、娱乐、旅游支出	[＿＿]	[＿＿]	[＿＿]	[＿＿]	[＿＿]	[＿＿]	[＿＿]	[＿＿]
p. 赡养不在一起生活的亲属（如父母等老人）的支出	[＿＿]	[＿＿]	[＿＿]	[＿＿]	[＿＿]	[＿＿]	[＿＿]	[＿＿]
q. 自家红白喜事支出	[＿＿]	[＿＿]	[＿＿]	[＿＿]	[＿＿]	[＿＿]	[＿＿]	[＿＿]

续表

	金额（元）							
	千万	百万	十万	万	千	百	十	个
r. 人情往来支出（如礼品、现金等）	[＿＿]	[＿＿]	[＿＿]	[＿＿]	[＿＿]	[＿＿]	[＿＿]	[＿＿]
s. 其他收入（请注明）_____	[＿＿]	[＿＿]	[＿＿]	[＿＿]	[＿＿]	[＿＿]	[＿＿]	[＿＿]

非退休人员跳过 E10、E11 两题

E10. 您个人目前每月的退休金是多少元？（记录具体数字）

[＿＿ | ＿＿ | ＿＿ | ＿＿] 元

E11. 您个人目前每月领取的养老保险金是多少元？（记录具体数字）

[＿＿ | ＿＿ | ＿＿ | ＿＿] 元

E12. 您家拥有下列哪些耐用消费品？

消费品	有	没有	消费品	有	没有
a. 彩色电视机	1	2	f. 音响/DVD	1	2
b. 冰箱	1	2	g. 热水器	1	2
c. 洗衣机	1	2	h. 相机/DV	1	2
d. 微波炉	1	2	i. 空调/取暖器	1	2
e. 电脑	1	2	j. 汽车	1	2

F 社会关系及社会交往

F1. 移民搬迁前，如果您遇到困难通常会找谁帮忙？【最多选 2 项】

亲戚 ··· 1

朋友 ··· 2

同事 ··· 3

同学或校友 ··· 4

移民搬迁前的邻居 ··· 5

现在的邻居 ··· 6

移民搬迁前的村干部 ……………………………………… 7

现任村干部 ………………………………………………… 8

宗教权威人士 ……………………………………………… 9

专业合作经济组织 ………………………………………… 10

其他（请注明＿＿＿＿＿＿＿） ……………………… 11

谁也不找 …………………………………………………… 12

F2. 如果现在您遇到困难通常会找谁帮忙？【最多选 2 项】

亲戚 ………………………………………………………… 1

朋友 ………………………………………………………… 2

同事 ………………………………………………………… 3

同学或校友 ………………………………………………… 4

移民搬迁前的邻居 ………………………………………… 5

现在的邻居 ………………………………………………… 6

移民搬迁前的村干部 ……………………………………… 7

现任村干部 ………………………………………………… 8

宗教权威人士 ……………………………………………… 9

专业合作经济组织 ………………………………………… 10

其他（请注明＿＿＿＿＿＿＿） ……………………… 11

谁也不找 …………………………………………………… 12

F3. 现在如果有亲朋、同事或邻居向您寻求帮助，您会如何处理？【只选一项】

很高兴地帮忙 ……………………………………………… 1

绝不帮忙 …………………………………………………… 2

考虑会对自己有何好处再做决定 ………………………… 3

会帮忙却不高兴 …………………………………………… 4

其他（请注明＿＿＿＿＿＿＿） ……………………… 5

F4. 移民搬迁前，您是否参加村民代表大会？【只选一项】

是，经常 …………………………………………………… 1

是，偶尔 …………………………………………………… 2

不参加 ……………………………………………………… 3

F5. 目前您是否参加村民代表大会？【只选一项】

  是，经常 ·· 1

  是，偶尔 ·· 2

  不参加 ·· 3

F6. 移民搬迁前，您是否参与了农村合作经济组织？【只选一项】

  是 ·· 1

  否 ·· 2

F7. 目前您是否参与了农村合作经济组织？【只选一项】

  是 ·· 1

  否 ·· 2

F8. 和移民搬迁前相比，您和现在的村干部接触的机会多吗？【只选一项】

  比搬迁前更频繁 ·· 1

  比搬迁前少 ·· 2

  和搬迁前一样频繁 ·· 3

  和搬迁前一样少 ·· 4

F9. 移民搬迁前，您与别人进行交流的主要方式包括：【可以多选】

  面谈 ·· 1

  电话 ·· 2

  网络 ·· 3

  邮寄信件 ·· 4

  其他（请注明＿＿＿＿＿＿＿＿） ·························· 5

F10. 现在您与别人进行交流的主要方式包括：【可以多选】

  面谈 ·· 1

  电话 ·· 2

  网络 ·· 3

  邮寄信件 ·· 4

  其他（请注明＿＿＿＿＿＿＿＿） ·························· 5

F11. 移民搬迁前，您的信息主要来源是：【只选一项】

  电视、广播 ·· 1

  网络 ·· 2

报纸杂志 ··· 3

村干部宣传 ··· 4

日常闲聊 ··· 5

其他（请注明＿＿＿＿＿＿＿＿） ··········· 6

没有 ··· 7

F12. 您现在的信息主要来源是：【只选一项】

电视、广播 ··· 1

网络 ··· 2

报纸杂志 ··· 3

村干部宣传 ··· 4

日常闲聊 ··· 5

其他（请注明＿＿＿＿＿＿＿＿） ··········· 6

没有 ··· 7

G 移民满意度及搬迁态度

G1. 您家是〔＿＿｜＿＿｜＿＿｜＿＿〕年搬迁至此的？

G2. 您家当时移民搬迁的安置方式是：【只选一项】

整村搬迁、整村安置 ······························· 1

整村搬迁、混杂安置 ······························· 2

自发搬迁、自主安置 ······························· 3

自愿搬迁、混杂安置 ······························· 4

其他（请注明＿＿＿＿＿＿＿＿） ··········· 5

G3. 您家当时移民搬迁时的情况是：【只选一项】

自愿的 ··· 1

强制的 ··· 2→跳至 G5 题

说不清 ··· 3→跳至 G5 题

G4. 您家自愿搬迁的原因是：【只选一项】

原居住地太穷 ··· 1

借机闯荡 ··· 2

政策诱人，试一试 ……………………………………………… 3

随大流 ……………………………………………………………… 4

其他（请注明＿＿＿＿＿＿＿＿） ……………………………… 5

G5. 您搬迁时政府为您提供的条件有：【可以多选】

土地 ……………………………………………………………… 1

住房 ……………………………………………………………… 2

资金 ……………………………………………………………… 3

培训 ……………………………………………………………… 4

其他（请注明＿＿＿＿＿＿＿＿） ……………………………… 5

G6. 目前您认为您面临的最大困难是什么？【只选一项】

资金 ……………………………………………………………… 1

住房 ……………………………………………………………… 2

生产 ……………………………………………………………… 3

技术 ……………………………………………………………… 4

信息 ……………………………………………………………… 5

收入 ……………………………………………………………… 6

就业 ……………………………………………………………… 7

医疗 ……………………………………………………………… 8

教育 ……………………………………………………………… 9

婚丧嫁娶 ………………………………………………………… 10

其他（请注明＿＿＿＿＿＿＿＿） …………………………… 11

没有困难 ………………………………………………………… 12

G7. 总体来看，您是否满意自己的移民搬迁？【只选一项】

满意 ……………………………………………………………… 1

不满意 ……………………………………………… 2→跳至 **G9** 题

说不清 ……………………………………………… 3→跳至 **G10** 题

G8. 让您满意的地方包括哪些？【可以多选】

居住面积大 ………………………………………… 1→跳至 **G10** 题

住房条件好 ………………………………………… 2→跳至 **G10** 题

居住环境好 ………………………………………… 3→跳至 **G10** 题

住房的相关费用少 ……………………………………………… 4→跳至 **G10** 题

其他（请注明＿＿＿＿＿＿＿＿＿） ……………………… 5→跳至 **G10** 题

G9. 使您不满意的地方包括哪些？【可以多选】

居住面积小 …………………………………………………………… 1

住房条件差 …………………………………………………………… 2

居住环境差 …………………………………………………………… 3

住房的相关费用多 ………………………………………………… 4

其他（请注明＿＿＿＿＿＿＿＿＿） ……………………………… 5

G10. 与移民搬迁之前相比，您是否满意您现在所生活的地方/社区的生产环境？【只选一项】

满意 …………………………………………………………………… 1

不满意 …………………………………………………… 2→跳至 **G12** 题

说不清 …………………………………………………… 3→跳至 **G13** 题

G11. 让您满意的地方包括哪些？【可以多选】

务工渠道增多 ………………………………………… 1→跳至 **G13** 题

土地资源优越 ………………………………………… 2→跳至 **G13** 题

水资源充足 …………………………………………… 3→跳至 **G13** 题

产业政策好 …………………………………………… 4→跳至 **G13** 题

生产资金充足 ………………………………………… 5→跳至 **G13** 题

市场广阔 ……………………………………………… 6→跳至 **G13** 题

农资质优价廉 ………………………………………… 7→跳至 **G13** 题

其他（请注明＿＿＿＿＿＿＿＿＿） …………………… 8→跳至 **G13** 题

G12. 使您不满意的地方包括哪些？【可以多选】

务工渠道减少 ………………………………………………………… 1

土地资源差 …………………………………………………………… 2

水资源匮乏 …………………………………………………………… 3

产业政策差 …………………………………………………………… 4

生产资金不充足 …………………………………………………… 5

市场狭窄 ……………………………………………………………… 6

农资质劣价高 ………………………………………………………… 7

其他（请注明_____）…………………………………… 8

G13. 与移民搬迁之前相比，您是否满意您现在所生活的地方/社区的生活环境？【只选一项】

满意 ………………………………………………………… 1

不满意 …………………………………………… 2→跳至 **G15** 题

说不清 …………………………………………… 3→跳至 **G16** 题

G14. 让您满意的地方包括哪些？【可以多选】

社会治安良好 …………………………………… 1→跳至 **G16** 题

环境舒适、整洁 ………………………………… 2→跳至 **G16** 题

出行方便 ………………………………………… 3→跳至 **G16** 题

邻里亲切、友善 ………………………………… 4→跳至 **G16** 题

教育、医疗设施完善 …………………………… 5→跳至 **G16** 题

其他（请注明_____）………………… 6→跳至 **G16** 题

G15. 使您不满意的地方包括哪些？【可以多选】

社会治安差 ………………………………………………… 1

环境不整洁 ………………………………………………… 2

出行不方便 ………………………………………………… 3

邻里不亲切、不友善 ……………………………………… 4

教育、医疗设施不完善 …………………………………… 5

其他（请注明_____）…………………………… 6

G16. 与移民搬迁之前相比，您认为政府的社会保障环境是：【只选一项】

越来越好 …………………………………………………… 1

越来越差 …………………………………………………… 2

没有变化 …………………………………………………… 3

说不清 ……………………………………………………… 4

G17. 您家在搬迁后总体社会地位是：【只选一项】

上升了 ……………………………………………………… 1

下降了 ……………………………………………………… 2

没变化 ……………………………………………………… 3

说不清 ……………………………………………………… 4

G18. 与移民搬迁前相比，您的生活水平有什么变化？【只选一项】

上升很多 ··· 1

略有上升 ··· 2

没变化 ·· 3

略有下降 ··· 4

下降很多 ··· 5

不好说 ·· 8

G19. 搬迁后您对下列人和组织的信任程度：【每行单选】

对象	完全信任	比较信任	不太信任	根本不信任	说不清
a. 社会上大多数人	1	2	3	4	9
b. 家人	1	2	3	4	9
c. 朋友	1	2	3	4	9
d. 邻居	1	2	3	4	9
e. 地方政府	1	2	3	4	9
f. 地方法院	1	2	3	4	9
g. 医院	1	2	3	4	9
h. 陌生人	1	2	3	4	9

G20. 您是否打算二次搬迁？【只选一项】

是 ··· 1

否 ·· 2→跳至 **G24** 题

说不清 ··· 3→跳至 **G24** 题

G21. 如果您打算二次搬迁，那么您最需要政府提供哪些支持？【只选一项】

搬迁经费的支持 ·· 1

搬迁地各种基础设施的规划和建设 ································ 2

种植、养殖和打工创业技能的培训 ································ 3

生产和就业相关信息的支持 ··· 4

优惠政策的支持 ·· 5

医疗、教育、住房等社会及生活保障的支持 ···················· 6

其他（请注明＿＿＿＿＿＿＿＿）…………………………… 7

不需要 ………………………………………………………… 8

G22. 如果打算二次搬迁，您想要搬去哪里？【只选一项】

老家 …………………………………………………………… 1

综合条件优于现居地的地方 ……………………… 2→跳至 G24 题

不一定 ……………………………………………… 3→跳至 G24 题

其他（请注明＿＿＿＿＿＿＿＿）……………… 4→跳至 G24 题

G23. 您想搬回老家的原因是：【可以多选】

想念家乡 ……………………………………………………… 1

经济困难 ……………………………………………………… 2

生活不适应 …………………………………………………… 3

人际不适应 …………………………………………………… 4

宗教问题 ……………………………………………………… 5

子女教育问题 ………………………………………………… 6

觉得原住地的资源浪费 ……………………………………… 7

有钱有技术，准备返迁创业 ………………………………… 8

其他（请注明＿＿＿＿＿＿＿＿）………………………… 9

G24. 总体而言，移民搬迁后，您觉得自己的生活有没有变得幸福？【只选一项】

更加幸福了 …………………………………………………… 1

和以前一样 …………………………………………………… 2

不如以前幸福 ……………………………………… 3→跳至 G26 题

没感觉 ……………………………………………… 4→跳至 G27 题

G25. 您觉得幸福的主要原因是：【只选一项】

移民后，人少地多，生活压力小了，生活水平提高了 ……… 1

移民后，退耕还林，生态环境变好了 ……………………… 2

移民后，国家一如既往地对我们进行扶贫帮助 …………… 3

其他（请注明＿＿＿＿＿＿＿＿）………………………… 4

G26. 您觉得不幸福的主要原因是：【只选一项】

移民后，人少了，村子残缺不全，缺乏生机 ……………… 1

移民后，地虽多了，但我们未多分到土地，生活改善不大 ………… 2

移民后，国家放松了对我们的扶贫帮助 ………………… 3

其他（请注明＿＿＿＿＿＿＿＿） ………… 4

G27. 您认同自己是目前居住地/社区的正式成员吗?【只选一项】

非常认同 ……………………………………………… 1

比较认同 ……………………………………………… 2

一般 …………………………………………………… 3

不太认同 ……………………………………………… 4

完全不认同 …………………………………………… 5

G28. 如果用下列一些比较形容词来形容移民搬迁后您对居住的地方/社区的感受，会是哪一种情况?【每行单选】

内容	很不同意	不大同意	比较同意	很同意
a. 更加安全	1	2	3	4
b. 更加整洁	1	2	3	4
c. 更加方便	1	2	3	4
d. 更加亲切	1	2	3	4

G29. 宁夏实施移民工程，您在多大程度上同意下列说法?【每行单选】

内容	很不同意	不大同意	比较同意	很同意
a. 移民工程使西部人民受益	1	2	3	4
b. 移民工程实施以来,移民迁出地的人民生活水平上升了	1	2	3	4
c. 移民工程实施以来,移民与原迁出地人民的收入差距加大了	1	2	3	4
d. 移民工程实施以来,移民迁出地的资源得到了有效的利用,生态环境得到了改善	1	2	3	4
e. 移民工程实施以来,缩小了移民迁出地人民与当地城市居民的收入差距	1	2	3	4

H 移民政策需求

H1. 您认为当前在移民安置住房方面，政府应该重点关注的是：【只选一项】

住房面积 ······························· 1→跳至 **H2** 题

住房资助金额 ·························· 2→跳至 **H4** 题

住房配套设施 ·························· 3→跳至 **H6** 题

其他（请注明＿＿＿＿＿＿） ········· 4→跳至 **H7** 题

H2. 您认为移民安置住房面积的给予应以什么为标准？【只选一项】

按家庭人口数 ···································· 1

按家庭户数 ····················· 2→跳至 **H7** 题

其他（请注明＿＿＿＿＿＿） ···· 3→跳至 **H7** 题

H3. 您认为移民安置住房人均面积应该达到多少平方米？【只选一项】

5 平方米 ··· 1

10 平方米 ·· 2

15 平方米 ·· 3

20 平方米 ·· 4

25 平方米及以上 ································· 5

其他（请注明＿＿＿＿＿＿） ··············· 6

H4. 您认为政府应该以何种方式资助移民住房？【只选一项】

全额资助 ······················· 1→跳至 **H7** 题

部分资助 ··· 2

移民自筹 ······················· 3→跳至 **H7** 题

其他（请注明＿＿＿＿＿＿） ···· 4→跳至 **H7** 题

H5. 您认为政府资助的比例应该是多少？【只选一项】

25% ··························· 1→跳至 **H7** 题

50% ··························· 2→跳至 **H7** 题

75% ··························· 3→跳至 **H7** 题

其他（请注明＿＿＿＿＿＿） ···· 4→跳至 **H7** 题

H6. 您认为移民安置住房的配套设施应该有哪些？【可以多选】

暖气 ……………………………………………………………… 1

自来水 …………………………………………………………… 2

太阳能 …………………………………………………………… 3

数字电视 ………………………………………………………… 4

太阳灶 …………………………………………………………… 5

其他（请注明＿＿＿＿＿＿＿＿＿） …………………… 6

H7. 您认为当前在社会保障方面，政府应该重点关注的是：【可以多选】

养老、失业等社会保险 ………………………………………… 1

医疗卫生 ………………………………………………………… 2

文化教育 ………………………………………………………… 3

住房 ……………………………………………………………… 4

社会救助 ………………………………………………………… 5

社会福利 ………………………………………………………… 6

慈善事业 ………………………………………………………… 7

其他（请注明＿＿＿＿＿＿＿＿＿） …………………… 8

H8. 您现阶段参与了哪些社会保障？【可以多选】

养老保险 ………………………………………………………… 1

医疗保险 ………………………………………………………… 2

失业保险 ………………………………………………………… 3

工伤保险 ………………………………………………………… 4

生育保险 ………………………………………………………… 5

社会救助 ………………………………………………………… 6

其他（请注明＿＿＿＿＿＿＿＿＿） …………………… 7

H9. 您认为当前政府相关移民政策能否保证移民工程顺利实施？【只选一项】

能 ………………………………………………………………… 1

不能 ……………………………………………………………… 2

说不清 …………………………………………………………… 3

H10. 目前您最需要政府在哪一方面给予政策扶持?【只选一项】

资金借贷、互助资金等资金扶持方面 …………………………… 1

住房、医疗、教育等社会及生活保障方面 …………………… 2

技术指导、信息供给等生产方面 ………………………………… 3

提供就业机会、打通就业渠道等劳动就业方面 ……………… 4

农田水利及基础设施建设方面 …………………………………… 5

生态保护和建设方面 ………………………………………………… 6

其他（请注明＿＿＿＿＿＿＿＿） ………………………………… 7

不需要 …………………………………………………………………… 8

H11. 您希望政府在产业发展方面做到:【可以多选】

大力发展特色产业 …………………………………………………… 1

加大政府扶持力度 …………………………………………………… 2

发挥龙头产业示范带动作用 ……………………………………… 3

加大技术服务支撑力度 ……………………………………………… 4

其他（请注明＿＿＿＿＿＿＿＿） ………………………………… 5

H12. 您认为政府在移民劳务产业发展方面最应该关注的是:【只选一项】

增加劳务收入 …………………………………………………………… 1

搞好就业服务 …………………………………………………………… 2

拓宽移民务工渠道 …………………………………………………… 3

加强务工人员生产技能的培训 …………………………………… 4

其他（请注明＿＿＿＿＿＿＿＿） ………………………………… 5

H13. 您希望政府在农民贷款方面做到:【可以多选】

降低贷款门槛 …………………………………………………………… 1

加大政府资金扶持 …………………………………………………… 2

减少贷款手续 …………………………………………………………… 3

鼓励银行主动提供贷款 ……………………………………………… 4

扩大村级互助资金 …………………………………………………… 5

提供更多贷款渠道 …………………………………………………… 6

其他（请注明＿＿＿＿＿＿＿＿） ………………………………… 7

H14. 您希望政府在农业生产方面重点解决的问题是：【最多可选 3 项】

技术 ………………………………………………………… 1

资金 ………………………………………………………… 2

水源 ………………………………………………………… 3

土地 ………………………………………………………… 4

市场 ………………………………………………………… 5

政策 ………………………………………………………… 6

农资 ………………………………………………………… 7

其他（请注明＿＿＿＿＿＿＿＿＿） ……………………… 8

H15. 您认为政府在土地问题的相关政策方面应着重考量的是：【只选一项】

土地面积 …………………………………………………… 1

土地质量 …………………………………………………… 2

资金投入 …………………………………………………… 3

技术支撑 …………………………………………………… 4

其他（请注明＿＿＿＿＿＿＿＿＿） ……………………… 5

H16. 您对现有水资源的评价是：【只选一项】

水资源充足，能够满足生产生活需要 …………………… 1

水资源不足，不能满足生产生活需要 …………………… 2

水资源匮乏，生产生活很困难 …………………………… 3

其他（请注明＿＿＿＿＿＿＿＿＿） ……………………… 4

H17. 现阶段您希望政府在农业用水方面做到：【可以多选】

解决水源问题 ……………………………………………… 1

改进灌溉方式 ……………………………………………… 2

改善灌溉设施 ……………………………………………… 3

其他（请注明＿＿＿＿＿＿＿＿＿） ……………………… 4

H18. 您认为现在的农业用水收费是否合理？【只选一项】

合理 ……………………………………………… 1→跳至 **H22** 题

不合理 ……………………………………………………… 2

说不清 …………………………………………… 3→跳至 **H22** 题

H19. 您认为现在的农业用水收费在哪些方面需要改善？【可以单选】

计费方式 ·· 1→跳至 **H20** 题

价格 ·· 2→跳至 **H21** 题

不需要 ·· 3→跳至 **H22** 题

其他（请注明＿＿＿＿＿＿＿＿） ················· 4→跳至 **H22** 题

H20. 您认为现在的农业用水计费方式应采取哪一种？【只选一项】

以干渠直开口为计量点计价 ····················· 1→跳至 **H22** 题

以支渠进水口为计量点计价 ····················· 2→跳至 **H22** 题

其他（请注明＿＿＿＿＿＿＿＿） ················· 3→跳至 **H22** 题

H21. 您认为现在的农业用水价格应维持在哪一水平？【只选一项】

每立方米 10 分左右，超定额加价每立方米不超过 2 分 ·············· 1

每立方米 10 分左右，超定额加价每立方米不超过 5 分 ·············· 2

每立方米 12 分左右，超定额加价每立方米不超过 2 分 ·············· 3

每立方米 12 分左右，超定额加价每立方米不超过 2 分 ·············· 4

其他（请注明＿＿＿＿＿＿＿＿） ··································· 5

H22. 您希望政府在技术培训方面做到：【可以多选】

提供专业技术培训 ··· 1

派遣专业人士进行实地指导 ······································· 2

实行后续跟踪培训和指导 ·· 3

其他（请注明＿＿＿＿＿＿＿＿） ································· 4

H23. 您希望户籍管理采取哪种方式？【只选一项】

迁出地管理 ·· 1

迁入地管理 ·· 2

无所谓 ··· 3

其他（请注明＿＿＿＿＿＿＿＿） ································· 4

H24. 您希望政府在户籍管理方面做到：【可以多选】

减免户籍转换和户口迁移中的收费 ······························· 1

简化户籍办理中的手续 ·· 2

放宽移民进城落户的条件 ·· 3

切实解决自发移民的户籍问题 ····································· 4

　　其他（请注明＿＿＿＿＿＿＿＿＿＿） ……………………… 5

H25. 您希望政府在文化教育方面做到：【可以多选】

　　加强基础设施建设 ……………………………………… 1

　　提高师资水平 …………………………………………… 2

　　提高管理水平 …………………………………………… 3

　　加大教育资金投入 ……………………………………… 4

　　加大文化教育的宣传力度 ……………………………… 5

　　营造社会性的文化教育氛围 …………………………… 6

　　其他（请注明＿＿＿＿＿＿＿＿＿＿） ………………… 7

H26. 您认为政府在公共服务建设方面最应该关注的是：【只选一项】

　　人畜饮水工程 …………………………………………… 1

　　供电工程 ………………………………………………… 2

　　通村公路建设 …………………………………………… 3

　　农村能源发展 …………………………………………… 4

　　教育设施建设 …………………………………………… 5

　　卫生设施建设 …………………………………………… 6

　　文体设施建设 …………………………………………… 7

　　公共服务配套设施建设 ………………………………… 8

　　其他（请注明＿＿＿＿＿＿＿＿＿＿） ………………… 9

H27. 您希望政府在生态建设方面做到：【可以多选】

　　发展经果林 ……………………………………………… 1

　　发展庭院经济 …………………………………………… 2

　　发展生态循环农业 ……………………………………… 3

　　进行小流域治理 ………………………………………… 4

　　实施新村绿化工程 ……………………………………… 5

　　加强农田防护林带建设 ………………………………… 6

　　其他（请注明＿＿＿＿＿＿＿＿＿＿） ………………… 7

H28. 您希望政府在针对贫困户的哪些项目上加大扶持力度？【可以多选】

　　特色产业 ………………………………………………… 1

　　外出打工 ………………………………………………… 2

医疗救助 ·················· 3

危房改造 ·················· 4

教育扶持 ·················· 5

技术培训 ·················· 6

互助资金 ·················· 7

其他（请注明＿＿＿＿＿＿＿） ·················· 8

H29. 您是否是自发移民？【只选一项】

是 ·················· 1

不是 ·················· 2→跳至 I1 题

说不清 ·················· 3→跳至 I1 题

H30. 如果您是自发移民，那么当前您最需要政府解决哪一方面的困难？【只选一项】

生产资金 ·················· 1

生产门路 ·················· 2

子女上学 ·················· 3

医疗 ·················· 4

住房 ·················· 5

土地 ·················· 6

户口 ·················· 7

其他（请注明＿＿＿＿＿＿＿） ·················· 8

不需要 ·················· 9

I 民族关系与宗教信仰

I1. 您现在的居住区内汉族居民大约占＿＿＿＿＿＿％。

I2. 移民搬迁后，汉族居民比例发生了怎样的变化？【只选一项】

上升了 ·················· 1

基本没变 ·················· 2

下降了 ·················· 3

不清楚 ·················· 4

I3. 您认为，民族构成比例的变化对当地民族关系产生了怎样的影响？【只选一项】

正面影响 ……………………………………………………… 1

没有影响 ……………………………………… 2→跳至 I6 题

负面影响 ……………………………………… 3→跳至 I5 题

不清楚 ………………………………………… 4→跳至 I6 题

I4. 正面影响主要表现在：【只选一项】

人口外迁，本地生活压力减小，缓和民族矛盾 ………… 1→跳至 I6 题

人口外迁，各民族需寻求外部帮助，增加了民族交往 … 2→跳至 I6 题

其他（请注明＿＿＿＿＿＿＿＿＿＿） …………… 3→跳至 I6 题

I5. 负面影响主要表现在：【只选一项】

人口外迁，打破了原来的民族构成比例，易产生新的民族矛盾 ……… 1

人口外迁，原居地人口居住分散，不利于民族交往 ……………… 2

其他（请注明＿＿＿＿＿＿＿＿＿＿） …………………………… 3

I6. 您是否有其他民族的朋友？【只选一项】

是 ……………………………………………………………… 1

否 ……………………………………………………………… 2

I7. 现在了解一下您与其他民族的交往意愿。【每行单选】

内容	非常不愿意	不愿意	无所谓	愿意	非常愿意
a. 您愿意与其他民族的人聊天吗？	1	2	3	4	5
b. 您愿意与其他民族的人一起工作吗？	1	2	3	4	5
c. 您愿意和其他民族的人做邻居吗？	1	2	3	4	5
d. 您愿意与其他民族的人做亲密朋友吗？	1	2	3	4	5
e. 您本人或子女愿意与其他民族通婚吗？	1	2	3	4	5

I8. 如果本民族文化与其他民族文化之间产生矛盾，您的态度是：【只选一项】

竭力维护本民族文化 ……………………………………………… 1

具体问题具体对待 ………………………………………………… 2

摒弃本民族文化，接受其他民族文化 …………………………… 3

保持中立 …………………………………………………………… 4

I9. 最近三年内，当地不同民族之间发生过群体冲突吗？【只选一项】

没有发生过 ……………………………………… 1→跳至 I11 题

发生过，但没有械斗 ……………………………………………… 2

发生过，有械斗，但无人员伤亡 ………………………………… 3

发生过，有械斗，有人员伤亡 …………………………………… 4

I10. 当地不同民族之间最近一次发生冲突，您认为政府处理得如何？【只选一项】

很好 ………………………………………………………………… 1

比较好 ……………………………………………………………… 2

一般 ………………………………………………………………… 3

比较差 ……………………………………………………………… 4

很差 ………………………………………………………………… 5

没处理 ……………………………………………………………… 6

I11. 您的宗教信仰是：【只选一项】

不信仰宗教 ……………………………………… 1→跳至 I14 题

佛教 ………………………………………………………………… 2

道教 ………………………………………………………………… 3

民间信仰（拜妈祖、关公等） …………………………………… 4

伊斯兰教（回教） ………………………………………………… 5

天主教 ……………………………………………………………… 6

基督教 ……………………………………………………………… 7

东正教 ……………………………………………………………… 8

其他（请注明_____） …………………………… 9

I12. 您现在信仰宗教的最主要原因是：【只选一项】

与生俱来 ……………………………………………………………… 1

他人影响 ……………………………………………………………… 2

精神寄托 ……………………………………………………………… 3

现实利益 ……………………………………………………………… 4

其他（请注明＿＿＿＿＿＿＿＿） ……………………………… 5

I13. 您的宗教信仰在您的生活中的重要程度是：【只选一项】

很重要 ………………………………………………………………… 1

比较重要 ……………………………………………………………… 2

一般 …………………………………………………………………… 3

不太重要 ……………………………………………………………… 4

很不重要 ……………………………………………………………… 5

I14. 您平时对寺庙或宗教的经济贡献是：【只选一项】

很多 …………………………………………………………………… 1

适中 …………………………………………………………………… 2

很少 …………………………………………………………………… 3

没有 …………………………………………………………………… 4

I15. 您阅读宗教书籍/观看影像资料吗？【只选一项】

经常 …………………………………………………………………… 1

偶尔 …………………………………………………………………… 2

从未 …………………………………………………………………… 3

J 被访者联系方式

谢谢您参与我们的调查。我们非常热诚地希望能与您保持联系，希望您能告诉我们您的联系方式，以便将来我们可以把研究成果报告给您。我们会严格遵守科学研究的伦理及中国有关法律的规定，对您提供的所有信息保密。您的信息仅用于研究目的，绝不会不向任何单位和个人泄露。我们为您的信息保密承担法律责任。

谢谢您的理解和支持！

J1. 您的姓名是：_____

J2. 您的手机号码是：[__ | __ | __ | __ | __ | __ | __ | __ | __ | __ | __]

J3. 您家的固定电话号码是：[__ | __ | __ | __ | __ | __ | __ | __]

　　　区号是：[__ | __ | __ | __]

J4. 您的 E-mail 地址是：_____

J5. 您的邮寄地址是：_____省_____市_____县（区）_____乡

　　　镇/街道_____

J6. 邮政编码是：[__ | __ | __ | __ | __ | __]

参考文献

阿布力孜·玉素甫等，2009，《新疆生态移民研究》，中国经济出版社。

伯基（R. J. Burdge），2011，《社会影响评价的概念、过程和方法》，杨云枫译，中国环境科学出版社。

曹艳春等，2011，《基于 GIS 的宁夏灌区农田污染源结构特征解析》，《生态学报》第 12 期。

陈阿江，2006，《非自愿移民的资源安置》，《学海》第 1 期。

陈绍军、施国庆，2003，《中国非自愿移民的贫困分析》，《甘肃社会科学》第 5 期。

陈育宁主编，2004，《绿色之路：宁夏南部山区生态重建研究》，中国社会科学出版社。

陈振明等，2008，《健全社会管理格局，创新社会管理体系——"我国社会管理格局和管理体系构建"课题研究报告》，《甘肃行政学院学报》第 4 期。

陈忠祥、沙爱霞、马海龙，2007，《宁夏回族社区人地关系研究》，宁夏人民出版社。

陈钟祥，2007，《宁夏移民问题的深层透视——对移民安置地后续发展的研究》，《宁夏大学学报》（人文社会科学版）第 4 期。

东梅、刘算算，2011，《农牧交错带生态移民综合效益评价研究》，中国社会科学出版社。

段庆林，2012，《城与乡——宁夏二元结构变迁研究》，宁夏人民出版社。

范丽明、杨国涛、范子英，2010，《贫困地区收入不平等的决定因素：基于西海固农户数据的分析》，《世界经济文汇》第 3 期。

方兵、彭志光，2002，《生态移民：西部脱贫与生态环境保护新思路》，广
　　西人民出版社。

风笑天，2004，《"落地生根"？——三峡农村移民的社会适应》，《社会学研
　　究》第 5 期。

风笑天，2008，《安置方式、人际交往与移民适应：江苏、浙江 343 户三峡
　　农村移民的比较研究》，《社会》第 2 期。

固原市自发移民专题调研组，2010，《关于加快自发移民发展的调查报告》，
　　宁夏新闻网。

郭虎，2012，《教育移民是重要的扶贫脱贫途径》，《中国教育报》4 月
　　4 日。

郭占元，1998，《论世纪攻坚——宁夏西海固反贫困实践与思考》，宁夏人
　　民出版社。

红寺堡统计信息网，2011，《红寺堡区 2010 年第六次全国人口普查主要数据
　　公报》，http：//www. hsbtj. gov. cn/onews. asp？ id = 89。

红寺堡统计信息网，2012a，《红寺堡区 2011 年国民经济和社会发展统计公
　　报》，http：//www. hsbtj. gov. cn/onews. asp？ id = 137。

红寺堡统计信息网，2012b，《2012 年一季度红寺堡区农村居民收入消费情
　　况简析》，http：//www. hsbtj. gov. cn/onews. asp？ id = 133。

《红寺堡之光》编委会编著，2009，《红寺堡移民开发史》，宁夏人民出版社。

黄桂华，2010，《生态移民地区新农村建设与跨越式发展的调研和思考：以
　　宁夏回族自治区为例》，宁夏人民出版社。

李波，2003，《试析国外"群体性矛盾"法律处置策略》，《法制与社会》
　　第 34 期。

李国平、范红忠，2003，《生产集中、人口分布与地区经济差异》，《经济研
　　究》第 11 期。

李宁，2003，《宁夏吊庄移民》，民族出版社。

李培林，2004，《村落的终结》，商务印书馆。

李培林主编，2012，《新时期社会管理总论》，研究出版社。

李耀松、许芬、李霞，2012，《宁夏生态移民可持续发展研究》，《宁夏社会

科学》第 1 期。

李周主编，2007，《中国反贫困与可持续发展》，科学出版社。

林志斌，2006，《谁搬迁了？——自愿性移民扶贫项目的社会、经济和政策分析》，社会科学文献出版社。

刘学武、刘学文，2012，《生态移民中政府权威与民间社会运作体系的互动：以宁夏红寺堡生态移民开发区为个案》，世界图书出版西安公司。

陆学艺，2010，《当代中国社会结构》，社会科学文献出版社。

马伟华，2011，《生态移民与文化调适：西北回族地区吊庄移民的社会文化适应研究》，民族出版社。

马忠玉主编，2012，《宁夏应对全球气候变化战略研究》，阳光出版社。

闵文义，2012，《西北地区民族关系与经济社会和谐发展调研报告集》，宁夏人民出版社。

宁夏回族自治区统计局、国家统计局宁夏调查总队，2005—2012，《宁夏统计年鉴》，中国统计出版社。

宁夏回族自治区政府，2008，《宁夏中部干旱带县内生态移民规划提要（2007 年—2011 年)》，宁政办发〔2008〕12 号文件。

宁夏回族自治区政府，2011，《宁夏"十二五"中南部地区生态移民规划》。

宁夏区发展改革委地区处，2007，《宁夏生态移民搬迁中的突出问题及对策》，http：//www.sdpc.gov.cn/dqjj/fpkf/ydfpbq/t20070118_112000.htm。

牛国元，2011，《宁夏区域经济发展战略研究》，宁夏人民教育出版社。

潘璠主编，2011，《中国全面建设小康社会监测报告（2011)》，社会科学文献出版社。

齐岳、何建国主编，2011，《2011 年宁夏中南部地区生态移民蓝皮书》，黄河出版传媒集团/阳光出版社。

人民网，2012，《宁夏七县市区农民收入超全国平均水平》，http：//nx.people.com.cn/n/2012/0207/c192484 - 16727852.html。

汝信、陆学艺、单天伦主编，2001，《2001 年中国社会形势分析与预测》，社会科学文献出版社。

桑敏兰，2004，《论宁夏的"生存移民"向"生态移民"的战略转变》，《生态经济》第 S1 期。

桑敏兰，2005，《宁夏生态移民与城镇化发展研究》，《西北人口》第 1 期。

色音、张继焦主编，2009，《生态移民的环境社会学研究》，民族出版社。

施国庆，2011，《移民权益保障与政府责任》，吉林人民出版社。

税伟等，2012，《生态移民国外研究进展》，《世界地理研究》第 1 期。

宋乃平，2000，《试论宁夏扶贫移民的发展方略》，《人文地理》第 5 期。

宋乃平、汪一鸣、陈晓芳，2004，《宁夏中部风沙区的环境演变》，《干旱区资源与环境》第 4 期。

汪一鸣，2005，《宁夏人地关系演化研究》，宁夏人民出版社。

王朝良，2005，《吊庄式移民开发——回族地区生态移民基地创建与发展研究》，中国社会科学出版社。

王龙，2009，《农地经营权流转与宁夏生态移民发展研究》，《宁夏社会科学》第 2 期。

王琼雯，2009，《“移民为什么贫困”——非自愿移民补偿制度的法规范分析》，《云南行政学院学报》第 2 期。

王晓毅，2011，《从摆动到流动：人口迁移过程中的适应》，《江苏行政学院学报》第 6 期。

王志忠等，2012，《宁夏生态移民生存质量现状及影响因素》，《现代预防医学》第 8 期。

文娜，2009，《宁夏中部干旱带生态移民与生态建设可能产生的环境影响初探》，《宁夏党校学报》第 3 期。

翁定军、张行编著，2013，《社会政策与社会管理：理念和实践》，广西师范大学出版社。

吴海鹰，2008，《挑战贫困：宁夏农村扶贫开发 20 年回顾与展望》，宁夏人民出版社。

新吉乐图主编，2005，《中国环境政策报告：生态移民——来自中、日两国学者对中国生态环境的考察》，内蒙古大学出版社。

徐黎丽、陈文祥，2004，《当代西北少数民族地区移民对民族关系的影响》，《兰州大学学报》第 3 期。

荀丽丽、包智明，2007，《政府动员型环境政策及其地方实践：关于内蒙古 S 旗生态移民的社会学分析》，《中国社会科学》第 5 期。

杨蓉等，2005，《宁夏南部山区的生态贫困与反贫困》，《水土保持研究》第2期。

杨显明等，2013，《宁夏生态移民效益评价研究》，《干旱区资源与环境》第4期。

应星，2002，《大河移民上访的故事》，生活·读书·新知三联书店。

张闽剑，2006，《宁夏南部山区生态移民的实践研究》，《宁夏社会科学》第5期。

中华人民共和国国务院新闻办公室，2011，《中国农村扶贫开发的新进展》，人民出版社。

中央政府门户网站，2011，《政策解读：我国国家扶贫标准上调至2300元》，http：//www. gov. cn/fwxx/sh/2011 – 11/30/content_ 2006598. htm。

周建国，2011，《从单一到聚合：政策评估模式转变的研究——基于南水北调移民政策评估的案例》，中国人事出版社。

朱丽燕，2011，《生态移民与宁夏西海固地区的扶贫攻坚》，《农业现代化研究》第4期。

Croll, Elisabeth J., 1999, "Involuntary Resettlement in Rural China: The Local View," *The China Quarterly*, June.

Krantz, Lasse, 2001, *The Sustainable Livelihood Approach to Poverty Reduction: An Introduction*, Swedish International Development Cooperation Agency, Division for Policy and Socio-Economic Analysis.

图书在版编目（CIP）数据

生态移民与发展转型：宁夏移民与扶贫研究/李培林，王晓毅主编.
—北京：社会科学文献出版社，2013.6
（中国社会科学院国情调研丛书）
ISBN 978 - 7 - 5097 - 4555 - 7

Ⅰ.①生…　Ⅱ.①李…②王…　Ⅲ.①移民 - 研究 - 宁夏　Ⅳ.①D632.4

中国版本图书馆 CIP 数据核字（2013）第 080335 号

·中国社会科学院国情调研丛书·
生态移民与发展转型
———宁夏移民与扶贫研究

主　　编／李培林　王晓毅

出 版 人／谢寿光
出 版 者／社会科学文献出版社
地　　址／北京市西城区北三环中路甲 29 号院 3 号楼华龙大厦
邮政编码／100029

责任部门／社会政法分社（010）59367156　　　责任编辑／刘　荣
电子信箱／shekebu@ ssap. cn　　　　　　　　责任校对／丁立华　刘玉清
项目统筹／童根兴　　　　　　　　　　　　　责任印制／岳　阳
经　　销／社会科学文献出版社市场营销中心（010）59367081　59367089
读者服务／读者服务中心（010）59367028

印　　装／北京季峰印刷有限公司
开　　本／787mm×1092mm　1/16　　　　　　印　　张／26
版　　次／2013 年 6 月第 1 版　　　　　　　　字　　数／409 千字
印　　次／2013 年 6 月第 1 次印刷
书　　号／ISBN 978 - 7 - 5097 - 4555 - 7
定　　价／79. 00 元